Zu diesem Buch

Immer wieder gerät der Mensch in seinem Leben in die gleichen Situationen, wieder geht eine Partnerschaft in die Brüche, wieder steht man vor dem gleichen Problem im Beruf, wieder macht einem eine Krankheit einen Strich durch die Lebensplanung. Randolf M. Schäfer zeigt in diesem Buch, daß diese Krisen nicht zufällig sind, sondern der Hinweis des Schicksals, daß wir Anteile unserer Persönlichkeit verdrängt haben oder für unsere persönliche Entwicklung notwendige Dinge nicht leben. Er liefert einen Schlüssel, wie wir diese Ereignisse unseres Lebens interpretieren und daraus Konsequenzen ziehen können. Er zeigt, wie man aus den Grundbausteinen des Horoskops – Aszendent, Sonnenzeichen und MC – den eigenen Lebensauftrag erkennen und so ein erfülltes Leben führen kann.

Damit gewinnt der Leser einen tiefen Einblick in das Mysterium des Schicksals.

Randolf M. Schäfer, geboren 1957, lebt und arbeitet in Frankfurt als beratender Astrosoph und Privatdozent in den Themenbereichen Astrosophie und Symbolik. Aus einer alten Tradition stammend, die sich seit Jahrzehnten mit den Inhalten der Bewußtwerdungswege auseinandersetzt, ist er seit über 25 Jahren vertraut mit den Philosophien der unterschiedlichsten Kulturen. Er studierte östliche wie westliche Philosophien. Sein Schwerpunkt gilt dem Studium der hermetischen Lehren. Er ist der Herausgeber der Zeitschrift «Einblick».

Randolf M. Schäfer

Der verborgene Sinn des Schicksals

Mit Astrologie die Symbolik des Lebens entschlüsseln

Rowohlt

transformation
Herausgegeben von Bernd Jost

Originalausgabe
Veröffentlicht im Rowohlt Taschenbuch Verlag
GmbH, Reinbek bei Hamburg, September 1997

Umschlaggestaltung Walter Hellmann
(Foto: ZEFA-Masterfile / D. Benson)
Satz Baskerville (Linotronic 500)
Gesamtherstellung Clausen & Bosse, Leck
Printed in Germany
1890-ISBN 3 499 60272 5

Inhalt

TEIL ZWEI

Die zwölf Geburts-Sonnen als Lebensauftrag

NATURSYMBOLIK – AUFTRAG – SYMBOLEBENEN – SYMPTOME – INTEGRATION

Der Schlüssel zur verborgenen Sprache des Schicksals

Die immer drängenderen Fragen nach dem Sinn des Lebens haben dazu geführt, daß man beginnt, den alten überlieferten Erkenntnissystemen wieder Beachtung zu schenken. Lange waren die Augen und Ohren der Menschen für die Symbolsprache des Lebens verschlossen, bis nun im Zuge des sich wandelnden materiellen Weltbildes jener Pol zurückdrängt, den der Mensch aus Angst vor Konsequenzen für seine Lebensführung aus dem Sichtfeld verbannt hatte. Die hermetische Astrologie, die man auch Astrosophie nennt, um damit differenziert herauszustellen, daß man sie als ein Instrument zur Selbsterkenntnis und Bewußtwerdung anwendet, entspricht einem ursprünglichen Symbolsystem, dessen Überreste heute noch in den verschiedensten Auslegungen als herkömmliche Astrologie bekannt sind.

Die Astrosophie bedient sich überwiegend der gleichen Begriffe und Symbole, doch ist die Idee, die man in der astrosophischen Anwendung wiederfindet, eine ganz andere als die der Astrologie. Die Astrosophie ist ein Bewußtwerdungsweg, der dem Menschen zu größerer Klarheit und Ehrlichkeit in seinem Leben verhelfen kann. Die Astrologie hingegen wird meistens dazu verwandt, die Abläufe des Lebens zu manipulieren, um es besser gestalten zu können.

Der gravierende Unterschied zwischen Astrosophie und Astrologie besteht darin, daß der Mensch mit der Astrologie versucht, sein Leben zu bewältigen, wohingegen die Astrosophie dem Menschen die Möglichkeit bietet, sich selbst durch Bewußtwerdung zu verändern. Mit der Astrologie versucht man, die kleinen Fragen des Alltags zu klären, indem man die günstigsten Momente für weltliche Aktivitäten errechnet, Prognosen für zukünftige Ereignisse und Entwicklungen stellt, konkrete Ratschläge für Verhaltensweisen erteilt u.s.w., um mit diesen ein meßbares und sichtbares konkretes Ergebnis zu erzielen, so daß sich für den Ratsuchenden möglichst ein Erfolgserlebnis ergibt, welches ihn in seinen Bedürfnissen zufriedenstellt. Doch Erfolgserlebnisse solcher Art sind nicht von langer Dauer, da sie wie viele menschliche Aktivitäten nur manipulierend in den Lebensverlauf eingreifen. Man versucht damit, die eigentlichen Probleme, die immer nur im Inneren des Menschen angelegt sein können, zu verdrängen, um sich selbst nicht mit allen Ideen, Selbstbildern und Fixierungen in Frage stellen zu müssen. Eine solche Umgangsweise führt nur zu Scheinlösungen und Hilfen, die immer wieder neue Probleme aufwerfen müssen, da das Grundübel – ein menschlich versteinertes Bewußtsein – als solches nicht erkannt wurde.

Die Astrosophie hingegen gleicht einem Instrument, mit dem man jene Anteile aufzufinden vermag, die dem Menschen nicht bewußt sind. Sie zielt nicht in erster Linie auf meßbare Erfolgserlebnisse, sondern sie läßt für den Menschen jene Anteile sichtbar werden, die ihm in seinem Bewußtsein fehlen. Sie verhilft ihm dazu, die individuellen Lebensmythen als eine Lernerfahrung zu betrachten, was aber bedeutet, daß man mit der Astrosophie keine Vermeidungsstrategien entwickelt, mit denen man versucht, sich «erfolgreich» durch das Leben zu mogeln. Sie verweist vielmehr auf die Quelle des Übels, für die der Betroffene dann die eigene Verantwortung übernimmt. Sicherlich führt sie den Suchenden damit an die Wiege allen menschlichen Leidens heran, denn jeder äußere Mißstand deutet immer auf einen Mangel im Bewußtsein hin. Die Intention der astrosophischen Arbeit gilt somit der Idee, die Fackel der Selbsterkenntnis zum Brennen zu bringen oder sie am Brennen zu halten.

In der Zeit der sogenannten «Aufklärung» wurde den hermetischen Säulen, zu denen die Astrosophie gehört, von dem sich damals einseitig neu entwickelnden wissenschaftlichen Weltbild arg mitgespielt. Innerhalb dieser Zeit begann man, sich mehr und mehr an der sichtbaren Welt zu orientieren. Sehr schnell verbannte man alle Bereiche, die sich nicht messen, zählen und wiegen ließen, aus der wissenschaftlichen Akzeptanz. Damit eliminierte man jenen geistigen Bereich, der polar zur funktionalen Welt die andere Hälfte der menschlichen Existenz ausmacht und ohne den das Leben seine Bezeichnung als solches nicht verdient. Man begann in den Schulen und an den Universitäten zu lehren, daß allein die sichtbare Welt, so wie sie sich in ihrer formalen Substanz darstelle, die Wirklichkeit selber sei. Zugunsten der Konzentration auf die Oberfläche der Erscheinungswelt verdrängte man jenen Aspekt, der einst in den Mysterienschulen und teilweise auch in den christlichen Traditionen gelehrt wurde, daß nämlich Welt und somit jede äußere Form neben der lebenserhaltenden Funktion als Trägerinstanz für das Geistprinzip zu betrachten sei. Damit verlor die Menschheit den Zugang zur Bild- und Symbolsprache der Welt, welche von jeher für die Menschen auf einem esoterischen Weg die Brücke zum Metaphysischen, zum Göttlichen bildete. Auf diese Weise geriet ein kostbares Kommunikationsmodell, mit dem es möglich war, die Symbolik der Welt zu entschlüsseln, um aus dieser Erkenntnisse zu ziehen, für lange Zeit in Vergessenheit. Denn die neue, «aufgeklärte» Art zu denken warf zugleich neue Fragestellungen auf, denen die alten Wissenschaften scheinbar nicht mehr gewachsen waren.

So fragt man z. B. aus der Sicht eines hermetischen Weltbildes stets nach dem Sinn und dem Wesen aller Begebenheiten, während das kausale Denken nur an Ursache- und Wirkungsbeziehungen interessiert ist. Aufgrund des erdrutschartigen Wertewandels im Umgang mit dem Leben versank die Welt in der Bedeutungslosigkeit, da man ihren äußeren Formen die vermittelnde symbolische Bedeutung genommen hatte. Das Äußere wurde zum Selbstzweck, und durch den Verlust der Sinnfrage wurde auch das Leben sinnlos. Die menschliche Existenz reduzierte sich auf den Ablauf von Fortpflanzung, Geburt, Lebenserhaltung und Sterben.

Von diesem Kultur-Schock haben sich selbst die geistvollen initiatischen Strömungen bis heute noch nicht erholt, obwohl sie nie ganz zu verdrängen waren und für einen kleinen Kreis intensiv suchender Menschen stets aufrechterhalten wurden. Auch sie mußten, genauso wie die großen exoterischen Religionen der Welt, mit dem immer wieder aufkeimenden Unverstand ihrer Mitglieder ringen, die anstelle der heiligen Lehre den Menschen mit seinen sozialen Bedürfnissen in den Vordergrund rückten und auf diesem Weg unbewußt das Zerstörungswerk der Zivilisation vollbrachten. Dies ist im Sinne der Welt ein ganz natürlicher Vorgang, denn jedes Aufflakkern initiatischer Inhalte hat schon immer dazu geführt, daß die Welt konsequent versucht hat, die Trägerinstanzen und zentrale Mittlerfiguren des Geistprinzipes zu vernichten, da diese den Schlüssel für die Entbindung aus dem Weltenschoße tragen und somit einem erdverhafteten Dasein nicht zuträglich sind.

Den irdisch verbundenen Kräften ist es in allen Kulturen ein echtes Bedürfnis gewesen, jenen geistigen erhellenden Pol zu vernichten, da der Geist jener Antagonist zur Materie ist, der deren irreale Trugbilder, die sie allen weltlich Gefangenen vorgaukelt, entlarvt. So liegt es in der Natur der Sache, daß der lästige Gegenspieler der Materie entfernt werden muß, damit die Welt in ihrer Täuschungsaufgabe weiter bestehen kann. Doch jede Einseitigkeit über längere Zeit erzwingt eine Gegenbewegung. Darum bedingt das sinnlos gewordene äußerliche Leben, welches nur dem reinen Selbsterhalt dient, polar dazu jene sinngebende inhaltvolle Gegenbewegung, die den Umgang mit Welt und Schicksal auf eine Ebene hebt, die den Anspruch auf echtes Menschsein wieder erfüllt. Es ist sinnvoll, die Astrosophie wieder so anzuwenden, wie es frühere Kulturen vor uns getan haben, denn damit hält derjenige, der versucht den Sinn des Lebens und des Schicksals zu ergründen, einen Schlüssel in der Hand, der ihm die Tür aufschließt zu einem tiefen Verständnis seiner Existenz. Er lernt verstehen, daß hinter der Instanz, die er Schicksal nennt, unbewußte eigene Kräfte stehen, die ihm jenen Teil zurückgeben wollen, der ihm in seiner Identifikation fehlt. Der Mensch sollte lernen, im Schicksal einen Freund zu sehen, der ihm auf unbequeme Weise zu verstehen gibt, daß es in seinem Bewußtsein wesentliche Anteile gibt, die er nicht kennt und deshalb erfahren muß.

Die astrosophische Betrachtungsform

Die Astrosophie ist ein System, um die Zusammenhänge von Kosmos, Natur und Mensch zu beschreiben. Sie erfaßt den Kosmos, die Welt und den Menschen als einen großen zusammenhängenden lebendigen Organismus. Im Sinne des astrosophischen Weltbildes ist es erforderlich, daß der Mensch in seinem Bewußtsein die Trennung zwischen sich und den einzelnen Individuen sowie der ihn umgebenden Umwelt auflöst. Denn jede äußere Manifestation gehört zu den Anteilen, die sich in der Abspaltung befinden und Zugang zum Bewußtsein des Betrachters erlangen möchten, solange sie nicht integriert sind. Mit dieser geistigen Haltung, welche die vielen einzelnen Aspekte des Seins nicht mehr getrennt, sondern zu einem einzigen großen Organismus miteinander verbunden sieht, betrachtet sich auch der astrosophisch Schauende als einen Bestandteil des Ganzen. Der Mensch lernt auf seiner Suche nach Vollkommenheit mit der Unterstützung der Astrosophie die nötigen, ihm fehlenden Bewußtseinsinhalte zu erkennen und schrittweise in seine Identifikationsarbeit einzubeziehen. Diese fehlenden Anteile begegnen ihm in seinem Leben in Form von Schicksalseinbrüchen, Symptomen und Begegnungen. Der Mensch wird über diese immerzu in einen Dialog verwickelt, dessen Sprache er mit der Astrosophie verstehen lernen kann, denn sie enthält den nötigen symbolischen Urprinzipienschlüssel zu den verschiedensten Aspekten des Seins. Sie vermittelt die Fähigkeit, in einen Dialog mit den Ur-Ideen zu treten, um zu erkennen, daß sich überall auf allen Seinsebenen das Gleiche vollzieht.

Wenn man diesen Anspruch kennt, dann versteht man leicht, daß es hier weder um Prognosen noch um das Hinwegstehlen aus der Verantwortung für das eigene Schicksal geht. Die Astrosophie will den Menschen in Kontakt bringen mit den Ur-Ideen. Sie liefert den nötigen Code, ohne den ein Dialog mit dem Metaphysischen nicht möglich wäre. Hier läßt sich ein Vergleich mit der Computerwelt anstellen; auch dort benutzt man Passwörter und Befehle, die bestimmte Programmbereiche öffnen und erst dann eine Kommunikation ermöglichen. Ist man in das System gelangt, schließen sich unbegrenzte Möglichkeiten und Potentiale auf. Man braucht auch für die äußere Welt der Formen einen Sprachschlüssel, der die verschlossenen Programmbereiche öffnet. Denn hinter der Fassade unserer konkreten Welt verbirgt sich weitaus mehr, als der nur auf das Vordergründige fixierte Mensch sich vorzustellen vermag. Genau jenen Schlüssel für das Mysterium der Symbolsprache der Welt liefert die Astrosophie.

Das erste und wichtigste Passwort der Astrosophie lautet: «Wie oben, so unten.» Dieser hermetische Grundsatz beschreibt den synchronen Zusammenhang aller Ebenen innerhalb des Universums. Auf jeder Daseinsebene herrschen die gleichen Gesetzmäßigkeiten. Jedes, auch das kleinste Teilchen, hat seine Entsprechung auf allen anderen Ebenen der Erscheinungsformen. Nichts geschieht rein zufällig oder gar einzeln für sich. Intern bezeichnet man diese Synchronizität auch als «analoge Zusammenhänge» oder als «analoge Ebenen». Das zentrale Anliegen der Astrosophie ist es, die miteinander verbundenen Ebenen aufzuspüren und die Vielfalt der äußeren Formen zu sortieren, um sie in ein überschaubares Ideenraster einordnen zu können. Dabei verfährt man nicht nach dem üblichen weltlichen Bedürfnis, die Unterschiedlichkeit der Dinge herauszustellen, sondern man versucht, Ideengleichheiten hinter den Formen zu entdecken. Man sucht hinter dem Blendwerk der Vielfalt eine einheitliche verborgene geistige Idee. Denn jede Begebenheit, jeder Zusammenhang innerhalb der materiellen Welt hat für den Menschen auch eine geistige Entsprechung. Man könnte die Materie als in die Form geronnenen Geist bezeichen, der äußerlich das beschreibt, was auch im Bewußtsein des Menschen geschehen sollte. Damit erhält die Außenwelt einen ganz anderen Stellenwert, und man beginnt, den Sinn wieder in den Formen zu entdecken. Das Wissen um die zusammenhängenden Ebenen macht es möglich, durch Beobachtung bestimmter Geschehnisse von der einen Ebene Rückschlüsse auf eine andere Ebene der Wirklichkeit zu ziehen. Dies gilt sowohl für statisch existierende Begebenheiten der Welt, Naturgesetze, Wirkungen und Reaktionen bestimmter Stoffe untereinander, gesellschaftliche Veränderungen, als auch für aktuelle Begebenheiten und Veränderungen in der Welt und deren Abläufe. Sie stehen immer im direkten Bezug zum Menschen, und was im Außen geschieht, geschieht auch gleichzeitig im Inneren des Menschen.

Im Vordergrund der Bemühungen sollte an erster Stelle das globale Betrachten des eigenen Lebensmythos stehen, der den Menschen auf allen Ebenen zeitlebens begleitet und häufig in der Erleidensform die nicht erkannte Ganzheit des Menschen verbirgt. Dazu ist es erforderlich, sich ein Stück weit aus der Verhaftung an die prägenden Lebenssituationen zu lösen. Denn je größer der Abstand zum Geschehen ist, desto größer ist auch die Erkenntnisperspektive, die sich dem Menschen eröffnet.

Was man auf einer Ebene beobachten kann, läßt einen den entsprechenden seelischen Rückschluß ziehen. Für diesen Vorgang gibt es eine Reihe eindeutiger Modelle, an denen man dieses Prinzip beobachten kann: z. B. weisen die Planeten, die sich um die Sonne bewegen, würde man sie verkleinern, dieselbe Struktur auf wie ein Atommodell. Die gleiche Anordnung findet man im Zellaufbau des menschlichen Organismus. Auch der Mensch steht im Mittelpunkt seines Geschehens, und die Welt dreht sich um ihn herum. Alle lebendigen Modelle besitzen ein Zentrum, um das alles kreist. Es ist die Widerspiegelung des zentralen Schöpfungsmythos, der die Vielheit immer um die Einheit kreisen läßt – ein Ganzes, das sich aufgespalten hat. So wie ein gebündelter Lichtstrahl, der durch ein geschliffenes Prisma fällt und sich in die unterschiedlichen Spektralfarben auffächert. Es gibt also unterschiedliche Dimensionen, die in ihren inhaltlichen Merkmalen identisch sind und nur jeweils vom menschlichen Bewußtsein subjektiv anders erfahren und gesehen werden.

Mit seiner Geburt wählt der Mensch eine gerade herrschende Zeitqualität, die eine zentrale inhaltliche Thematik in sich trägt, welche der Native dann im Laufe seiner Biographie mit Zeit ausfüllt. So prägt er sein Muster in den verschiedensten Erlebensformen und Dimensionen aus, gemäß der Gleichung:

Muster + Zeit = Schicksal.

Im Globalen ist das allein schon an den unterschiedlichen Jahreszeiten der Natur ersichtlich. Diese Stimmungsqualitäten spiegeln sich im Inneren des Menschen und um ihn herum in allen erdenklichen Facetten wider. Beschrieben wird dieser Ablauf durch den Tierkreis, der das Jahr in zwölf unterschiedliche Abschnitte einteilt. Diese Abschnitte nennt man Sonnenqualitäten, da sie zwölf Teilaspekte einer einzigen Instanz verkörpern, die sich in der materiellen Schöpfung widerspiegelt. Diese zwölf Urqualitäten werden symbolisch in jedem Horoskop dargestellt. Sie gehen dort auf verschiedenen Ebenen mannigfache Variationen ein, aus denen man ganz differenzierte

Aussagen über das Muster eines jeden Menschen oder einer bestimmten Zeitqualität machen kann. Schon das einfache Verständnis der symbolischen Bedeutung der zwölf Sonnenqualitäten führt zu einem hohen Maß an Einsicht in die konkreten Lebensabläufe und Zusammenhänge.

Der Jahreslauf ist zugleich eine Wanderung durch den Tierkreis. Wenn man die Symbolik des Jahreslaufes auf die Themen eines Menschen projiziert, beginnt man zu erahnen, warum dieser sich immer wieder mit ganz spezifischen Situationen auf verschiedenen Ebenen auseinandersetzen muß.

In ein Bild gekleidet könnte man sagen: Wenn das Inkarnationsthema eines Menschen lautet, etwas über das Mysterium des Herbstes zu erfahren, mit seiner absterbenden Qualität des äußeren Lebens, der Hinwendung von der Außenwelt zur Innenwelt, so wird dieser so lange November-Stimmung erleben, bis er aufhört, sich nach dem Hochsommer zu sehnen. Dies meint: Wenn der Mensch andere Ideen bezüglich seines Lebensverlaufes hat, wird ihn das Leben so lange in jene Themen einschleusen, bis er das zu verinnerlichende Thema gelernt hat. Dies gilt natürlich auch für den umgekehrten Fall. Man könnte das am Bild des Frühlings beschreiben. Wenn das Thema der Geburt lautet: Lerne etwas über den Frühling, das Thema der Wiedergeburt allen Lebens, des Neubeginns, der Mensch aber die Thematik des Winters, den Wunsch nach Rückzug und Stille, das Ruhen der Energien in sich trägt, wird er wahrscheinlich soviel quirligen Neubeginn, Dynamik und Energie um sich wiederfinden, bis das Eis in ihm zu schmelzen beginnt und das Außen ihn weich und flexibel gemacht hat. Hier besteht die Chance zu erkennen, daß das Leben aus Wandlung besteht und daß letztlich jede Veränderung einer statischen Fixierung zurück zur Lebendigkeit führt. So ist der Schmerz, den viele Menschen durch Wandlung erfahren, gleichzusetzen mit dem Schmerz der Geburt, der am Anfang eines jeden Lebens steht.

Das Mysterium des Jahreslaufes birgt inhaltlich die detailliertesten Zyklen des Lebens in sich. Diese lassen sich getrost auf den Lebensweg des Menschen, seinen Geburtsauftrag und seine Wachstumsabschnitte beziehen. Am Anfang eines neu beginnenden Zyklus stehen immer die Geburtswehen, dann folgt der Schmerz der Geburt, der zugleich anzeigt, wann der Zyklus beginnt. Nun folgen Phasen des Wachsens und Gedeihens, die Hochblütezeit und das Einbringen der Ernte. Es folgen die Wandlung, der Verfall und der Tod. Dieser symbolische Tod ist zugleich wie in der Natur ein Sammeln und Ruhen der Kräfte, um mit den geernteten Erfahrungen aus dem vergangenen Zyklus wieder aufzuerstehen, auf einer neuen Ebene. Wo immer man schaut, ob es im Tagesverlauf der Weg der Sonne ist, die Mondphasen, Ebbe und Flut, in der Natur die Jahreszeiten oder der Lebensweg vom Kind bis zum Greise, überall entdeckt man das gleiche Muster und den gleichen Verlauf. Auch wenn das Leben des Menschen nur einem Teilabschnitt aus dem großen kosmischen Zusammenhang gleicht, ist es im Verbund eines großen zyklischen Geschehens zu betrachten, allerdings außerhalb des menschlichen Vorstellungsmodells, das gebunden ist an einen kontinuierlichen Ablauf von Raum und Zeit.

Mit Hilfe der symbolischen Betrachtungsweise der Astrosophie wird die Welt immer transparenter, man lernt, überall die gleichen Zusammenhänge zu entdecken. Man lernt, sich bestimmten Themen zu widmen, die das Leben einem über Ereignisse und Schicksalsschläge nahezubringen versucht. Genauso wird es möglich, über die Beobachtung der kosmischen Zusammenhänge diese auf jedes Lebensmuster zu übertragen und besonders auf den eigenen Weg anzuwenden. Man erkennt, welche Bereiche man ganz gezielt und bewußt konfrontieren sollte.

Die Urbilder des Tierkreises erschließen einem den Blick für die Erkenntnis, daß alle Ebenen des Lebens miteinander in einem großen Verbund stehen. Diese Betrachtungsform macht es möglich, von einer Ebene eine Vielzahl von Rückschlüssen auf andere Ebenen zu ziehen. In diesem wechselseitigen Für- und Ineinanderleben aller Teile des einen großen Organismus bleibt kein Raum mehr für Fatalismus. Jeder Mensch gibt seine individuelle Antwort auf die Fragen, die das Universum an ihn stellt, jeder schwingt seinen Rhythmus und spielt seine Melodie in dem einen großen Weltkonzert mit, das wir Kosmos nennen und in dem wir gleichzeitig tönendes Instrument und ausübender Künstler sind.

Die Astrosophie lehrt den Menschen, die konkrete Welt als lebendig und zu ihm gehörig anzusehen, damit er lernt, in seinem Bewußtsein nachzuvollziehen, was ihn fortwährend über die äußeren Begebenheiten anspricht.

Der Mensch hat die Möglichkeit, weiterhin in seinem Leben verstrickt zu bleiben, wenn er sich aus seiner Gebundenheit nicht erhebt. Oder aber er nimmt den Dialog auf und beginnt zu verstehen, warum ihn in seinem Leben immer wieder ähnliche Situationen aufsuchen. Die Astrosophie ist die Lehre, die den Menschen in den Mittelpunkt seines eigenen Musters stellt. Sie geht davon aus, daß der Mensch die Chance hat, seine gesamten Anlagen voll zu entwickeln sowie eine Bewußtheit für die Ganzheit seiner selbst zu erlangen. Geschieht dies nicht in seinem Leben, dann kehrt sich sein eigenes Muster um und tritt ihm entgegen, so daß ihm fortan all jene Teile im Außen begegnen, die er nicht bereit ist, in sich zu verwirklichen, womit der Mensch zum Opfer seiner eigenen Anlagen wird.

Die astrosophische Entsprechungslehre

Die nachfolgenden Beschreibungen stammen aus dem uralten Wissen um einen universalen Zusammenhang, wie ihn das hermetische Weltbild skizziert, sie setzen sich aus der astrosophischen Entsprechungslehre zusammen und sind nicht aus der Sicht einer Erfahrungswissenschaft zu sehen.

Es mag einleuchten, daß der Makrokosmos mit der Sonne als Zentralkörper, als Quelle allen Seins, mit den das Sonnenzentrum umkreisenden Planeten als Manifestationen und Abwandlungen dieser zentralen Urkraft, richtungsgebend für die mikrokosmischen Vorgänge ist. Fraglos gelten die gleichen Gesetze, wie man sie im übrigen Sein der Welt wiederfindet, für die Menschenseele: für Organisches ebenso wie für Anorganisches, für die Physis ebenso wie für die Psyche, für alle Lebensprozesse. Langsam nähert man sich in unserer heutigen Zeit wieder jenen alten Gedankengängen an, da man mit dem reinen, im wahrsten Sinne des Wortes «oberflächlichen» wissenschaftlichen Denken in eine Sackgasse gelangt ist. Im frisch angebrochenen Zeitalter der esoterischen Psychologie und einer neu erwachten Symbolkunde beginnt man langsam zu begreifen, in welch außerordentlichem Maße alte Weltvorstellungen in ihren Bildern wesentlich Wirkliches enthalten. Der Mensch beginnt langsam wieder zu verstehen, wie gewaltig das Ausmaß unbewußter Zusammenhänge zwischen Mensch und Schöpfung ist, in deren Wirken sich das Menschenleben vollzieht. Er lernt die symbolische Bedeutung der Organfunktionen zu entschlüsseln, versteht die symbolische Bedeutung von Dingen und Tieren oder anderen Wesenheiten. Auch dem wissenschaftlich orientierten Menschen dämmert langsam, daß das Vertrauen auf das innere Wissen um die Stimmigkeit alter hermetischer Weisheit nicht nur einem unrealistischen schwärmerischen Herzen entspringt. Große Geister wie Meister Ekkehart oder Paracelsus besitzen in ihren Aussagen, löst man sich von der Betrachtung der uns nicht geläufigen mittelalterlichen Sprache, eine ungeheure Tiefe und Konsequenz, die man heute lange im Lager der aufgeklärten Realisten suchen muß. Ahnt man doch von den Einsichten, die einen Meister Ekkehart verkünden ließen: *«Ein stein hàt ouch minne.»* Auch Paracelsus wußte von diesen Zusammenhängen, in dem er schrieb, daß der Mensch den gesamten Kosmos in sich trage: *«Nichts ist im Himmel noch auf Erden, das nicht sei im Menschen.»* Und wenn er verkündet: *«Ihr sollt wissen, daß im Menschen seind Sonn und Mond, und all Planeten»*, so erkennt man daran, daß es sich um die Grundfunktionen handelt, aus denen der gesamte Kosmos aufgebaut ist, die überall walten und deren analoge Symbolspender als Mitspieler des Sonnensystems droben am Himmel wandeln. Das bedeutet: Ob im Mineralreich, im Pflanzenreich, im Tierreich, in den Organzuordnungen des menschlichen Körpers, in Farbbestimmungen, in Laut- und Klangzuordnungen, in Jahreszeiten, in den Lebensphasen des Menschen, in Wochentagen, in Märchen und Mythen, überall findet man die gleiche Zugehörigkeit und die gleichen Grundstimmungen der Urkräfte, die in den jeweils aufgezählten Bereichen herrschen. Dergleichen Annahmen, daß bestimmte Kräfte alles Geschehen bedingen, sind keineswegs wunderbarer als etwa jene Feststellung der Naturwissenschaft, daß alle organischen Körper dieser Erde im wesentlichen aus den vier chemischen Elementen Sauerstoff, Wasserstoff, Kohlenstoff und Stickstoff bestehen; daß also die Schöpfung mit ihren unendlichen Variationen nur ein ewiges Permutieren solcher Grundelemente sei; wie etwa der Kohlenstoff aufzutreten vermag als Kohlensäure unserer Mineralquellen, als rußige Kohle in den Flözen oder als reiner, klarer Diamant. Unter diesem Gesichtpunkt wollen auch die folgenden Beschreibungen angesehen werden, die astrosophisch stimmig in den reinen Zuordnungen zu den entsprechenden Urprinzipien dargestellt sind. Die symbolischen Beschreibungen sollen dazu anregen, Lebensmythen und Lebensprozesse in ihrer stimmigen Symbolik erkennen zu lernen. Die Darstellung der jeweiligen Mythen ist deshalb lediglich wegen ihrer psychischen Realität von Wert, während sie unter dem realmateriellen Gesichtspunkt betrachtet irrelevant ist: Weder dem Soziologen noch dem Statistiker noch dem Psychologen ist damit in irgendeiner Weise gedient. Wohl aber vermag der hermetisch interessierte Mensch, dem es um den Tiefengehalt der Dinge geht, durch Kenntnis der kosmischen Dominante eines Phänomens dessen Bedeutung im psychologischen Sinne zu würdigen. Von daher ist es wichtig, den von der astrosophischen Symbolik gestalteten Zusammenhang zwischen den jeweiligen Geburtsmustern und den kosmischen Urprinzipien deutlich werden zu lassen. Zum anderen geht es in den folgenden Beschreibungen darum, eine früher allgemein bekannte – und im Grunde doch unbekannte – Symbolwelt zu beleuchten.

Nur auf diese Weise gelangt man zu einer wirklichen Vorstellung vom Menschen als dem immer noch unbekannten Wesen, indem man erkennt, daß kosmische Welten auch in uns sind. Das aber heißt: Sind im Menschen als einem Mikrokosmos alle Grundfunktionen des Seins vorhanden, muß der Wanderer diese als Bewußtwerdungprozeß auf seinem Individuationsweg verstehen lernen.

Aus diesem Grunde unternehmen wir in den nachfolgenden Kapiteln Exkursionen in fremde Reiche und ferne Länder der Seele, um von möglichst vielen Seiten, in möglichst vielen Abwandlungen, die in uns waltenden Prinzipien kennenzulernen, um sie in den verschiedensten Verkleidungen und Maskierungen unseres Alltags wiedererkennen zu können; um so den Reigen der Kräfte im Menschen begreifen zu lernen.

Aus diesem Grund sollte man sich nicht scheuen anzuerkennen, daß die alte Konzeption der hermetischen Astrologie vom Menschen als Mikrokosmos Umfassenderes sah als die schulwissenschaftlichen Psycho-Logien unserer Zeit.

So wäre die Erkenntnis wünschenswert, daß in nicht allzufernen Tagen die Einsicht folgt, daß Weltenschau gleich Seelenschau ist – da Sonne und Mond und alle Planeten gleichermaßen im Menschen wirksam sind!

Die Grundstruktur des Menschen

Jedes menschliche Geburtsmuster ist nach einer ganz spezifischen Grundstruktur aufgebaut. Diese ermöglicht es, auf einen Blick die Lebensspannung zu erfassen. Man erkennt am Grundgefüge eine mögliche Kernproblematik, die sich aus der Zusammensetzung des Geburtsmusters ergibt. Denn jedes Geburtsmuster setzt sich aus vielen Bausteinen zusammen, die alle zusammen mit einem kompositorischen Zusammenspiel vergleichbar sind, welches allerdings ohne Rücksicht auf menschliches Ermessen Mißklänge duldet und sie deutlich werden läßt.

Diese Grundstruktur läßt sich im Grobraster in folgende Komponenten aufgliedern.

1. Es gibt ein Basis-Potential, das dem Menschen vollständig zu eigen ist, welches seiner gesamten Ich-Intention entspricht, mit der er versucht, sein innerstes Bestreben in der Welt Gestalt annehmen zu lassen. Es gleicht den Ur-Instinkten, welche sich in jeder Faser, in allem Wollen und in jeder Ausdrucksform nach außen manifestieren möchten, ähnlich dem Ur-Wunsch eines Wesens zu überleben. Dieses Potential wird als *Anlage* des Menschen bezeichnet.

Aus der Sicht der hermetischen Astrologie entstammt das mitgebrachte Basis-Potential des Menschen anderen Existenzen. Gleich einer seelischen Hochpotenz entspricht die Anlage dem Abglanz vergangener Einkörperungserfahrungen, die wieder in neuer Form im Menschen Gestalt annehmen. Die Anlage besitzt eine statische

Qualität, die mit der Verkörperung fortsetzen möchte, was im seelischen Grundgefüge vorhanden ist. Vergleichbar ist dies mit einer alten Melodie, die beginnt zu klingen und mehr und mehr zum alles übertönenden Klang werden möchte. Doch genau wie die Lieder und Weisen vergangener Jahrhunderte entspricht jene seelische Qualität nicht dem waltenden Zeitgeist und damit dem bestehenden Musikempfinden, so daß es einer Korrektur bedarf, um sie für die «Ohren» einer bestimmten Zeit aufnehmbar zu machen. Die in die Manifestation hineinzwingende Seelenqualität besitzt zwar eine unweigerliche Präsenz und das Bedürfnis, alles zu durchdringen, doch der Sinn in der erneuten Verkörperung liegt darin, daß das vorhandene Potential eine Veränderung erfährt. Jede Veränderung oder Verwandlung, ganz gleich in welche Richtung sie erfolgt, ist immer an eine Bewußtwerdung gebunden, die einer seelischen Bestandsaufnahme gleicht, bei der der Mensch sich ganz unverhohlen im Spiegel der Selbsterkenntnis in seinem ganzen Ur-Anliegen betrachtet. Dazu treten im Leben die verschiedensten Kräfte auf den Plan, die zu dieser Verwandlung beitragen. In erster Linie sind es die Kräfte des Unbewußten, die im besonderen Maße durch ihre ewig währende Präsenz dazu beitragen, daß der Mensch eine Infragestellung erfährt. Jene Kräfte sind es, die man auch als den *Schatten* bezeichnet, da sie aus dem Dunkel des Unbewußten geboren werden und den Grundstein zur *Verwandlung* darstellen, denn Unbewußtes wird durch Bewußtwerdung zur Verwandlung geführt. Das vorhandene Seelenpotential eines Menschen wird im Verlauf des Lebens nicht komplett verlöschen, vielmehr erfährt es eine notwendige Veränderung, eine Wandlung oder auch Erweiterung, die in eine bestimmte Richtung geführt wird. Diese ist aber in ihren Auswirkungen immer an das individuelle Grundanliegen der jeweiligen Seelenpersönlichkeit gebunden.

2. Jede Anlage bedingt bestimmte Gesetzmäßigkeiten, die dazu führen, daß die seelische Grundanlage des Menschen in eine erforderliche Richtung geführt wird und eine Veränderung erfährt.

Diese nennt man die *«Finalität»*, sie ist astrosophisch die *«Zielidee»* und signalisiert die Sinnhaftigkeit, weshalb das betroffene

Individuum in eine bestimmte Richtung hineinverwandelt wird. Diese Zielidee entspricht einem höheren Gesetz, das aus menschlichem Ermessen schwer erreicht werden kann, da es sich nicht mit den subjektiven Bedürfnissen des Menschen deckt. Vielmehr signalisiert die Zielidee ein unbedingtes Erfordernis, dem es gilt, sich im Leben zu unterstellen. Der Mensch hat die Möglichkeit, diese Zielidee verstehen zu lernen. Je bewußter er mit seiner vorhandenen Anlage umgeht, desto mehr erlangt er die *Erkenntnis*, weshalb bestimmte schicksalhafte Bedingungen sich in seinem Leben immer wieder manifestieren müssen.

3. Den beiden beschriebenen Basis-Komponenten der menschlichen Grundstruktur gesellt sich eine dritte hinzu, die eine dynamische Richtung beschreibt, sie entspricht einem *Auftrag*, der an den jeweiligen Nativen ergangen ist.

In jedem Geburtsauftrag ist immer eine ganz besondere Sinnhaftigkeit enthalten, da der Auftrag immer aus einer notwendigen Konsequenz des Anlage-Potentials entsteht. Er entspricht einer inhaltlichen Qualität, die dem Menschen fehlt und die er im Laufe seines Lebens erlangen sollte. Deshalb hat der Mensch selten eine bewußte Anbindung an die Themen, die er mit dem Auftrag erhält. Sie stellen sich ihm vielmehr als Erfordernisse im täglichen Leben, welche sich aus seinem Auftrag bedingen. Darüber hinaus verhilft ihm aber die Einlösung seines Auftrages im besonderen Maße beim Erreichen seiner Zielidee.

Setzt man sich mit dem eigenen Geburtsmuster auseinander, sollte in erster Linie die Anlage Aufmerksamkeit erhalten, denn sie macht das eigentliche Wesen des Menschen aus und wird in allen Handlungen ihren Ausdruck finden. Die *Finalität* ist vergleichbar mit den entstehenden Konsequenzen, die sich aus dem Wesen der Anlage bedingen. Sie erhält nur im Zusammenhang mit der Anlage eine Bedeutung, so daß man sie immer in Bezug mit dieser sehen muß. Der *Auftrag* entspricht den Themen, die dem Menschen erst einmal fremd sind. Man könnte auch sagen, er entspricht dem Teil, der dem Menschen fehlt.

Nähert man sich in dieser Form dem Geburtsmuster eines Menschen an und setzt die verschiedenen einzelnen Bestandteile in einen sinnhaften Zusammenhang, so eröffnet sich dem Betrachter das Muster in einem ganz anderen Licht.

Zusammenfassend läßt sich die menschliche Grundstruktur in drei zentrale Faktoren gliedern:

1. Die Anlage mit den entsprechenden Manifestationen des Unbewußten, die es gilt, sich bewußt zu machen. *(Bewußtwerdung – Schatten / Verwandlung)*

2. Die Finalität beschreibt das Ergebnis, das auf dem Weg zur Veränderung erreicht und vor allem in seiner Notwendigkeit erkannt werden sollte.
(Zielidee / Erfordernis – Erkenntnis / höhere Einsicht)

3. Die neue Qualität, die es gilt, im Verlaufe des Leben zu erlernen. *(Auftrag)*

Die Anlage

Die Anlage ist als Ausgangsbasis für das Leben der dominanteste Teil in der Seelenstruktur des Menschen. Sie ist eine «aufsteigende Qualität», die sich in die Welt hinein manifestiert. Damit erzwingt sie eine Polarisierung, denn jede Ich-Intention besitzt mit ihrer Unterscheidungsfähigkeit immer einen spaltenden Charakter, egal in welche Richtung sie zielt.

Im Lateinischen heißt aufsteigen *ascendere*, weshalb man die Anlage des Menschen auch als *«Aszendent»* bezeichnet.

Die hermetische Astrologie stellt mittels ihrer rechnerischen und graphischen Komponente die unterschiedlichen Faktoren, welche seelische Zusammenhänge symbolisieren, sehr übersichtlich am Modell des Kreises dar. *(Die Anordnung der verschiedenen Faktoren findet sich auch heute in jedem von Hand oder per Graphik-Computer gezeichneten Horoskop wieder.)* Der Kreis ist immer das Symbol für die Ganzheit. Er symbolisiert den kosmischen Ur-Zustand, in dem alle Prinzipien oder auch Seelenqualitäten, die es gibt, enthalten sind. Die hermetische Astrologie teilt diese Ganzheit in zwölf Ur-Bilder (Tierkreiszeichen) ein, die in den nachfolgenden Kapiteln detailliert beschrieben werden. Im Kleinen symbolisiert der zwölfgeteilte Kreis die alles enthaltende makrokosmische Ganzheit. Will man den individuellen Aszendenten eines Menschen ermitteln, muß man Raum und Zeit in eine Beziehung setzen, denn der Aszendent ist zunächst eine rechnerische Größe, die sich aus den Schnittpunkten von Ost-Horizont und Ekliptik ergibt. Aus dieser Korrespondenz von Raum und Zeit läßt sich beschreiben, welche Tierkreisidee zu einer bestimmten Zeit in die Frequenz des Raumes hineintritt.

Die Tierkreiszeichen teilen den 360 Grad großen Kreis in zwölf gleich große Abschnitte von je 30 Grad. Setzt man diese wieder in Beziehung zu der sich drehenden Erdgeschwindigkeit, kann man sagen, daß ca. alle zwei Stunden *(aufgrund der ekliptischen Bewegung des Horizontes steigen manche Zeichen schneller und manche langsamer in den Raum)* ein anderes Tierkreiszeichen und damit eine andere Idee aufsteigt. Die rechnerische Komponente soll allerdings nicht der Ausgangspunkt der Betrachtung sein, sondern die inhaltliche Bedeutung des Aszendenten muß im Vordergrund stehen.

In graphischen Darstellungen von Horoskopen findet man überwiegend den Aszendenten auf der linken Seite eingezeichnet. Graphisch wird damit der Osten dargestellt, in dem das Licht aufgeht. Dies deckt sich zwar nicht mit den bekannten Darstellungen, in denen man sich beispielsweise mit dem Kompaß linksseitig am Norden orientiert. Die Unterschiede entstehen deshalb, weil sich die eine Form der Richtungsmessung auf ein weltliches Maß bezieht, die andere Form bezieht sich auf eine kosmische Gegebenheit, die auf die weltliche Ebene projiziert wird.

In diesem Zusammenhang versteht es sich, daß man dazu nicht die üblichen weltlichen Maßstäbe anlegen kann. Man orientiert sich also bezogen auf kosmische Gegebenheiten am Osten als dem Punkt, an dem das Licht aufgeht.

Will man ergründen, welche Grundintention in einem Menschen verborgen ist, muß man als erstes nach seiner Anlage forschen, denn sie gibt Auskunft über die wahre Intention des Individuums. Am

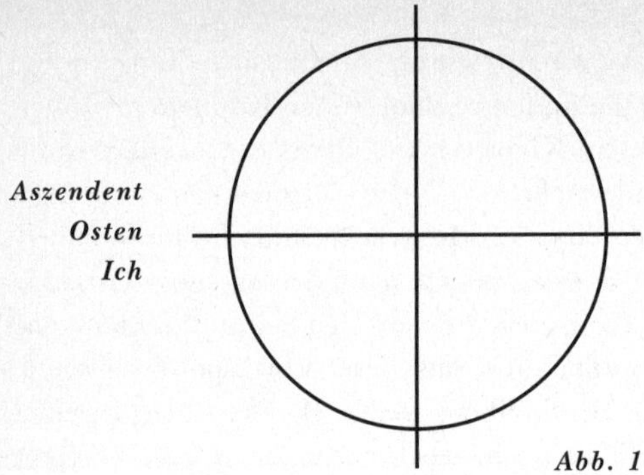

Abb. 1

Aszendenten schlummert die Verkörperung des menschlichen Ichs. Die «aufsteigende Qualität» wird vom Horoskopeigner innerlich vollends verkörpert und findet, ob bewußt oder unbewußt, in all seinen Intentionen ihren Ausdruck.

Der Aszendent symbolisiert als Basisanlage das gesamte innere subjektive Anliegen des Menschen. Beginnt man sich mit dieser Basis des Geburtsmusters auseinanderzusetzen und versucht im Keim die darin enthaltene Ich-Intention zu verstehen, dann wird an vielen Stellen auch die Notwendigkeit zur Veränderung des übrigen Geburtsmusters klar. Sieht man die Anlage als eine zu verändernde Qualität an oder als eine Qualität, die komplettiert werden muß, wächst aus einer solchen Sichtweise das Verständnis für Schicksalsereignisse, die das subjektive Anliegen der Betroffenen zu vereiteln scheinen, denn diese wirken als verändernde Instanzen innerhalb des Lebens. Sie führen jenes Werk aus, das den Zweck erfüllt, daß der Mensch aus seiner Ursprungsordnung in eine andere Richtung geführt wird. Eine solche Betrachtung läßt den Menschen über seine leidhaften Erfahrungen hinauswachsen, denn mit ihr erkennt er, daß das Schicksal jene «geschickte» Instanz ist, die sukzessive als ein Korrekturelement in seinem Leben wirkt. Versperrt man sich dieser Ansprache und versucht stets in alten Fixierungen zu verweilen, werden die nicht gehörten Themen sich in neue Formen kleiden und schicksalhafte Verwicklungen entstehen lassen, so lange, bis der Angesprochene die darin enthaltene Botschaft aufnimmt.

Ist man hingegen dazu bereit, den Dialog mit dem Schicksal aufzunehmen, hält der Mensch mit einer solchen Einstellung den Ariadne-Faden zu einer Bewußtwerdungsarbeit in der Hand, der ihn hinausführt aus der Verstrickung mit immer wiederkehrenden Situationen seines Lebens. Diese wollen ihn auf die Aspekte seiner Person aufmerksam machen, die sich in einem Zuviel in seinem Wollen und Trachten befinden. Je größer die individuelle Ich-Intention ist, desto stärker erfährt der Mensch die lösenden Situationen, die es ihm nicht mehr ermöglichen, sich an seine bekannten Fixierungen zu binden.

Der Aszendent stellt den Teil des Menschen dar, zu dem er «Ich» sagt. Jede einseitige Ich-Identifikation aber setzt in der polaren Welt gleichzeitig eine unsichtbare Dynamik innerhalb des Geschehens in Gang, die sich zwingenderweise aus den Selbstbildern ergibt, da jede Einseitigkeit des Menschen ihren Gegenpol benötigt, um im

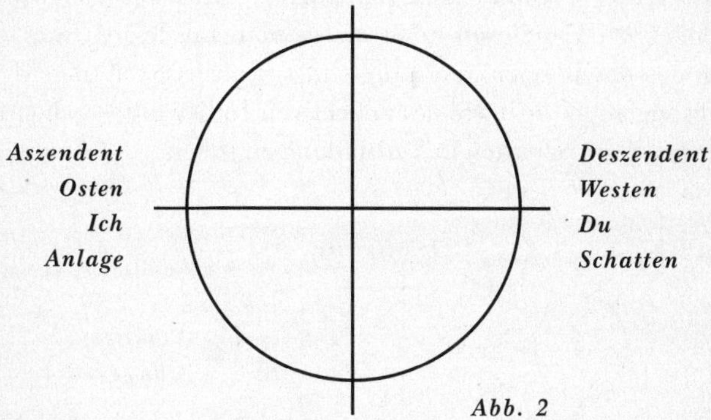

Abb. 2

Sinne der kosmischen Ganzheit wieder eine Harmonie zu bilden. Wenn man also auf der einen Seite «Ich» sagt und sich als solches empfindet, heißt es auf dem Gegenpol «Du». Das Ich bedingt das Du, das eine erzwingt die Existenz des anderen. Je mehr ein Individuum beginnt, sich allein mit einem Teil der eigenen Persönlichkeit zu identifizieren, desto stärker wächst auf der anderen Seite der Teil heran, dem die bewußtseinsmäßige Hinwendung fehlt. Diesen Teil der Nichtidentifikation nennt man den *Schatten*. Der Schatten ist eine Art Gegenspieler zum Ich, denn er wächst kongruent mit jedem Ich-Aufbau. Er legt im Sinne einer kosmischen Notwendigkeit den Grundstein zu seiner *Verwandlung*, wenn das Individuum bereit ist, sich mit ihm auseinanderzusetzen. Jedes Ich erfährt im Verbund mit einem Du immer eine verwandelnde Qualität. Jede Beziehung, in die der Mensch eintritt, jede Begegnung in der Welt und jede Auseinandersetzung mit den Anteilen des «Nicht-Ich» führen unwillkürlich zu einer Verwandlung. Läßt man die weit entfernten Anteile, die immer mit einer Ablehnung behaftet sein müssen, in das Bewußtsein ein, findet auf diesem Weg eine Art Hochzeit mit dem Schatten statt. Dies führt, wie im konkreten Leben auch, zur Auflösung der Individualität, was eine Veränderung und Lösung des subjektiven Ich-Bereiches bewirkt.

In der graphischen Darstellung eines Horoskops findet man den beschriebenen Schattenbereich, der in der hermetischen Astrologie *«Deszendent»* genannt wird, als polares Achsengegenstück zum Aszendenten. Lateinisch heißt *descendere* herabsteigen, was schon allein aus der Bezeichnung prägnant signalisiert, daß der Mensch herabsteigen, in die Tiefe des kollektiven Unbewußten gehen muß, um mit seinem Schatten in Verbindung zu treten. Alle Anteile also,

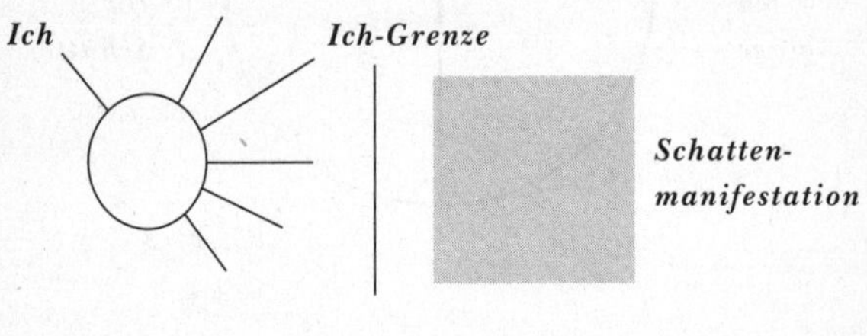

Abb. 3

die der Mensch aufgrund seiner Selbstbilder als nicht zu ihm gehörig empfindet, entsprechen dem Bereich des Schattens. Mit jedem

Selbstbild, mit jeder ausgrenzenden Definition, mit jedem «So bin ich nicht!» wird der Teil des Unbewußten genährt. Auf der physikalischen Ebene entspräche das der Intensität einer Lichtquelle, die, je stärker sie scheint, gleichzeitig auch die Schattenumrisse kräftiger werden läßt. Bezieht man dieses Beispiel auf das menschliche Anlagepotential, wächst mit allen dominierenden Selbstbildern und Ansprüchen, die Basis jeder menschlichen Psyche sind, auf der anderen Seite auch der Schatten kongruent mit.

Dieses unterschwellige Wachstum des Schattens bleibt allerdings nicht für immer verborgen, denn auch seine Kontur wird, wie am Beispiel der anwachsenden Lichtquelle verdeutlicht, mit der Zunahme der ausgrenzenden Definitionen immer deutlicher werden. Er manifestiert sich in Form von Symptomen, Begegnungen, Ereignissen oder zwischenmenschlichen Verbindungen. Alle Erlebensbereiche des Menschen, auf deren Entstehung er keinen Einfluß nehmen kann, werden damit zum Träger des Schattens. Die Erfahrungswelt gibt dem jeweiligen Individuum die Teile zurück, die ihm fehlen, sie wird zum Überbringer des Unbewußten und gleichzeitig zum Heilmittel des Menschen. Deshalb sollte man die Bezeichnung «Symptom» auch für alle anderen Erlebnisbereiche in der Außenwelt benutzen. Die gesamte Welt ist ein Symptom (griech. Zusammenfallen, Zusammentreffen), da sie sich aus der Summe der menschlichen Nichtidentifikationen zusammensetzt. So wie jedes Symptom dem Menschen das reicht, was ihm in seinem Bewußtsein fehlt, liefert auch die Welt jedem Menschen den Teil «frei Haus», den er zur Heilung (Heiligung), also zur Ganzwerdung braucht, damit er sich aus seiner Einseitigkeit löst.

Schattenthemen besitzen für den Menschen aus kosmischer Sicht eine gewisse seelische Notwendigkeit, sich mit ihnen auseinanderzusetzen. Dies führt zur Ganzwerdung im Bewußtsein; Ganzwerdung ist gleich Heilwerdung. Der Schattenbereich besitzt, ob man will oder nicht, eine ungeheure Dynamik sich zu manifestieren, denn ein unbewußtes Grundanliegen aller Wesen ist das Streben nach Einheit, was durch die Präsenz des Schattens, da er dem Menschen fehlt, auch erfüllt wird. Beobachtet man vergangene Ereignisse des eigenen Lebens oder die anderer Menschen, wird man feststellen, daß jeder Mensch die Bereiche, die er ganz besonders ablehnt, geradezu magisch anzieht und sich früher oder später genau in dem Themenkreis wieder einfindet, von dem er sich konsequent distanzierte. Viele Menschen befinden sich während ihres Lebens ständig auf der Flucht vor ihrem eigenen Schatten. Doch genausowenig, wie man dem konkreten, vom Sonnenlicht verursachten Schatten entrinnen kann, ist es möglich, dem eigenen Schatten zu entkommen, der aus der Ich-Fixierung entsteht. Die einzige Möglichkeit, mit dem Schatten in adäquater Form umzugehen, ist, sich mit ihm in Verbindung zu bringen, ihm zu begegnen. Er will konfrontiert werden und verhilft dem Menschen, wenn dieser bereit ist, ihm entgegenzugehen, zu größerer Bewußtheit.

In vielen überlieferten Mythen und Märchen findet man Hinweise, wie man mit Schattenthemen umgehen kann. Grob betrachtet weisen viele ein ähnliches Grundraster auf, in dem die Hauptperson oder der Heros verschiedene Abenteuer und schwierige Situationen zu bewältigen hat. In manchen Darstellungen beginnt der Weg des Abenteurers damit, daß er einen tiefen dunklen Wald durchqueren muß und einer Reihe von gefährlichen Konfrontationen und Prüfungen ausgesetzt ist. Der dunkle Wald symbolisiert den Schattenbereich, gerade jenen dunklen angsteinflößenden Teil des Unbewußten, mit dem sich der Held mutig in Verbindung bringen muß. In diesem Wald trifft er auf Ungeheuer, furchterregende Gestalten, die überwunden werden wollen. Nach den bestandenen Prüfungen gelangt er ans Licht. Das Märchen endet oftmals damit, daß der Held ein Königreich geschenkt bekommt, oder er feiert Hochzeit mit einer Prinzessin, oder ein Ungeheuer verwandelt sich in einen Prinzen oder eine Prinzessin. Dies geschieht nicht, um den menschlichen Wunsch nach einem Happy-End zu befriedigen, sondern im Märchen bekommt der Heros den Teil zurück, der ihm fehlt und nach dem er sucht. Er hält deshalb Hochzeit mit seinem Schatten, weil ihn dieser heil und ganz macht.

Der Heros verwandelt sich, weil er bereit war, seine Ich-Identifikation zu opfern, was im Mythos mit der Bereitschaft zu sterben angedeutet wird. Am Ende stirbt aber nicht der Held, sondern er wird belohnt und ersteht ganz unerwartet auf einer neuen Ebene. Nur sein altes Ich ist gestorben, denn er ist nach seinen Abenteuern nicht mehr der, der er einmal war. Übersetzt man die Botschaft des Mythos, bedeutet dies, daß die alten Fixierungen, aus denen jede Persönlichkeit besteht, jenen Teil darstellen, den es heißt zu verwandeln – der Heros deutet dies symbolisch mit seiner Bereitschaft zum Sterben an. Innerlich ist er mit seiner Haltung gewachsen, weil er seine Ich-Grenze erweitert hat, sein altes Ich erfuhr eine Verwandlung. Dies symbolisieren die häufig folgenden Belohnungen, da er in vielen Darstellungen ein Königreich, Ländereien und Schätze als Lohn erhält, was einem Zuwachs seiner Wertigkeit gleichkommt. Das soll vermitteln, daß auch beim Menschen aus seiner Bereitschaft zur Verwandlung ein inneres Wachstum entsteht – was eine Dynamik in Gang setzt, die ihn in eine neue Richtung führt.

Die Verwandlung ist im Geburtsmuster des Menschen eine immer schon enthaltene Größe, denn mit jedem Geborenwerden entsteht auch gleichzeitig die Notwendigkeit zur Verwandlung. Leben bedeutet Verwandlung; aus dem Lösen von alten Fixierungen und der immerwährenden Bereitschaft zum Neuwerden entsteht ein Rhythmus, der dem ständigen Ein und Aus des Atmenstroms gleichkommt, der jedes Wesen mit Leben durchpulst.

Verwandlung durch Schattenintegration

Die Astrosophie macht es anhand von graphischen Horoskop-Darstellungen möglich, den Schattenbereich genau zu spezifizieren.

In der optischen Darstellung eines jeden Horoskopes findet man den Teil, der den Schattenbereich symbolisiert, auf dem gegenüberliegenden Punkt der Achse, die sich aus dem Aszendenten ergibt *(siehe Abb. 3)*. Der markante Punkt, an dem die Themen des Schattenbereiches ersichtlich werden, nennt man den *Deszendenten*. Mit ihm werden die Inhalte, die dem jeweiligen Horoskopeigner in der Welt als verwandelnder Teil entgegentreten, beschreibbar. Ebenso kann man von den Inhalten auf die Erfahrungen rückschließen, die der Mensch in der formalen Außenwelt machen muß. Aus den konkreten Erlebensbereichen eines jeden Individuums lassen sich unter

Zuhilfenahme des Horoskopes Aussagen machen, welche die Lern-Inhalte aus bestimmten Erlebensbereichen genau definieren. Wendet der Mensch sich diesen Bereichen wertfrei zu und ist er bereit sich den Inhalten zu öffnen, damit er verstehen kann, was ihm als fehlender Teil im Außen begegnet, so legt er im Bewußtsein den Grundstein zur Basis seiner Verwandlung. Diese wird ihn innerlich wachsen lassen, und er wird aus seiner veränderten Grundhaltung ganz neue und andere Erfahrungen machen, die ihn zu einer konstruktiven Verwandlung führen. Ein solcher Grundstein kann aber nur im Bewußtsein gelegt werden, da Veränderungen sich stets von innen nach außen vollziehen. Ein verändertes Bewußtsein schafft andere Resonanzen, die wiederum im Leben ganz neue Erfahrensbereiche anziehen.

Aus seinem funktionalen Denken heraus möchte der Mensch seine Welt immer nur im konkreten Äußeren verändern. Er widmet sich einer Thematik, einem Symptom etc. mit Dynamik und erwartet, daß die entsprechend angezielten Ergebnisse sich einstellen, so als würde das Leben genauso funktionieren wie ein Computer, der auf Befehlstastendruck die gewünschten Ergebnisse liefert. Er versucht äußerlich seine Welt zu regeln, was dazu führt, daß die Dinge, die er funktional aus seinem Leben verbannt, auf Umwegen zu ihm zurückkehren.

Ein einfaches Beispiel aus dem partnerschaftlichen Bereich verdeutlicht, daß Themeninhalte sich nicht funktional verändern lassen. Ein Mensch (sie oder er) trennt sich vom Partner, da bestimmte Reizthemen am anderen die Beziehung unerträglich machen. Nach geraumer Zeit geht die Person eine neue Beziehung ein in der Hoffnung, in dieser ganz neue Themen anzutreffen. In der ersten Zeit scheint alles in bester Ordnung zu sein, der Himmel hängt voller Geigen, doch allmählich beginnen ähnliche Themen im anderen sichtbar zu werden, die bereits in der vorherigen Beziehung zum Abbruch führten. Die neue Beziehung wird wieder in Frage gestellt und abgebrochen. Es folgt ein weiterer Versuch mit einer erneuten Bindung, die auch nur zur Folge hat, daß mit der Zeit die altbekannten Themen wieder auftauchen.

Ein solcher Verlauf läßt sich natürlich auf jeden beliebigen Erlebensbereich, wie beispielsweise den Arbeitsplatz, Mitarbeiter, Projekte etc., erweitern, so daß man jedes Thema in dieses Wiederholungsraster einsetzen kann. Viele Menschen kennen ähnliche Situationen aus dem eigenen Leben und ringen damit, dem Hamsterrad des Schicksals, in dem sie sich aufgrund der wiederkehrenden Situationen gefangen fühlen, zu entkommen. Dies ist aber nicht möglich, denn solange der Mensch versucht, vor den Themen, die das Leben an ihn heranträgt, zu fliehen, wird er keine Veränderung in seinem Leben bewirken können. Er bleibt weiterhin Zuschauer desselben Lebensdramas, in dem lediglich die Schauspieler ausgetauscht werden, doch die Handlung und das Thema des Stückes bleiben immer gleich. Wirkliche Veränderung kann nur von innen nach außen entstehen. Der Mensch muß erst sich verändern, dann wird sich auch sein Leben verändern. Deshalb, sollte er wirkliche Veränderungen in seinem Leben beabsichtigen, ist es als erstes nötig, sich nicht gegen jeden äußeren Einfluß zu wehren, in dem man an den Symptomen des Lebens herumdoktert. Damit richtet man seinen Kampf nur gegen die Ausdrucksformen des Unbewußten, die sich in immer neue Formen kleiden, so lange, bis sie durch einen Bewußtwerdungsprozeß sukzessive erlöst werden. Vor allem sollte man sich von der allzu häufig gestellten Frage lösen, was es konkret zu tun gibt, um im Leben etwas zu bewirken, denn durch äußerliche Handlungen bleibt man bloß auf der Ebene des sinnlosen Aktionismus stehen. Man verschiebt damit seine Symptome immer weiter, weil sie nicht in einem selbst gelöst wurden. *Jede Veränderung* ist an eine *Bewußtwerdung* gebunden. Dies setzt vor allem die Bereitschaft zur Konfrontation voraus. Will der Mensch sich also verändern, sollte er lernen, ganz unverhohlen und ehrlich gegenüber sich selbst zu sein. Dazu ist es nötig, sich von allen Trugbildern zu lösen, die man sich im Verlauf des Lebens vorgaukelt und die zudem noch Kraft und Mühe kosten, um sie aufrechtzuerhalten.

Mit der Bereitschaft, sich im Spiegel der Bewußtwerdung zu betrachten, wird eine ungeheure Menge Energie frei. Diese kann sich als erstes in Ablehnung und Aggressionen manifestieren oder in heiterer Gelassenheit, die in einen Kraftzuwachs mündet. Eine solche Form der Selbstbetrachtung ist ein ganz intimer Prozeß, den jeder für sich alleine anregen kann, ohne sich anderen Menschen gegenüber in Erklärungszwänge zu begeben. Gewöhnt man sich an diese ehrliche Umgangs- und Betrachtungsweise mit sich selbst und ist bereit, auf schmückende Selbstbilder zu verzichten, beginnen die Verläufe des Lebens andere Gestalt anzunehmen, da es nicht mehr nötig ist, daß der Mensch über Schicksalszwänge in Erkenntnisprozesse gestoßen wird.

Diese bewußte Betrachtungsform schafft eine Dynamik, die den Menschen Schritt für Schritt in eine Richtung führt, die man aus astrosophischer Sicht als Zielidee des Lebens bezeichnen kann. Die mit der Zielidee verbundenen inhaltlichen Themen vermag der Mensch aber nur über den Weg der Verwandlung zu erreichen, da dieser die Brücke ist, die ihn zu einem bestimmten Ergebnis führt.

Daraus folgt der nächste Schritt, der ihm den Weg weist, in welche Richtung die Veränderung ihn bringt. Dieser entspricht der finalen Situation, die ihn zu einem bestimmten Ergebnis hingeleitet – einem Ziel, das es zu erreichen gilt. Dieses Ziel allerdings ist für den Menschen eine unbekannte Größe. Es ist ihm fremd, da es dem Ergebnis gleicht, das aus seiner Verwandlung entsteht.

Er kann es also nur verstehen lernen, indem er den Hinweisen in seinem Leben folgt, die ihn Schritt für Schritt zu diesem Ziel geleiten wollen. Damit gleicht er jenen Wanderern in allen Mythen und Märchen, denn auch sie gelangen an Stationen, Wegscheidungen – und sie wissen nicht, wie das Ende ihrer Reise aussehen mag. Die Astrosophie erweist sich an solchen Stellen des Weges als ein wertvolles Instrument, denn mit ihr ist es möglich, die entsprechende Zielidee aufzuspüren, um verstehen zu lernen, was der Endpunkt der Lebenserfahrung sein soll. Das individuelle Horoskop dient dazu als Landkarte, die den Weg durch die verschiedenen Seelenstationen der Verwandlung weist bis zu jenem Punkt, der als individuelles Ergebnis eines jeden Lebens erreicht werden soll – die Finalität.

Die Finalität

Die Finalität ist der unpersönlichste Teil innerhalb des Geburtsmusters eines Menschen. In der graphischen Darstellung eines Horoskopes wird sie als *MC («medium coeli»)* oder als die Himmelsmitte bezeichnet. Sie symbolisiert im Horoskop jenen Punkt, der «am weitesten» von den persönlichen Belangen eines Menschen entfernt ist. Mit der Bezeichnung Himmelsmitte wird deutlich, daß die Thematik weit über den subjektiven erdbezogenen Belangen des Menschen steht. Das MC entspricht dem Ergebnis, das sichtbar wird, wenn der Mensch in seinen subjektiven Themen, die sich mit seiner Geburtsanlage verkörpern, verwandelt wird.

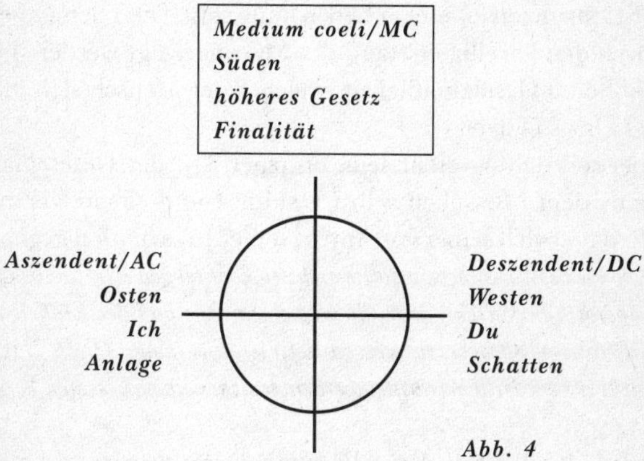

Abb. 4

Das Medium coeli (= MC) wird als Senkrechte im Kreis eingezeichnet *(Abb. 4)*. Damit nimmt die Finalität den Punkt in der graphischen Darstellung des Horoskopes ein, der über den subjektiven Bereichen steht. In der astrosophischen Betrachtung symbolisiert die Finalität oder die Zielidee innerhalb eines Horoskopes genau den

Bereich, der dem Menschen wieder eine Richtung gibt, in der er Veränderung erfährt. Einzeln betrachtet würde die Finalität keinen Sinn ergeben, erst im Zusammenhang mit der Anlage des Menschen entsteht eine Sinnhaftigkeit, die beschreibt, welche Veränderung im Menschen notwendig ist.

Im Verbund mit der Finalität beginnt man zu verstehen, welche Bewußtseinsanteile und Eigenschaften aus der menschlichen Grundanlage zu dominant sind. Deshalb stellt die Finalität im Horoskop des Menschen einen sehr wichtigen Bereich dar, an dem gewisse Notwendigkeiten sichtbar werden, die der Mensch im Laufe seines Lebens zu durchlaufen hat. Jene Themenbereiche, die durch sein Medium coeli im Horoskop skizziert werden, sind nicht vom Menschen aus dem reinen Wollen zu erreichen, sondern er erlebt diese, indem er vom Leben in sie hineingeschleust wird. Er besitzt keinen direkten Einfluß auf sie, doch hat er die Möglichkeit verstehen zu lernen, warum gewisse Erfahrungen in seinem Leben nötig sind. Die Themenbereiche, die durch den jeweiligen Stand des MC angezeigt werden, gleichen einer höheren Gesetzmäßigkeit, welcher der Mensch sich im Laufe seines Lebens beugen wird.

Dabei soll dahingestellt sein, ob jener Teil der Gesetzmäßigkeit nicht aus dem Menschen selbst resultiert und einem Versprechen gleicht, das er sich selber vor Antritt seiner Inkarnation gegeben hat. (*Die Abgabe des Versprechens sollte nicht zu konkret gewertet werden, da man solche übergeordneten Vorgänge, die aus einem Zustand der Einheit resultieren, mit unserer Sprache schwer zu definieren vermag. Diese Darstellung sollte mehr als ein Bild betrachtet werden, welches einem besseren Verständnis dient*).

Die Inhalte, die mit dem MC symbolisiert werden, erhalten erst ihren tieferen Sinn, wenn man sie mit der Anlage in einen Zusammenhang stellt. Man erkennt die Notwendigkeit der finalen Themen, weil man mit der großen Diskrepanz, die zwischen Anlage und Finalität besteht, die Gesamtproblematik des Geburtsmusters verstehen lernt. Aus der individuellen Grundhaltung, die jeder Mensch in sein Leben mitbringt, erwachsen Notwendigkeiten, die sich bedingen, weil der Mensch in seinen Grundfesten fixiert ist.

Die Welt, in der wir leben, setzt sich aus überall existierenden Polaritäten zusammen; alles besitzt einen Gegenpol, aus dem die verschiedenen Manifestationen ihre Spannung beziehen, so daß aus den bestehenden Widerständen alles erfahrbar und als konkrete Welt sichtbar wird. Auf der Ebene der sichtbaren Welt gibt es nichts, was außerhalb dieser Gesetzmäßigkeit existieren kann, was genauso für den Menschen gilt. Bezieht man den Menschen in diese Betrachtung mit ein, also sein mit der Geburt lebendig gewordenes Anlagenpotential, welches mit der hohen Ich-Intention der dominanteste Teil der Seelenstruktur ist, bedeutet dies, daß sich aus der polaren Gesetzmäßigkeit heraus gleichzeitig mit der Geburt der subjektiven Kraft eine polare Kraft dazu manifestieren muß, die den objektiven Pol zur Geburtsanlage darstellt. Aufgrund dieser Gesetzmäßigkeit manifestiert sich mit der subjektiven Ich-Energie polar dazu eine Instanz, die größer ist als das Ich. Diese größere Instanz zum Ich ist gleichzeitig eine Spannung oder ein Widerstand, vor dem das Ich erst deutlich und erkennbar wird. Denn jede Spannung macht erst Erkenntnis und daraus Einsicht möglich. Ein einfacher physikalischer Versuch, den jeder nachvollziehen kann, verdeutlich die Gesetzmäßigkeit, die auf jeder Ebene ihre Gültigkeit besitzt. Physikalisch gesehen ist Licht unsichtbar und farblos, es entsteht erst eine Reflektion, wenn es auf einen Widerstand trifft. Würde man in einem physikalischen Versuch einen Lichtstrahl in die unendliche Weite des Weltenraumes hinausschicken, wäre dieser nicht sichtbar. Doch im Moment, in dem das Licht auf einen Widerstand trifft, wird es an diesem wahrnehmbar. Auch der Lichtstrahl, der in der Dunkelheit eines Kinos aus dem Projektor abstrahlt, wird erst an der Leinwand als Bild sichtbar.

Man kann aus dieser Gegebenheit ableiten, daß es Widerstände braucht, damit Wahrnehmungsfähigkeit und damit auch Erkenntnismöglichkeit entstehen können. Würde man den Menschen als ein energetisches Kraftfeld oder als einen Lichtstrahl ansehen, dann benötigt es eine Projektionsfläche, um diesen sichtbar zu machen. Auch auf der Ebene des Bewußtseins braucht es Widerstände, damit im Menschen Erkenntnis entstehen kann.

Ein anderes Beispiel verdeutlicht anhand einer konkreteren Energie, daß es unbedingt Widerstände braucht, damit Kraft entstehen kann. – Jede dynamische Energie würde im Raum verpuffen und wäre nicht nutzbar, wenn man sie nicht verdichten würde. Ein Otto-Motor beispielsweise bezieht seine Kraft aus der Energieverdichtung, welche die frei gewordene explosive Dynamik im Kolbenraum komprimiert, so daß sie keine Möglichkeit besitzt, ungelenkt zu entweichen. Der kanalisierte frei werdende Druck treibt nun durch den geringen Freiraum die beweglichen Kolben an, die an einer Welle befestigt sind und auf diese Weise einen kontinuierlichen Kraftverlauf entstehen lassen.

In vergleichbarer Weise gibt es auf einer kosmischen Ebene Kräfte, durch die der Mensch Einschränkungen erfährt, so daß seine Ich-Kräfte gebündelt und in eine bestimmte Richtung geführt werden, damit eine bestimmte Richtung, ein angezieltes Themenfeld erreicht wird. Jene Instanz stellt eine höhere Gesetzmäßigkeit dar, vor der der Mensch in eine Veränderung gebracht wird. Eine Instanz, die es ihm nicht möglich macht, in der Form seine Ich-Intentionen zu leben, wie er dies aufgrund seiner Ur-Anlage möchte. Diese Instanz gibt ihm, vergleichbar mit dem Verdichtungsprinzip des Motors, eine Richtung vor, in die er sich zu bewegen vermag. Damit erhält er Struktur und Grenzen, was dazu führt, daß es ihm nicht mehr möglich ist, seine aus den Anlagen herrührenden Bedürfnisse in alter Form zu leben. Der Mensch erfährt durch diese Instanz eine Korrektur, die über die äußeren Situationen im Bewußtsein eine Hinterfragung erzeugen möchte. Diese entstehende Hinterfragung ist vergleichbar mit alten allegorischen Schilderungen über den Hüter der Schwelle, der dem Sucher an bestimmten Stationen den Durchgang zu weiteren Bereichen versperrt und den Pfadwanderer erst passieren läßt, wenn dieser bereit ist, seine persönlichen Belange zu opfern.

Bezogen auf das MC im persönlichen Horoskop, bedeutet dies, daß es vor allem gilt, ein Verständnis für die Themen zu erwerben, die durch das MC angedeutet werden, damit man diesen bewußt begegnen kann, wenn man mit ihnen konfrontiert ist. Man kann sich innerlich bereit machen, um verstehen zu lernen, weshalb bestimmte Notwendigkeiten an einen herantreten. Das bedeutet, daß der Mensch aufgrund der Einschränkung seiner Subjektivität die Möglichkeit erhält, sich hinterfragen zu lernen, um auf die Weise Einsicht in bestimmte Notwendigkeiten zu erlangen.

Der Sonnen-Auftrag = Lebens-Auftrag

Mit jedem Zeitpunkt innerhalb unserer polaren Welt verbindet sich eine ganz spezifische Zeit-Qualität, in der bestimmte inhaltliche Themen vorhanden sind. Das gilt für jedes Jahrhundert, jedes Jahrzehnt, jedes Jahr, jeden Monat sowie für jeden Tag, jede Stunde, Minute und Sekunde.

Diese inhaltlichen Themen sind als geistige Potenzen zu verstehen, die ganz konkret vorhanden sind und in den verschieden Formen und Manifestation überall in der Welt ihren Ausdruck finden. Vergleichen läßt sich dies damit, daß zu bestimmten Zeitpunkten in der Welt kollektive Stimmungen wahrzunehmen sind, in denen sich Menschen beispielsweise abwesend, aggressiv oder unsicher verhalten. Genauso werden alle Geschehnisse, die sich überall auf der Welt vollziehen, aus den Inhalten der jeweiligen Zeitqualität geboren. Auf einer weniger abstrakten Ebene gleicht das dem sich allgemein verändernden Verhalten von Menschen bei Vollmond. Diese Tatsache findet noch allgemeine Akzeptanz, doch über dieses konkrete nachvollziehbare Geschehen hinaus gibt es eine Vielzahl an bedeutungsvolleren kosmischen Faktoren, die noch wesentlich differenziertere Prozesse entstehen lassen. Was man manchmal zu bestimmten Zeitpunkten sensitiv als Empfindung aufnehmen kann, ist nur ein kleiner Abglanz dessen, was tatsächlich im Äther einer Zeit befindlich ist. Es existieren in jedem Zeitraum sehr komplexte Themeninhalte, nach denen sich das Leben gestaltet.

Da aber der Mensch sein Augenmerk hauptsächlich auf die äußerlichen Unterschiede richtet und nicht hinter die Manifestationen schaut, indem er fragt, was sich gerade für Ideen und Kräfte in bestimmten Ereignissen manifestieren, bleibt ihm die Gleichheit von allem Geschehen leider verborgen. Würde man weltliches Geschehen immer auf einen gemeinsamen Prinzipien-Nenner reduzieren, dann ließen sich die mannigfachen Geschehnisse auf eine verhältnismäßig kleine Zahl an unterschiedlichen Grundthemen reduzieren.

Wird ein Mensch zu einem spezifischen Zeitpunkt geboren, wird er gleichzeitig Träger der zu seinem Geburtszeitpunkt vorherschenden Themeninhalte. Das bedeutet, daß Gleichheiten bestehen zwischen dem Muster des Menschen, seinem Wesen und den zum Geburtszeitpunkt in der Welt befindlichen Themen. Denn Mensch, Welt und Universum sind eins. Nicht die Welt prägt ein Individuum, wie man dies im Sinne eines kausalen Weltbildes annimmt, sondern im Individuum spiegelt sich die ganze Welt wider. Die an den Menschen gebundene Seele nimmt deshalb mit ihrer Inkorporation an einer existierenden Zeitqualität teil, weil die im Geburtsmoment enthaltenen Inhalte in Korrespondenz zum Seelenmuster stehen. Dies ermöglicht ihr, die mit diesem Zeitraum verbundenen Erfahrungen zu machen, die sich danach durch ihr ganzes Leben ziehen. Denn was in der Minute der Geburt existent ist, wird sich im gesamten Leben auf den verschiedensten Ebenen immer wieder vollziehen. Erkennt man, daß in der Zeit gleichzeitig Erfahrungen enthalten sind, dann bekommt der Zeitfaktor des Lebens eine ganz andere Bedeutung. Aus einem solchen Betrachtungswinkel scheint es einleuchtend, daß jede Seele, bevor sie aus dem großen Nichts, den kosmischen Ur-Wassern in einen Körper inkarniert, den rechten Zeitpunkt auswählt, der es ihr ermöglicht, durch die Bindung an die Raum- und Zeitebene, im irdischen Leben eine Reihe von Erfahrungen zu machen.

Dieses Wissen um die Verkörperung zum rechten Moment in eine bestehende Zeitqualität wurde in allen alten Mysterien-Traditionen gelehrt. Auch wenn diese Sichtweise über das Zustandekommen der menschlichen Existenz nicht dem «rationalen» heutigen Weltbild entspricht, kann jedoch jeder, wenn er möchte, Erfahrungen machen, die ihm diese Betrachtungsweise des Lebens bestätigen. Bereits derjenige, der sich auf eine seriöse Reinkarnationstherapie einläßt, wird diese Überlieferung als eigene Wahrheit erkennen können, wenn er die Lebenswahrnehmung über den Bereich vor und nach seiner Existenz ausdehnt.

Dies verhilft dem Menschen dazu, sich in einer größeren Gesamtheit betrachten zu können als in dem an die übliche Wahrnehmung gebundenen kleinen Teilausschnitt, den er sonst in seinem Leben hat. Vor einem solchen Hintergrund erhalten das Thema der Geburt und die daraus resultierenden Lebensumstände eine ganz andere Bedeutung. Sie lassen sich nicht mehr unter dem Deckmantel von Zufälligkeiten halten, indem man die Geburt, das Menschsein und das Schicksal als Willkür betrachtet, der man ausgeliefert ist. Geht man davon aus, daß jede Seele sich den Auftrag zu inkarnieren selber gibt, um einem höheren Willen zu folgen, der mit dem menschlichen Willen nicht zu vergleichen ist, läßt sich das kausale Weltbild, das überwiegend auf Schuldzuweisungen basiert, nicht mehr in seiner alten Form aufrecht erhalten. Unter diesem Gesichtspunkt wird jeder Mensch letztlich selber für die Erlebnisse in seinem Leben verantwortlich, auch wenn er nicht das Bewußtsein besitzt, kausal dafür verantwortlich zu sein, da sein Erinnerungsvermögen für derartige Zusammenhänge nicht ausgelegt ist. Mit der in einer Zeitqualität befindlichen inhaltlichen Thematik läßt sich der konkrete Auftrag formulieren, der sich aus der Zeitqualität ergibt. Auch wenn sich die Seele diesen Auftrag sozusagen selber gegeben hat, ist es ein verbindlicher Auftrag, der unerbittlich im Verlauf des Lebens seine Erfüllung fordert.

Diese Verbindlichkeit ergibt sich daraus, daß im Moment des Eintritts in die Raum- und Zeitachse gleichfalls die mit ihr verbundenen Gesetzmäßigkeiten zu wirken beginnen. Der Mensch ist in einen Zyklus eingestiegen, der ihn im Laufe des Lebens an ganz bestimmte Erfahrungen heranträgt. Es entsteht eine Korrespondenz, die sich aus dem Bewußtsein des Menschen und der herrschenden Zeitqualität ergibt. In dieser wird er zum Mittelpunkt, er wird vom Leben angesprochen und antwortet durch sein Verhalten. Von nun an spiegelt sich sein ganzes Wesen im Leben wider, wie die Strahlen der Sonne den Mond bescheinen und von ihm reflektiert werden.

Deshalb bezeichnet man das Wesen des Menschen in der hermetischen Philosophie auch als sonnenhaft. Die Sonne symbolisierte in alten Kulturen das Prinzip des Lebens. Die Sonne ist mit der Wärme und der von ihr ausgehenden Strahlung der große Energiespender aller Lebewesen im Universum. Sie ist das Zentralgestirn, um das sich alles dreht und bewegt. Sie ist allgegenwärtig und konstant. Sie teilt das Jahr in unterschiedliche Abschnitte ein, die sich in den verschiedenen Manifestationen der Jahreszeiten widerspiegeln. In ähnlicher Form durchläuft die Sonne in einem Jahr den Tierkreis mit seinen zwölf Tierkreiszeichen, der die Sonnenbahn in zwölf Abschnitte einteilt, die einem riesigen ringförmigen Kraftfeld gleichen. Die Sonne «durchscheint» in den zwölf Abschnitten des Jahres die unterschiedlichen Tierkreiszeichen, so daß im Verbund mit dem Sonnenstand analog dazu die entsprechende Tierkreisidee im Äther gegenwärtig ist. Diese könnte man als Leitbilder bezeichnen, da sie alle eine besondere Charakteristik und Typologie besitzen. Aus astrosophischer Sicht kommt es zu einer Korrespondenz zwischen dem Wesen eines Menschen und der im Raum befindlichen Zeitqualität, die zu einem bestimmten Sonnenstand herrscht. In verkürzter Form bezeichnet man beispielsweise die Sonne im Tierkreiszeichen Stier als Stier-Sonne, die Sonne im Tierkreiszeichen Jungfrau als Jungfrau-Sonne oder die Sonne im Tierkreiszeichen Skorpion als Skorpion-Sonne usw.

Die Sonne im Geburtshoroskop symbolisiert den Lebensauftrag, der an den Menschen ergeht! Mit dem Sonnenstand und dem daraus resultierenden jahreszeitlichen Geschehen eines bestimmten Monats sind in den Naturabläufen gleichzeitig symbolisch inhaltliche Lernthemen verborgen, die für das Bewußtsein des Menschen eine bedeutungsvolle Entsprechung besitzen.

Im Grobraster läßt sich das Jahr in die vier Jahreszeiten Frühling, Sommer, Herbst und Winter einteilen, welche die Aspekte von Neubeginn, Höhepunkt, Niedergang und Ruhepunkt symbolisieren. Wird ein Mensch in einen spezifischen Abschnitt des Sonnenzyklus hineingeboren, zählt die inhaltliche Qualität des Zeitraumes symbolisch für ihn als anstehende Lernerfahrung. Dies bedeutet, daß der Sonnenstand in einem entsprechenden Tierkreiszeichen als Auftrag angesehen werden kann, der an den jeweiligen Nativen ergeht und den dieser im Laufe seines Leben verinnerlichen sollte. Meist erlebt der Mensch während des Lebens verschiedene Stadien, in denen das Thema seines Geburtsauftrages in den unterschiedlichsten Facettierungen an ihn herangetragen wird.

Im frühen Kindheitsmythos erreicht ihn sein Geburtsauftrag aufgrund kindlicher Unbewußtheit und einem Mangel an Umsetzungsmöglichkeit in der Opferrolle. Ist er ein Stück erwachsener geworden, dann erlebt er mit den vielen Aufforderungen aus dem Lebens- oder Überlebenskampf eine kontinuierliche Ansprache, mit der er in seine Geburtsthematik hineindefiniert wird. Die Anforderungen, die das Leben beispielsweise über den Beruf, die Partnerschaft oder die Familie an ihn heranträgt, führen dazu, daß er sich zwangsläufig ganz bestimmten Lernerfahrungen stellen muß. Die Unausweichlichkeit und die Intensität seiner mit dem Geburtsauftrag erhaltenen Themen wächst. Ab der Lebensmitte wird das Geburtsthema aufgrund ständiger Umkreisung ein Stück weiter zum eigenen Bestand gemacht und integriert.

Blickt der Mensch am Ende seines Lebens auf die gemachten Erfahrungen zurück, so sind diese in der Fülle der Erlebnisse immer die Konsequenz, die sich aus dem Geburtsmuster ergibt. Mancher Kampf, den man im Laufe des Lebens führte, resultierte aus der Ablehnung bestimmter Lerninhalte. Besonders wenn man den Sinn in den Verläufen des Schicksals nicht zu entdecken vermag, kann das zur Verbitterung führen. Die Astrosophie ermöglicht Schicksalsverläufe zu durchleuchten, um verstehen zu lernen, warum sich in vielen Lebensbereichen eine immer wiederkehrende Dynamik entfacht. Dazu ist es aber nötig, als erstes die Sinnhaftigkeit hinter allem Erlebten zu akzeptieren. Aus dieser läßt sich erkennen, daß das Leben versucht, den Menschen in eine bestimmte Richtung zu führen. Somit wird äußeres Geschehen zu einer ausführenden Instanz, die jedes Individuum in eine sinnvolle Richtung hin definiert.

Die mit dem Sonnenstand verbundenen inhaltlichen Themen kann man als bedingende oder ergänzende Notwendigkeiten zum «mitgebrachten» Anlagen-Potential betrachten. *Hier schließt sich der Themenkreis, denn die Sonne zeigt bestimmte Notwendigkeiten an, die der Mensch zu lernen hat.*

Daraus läßt sich die Frage ableiten, welches Anlagenpotential erhält welchen speziellen Sonnenauftrag? Was ist der verborgene Sinn, der hinter der Zusammenstellung vom Aszendenten und dem jeweiligen Sonnenauftrag steht?

Jedes Geburtsmuster weist eine schlüssig zu lernende Notwendigkeit auf, die sich aus dem Zusammenspiel von Aszendent und Sonne ermitteln läßt. Diese gilt es zu erfassen, denn daraus läßt sich erkennen, in welche Erfahrungsbereiche der jeweilige Mensch hineingeschleust wird. Forscht man nach dem tieferen Sinn des menschlichen Geburtsmusters, versteht man die Grundbedürfnisse sowie die Themen, um die der Mensch in seinem Leben ringt. Ebenso vermag man Aussagen darüber zu machen, welcher «Richtung» sich der Betroffene mit seinem Bewußtsein zuwenden sollte. Ist ein Mensch beispielsweise in seiner Anlage fixiert und unbeweglich, so daß er alles im Leben planen und konzeptionell fixieren möchte, könnte sein Sonnenauftrag ihn beispielsweise in Richtung Beweglichkeit und Flexibilität transportieren. Umgekehrt könnte der allzu bewegliche Native einen Sonnenauftrag erhalten, der ihn in Richtung seriöser Konkretisierung oder in die Passivität einfädeln soll. Erfahrungsgemäß hält der Mensch an seinen bekannten Themen fest, so daß er manche Lektion des Auftrages in schmerzhafter Form erleben muß. Die Kombinationen der Geburtsmuster sind ausgesprochen vielfältig. Deshalb läßt sich aus ihnen kein Dogma von zwingenden Zusammenhängen aufstellen. Man sollte aber auf kreative Art und Weise versuchen zu verstehen, was sich aus der Zusammensetzung der unterschiedlichen Themen für ein Sinn (oder Nichtsinn) ergibt. Man erhält auf jeden Fall in einer solchen Form der Hinterfragung ein Bild von den jeweiligen Nativen, mit dem man die Grundspannung seines Lebens erfaßt. Aus den Kombinationen des Geburtsmusters ergeben sich für jeden Menschen spannungsgeladene Herausforderungen, da ein bestehendes Thema stets eine Erweiterung oder eine Veränderung erhält. Der Aszendent stellt dabei die Basis dar, der die Veränderungen gelten. Das bedeutet aber nicht, daß die Themen, die sich aus dem Aszendenten ergeben, vollends «getilgt» werden. Der Aszendent gleicht vielmehr einer Verwirklichungsplattform, auf der sich eine Grundspannung des Lebens abzeichnet, die im Verbund mit der Sonnenthematik in eine bestimmte Richtung geführt werden kann. Folgt der Mensch dem Auftrag, den er mit seiner Geburtssonne erhalten hat, so geht er eine Verbindung ein, die ihn zu allen Bereichen der Verwandlung und Bewußwerdung geleiten wird.

Folgt man ihren inhaltlichen Vorgaben, gleicht die Thematik der Geburts-Sonne einem Fahrzeug, welches den Menschen durch die vielen verwandelnden Stationen des Lebens hindurchgeleiten kann. Deshalb sollte jeder für sich selber ergründen und wachsam in das eigene Leben hineinschauen, um herauszufinden, ob er dem Geburtsthema mit Ablehnung begegnet und es aufgrund seiner Abneigung nicht einlöst. Die Symptome, die man dabei im Leben oder in sich selber entdecken kann, weisen einem wie ein objektiver Meister den Weg. Die Aussagekraft ihrer Symbolsprache findet in einer Deutlichkeit und Klarheit statt, wie sie von einem Außenstehenden kaum dargestellt werden könnten, vor allem weil der Mensch es einem anderen selten gestattet, ihn auf die empfindlichen Stellen seines Lebens aufmerksam zu machen. Die Symptome übernehmen darüber hinaus stellvertretend für den Menschen die Einlösung der abgelehnten Themen und führen den Betroffenen über diesen Umweg an das Abgelehnte in der Erleidensform heran.

Will man dem Auftrag folgen, sollten vor allem die Hinweise aus dem Lebensumfeld als Ansprache gewertet werden, so daß sich aus dieser ein Dialog ergeben kann, wenn der Betroffene dem verborgenen Inhalt Zugang zu seinem Bewußtsein gewährt.

Dann besteigt er wie der Sonnengott Helios im Mythos den Sonnenwagen, der ihn Stück für Stück in die Bereiche hineinfährt, die vom Menschen aufgesucht werden wollen, damit das Fehlende zur inneren Ganzwerdung beiträgt.

In dieser Form tritt der Mensch jenem Teil entgegen, der ihn einerseits bindet, aber andererseits auch zu befreien vermag – dem Sonnenauftrag.

Der Schlüssel zum Geburtsmuster

Will man sich mit dem eigenen Geburtsmuster oder dem anderer Menschen auseinandersetzen, um zu verstehen, welche Gesetze in diesen walten, ist es nötig, zuerst dem Aszendenten Beachtung zu schenken. Mit dem Wissen um die Grundenergie, die in das Leben hineindrängt, versteht man, welchen Sinn das Geburtsmuster hat, das auf dem Zusammenspiel zwischen Anlage und Auftrag beruht. Die folgenden Ausführungen sind so aufgebaut, daß im *ersten Teil* die Beschreibungen der Aszendenten zur Sprache kommen, weil sie dem dominantesten Anteil im Grundmuster des Menschen entsprechen. Sie beleuchten in allen Facetten die seelische Grundstimmung und das Szenario, welches sich aus dieser entwickelt. Die Beschreibungen der Aszendenten erzeugen eine Stimmung, die betroffen macht, da sie inhaltlich Schatten und Bewußtwerdungsinhalte anrühren. Alle Beschreibungen enthalten analoge Bilder, die hinter dem vordergründigen Eindruck des geschriebenen Wortes noch andere Wirkungen auslösen, da sie in der Bildersprache der Seele Botschaften transportieren, die den Menschen auf einer tiefgreifenden Ebene berühren. Diese Betroffenheit ist notwendig, denn sie legt den Grundstein zur Veränderung, weil über die Infragestellung eine Bereitschaft entsteht, genau hinzuschauen und sich intensiv mit sich selber auseinanderzusetzen. Hat zu den individuellen Themen-Inhalten eine Sensibilisierung stattgefunden, ist es nicht mehr möglich, «unbefangen» seinen Persönlichkeitsanteilen zu erliegen, sondern man lenkt im alltäglichen Verhalten ständig Bewußtheit in die Reizzonen. Das Leben verfährt in gleicher Weise, natürlich entfacht es eine viel größere Vehemenz, um sich Gehör zu verschaffen. Somit bleibt immer noch die Wahl der freien Entscheidung des Menschen erhalten, ob er den Weg zur Bewußtwerdung vom Leben vorgezeichnet bekommen möchte oder ob er sich selber den notwendigen Inhalten stellt. Die Beschreibungen der Schattenthemen bis zur Zielidee sind für all jene gedacht, die sich bewußt dem Weg der Veränderung stellen wollen, da sie tief im Innersten spüren, daß man an der Lernerfahrung durch Schönfärberei und Verdrängung nicht vorbeikommt. Mit der Bereitschaft, sich der Sprache des Lebens zu öffnen, erschließt sich eine andere Umgangsform mit Schicksal und Leben. Widerstände lösen sich, da man die Erfahrungen im Leben nicht mehr als Willkür des Schicksals einsortiert, sondern hinter ihnen die Notwendigkeit einer Lernerfahrung sieht.

Der *zweite Teil* der Ausführungen ist den Sonnen-Aufträgen gewidmet, welche die Lern-Inhalte des Lebens, die zur Erweiterung der Ich-Grenze führen, skizzieren. Diese Notwendigkeit der Lernerfahrung ergibt sich aus dem Grundgefüge, das auf den Aszendenten-Themen beruht. Dem Aszendenten gesellt sich mit dem Sonnen-Thema eine Aufgabenstellung hinzu, die dazu beiträgt, daß ein Wachstumsprozeß entsteht. Der Sonnen-Auftrag führt in die zentralen Inhalte hinein, die es zu lernen gilt. Somit kann man alle Erfahrungen im Leben dergestalt betrachten, daß sie dem großen Werk dienen, den Menschen in die Nähe der zu lernenden Qualität seiner Geburtssonne zu führen. Naturmythen, vergleichende Symbolebenen, Symptombeschreibungen aus analoger Sicht tragen dazu bei, den Auftrag in seinen verschiedenen Varianten deutlich zu machen. Auf den unterschiedlichsten Ebenen und in vielfältigen Verpackungen lernt man den gleichen Inhalt erkennen, um ihn als Bestätigung für den Geburtsauftrag zu nehmen. Aus den unerlösten Formen des Auftrages wird in den Symptombeschreibungen eine Grundstimmung deutlich, die in groben Zügen Verwandtschaft zu möglichen individuellen Erfahrungen herstellt. In den Symptombeschreibungen geht es nicht darum zu prüfen, ob sich jede Darstellung im Detail mit dem eigenen Schicksal deckt, sondern die inhaltliche Grundstimmung, die erfahrbar gemacht wird, ist das Entscheidende. An ihr läßt sich die Notwendigkeit des Lernauftrages erkennen, der aufgrund der Ähnlichkeiten zum eigenen Lebensthema im Bewußtsein integriert werden will. Erkenntnisse, die im Verbund mit dem Schicksal entstehen, «gehören» einem selbst, sie unterscheiden sich von einem übernommenen Dogma darin, daß sie auf dem Humus der eigenen Lebenserfahrungen gewachsen sind.

Um das Kräftespiel aus den Inhalten des Aszendenten- und des Sonnenthemas besser nachvollziehen zu können, sollte man ergründen, ob das Aszendenten-Thema beispielsweise aktiv männlich ist und der Sonnen-Auftrag weiblich passiv, ob die Anlage erdig fixiert und der Auftrag luftig entpolarisiert ist oder ob die Anlage einer geistigen Ideenwelt entspringt und ins konkrete Stoffliche geführt wird. Je intensiver man sich in die Stimmung hineinversetzt, um so mehr werden aus den Kombinationen entscheidende Richtungen deutlich, welche bei den jeweiligen Betroffenen ein größeres Verständnis für das Geburtsmuster und damit für das eigene Leben erwirken. Wenn man über das Zusammenspiel von Aszendent und Sonnen-Auftrag nachdenkt, drängt sich die Frage auf, welche Lern-Thematik sich aus einem Geburtsmuster ergibt, wenn Aszendent und Sonne im gleichen Tierkreiszeichen liegen (Doppelzeichen). Solche Doppelungen machen deutlich, daß auf einer seelischen Ebene eine besonders große Notwendigkeit zu den erforderlichen Lern-Inhalten besteht. Beispielsweise haben Menschen mit dem Grundmuster Doppel-Widder oder Doppel-Krebs die Thematik, die sich aus ihrem Doppelzeichen ergibt, nicht genügend verinnerlicht, weshalb es zu der dringenden Notwendigkeit dieser intensivierten Lernerfahrung kommt. Damit entsteht eine Energie im Leben, der sich die Nativen nicht mehr entziehen können. Meist befinden sich die Nativen auf dem Gegenpol, also der Doppel-Widder ist gebremst und ideenhaft, wie es dem Inhalt des Waage-Bildes entspräche, denn er soll endlich in die Lebendigkeit geführt werden; oder der Doppel-Krebs ist so strukturiert und verhärtet, wie es der Steinbock-Energie entspricht, und soll in die wäßrige Berührbarkeit hineingeführt werden. Natürlich erfahren die Nativen ihre Schattenthemen ähnlich, wie sie in den Aszendententhemen beschrieben sind. Die Lebensaufgabe der betroffenen Nativen bezieht sich aber nicht auf eine Verwandlung, die zu neuen Themen oder Themenerweiterungen führt, sondern auf eine Intensivierung des bereits vorhandenen Inhaltes. Sie treten das Leben an, um in besonderer Intensität die Inhalte des Geburtsmusters zu verinnerlichen. Für alle Doppelzeichen gilt als Anhaltspunkt der Sonnen-Auftrag, der allein für die Richtung entscheidend ist, denn er fügt sich nochmals der Anlage hinzu und signalisiert damit, daß das gleiche inhaltliche Thema weiter vertieft werden soll.

Die Grundstruktur, die sich aus den in diesem Buch beschriebenen Themen ableiten läßt, stellt die Grundspannung im Leben des Menschen dar. Sie gleicht dem zentralen Thema, das sich im Laufe des Lebens immer weiter herauskristallisiert. Natürlich gibt es im Geburtsmuster noch eine ganze Reihe anderer Planeten-Prinzipien, Aspekte und Richtungszusammenhänge, die im Zusammenspiel des Musters aktiv sind. Diesen soll hier jedoch nicht die vordergründige Betrachtung gelten, denn sie gleichen individuellen Themen, die sich einzeln betrachten oder in einem individuellen Beratungs-Gespräch differenziert herausarbeiten lassen. Die Grundstruktur skizziert den Lebenstenor eines jeden Menschen, aus dem die Grundfragen des Schicksals und des Seins erwachsen. Diesen Grundfragen gilt in den folgenden Ausführungen die Aufmerksamkeit.

Der mundane Tierkreis

Der mundane Tierkreis (lat. mundus = Welt) ist ein Modell, in dem alle Tierkreiszeichen, alle Elemente und alle Ur-Prinzipien in ihrer zugehörigen Ordnung plaziert sind und als Sinnbild stehen für die weltlichen Zusammenhänge. Der Kreis als Symbol für die Ganzheit schafft im mundanen Tierkreis eine Differenzierung, welche die Einheit in die verschiedenen Erlebensbereiche aufschlüsselt und sie damit beschreibbar macht. Der mundane Tierkreis ist ein geniales Instrument, mit dem sich sehr viele Zusammenhänge darstellen und vor allem verstehen lassen. Zur Gestaltung des mundanen Tierkreises wurden die geometrischen Grundsymbole verwandt, die auch in der hermetischen Geometrie beschrieben sind. Wo immer man die symbolischen Figuren benutzt, verhelfen sie einem zu Erkenntnisprozessen, und man lernt beispielsweise verstehen, wie die Einteilungen im Tierkreis zustande kommen.

Legt man in einen Kreis (360 Grad) ein Kreuz, welches als Symbol für die Materie steht, teilt dieses den Kreis in vier Abschnitte mit je 90 Grad auf. Mit den beiden Achsen des Kreuzes wird der Zusammenhang der weltlichen Ordnung symbolisiert, der sich aus der senkrechten (wie oben – so unten) und der linearen Achse (Raum / Zeit) zusammensetzt. Dies bedeutet auch, daß sich Leben aus der Verbindung zwischen oben und unten, Kosmos und Welt und den Bedingungen des Stoffes ableitet, die aus den Raum / Zeit Gegebenheiten resultieren. Diese entstandenen Abschnitte bezeichnet man als die vier Quadranten. Die Quadranten werden nochmals in drei Abschnitte von je 30 Grad unterteilt, worauf sich im Ganzen mit den vier Quadranten zwölf Abschnitte ergeben. Symbolisch stellt der mundane Tierkreis für die nördlichen Breiten auch den graphisch skizzierten Jahreslauf dar, der mit dem Tierkreiszeichen Widder beginnt und mit dem Tierkreiszeichen Fische endet.

In den zwölf Abschnitten sind die zwölf Monate des Jahres enthalten und in den vier Quadranten die vier zentralen Abschnitte, welche die vier Jahreszeiten Frühling, Sommer, Herbst und Winter darstellen. In den einzelnen Abschnitten des Jahres sind die seelischen Ideen enthalten, die zum jeweiligen Zeitpunkt durch das entsprechende Tierkreiszeichen symbolisiert werden. Im Grobraster besitzen die vier Quadranten die gleiche inhaltliche Bedeutung, die sich in diesen vier Abschnitten des Jahres auf einer konkreten Ebene vollziehen.

Diese Einteilung gilt für die nördliche Hemisphäre und stellt eine Möglichkeit der Betrachtung dar. Das Jahr in der nördlichen Hemisphäre symbolisiert besonders deutlich den Verlauf eines Zyklus in allen seinen Details. Es ist also lediglich eine Möglichkeit, zyklisches Geschehen deutlich realisieren zu können. Wenn an dieser Stelle der «Rationalist» einhaken möchte, um das Beschreibungsmodell in Frage zu stellen, kann er beliebig jede andere Form zyklischen Geschehens wählen, wie die Mondphasen, den Tages-Sonnenverlauf, die menschlichen Lebensphasen; in allen läßt sich das gleiche Raster wiederentdecken, das analog dazu in den Tierkreiszeichen offensichtlich wird.

Der erste Quadrant entspricht dem Bereich der sichtbaren körperlichen Welt, es ist die Zeit des Frühlings, in dem sich alles auf einer sichtbaren konkreten Ebene vollzieht, denn die äußere Natur beginnt sich zu beleben. *Der zweite Quadrant* symbolisiert den Bereich der Seele, welcher im Jahreslauf mit der Zeit des Sommers dargestellt wird, da es in diesem Zeitraum um die subjektiven Themen des Empfindens und Ausdrückens von Emotionen sowie um die eigene Sicherung geht. *Der dritte Quadrant* entspricht dem Geist, es ist die Zeit des Herbstes, in dem die Außenwelt zu sterben beginnt, womit ein Rückzug von außen nach innen stattfindet. *Der vierte Quadrant* entspricht der Zeit des Winters, in dem sich das äußere Leben zurückgezogen hat und nicht mehr in der Sichtbarkeit verweilt, weshalb dieser Quadrant dem kosmischen Ur-Grund zugeordnet wird, in dem sich das Leben im Inneren formiert, um in sich in der Form neu zu manifestieren.

Die Quadranten des Tierkreises

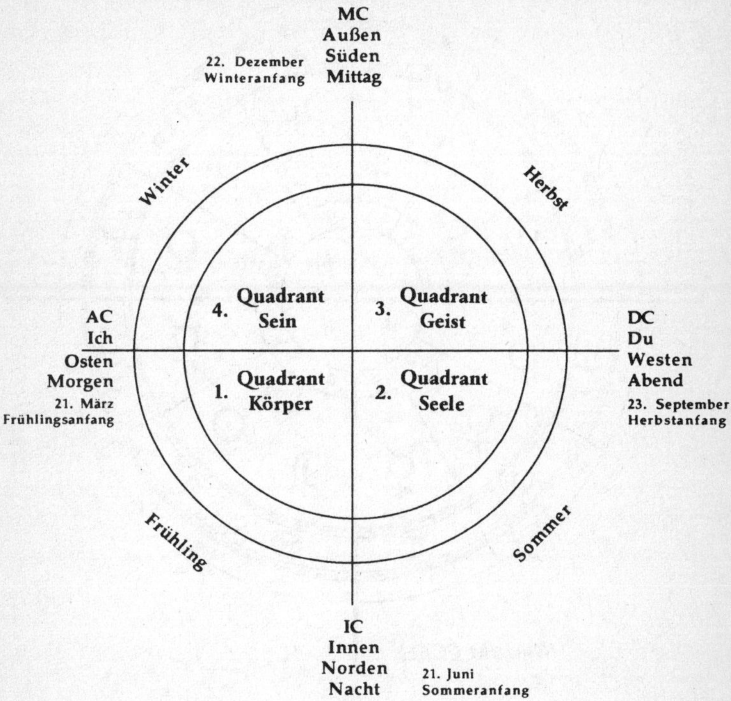

Die vier Quadranten erhalten somit eine ganz spezifische Bedeutung, ebenso die in den Quadranten vorhandenen Tierkreiszeichen, die sich mit ihren inhaltlichen Themen in dieselben Bereiche einsortieren, wie man sie den jeweiligen Quadranten zuordnet.

Der erste Quadrant entspricht dem Bereich des Körpers (materielle Welt), in ihm sind die Tierkreiszeichen *Widder*, *Stier* und *Zwillinge* enthalten. Der zweite Quadrant entspricht dem Seelischen (Subjektivität), und er beinhaltet die Tierkreiszeichen *Krebs*, *Löwe* und *Jungfrau*. Der dritte Quadrant ist dem Bereich des Geistes

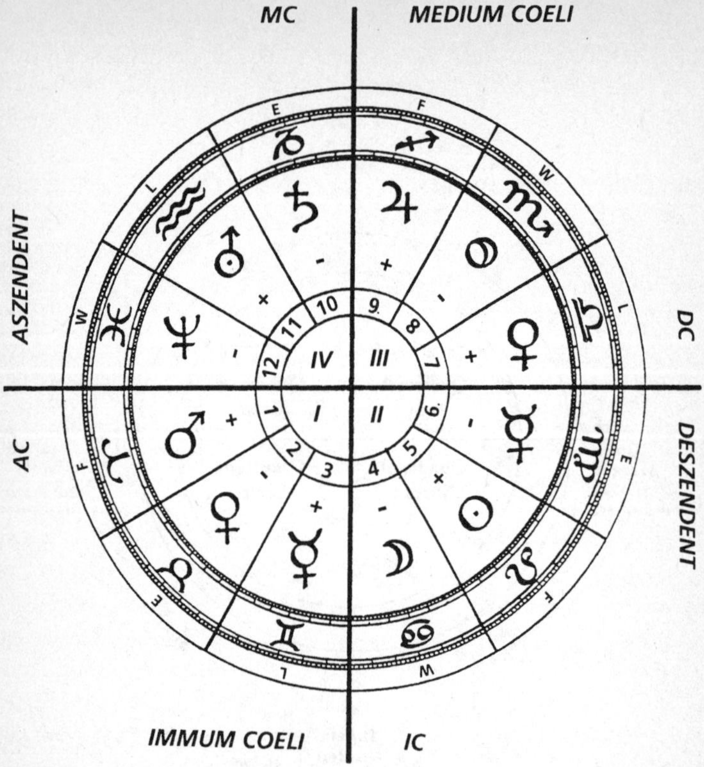

(Nicht-Ich, Ideenwelt) zugeordnet, in ihm befinden sich die Tierkreiszeichen *Waage*, *Skorpion* und *Schütze*. Der vierte Quadrant ist dem kosmischen Ur-Grund (Objektivität) zugeordnet, er beinhaltet die Tierkreiszeichen *Steinbock*, *Wassermann* und *Fische*.

Das erste Zeichen im Quadranten eröffnet sozusagen den entsprechenden Themenbereich, das zweite Zeichen festigt das jeweilige Thema, und das folgende dritte Zeichen führt den verfestigten Prozeß weiter auf die nächste Ebene.

Die Tierkreiszeichen stellen somit ein Muster bestimmter Ur-

Qualitäten dar, die die unterschiedlichsten Eigenarten und Merkmale besitzen. Die Ur-Qualitäten gleichen wertfreien Themeninhalten, denen bestimmte Eigenarten zugeschrieben werden. Will man nun ergründen, wie sich diese Eigenarten und Merkmale im menschlichen Leben darstellen, dann gibt das Anlagematerial des Aszendenten Auskunft darüber, daß bestimmte Merkmale vorhanden sind (*Anlage*), und der jeweilige Sonnenstand, daß bestimmte Merkmale und Eigenschaften erreicht und somit gelernt werden sollen (*Auftrag*).

Die Differenz zwischen Anlage und Auftrag besteht darin, daß es ein gravierender Unterschied ist, ob man als Mensch aus einem bestimmten Stimmungsmilieu kommt (*Anlage*) oder ob man in dieses erst hineingeführt werden muß (*Auftrag*).

Die anschließend folgenden Darstellungen der Aszendenten-Themen beschreiben das Grundpotential und die Grundstimmung, die ein Mensch mit seinem individuellen Aszendenten im Leben erfährt.

Diese Beschreibungen sind nicht als ein Dogma oder als Schubladendenken zu verstehen. Vielmehr erzeugen sie beim Lesen und Verinnerlichen eine Grundstimmung, damit man sich in die Psyche eines Menschen unter dem entsprechenden Thema hineinfühlen kann.

Nur das Öffnen hinter der reinen Verstandesebene, das die Schicht der eigenen Betroffenheit erreicht, läßt äußeres Wissen zur eigenen inneren Erkenntnis reifen.

TEIL EINS

Die zwölf Aszendenten-Themen als Grundstimmung im Leben

BEWUSSTWERDUNG – KINDHEITS- UND PARTNERSCHAFTSMYTHOS – SCHATTEN – ZIELIDEE

Der Widder-Aszendent

Widder ist das erste Zeichen im mundanen Tierkreis. Es eröffnet den ersten Quadranten, welcher der sichtbaren konkreten Welt zugeordnet ist. Die im Tierkreiszeichen Widder waltende Energie entspricht dem männlichen Feuerelement und der Qualität des Planetenprinzips Mars, mit der jede Einheit in Polarität aufgespalten wird. Dem Marsprinzip ordnet man alle Geburtsprozesse oder Situationen zu, in denen es um Neubeginn geht, denn Mars ist der dynamische Impulsgeber für alle beginnenden Prozesse, die sich aus der Einheit in die Polarität bewegen. Damit entsteht nach der Einheit das zwingende Zerwürfnis, welches man auch Welt oder Schöpfung nennen kann. Jeder Neubeginn will mit Gewalt errungen werden, so daß alle Kampfes- und Kriegssituationen, die alte überlieferte Zustände zerstören und Neues entstehen lassen, dem Tierkreiszeichen Widder zugeordnet werden. Jeder Streit und jede Auseinandersetzung sind marsischer Natur und spalten den harmonischen Frieden in ein Zerwürfnis, aus dem dann letztlich wieder etwas Heiles entstehen kann. Das Marsprinzip ist ein feuriges Thema, welches auf seiner materiellen Ebene hitzige und brennende Entsprechungen hat. Neubeginn, Gewalt, Zerstörung, Feuer, Schmerz, Aggression, männliche Sexualität usw. tragen den gleichen einheitlichen Keim: marsische Widder-Energie.

Bewußtwerdung: Schaut man sich die Inhalte des Widderbildes an, so findet man dort Qualitäten, die vergleichbar sind mit dem Neubeginn, der im Frühling überall in der Natur einsetzt. Die Widderqualität entspricht dem Thema aller ersten raumgreifenden Impulse und dem immerwährenden Bedürfnis, sich Neuland zu erkämpfen. Dem Tierkreiszeichen Widder und dem Mars als Planetenprinzip liegt eine dynamische, aggressive und leidenschaftliche Energie zugrunde, die sich ihr Terrain erobert und sich über den Weg der Ich-Behauptung durchsetzt. Dieser Impuls ist so dominant, daß er sich, vergleichbar mit dem menschlichen Ur-Willen zu leben, über alle Widrigkeiten und Hindernisse hinwegsetzt, nur um sich selber durchzusetzen und behaupten zu können.

Menschen mit einem Widder-Aszendenten sind von der Anlage her ihren eigenen leidenschaftlichen und aggressiven Triebimpulsen ausgeliefert. Das Wollen steht bei ihnen im Vordergrund und ist vergleichbar mit den Intentionen eines Kleinkindes, das sofort alles haben möchte, was es sieht, und diesem Verlangen lautstark Ausdruck verleiht. Getrieben von innerer Unruhe und Ungeduld, möchten sie sich in ihrem gesamten Bestreben in der Welt durchsetzen. Die meisten Situationen des Lebens vollziehen sich für sie viel zu langsam und zu schleppend. Ungeduldig versuchen diese Menschen, jegliches Hindernis aus dem Weg zu räumen. Je nach Anlage des gesamten Geburtsmusters führt dies zu einem stetigen Anwachsen des inneren Drucks und dem Bedürfnis sich auseinanderzusetzen. Andere Menschen empfinden dieses Verhalten als bedrängend aggressiv, was dem Nativen mit dem Widder-Aszendenten nicht bewußt ist, da er aus dem Trieb seiner Ich-Kräfte heraus lebt.

Alle Impulse und Aktionen entspringen nur dem einen großen «Ich will», und mit dieser inneren Dynamik versucht er, alle Ebenen, die sich ihm verschließen, zu erobern. Auch wenn es ihm nicht immer bewußt ist, wirkt sein Verhalten auf andere feurig, dynamisch und lediglich den eigenen Trieben folgend. Sein Wesen ist marsisch-aggressiv und verhält sich nur so lange dynamisch, wie es äußere Widerstände spürt. Für ihn bedeutet der Widerstand, daß er sich die Reviere innerhalb des Lebens erobern kann, was ihn enorm anspornt. Der Widder-Aszendent ist der Kämpfer im Leben, und sobald es nichts mehr für ihn zu erobern gibt, wendet er sich desinteressiert von einer Sache ab und gleichzeitig neuen Kampfesebenen zu. Ein Mensch mit einem Widder-Aszendenten läßt sich von anderen Menschen nicht belehren, seine einzige Lernebene ist die harte Konfrontation mit der Welt. Er braucht die großen, grenzsetzenden Erfahrungen, die dazu führen – wie er mit «blutiggerammtem» Schädel plötzlich bemerkt –, daß er mit seinen Themen offensichtlich in Grenzbereiche vorgedrungen ist.

Da einerseits seine Ich-Impulse so intensiv, andererseits die Hinterfragung sehr gering ist, rennt er voraus und denkt dabei, er sei der Führer. Reflektion erfolgt frühestens nach vollbrachter Tat und niemals vorher. Oft ist dann bereits sämtliches Porzellan zerschlagen, und die Reue setzt zu spät ein. Der Vergleich mit dem wesensnahen Verhalten eines Kleinkindes läßt sich durchaus anführen, da auch das Kind – genau wie der Widder-Aszendent – alles direkt haben möchte. Erfüllt man seinen Willen nicht umgehend, tyrannisiert es seine Umwelt so lange, bis die genervten anderen ihm endlich erfüllen, wonach es verlangte. Auch das Kind verliert schnell das Interesse an den Dingen, die es vorher dringend haben wollte, sobald es diese erhalten hat. Kaum sieht es etwas Neues, schon beginnt der Tanz von vorne. Wo immer die Nativen in der Begegnung mit anderen Menschen in Kontakt kommen, steht ihr persönliches Wollen im Vordergrund. Tragisch wird es für die Nativen erst, wenn sie beginnen zu versichern, ihre Taten seien sozialen Ursprungs, um einem Kollektiv einen Dienst zu erweisen. Wenn sie dies glauben, sind sie nicht mehr in ihrem Gesetz des Egoisten und müssen schmerzlich hinschauen lernen und erkennen, daß sie eigentlich doch alles nur für sich selber tun. Es geht immer allein um sie selber, und das sollten sie im Laufe ihres Lebens ehrlich sehen lernen. Wenn sie also von den anderen Menschen verpönt werden, da es in einer vordergründig sozialen Welt unschicklich ist, nur sich selbst zu dienen, nutzt es nichts, sich aus diesem Grund zu tarnen und so zu tun, als wäre nicht das eigene Wollen die primäre Antriebskraft. Je mehr der Mensch sich den Themen, die von seinem Aszendenten symbolisiert werden, entziehen möchte, desto mehr muß er vom Außen das erfahren, was er selber verkörpert.

Der Mensch sollte um die Qualitäten seiner ureigensten Anlage wissen, damit er über diese bewußt als Potential in seinem Geburtsmuster verfügen kann. Bleibt der Widder-Aszendent unbewußt über seine aufsteigende marsische Wesensqualität, wird ihm diese so lange entgegenkommen, bis er gelernt hat, mit ihr im reinen zu sein. Als der Krieger im Tierkreis wird er also so lange Wunden und Verletzungen davontragen und geschunden werden, bis er lernt «Ich will» zu seinem Kriegerdasein zu sagen.

Kindheitsmythos: Innerhalb des Kindheitsmythos der Nativen mit einem Widder-Aszendenten erfahren diese schon im pränatalen Zustand die Ablehnung der Mutter. Diese befindet sich möglicherweise in einer Situation, in der sie sich alleine durchringen muß. Meist trägt die Schwangerschaft dazu bei, daß sich die Mutter im vermehrten Maße um die eigene und die Existenz des Kindes bemühen muß, um im Lebenskampf zu überstehen.

Die Mutter macht im stillen das Kind für ihre schlechte Ausgangsposition verantwortlich. Dies hat zur Folge, daß die Gefühle dem Kind sowie dem Thema der Mutterschaft gegenüber sehr ambivalent sind. Während der Schwangerschaft fühlt sich die Mutter ohnmächtig und ausgeliefert, was zu einem Anstau ihrer inneren Wut führt. Möglicherweise wird die Mutter von ihrem Partner, dem sie unterlegen ist, unterdrückt, oder sie wird gegen ihren Willen schwanger, was ihren unbewußten Anteil symbolisiert, in dem das männliche Prinzip das weibliche unterwirft. Die Schwangerschaft kann auch dazu führen, daß beim Partner eine erhöhe Aggressionsbereitschaft entsteht, möglicherweise aus der Wut darüber, daß die Frau sich dem Mann gegenüber in ihrem Sexualverhalten verändert.

Wegen der versagten sexuellen Bereitschaft wandelt sich die männliche Triebenergie in Gewalt und Haß. Der Konflikt kann sich so hoch steigern, daß die Frau sich vermehrten gewalttätigen Übergriffen ausgeliefert sieht. Auch nach der Entbindung mögen die Mutter und das Kind Opfer des gewalttätigen Vaters sein, so lange, bis sie sich mit ihrem Kind von ihrem Peiniger entfernt. Das Klima während der Kindheit wird dann auch in einem hohe Maße getragen sein von der Spannung, die die Mutter in sich trägt und an das Kind weitergibt. Unbewußt läßt sie ihre Wut und Aggression am Kind aus, weil der Vater nicht mehr anwesend ist und sie alleine ihren Mann stehen muß. Auch wenn die Betroffenen sich in der Kindheit in einer Erleidenssituation befinden, ist es der eigene nicht gelebte Teil, der sich erstmals über den Konflikt im Elternhaus bemerkbar macht.

Mit dem Mythos aus der Kindheit und der sich ergebenden Extremsituation sind die Nativen in die Nähe ihrer Anlagethematik gerückt. Diese entspricht dem eigenen aggressiven Ur-Impuls, den das Kind in der Stimmung seiner Kindheit erfahren hat. Doch nun soll es lernen, die Energien auf eine andere Ebene zu transponieren. Auch wenn ihnen im Kindheitsmythos das eigene Sosein im brutalen Zerrspiegel des Lebens begegnete, möchte die Erleidenssituation sie letztendlich in eine höhere Verantwortlichkeit gegenüber dem erlebten Schicksal hineinschleusen. Für sie ist es deshalb von Bedeutung, sich der erforderlichen Bewußtwerdung zu stellen, um den eigenen Durchsetzungstrieb sehen zu lernen.

Partnerschaftsmythos: Im partnerschaftlichen Bereich sind die Nativen mit dem Widder-Aszendenten grundsätzlich Beziehungen gegenüber aufgeschlossen, so daß die zwischenmenschlichen Kontakte im Anfangsstadium meist sehr intensiv sind. Sobald jedoch eine begonnene Beziehung die Anfangsphase hinter sich läßt, wandelt sich das Interesse der Nativen. Da nur mit einer gerade begonnenen Beziehung das marsische Thema der Eroberung und des Neubeginns eingelöst ist, läßt die intensive Anfangsspannung sehr rasch nach. Man kann den Prozeß des Abflauens mit dem Abbrennen eines Strohfeuers bezeichnen, denn unter dieser Anlage geht es nicht darum, Beziehungen zum Bestand zu machen und sie zu verfestigen, sondern der Prozeß des fortwährenden Eroberns steht im Vordergrund.

Alle weiteren Themen, die sich im Verlauf einer Beziehung einstellen, daß Beziehung von Offenheit und Hingabe an den Partner lebt, lassen sich nicht mit dem Thema des Widder-Aszendenten vereinbaren, denn dieser will nur erobern. Man könnte sagen, daß in jeder Beziehung der lunare Teil, der sich dadurch auszeichnet, daß man gemeinsam ein Nest bauen möchte, da man sich ganz dem anderen geöffnet und hingegeben hat, im Laufe der Zeit im vermehrten Maße in den Vordergrund tritt, zu Lasten des erotisch spannungsgeladenen Teiles.

Der Verlust des venusischen Teiles und die Zunahme des lunaren Anteils löst bei den Nativen stets Gegenwehr und Ablehnung aus. Männer leben diese Ablehnung in der Form, daß sie den unbewußten Drang haben, das Weibliche zu verletzen. So sind Männer mit dem Widder-Aszendenten die typischen Machos, die aus lauter Angst vor der eigenen Schwäche häufig Frauen unterdrücken und ihre Wut über sich selbst am weiblichen Teil auslassen. Zuwendung wird von ihrer Seite nicht bei Bedürftigkeit erfolgen, sondern nur so lange gewährt, wie die Frau sich umwerben läßt und keine weiteren Ansprüche stellt. Hier geht es in der Sexualität weniger um Verschmelzung als um den triebhaften Anteil, der mehr die Befriedigung und den Abbau von Spannung sucht als die Verbindung von Erotik und Nähe. Eine latente Gewaltproblematik spielt in diesen Bereich mit hinein, der nicht wie beim Skorpion-Aszendenten die Grenzsituation – den «kleinen Tod» – im sexuellen Akt aufsucht, sondern während des Aktes mit dem Fallenlassen im Orgasmus wächst die Gewaltbereitschaft, da die Nativen unter jedem Kontrollverlust in die Bereiche von unbändiger Wut gelangen.

Bei der Frau drückt sich die Thematik des Widder-Aszendenten in einer Ablehnung gegen die weibliche Rolle aus. Alle ihre Bemühungen gestalten sich derart, nur nicht der typischen Frauenrolle zu entsprechen. Im Verhalten ist sie äußerst dynamisch und aktiv, sie wird stets versuchen, in einer Mann/Frau-Beziehung die Oberhand zu gewinnen. Die Männer werden von ihr gleichermaßen aus der klassischen Rollenverteilung gedrängt, damit die Frau ihren inneren Konflikt, mit einer männlichen Anlage geboren worden zu sein, nicht wahrnehmen muß. Auch in der weiblichen Sexualität kommt es zur Verweigerung der Hingabe. Die Frau möchte in der aktiven Rolle bleiben und ist nicht bereit, sich verschmelzenden Situationen auszuliefern. Möglicherweise erfährt sie auch auf der anderen Seite die sexuelle Gewaltproblematik, indem sie sich als Opfer wiederfindet. In diesem Fall überträgt sie den nicht gelebten Anteil an den männlichen Part. Auch bei ihr entsteht während des sexuellen Aktes unbändige Wut, die möglicherweise dazu führt, daß sie zwischen Lust und Ablehnung hin- und hergerissen ist.

Die betroffenen Nativen sollten lernen, dem Konflikt zwischen den Ich-Kräften und dem Du-Bereich bewußt zu begegnen, indem sie sich in Beziehungen und Partnersituationen ihrer subjektiven Ansprüche bewußt werden. Was sich in inneren Spannungen und Verkrampfungen manifestiert oder auch in ungeheurer Wut, ist die eigene Dominanz, die es nicht erträgt, sich zugunsten eines anderen Menschen oder einer Situation mit dem Ich-Anspruch zurückzunehmen.

Schattenbereich: Die Nativen mit dem Widder-Aszendenten stehen immer mit der Außenwelt im Konflikt, da sie im Kontakt mit anderen Menschen ständig die Erfahrung machen, in die Harmonie einer Gemeinschaft einzubrechen oder einträchtige Situationen zu zerstören. Sehr häufig finden sie sich, ob sie es wollen oder nicht, in der Rolle des Zerstörers wieder. Ihr Schatten ist das Thema der Waage! Wo immer sie anderen Menschen begegnen, finden sie als den ausgleichenden Gegenpol Menschen, die sich nicht entscheiden können, die ständig zaudern, abwägen und sich in den Augen des Widder-Aszendenten feige verhalten. Kaum geschieht es, daß sie einmal tatkräftigen entschlossenen Menschen begegnen, die ihnen Paroli bieten könnten. In ihren Augen benimmt sich die ganze Welt «lauwarm» und langweilig. Das läßt sie natürlich ungeduldig in bezug auf die anderen werden. Ganz ohne es zu wollen, tritt der Widder-Aszendent den Mitmenschen mit seinen Ansprüchen und Forderungen über ihre Grenzen und entpuppt sich immer wieder als Tyrann. Der Vergleich mit einem Jäger, der sein Revier betritt, liegt hier nahe: Kaum hat das Wild das Kommen des Waidmanns gewittert, ergreift es auch schon panikartig die Flucht. So fliehen die anderen auch gerne vor dem Widder-Aszendenten. In der Begegnung prallen die Ich-Kräfte stets auf das «Du», und es entsteht eine Auseinandersetzung, die sich um die Durchsetzung der Ich-Kräfte bewegt. Die aufreibende Dynamik lautet: Entweder siegt das «Ich», dabei stirbt dann der Du-Bereich, oder es siegt der Du-Bereich, dann stirbt das «Ich» des Widder-Aszendenten. Grenzsetzungen von anderen erfährt er jedoch sehr selten, da sich die meisten vor seiner Angriffslust fürchten.

Als Schattenbereich manifestieren sich bei den Nativen alle Ebenen der geistig-feinsinnigen Ästhetik, wie man sie im Urbild der Waage wiederfindet. Man bedenke, das Zeichen Widder repräsentiert die erste Manifestation in der sichtbaren Welt, und das Zeichen Waage repräsentiert den Beginn der geistigen Ebene, in der das Individuum sich schon aufzulösen beginnt. Stil und distinguierter Charme, wie man sie als Urprinzipien-Repräsentanten der Waage wiederfindet, sind Eigenschaften, die den Nativen allzeit nur von außen begegnen. Andererseits üben diese Waagequalitäten auf die Hitzköpfe einen ungeheuren Reiz aus, so daß es sie zu Menschen aus dem Waagemilieu magnetisch hinzieht. Will man das Wesensnaturell der aufeinandertreffenden Kräfte bildhaft ausdrücken, läßt sich dies am besten in einem vergleichenden Drama aus dem täglichen Leben beschreiben. Je prägnanter und krasser dieses Beispiel ist, desto besser versteht man die eigentliche Diskrepanz, die natürlich nicht immer so heftig wie in dem gewählten Beispiel sein muß. Als guten Symbolrepräsentanten eines Widderbildes stelle man sich eine mit Leder und Nieten bekleidete urrudimentäre Motorradclique vor, die auch mal gerne etwas Kulturelles unternehmen mochten. Diese reist begeistert mit ihren Motorrädern nach Bayreuth zu den Wagner-Festspielen oder nach Wien in das Burgtheater. Jeder kann sich nun plastisch ausmalen, welch eine skurrile Situation entsteht:

Die «kulturbeflissene Clique» vergnügt sich – bis hinter beide Ohren tätowiert – laut lachend und lamentierend mit Bierflaschen und Erdnußflips auf dem Schoß inmitten der Reihen des entsetzten Stammpublikums. Die «passionierten» Sekt- und Austernschlürfer meiden jeden Kontakt und sondern sich gewiß in geschlossenen Gruppen ab, von wo aus sie die Störenfriede verstohlen beäugen und ihnen als höchste Verärgerung empörte Blicke zuwerfen, derweil sich die Eindringlinge in den Pausen über eine übelriechende Tüte voller BigMacs hermachen.

Da die marsischen Kulturpioniere nicht besonders empfänglich für angepaßte Verhaltensweisen sind und ihnen die Antennen für die Einschätzung der eigenen Person fehlen, entsteht erst dann echter Ärger, wenn die Eindringlinge zufällig bemerken, daß sie nicht erwünscht sind und man sie und ihren Bildungsdrang nicht sonderlich schätzt. Wie dann solche Situationen eventuell eskalieren können, bleibt nun jedem selber überlassen.

Die Widder-Aszendenten verstricken sich immer in Konfliktsituationen, in denen man sie entweder meidet, weil sie verbal verletzend sind oder plumpe, ungeschickte Bemerkungen gemacht haben, oder man gibt ihnen deutlich zu verstehen, daß sie sich in der falschen Gesellschaft befinden. Die Mißachtung, mit der sie dann gestraft werden, steigert ihre Wut zur Höchstform: Jeden offenen Konflikt können sie begeistert ausfechten, doch ein schweigsamer, verächtlicher Blick aus dem Lager der Diplomaten schmerzt sie mehr als alles andere. Meist werden sie dann Opfer der eigenen Aggression, so daß sich der nicht direkt ausgetragene Konflikt bald gegen sie richtet. Sie stürzen vielleicht plötzlich auf der Straße und ziehen sich heftig blutende Wunden zu. Oder sie bekommen bei dem Tankwart an der nächsten Ecke wegen einer belanglosen Lappalie einen cholerischen Anfall. Diese Spannung zwischen Anziehung und Ablehnung ist die Lebensspannung des Widder-Aszendenten. Für die Nativen ist es weniger das eigene Verhalten, mit dem sie über sich selbst in den Konflikt geraten, vielmehr sind sie in vielen Situationen entsprechende Impulsgeber, die eher bei anderen Menschen etwas bewirken und somit Werkzeug für Umwälzungs- und Neuwerdungsprozesse sind.

Zielidee/höhere Einsicht: Der Widder-Aszendent trägt in der *Finalität das Zeichen Steinbock.* Steinbock entspricht einer übergeordneten Struktur, vor der alle subjektiven Belange weichen müssen. Das bedeutet, daß die Nativen wieder lernen sollen, höhere Gesetze als die eigenen Ich-Ansprüche zu akzeptieren. Erst durch die Widerstände, die sie erleben, werden sie in die Hinterfragung gezwungen, denn sie sind Menschen, die keine eigene Reflektionsfähigkeit besitzen. So sind die Nativen, was ihre Lern- und Aufnahmebereitschaft anbelangt, nicht offen für die Dinge, die von außen an sie herangetragen werden. In ihrem Verhalten reagieren sie besonders eigensinnig auf die Ansprache ihrer Mitmenschen. Es entsteht der Eindruck, daß sie immer genau das Gegenteil von dem machen, was man von ihnen will. Auch in Diskussionen sind sie meistens auf der Gegenseite – einfach um dem Gesagten etwas entgegenzusetzen, da sie sich mit einem gemeinschaftlichen Einheitsgefühl nicht anfreunden können. Die dynamisch-aktive Kraft ist so stark, daß sie ständig bei der Anforderung etwas aus dem Außen annehmen zu müssen, in Abwehrstellung gehen. Dies führt dazu, daß die Betroffenen mit Widder-Aszendent, die nicht bereit sind, Lernerfahrungen aus der Welt zu ziehen, sich unter großem Kraftaufwand allen Lernprozessen mühselig selber annähern müssen. Jedes Wissen und jeden weltanschaulichen Rückschluß müssen sie sich Stück für Stück selber erarbeiten und erringen. Der Ich-Anspruch wird dabei zur selbstgestellten Falle, denn da sie sich behaupten wollen, müssen sie in besonderem Maße für die Dinge im Leben ringen und sind gezwungen, auf diesem Wege einer höheren Gesetzmäßigkeit zu dienen. Mit Widerwillen registrieren sie, daß andere in ihren Aussagen recht hatten, da sie nach langem Bemühen zu den gleichen Rückschlüssen gekommen sind. Aber selbst dann sind sie – zumindest vor den anderen – nicht bereit, ihre ablehnende Vorschnelligkeit einzugestehen. Die Ignoranz im eigenen Verhalten der Welt gegenüber wird von ihnen nicht wahrgenommen. Vielmehr überwiegt die Stimmung, daß der weltliche Kontakt ihnen als eine ständige schwere Behauptungssituation vorkommt, in der sie sich alleine durch das Leben kämpfen müssen. In der Begegnung mit anderen Menschen schwanken sie zwischen dem Bedürfnis nach Kontakt und Ansprache und der Distanz, da sie die anderen nicht an sich heranlassen wollen. In vielen Situationen wirkt ihr Verhalten eigenbrötlerisch, da sie auf sich bezogen ihr ganz privates «Süppchen» kochen.

Je weniger es ihnen bewußt ist, was sie im Leben für sich in Anspruch nehmen, desto mehr wird ihnen das Außen konflikthaft entgegentreten. So wird der persönliche Rahmen eingeengt, damit sie aus diesem Konflikt wieder lernen, die Dinge, die sie im tiefsten Inneren bewegen und die sie für ihr Seelenheil brauchen, auch vor sich bewußt formulieren zu können. Im Sinne der kosmischen Ordnung ist der Widder-Aszendent derjenige, welcher im Du-Bereich ständig ausgleichende Merkmale erfährt. Alles, was er als unprägnant und nicht konkret empfindet, erfährt er als Bremsung seiner feurigen Energien. Dies ist die Polarität zu seinem Sosein. Er muß lernen zu ertragen, daß seine Hochspannung stets entspannt wird. Dies geschieht ganz im Sinne der asiatischen Kampfmeister, die nur einen Schritt beiseite treten, wenn sie angegriffen werden. Sie nutzen die Energie des Angreifers, beschleunigen damit seinen Schwung und lassen ihn dann mit der eigenen Dynamik zu Boden stürzen oder gegen eine Wand laufen. Je mehr also der Mensch mit einem Widder-Aszendenten unbewußt nach vorne drängt, desto entwaffnender wird die Welt für ihn.

Er ist der aufsteigende Lebensimpuls, den es nach Polaritätserfahrung drängt. Diese lehrt ihn durch Grenzsetzung, daß es noch andere Aspekte gibt als sein persönliches Wollen. In diesem ungestümen Lernprozeß wird er seinerseits in der Begegnung zum Zerstörer der Ruhe. Als Übermittler des Lebens und des Neubeginns trägt er den kosmischen Auftrag, Veränderungsimpulse zu initiieren. Doch jeder Geistfunke, der sich im Stoff manifestiert, wird von der sichtbaren Welt gebremst und reflektiert. Genau dies ist die Erfahrung, die der Mensch mit einem Widder-Aszendenten machen soll. Hier liegt – und dies sei noch einmal betont – nicht die Aufforderung, sich aus der Aktion zurückzunehmen, um ein friedfertiger angepaßter Erdenbürger zu werden.

Die Impulskraft gehört unbedingt zum Widder-Aszendenten, wie die Hitze zum Feuer. Vielmehr sollte die gemachte grenzsetzende Erfahrung den Widder-Aszendenten allmählich auf die Ebene der Ideen und des Geistes führen. Jeder gesetzte Widerstand bewirkt, daß der Betroffene beginnt zu reflektieren und über die möglichen Gründe nachzudenken. Die Impulskräfte der Nativen werden somit gebremst und in eine geistige Richtung geführt. Man könnte auch von einem Lenken in konstruktive Richtung sprechen. Denn eine umgelenkte impulsive Energie verpufft zwar dramatisch im Raum, ihre Wirkung bleibt aber bezogen auf die Möglichkeiten vollkommen ungenutzt.

Wenn der Mensch mit dem Widder-Aszendenten fortwährende Einschränkungen seiner Impulse erfährt, dann sollte er mit seiner Kraft viel gezielter und bewußter umgehen, denn nur so hat er die Möglichkeit, der ihn scheinbar begrenzenden Willkür des Lebens zu begegnen.

Der Stier-Aszendent

Das Thema des Urbildes Stier ist – bezogen auf den natürlichen Entwicklungsmythos – jener zweite Schritt, der sich nach dem ersten Geburtsimpuls des Widders tief und fest innerhalb der Materie verwurzelt. Das Tierkreiszeichen Stier beinhaltet ein irdenes Thema, welches an den Stoff und die konkreten Dinge innerhalb der materiellen Form gebunden ist. Es hat im mundanen Tierkreis den mythologischen Auftrag, nach der Phase des Widders, in der es um den Aufbruch und den ersten Impuls innerhalb der polaren Welt geht, den neu eroberten Zustand zu verfestigen, um seßhaft zu werden. Die Keimlinge, die mit dem Widderimpuls die Schale sprengten, um nach außen zu drängen, verwurzeln sich jetzt in der Phase des Stieres tief im Boden, um Stabilität für ihr zukünftiges Wachstum zu erlangen. In dieser Phase entziehen die kleinen Pflanzen dem Boden die Nähr- und Mineralstoffe und beginnen sich über diesen Weg an der Materie zu nähren, um sich damit immer tiefer zu verwurzeln.

Aus diesem Grund ist die Energie, die im Bild des Stieres waltet, eine harmonisch ausgerichtete Kraft, die danach drängt anzukommen, um zur Ruhe zu gelangen, an den Errungenschaften festzuhalten und sie zu bewahren. Die dem Venusprinzip zugeordnete Stierqualität beinhaltet Geduld, Ausdauer, Frieden und eine innere Festigkeit, die von unbedingter Notwendigkeit ist, um Neuerrungenes sichern zu können.

Bewußtwerdung: Der beschriebene Vorgang ist für die Bewußtwerdung eines Menschen mit einem Stier-Aszendenten sehr wichtig, denn dieser bringt einen inhaltlich identischen Mythos als Uranliegen mit auf die Welt. Sein innerster Drang ist es, tief in der Materie verwurzelt zu sein und sich an ihr zu nähren. Deshalb gilt seine ganze Konzentration der konkreten Welt und allen Seinsaspekten, die sich in Werten und Materie bemessen und ausdrücken lassen. Menschen mit einem Stier-Aszendenten haben unbewußt das starke Verlangen, von der Welt angenommen zu sein. Im Gegensatz zu Menschen mit einem Widder-Aszendenten, die mit dem ständigen Gefühl leben, sich in der Welt behaupten zu müssen und gegen die

Widrigkeiten der äußeren Bedingungen anzukämpfen, hat der Stier-Aszendent das Bedürfnis, sich in einer starken Gemeinschaft zu verwurzeln. Gleichzeitig mit dem Drang, sich an die Welt und insbesondere an andere Menschen und Gruppen zu ketten, entsteht die Unfähigkeit, von alten Bedingungen und Menschen loszulassen. Denn alles, was einmal zum Bestand gemacht wurde, wird so schnell nicht mehr losgelassen. Ganz gleich, ob dies Partnerbeziehungen, Freunde und Bekannte sind oder konkret stoffliche Materie, der Stier-Aszendent bindet und hält an allem fest. Sein instinktives Streben fixiert sich auf das Ziel der eigenen Sicherung, was dazu führt, daß er sammelt und hortet, was das Zeug hält, damit das Leben eine feste Basis erhält, die ihm den nötigen Wert verleiht.

Dies geschieht aus dem unbewußten Bedürfnis, eine geistige Leere zu füllen. Alles, was er glaubt, nicht in sich entdecken zu können, füllt der Stier-Aszendent mit äußeren Dingen an, die er zu seinem festen Bestand macht. In seinem Sicherheitsbestreben denkt er erst einmal an sich und an zweiter Stelle, wenn für ihn selber gesorgt ist, ist er bereit, sich anderen Menschen zuzuwenden. Materiellen Gegenständen wird ein großer Wert beigemessen. Wenn die Betroffenen sich bestimmte Artikel zulegen, dann müssen diese neben ihrer Funktionalität auch noch einen hohen Markenwert besitzen, über den sie sich zusätzlich definieren lassen. Oftmals stehen Marken und Namen von Artikeln mehr im Vordergrund als der Artikel selber. Der Stier-Aszendent bezieht seinen Wert aus all den Dingen, die er besitzt. Mit Statussymbolen erhofft er sich bei den anderen Menschen die nötige Akzeptanz zu verschaffen, frei nach dem Motto «Hast du was, dann bist du was». Ist dieses Bedürfnis befriedigt, beginnt er sich wohl zu fühlen, was für ihn eine ganz bedeutende Rolle spielt.

So ehrt er alle die Bereiche, die mit dazu beitragen, dieses Wohlempfinden zu erhöhen. Essen und Trinken, ein gemütliches mit Holz verbrämtes Heim können immens zu seinem Wohlempfinden beitragen. Auch die körperliche Sinnlichkeit und die Sexualität spielen für ihn eine ganz wichtige Rolle, zumal die sich einstellende Nachkommenschaft die Sicherheit und das Gruppengefüge erhöht. Auf dieser Basis begegnet der Stier-Aszendent dem Leben. Dabei überwiegt beim einen das Interesse an der Materie, beim anderen das Bedürfnis, sich in Gruppenbindungen zu begeben. Was jedoch beide Varianten vereint, ist das ständige Bemühen, praktische und wahrnehmbare Ergebnisse zu erzielen und den Wert der Person gegenüber jeglichem Angriff von außen zu sichern. Dieser Anspruch zeichnet sie auf ihrer subjektiven Ebene als vereinnahmende, konservative (lat. conservare = festhalten) Wesen aus, wobei man als Außenstehender nicht unterscheiden kann, ob sie aus egoistischen Gründen an allen Dingen festhalten oder aus reinem Schutzbedürfnis.

Selbst Themen, die man dem Bereich der Weltanschauung oder des Geistes zuordnet, verwenden sie, um zu einer Erhöhung des Eigenwertes zu gelangen. Für den Menschen mit Stier-Aszendent ist es schwierig, einen rein geistigen Ideenwert in sich herzustellen, da er von der Anlage her in einem konkreten stofflichen Empfinden angesiedelt ist. Er empfindet nicht aus sich selbst einen Wert, sondern braucht konkrete Themen und Dinge, mit denen er sich in Verbindung bringen kann, um sich selber wahrzunehmen. Deshalb sind auch Weltanschauungen und Seinsaspekte, die sich im Bereich des Unsichtbaren oder Numinosen bewegen, für ihn unrealistisch und irreal. Sie erwecken in ihm eine tiefe Abneigung, da er unbewußt verspürt, daß die Sicherheit seines heilen stofflichen Weltbildes davon bedroht werden könnte. Am Ende sähe er sich über diesen Weg gezwungen, eine Wandlung vollziehen zu müssen, was für ihn höchst angsterregend wäre.

Deshalb bleibt das Bestreben eines Menschen mit Stier-Aszendenten primär auf solche Ziele ausgerichtet, die ihm innerhalb der materiellen Welt vermeintliche Sicherheit gewähren. Aus diesem Grund findet man ihn überall dort, wo man sich aus gemeinsamen Interesse zu Gruppen zusammenschließt, die im Verbund echte gemütliche Kuhstallatmosphäre garantieren. Dies sind beispielsweise Vereine, Interessenverbände, die ein gemeinsames Ziel verfolgen und von daher keine Bedrohung der eigenen Sicherheit darstellen. Die vordergründige Selbstbezogenheit bringt dem Menschen mit Stier-Aszendent bei anderen, die nicht aus gleichem Holz geschnitzt sind, keine großen Sympathien ein. Damit ihr Umfeld das Bedürfnis nach Festhalten und Vereinnahmen nicht entlarvt, schieben sie dieses weit von sich oder verdrängen die Existenz ihrer eigentlichen Wesensqualität. In diesem Fall erfahren sie in der Außenwelt jene Instanz, die ihnen zielgerichtet Situationen präsentiert, welche ihre nichtgesehene Wesensqualität zutage fördert.

Bei jeder Bewußtwerdungsarbeit sollte sich der Mensch von allen moralischen Gesichtspunkten befreien, vor allem was die Bewertung der Qualitäten und Eigenschaften der Tierkreisbilder anbelangt. In der Astrosophie ist es die erste und wichtigste Aufgabe, wertfrei den Inhalten des eigenen Musters zu begegnen. Jede einseitige oder scheinheilige Verdrängung bestimmter Anliegen und Geburtsthemen beschert dem Menschen eines Tages tiefe Konsequenzen, denen er irgendwann in seinem Leben doch einmal begegnen muß. In solchen Zeiten der Konfrontation erfährt er schmerzhaft, was die wahrhaftigen Anliegen und Mechanismen seiner Person ausmachen. Bewußtseinserweiterung bedeutet für den Menschen, die Grenzen der eigenen Wahrnehmung zu überschreiten und die Ich-Identifikation auszudehnen. Wer dies vermag, hat schon eine Menge geleistet. Auch für den Stier-Aszendenten ist es deshalb wichtig, sich aus dem Blickwinkel seines stoffbezogenen Anliegens zu betrachten, damit er lernt, sich und der Welt nicht etwas Falsches vorzuspielen, sondern sich zu seinen wahren Anlagen zu bekennen.

Der Betroffene neigt sehr leicht dazu, selbstsüchtige Motivationen hinter idealisierten Tarnmotivationen zu verbrämen. Wer gilt schon gerne in einer progressiven Welt, die sich immer mehr sozialen Gedanken und Werten öffnet, als eingefleischter konservativer Materialist, dessen erstes Anliegen es ist, seine persönlichen Vorteile in der Welt zu verfolgen. Im Sinne der Übereinstimmung mit dem Geburtsmuster ist ein solches Verhalten vollkommen richtig, doch meist fehlt in diesem Zusammenhang die Bewußtheit für das Sosein, und der Mensch beginnt sein wahres Anliegen zu verdrängen. Erst hier beginnt das Problem! Wer selber für die eigene Anlage keinen wachen Blick hat und seine wahre Motivation nicht zu entdecken vermag, wird im Laufe des Lebens immer häufiger in schmerzliche Selbsterkenntnisprozesse verwickelt, so daß irgendwann offensichtlich wird, welche wahren Bedürfnisse und Anliegen hinter all seinen

Handlungen stehen. Das Leben fordert von jedem Menschen eine Identifikation mit seinen Anlagen. Es ist natürlich schwieriger, ein Geburtsthema leben zu müssen, das nicht «im Trend» liegt. Das bodenständige, ruhige, gemütliche, besitzergreifende und konservative Stierthema hat es in dieser Hinsicht nicht leicht, da es nicht dem herrschenden Zeitgeist entspricht. Deshalb versuchen Betroffene sich vielfach zu verstellen. Ein Prinzip ist aber nicht schlecht, nur weil es von der Masse gerade nicht primär gelebt wird. Wer die Geschichte zurückverfolgt, wird schnell erkennen, wie launisch und wetterwendisch der Zeitgeist ist. Was gestern noch hoch im Kurs lag, ist morgen schon verpönt.

Da das Erdelement in seinem natürlichen Zustand passiv verschließend ist und Veränderung nur über äußere Impulse erfährt, drücken sich auch auf der psychischen Ebene des Stier-Aszendenten diese Merkmale aus. Die schwere, erdbezogene Konzentration läßt ihn in allen vertrauten Standpunkten beharrlich sein und an dem bekannten Überlieferten festhalten. Menschen mit einem Stier-Aszendenten sollten sich im Sinne der Bewußtwerdung vergegenwärtigen, daß im Keim ihrer Persönlichkeit ein unbewegliches, geschlossenen System regiert, das nicht bereit ist, sich zu öffnen, etwas herzugeben, geschweige denn sich zu verändern.

Kindheitsmythos: Viele Native mit einem Stier-Aszendenten machen in ihrer Kindheit die Erfahrung, daß ihr Elternhaus mit wenig ehrgeizigen Ambitionen ausgestattet ist. Sie erleben den Vater in seiner Rolle als passives Element mit einer Anlage im Leben, die mit dem Geringsten zufrieden zu sein scheint, oft selbstgenügsam dem Phlegma folgend. Die Kinder leiden unter der Art des Vaters, die für sie eine ungeheure Schmach bedeutet. Gleichzeitig wird die erfahrene Schmach über das väterliche Versagertum zu ihrem Motor, der sie nicht zur Ruhe kommen läßt und sie antreibt, das Erlittene wiedergutzumachen. Mit dem Anspruch, besser zu sein als der Vater, wollen sie es «ihm beweisen», um ihre alten Verletzungen zu heilen. Die Mutter im Kindheitsmythos stellt den Kontrast zum schwachen Vater dar. Sie ist die starke urweibliche Frau, die von den Kindern als wirklicher Schutz und Fels in der Brandung des Lebens wahrgenommen wird. Die Mutter stellt aufgrund ihrer Erdverbundenheit mit ihrem ausgeprägten Realitätssinn den Ausgleich im Familiendrama her. Trotz ihrer ausgleichenden Funktion entsteht somit eine Werteverschiebung zwischen dem männlichen (aktiven) und dem weiblichen (passiven) Prinzip. Inhaltlich drückt dieser Kindheitsmythos das Ungleichgewicht zwischen den materiellen stofflichen Belangen und dem alles durchwirkenden Geistprinzip aus. Die träge Anbindung an den Stoff als einzige Ausgangsbasis und Perspektive für das Leben läßt die Rückbindung an das erhebende Geistprinzip verkümmern. Das Vaterprinzip drückt symbolisch aus, wie es beim Menschen um seine Fähigkeit der geistigen Inspiration und der Erhebung bestellt ist. Das weibliche Prinzip, welches über die Mutter verkörpert wird, beschreibt inhaltlich die Thematik der Weltenbezogenheit. Deutlich zeigt sich in dem Kindheitsmythos das Ungleichgewicht zwischen dem weltlichen und dem geistigen Pol. An diesem Mythos sollten die Betroffenen erkennen lernen, daß in ihrem Inneren ein Ungleichgewicht besteht.

Dies sollten sie frei von jedem Schuldgefühl und jeder Wertigkeit betrachten. Je mehr sie sich ihrer Weltenbindung bewußt sind, desto freier können sie in ihrem Leben werden. Erst die volle Erkenntnis ihres unbewußten, gebundenen und weltverhafteten Teiles schafft für sie die Basis einer echten Befreiung.

Sind aber die Nativen der Meinung, sie seien frei von allen materiellen Bedürfnissen, entsteht in ihrem Leben eine Dynamik, die sie immer tiefer in den Sumpf des Stoffes hineinzieht, bis sie eins mit dem Thema geworden sind. Dies ist die Falle unserer linear funktionierenden Welt, in welche die Menschheit seit Anbeginn aller Zeiten rennt. Die Erkenntnis dieses Mechanismus ist ein Schlüssel für den Umgang mit der Welt, obwohl diese Betrachtungsweise im Vergleich mit der üblichen Umgangsform der Lebensgestaltung paradox klingen mag. Der Mensch hat nur dann die Möglichkeit, sich zu befreien, wenn er beginnt, nach seiner eigenen Wahrheit zu suchen und in aller Ehrlichkeit zu dem zu werden, was er wahrhaftig in sich entdeckt – frei von allen Beschönigungen und vor allem, ohne sich vor der Welt und ihren unausgesprochenen Forderungen zu prostituieren.

Der kindliche Kontakt mit der Unterschiedlichkeit der Elternfiguren bewirkt bei den Betroffenen, daß sie sehr früh ihrer Welt wertend entgegentreten, indem sie ihre Mitmenschen und äußere Gegebenheiten nach bestimmten Kriterien einsortieren. Dies macht sie zu einem geschlossenen System, da andere Menschen nur dann Zugang zu ihnen erlangen, wenn sie der subjektiven Werteskala der Nativen entsprechen. Hinter diesem Anspruch verbirgt sich der Wunsch nach einem Gemeinschaftsgefühl, welches sich im Verbund mit anderen entwickeln soll. Getreu dem Motto «Gemeinsam sind wir stärker» stellt dies die Basis für die Sicherheit und die Geborgenheit im Kollektiv dar. Trotz der Suche nach Gleichheit findet sich in ihrem Verhalten und in ihrem Denken eine Spur von Diskriminierung anderer Menschen wieder, was ja auch häufig bei konservativen Gruppen zu beobachten ist, die Angst vor dem Unbekannten und vor allem Neuen haben. Diese vergleichende Denkweise wurzelt kausal tief in den Wunden der Kindheitsverletzung, die aus der Diskrepanz zwischen dem schwachen Vater und der starken Mutter herrührt. Im umgekehrten Fall, wenn die Nativen eine gegenseitige Akzeptanz ihrer Mitmenschen fühlen, entsteht in ihnen ein Sicherheitsempfinden, als würde das Kollektiv sie tragen. Sie benötigen die soziale Akzeptanz ihres Umfeldes so dringend wie Wasser und Brot. Aus diesem Grund versuchen sie, sich in ihrem Verhalten immer mit den anderen abzustimmen. Für die Außenstehenden erwächst aus ihrem Verhalten der Anschein, als wollten sie sich ihnen gegenüber permanent rechtfertigen, indem sie für ihre Denk- und Verhaltensweise Plädoyers halten, als würden sie vor einem fiktiven Ankläger stehen. Ihr Gegenüber sieht sich einem Druck ausgesetzt, als müßte es – genötigt von der Forderung nach Akzeptanz und Übereinstimmung – das Gewissen erleichtern, indem es Signale der gemeinsamen Verbundenheit bestätigend aussendet.

Der Blickwinkel der Menschen mit einem Stier-Aszendenten ist so stark auf die Außenwelt gerichtet, weil sie nach der Liebe und der Sympathie ihres Umfeldes suchen. In der Liebe durch die anderen finden sie den Teil der Akzeptanz und des Wohlwollens, der sie in der Annahme der eigenen Person bestärkt. Die Zuneigung der anderen verschafft ihnen die Legitimation, ihre Eigenliebe zu entdecken, die sie sich ohne Grund, aus rein egoistischen Motiven, nicht eingestehen möchten. Je unbewußter die Einstellung zu ihrer Eigenliebe ist und je mehr sie von den Nativen verdrängt wird, desto größer wird die Abhängigkeit zwischen ihnen und ihren Mitmenschen. In dieser Wechselbeziehung entsteht ein symbiotisches Verhältnis, welches sie sehr stark an die anderen bindet und aufgrund ihres übersteigerten Verlangens nach Bestätigung gleichzeitig hilflos an ihr Umfeld ausliefert. In solchen Situationen leiden sie unter ihrer Abhängigkeit und ihrer Hilflosigkeit und versuchen sporadisch, zu entkommen. Der Schlüssel zu ihrer wahren Freiheit liegt allerdings nicht im bloßen Davonlaufen, sondern darin, sich zu ihrer Eigenliebe zu bekennen. Mit zunehmender Bewußtwerdung greifen sie in einen übergeordneten Mechanismus ein, der ihr Umfeld aus der Pflicht erlöst, als Katalysator zu wirken, damit sie sich – legitimiert durch den Zuspruch der anderen – selber lieben können.

Partnerschaftsmythos: In Partnerschaften benötigen sie die gleiche bestätigende Akzeptanz wie im Kontakt mit ihrer Umwelt. Aus diesem Grund neigen sie dazu, sich Partner nach dem Kriterium der gemeinschaftlichen Übereinstimmung zu wählen. Dies kann dazu führen, daß sie sich im Laufe der Partnerschaft eine scheinbar heile Welt vorspiegeln, um sich nicht eingestehen zu müssen, daß sie innerhalb ihrer Beziehung mehr für sich und ihre eigenen Belange fordern, als sie ihrerseits bereit sind, dem Partner zu geben. In ihren Verbindungen sollten sie sich vergegenwärtigen, daß es ihr unbewußtes Anliegen ist, alles zu vereinnahmen und für sich zu beanspruchen, was die Partnerschaft ihnen geben kann. Leben die Menschen mit dem Stier-Aszendenten im falschen Bewußtsein, nämlich sich vollkommen für ihre Beziehung aufzuopfern, führt dies zu dem Mechanismus, daß auf der Seite des Partners die Zuwendung so lange ausbleibt, bis die Betroffenen selber beginnen, Stück für Stück aufzurechnen und zu beanspruchen, was ihnen ihrer Meinung nach in der Beziehung versagt bleibt.

Auch hier führt erst der Erleidensweg in die Wahrheit hinein, denn im Ergebnis sind sie selber diejenigen, die Forderungen stellen und vom anderen Zuwendung erwarten. Auf diesem Weg landen die

Betroffenen, wenn auch unter Schmerzen, in ihrem ehrlichen Muster. Je mehr sie bereit sind, ihre verdrängten Bedürfnisse bewußt zu leben, desto mehr erfahren sie auf der Seite ihres Gegenüber ein gelöstes Eingehen auf die nicht mehr verschleierten Bedürfnisse, denn jeder bewältigte integrierte Erkenntnisschritt befreit die Umwelt aus der Pflicht, den unbewußten Anteil des Individuums tragen zu müssen.

Genau das gleiche Muster, das auf der Beziehungsebene des Stier-Aszendenten wirkt, vollzieht sich auch innerhalb der Sexualität. Das sexuelle Grundbedürfnis ist ein sehr sinnliches, für sie kommen körperliche Nähe und Zuwendung einem Lebenselixier gleich. Allerdings ist der unbewußte Motor der Sexualität immer das Ziel einer rein der Zeugung dienenden Paarung, denn auch die Sexualität soll nach dem Akt die gewünschten Früchte bringen und den Bestand der Nachkommenschaft sowie das eigene Alter sichern. Der Schatten dieses zweckgebundenen sexuellen Bedürfnisses ist die hohe Form der Erotik, deren Anliegen nicht in der Zeugung von Nachkommenschaft liegt, sondern darauf abzielt, die Sexualität für einen todesähnlichen Grenzerfahrungsakt zu nutzen, wie dies besonders im gegenüberliegenden Zeichen des Stier-Aszendenten, im Zeichen Skorpion, zu finden ist. Die im Schatten liegende Sexualität ist geprägt von dem Trieb, mit einem anderen Individuum vollkommen zu verschmelzen, um mit diesem ein größeres Ganzes zu bilden. Deshalb wird den Nativen in der Sexualität häufig die zehrende Aufforderung zur Auflösung begegnen, welche für sie zu echten Angstmomenten werden kann. Sie wollen in der Sexualität keine «kleinen Tode» sterben und sich opfernd aufgeben, sondern leben und sich bereichert finden. Dies kann im partnerschaftlichen Bereich zu Konflikten führen, in denen der Vorwurf aufkommt, ständig nur zu nehmen und nichts zu geben. Befinden sie sich in ihren Partnerschaften in solchen Konfliktsituationen, führt dies dazu, daß sie trotz ihrer fixierten Wesensqualität zum «Fremdgehen» neigen, um ihre eher sinnlichen Bedürfnisse auszuleben, welche hohe Ansprüche an die Zuwendung in der Partnersituation stellt. Finden sie in ihren Beziehungen nicht die vollkommene Erfüllung, sind sie oftmals nicht bereit, sich aus der Verbindung zu lösen, sondern führen neben ihrer

Partnerschaft stabile Zweitbeziehungen von anhaltender Dauer. Sie stehen dann allerdings im Konflikt mit ihren konservativen Gefühlen und erleben dies häufig in dem Zerwürfnis zwischen den moralischen Normen und ihrer Sehnsucht nach sinnlicher Erfüllung.

Für die Betroffenen ist es aus diesem Grund von großer Bedeutung, den eigenen Bedürfnissen ins Auge zu schauen. Sie sollten lernen sich einzugestehen, was sie für ihr Seelenheil dringend benötigen und welche Forderungen und Bedingungen sie an das Leben und ihre Mitmenschen stellen, um sich getragen zu fühlen. Je mehr sie lernen, sich in dieser konsequenten Form anzuschauen, frei von allem gesellschaftlichen Zeitgeistgeschehen und moralischen Normen, desto unverkrampfter und befreiter ist es ihnen möglich, ihr Leben zu leben.

Je weiter sie sich von ihrem wahren Wesen entfernen, um so mehr nähren sie den Teil, der ihnen in der Bewußtheit fehlt. Für die Nativen mit einem Stier-Aszendenten gilt es nicht, einem gesellschaftlichen Ideal zu entsprechen, sondern ihr wahres Muster zu leben.

Schattenbereich: Wenn die Betroffenen bis zu diesem Punkt bereit sind, sich ehrlich ihrer wahren Motivationen bewußt zu werden, so haben sie die Voraussetzung geschaffen, von der aus sie sich den Schattenthemen zuwenden können. Diese beziehen ihre Nahrung aus dem Wesen der eigenen Sichtweise und Bedürfnisse. Jede Seelenqualität, die sich im Übermaß befindet, produziert jenen Bereich der Schatten und Bilder, der im Sinne der kosmischen Ganzheit die Vollkommenheit herstellen muß. So begegnet im Ausgleich dem Stier-Aszendenten im Schatten das Skorpion-Prinzip. Im Gegensatz zum Stier, dessen Kraft die Ausdrucksform der lebensgestaltenden maximalen äußeren Tatkraft ist und in Richtung unsozialer Selbstverwirklichung zielt, ist Skorpion dem Geistprinzip zugeordnet und polar zum Stier die aufsteigende Nachtkraft mit ihrer lebensverwandelnden Transformationsenergie. Diese begegnet jedem Stier-Aszendenten und stellt das Leben der Nativen immer und immer wieder in Frage.

Was im Stier instinkthaft und völlig unbewußt geschieht, erfordert im Zeichen des Skorpions absolute Bewußtheit und Konsequenz. Hier werden alle wahren Motivationen ins Licht der Bewußtheit gezerrt, die Nativen fühlen sich von äußeren harten Konsequenzen, welche ihre Standpunkte bohrend in Frage stellen, ständig gefordert. Auf diesem Weg erhält die inbrünstig gewünschte Gemütlichkeit des Lebens immer wieder feine Haarrisse, die auf lange Sicht das Lebenskonzept im Bestand gefährden. Denn irgendwann stürzt selbst das festeste Gebäude, wenn es mit lauter Rissen durchzogen ist, da die spröde gewordene Statik keiner Belastung mehr standhält.

Dem Stier-Aszendenten stellt sich an verschiedenen Stationen des Lebens die Aufforderung, seinen persönlichen Besitz einem Kollektiv zu opfern, was bei ihm dazu führt, daß er sich noch mehr verkrampft und versucht, sein Schärflein wie besessen festzuhalten. Das Thema des Lösens und Bindens wird für ihn zu einem Auseinandersetzungspunkt, der ihn wie ein böser Spuk immer tiefer in die Unbeweglichkeit hineinführt. So wie der Stier-Aszendent Begegnungen nutzt, um sich subjektiv geborgen und wohl zu fühlen, fordert ihn sein Schatten vermehrt auf, sich von der Subjektivität zu lösen und mit einem größeren Prinzip zu verschmelzen.

Dem Stier-Aszendenten tritt am Deszendenten das Skorpion-Prinzip entgegen. Damit wird das Außen für ihn zu einem ewigen Schmelztiegel der Wandlung. Die Nativen müssen daher oft darum ringen, ob die Fixierungen des eigenen Weltbildes mit den mannigfachen Ideen, die ihnen im Leben begegnen, übereinstimmen. Das Außen bedrängt den Stier-Aszendenten mit abstrakten Ideen und Plänen, obwohl er eigentlich nur das konkret Anfaßbare im Sinn hat. So stellt er jedem, der ihm mit Leitbildern begegnet, als Schutz- und Abwehrmechanismus die Gretchenfrage, was ihm seine «spinnerten» Ideen konkret bringen würden, welchen Nutzen man für sich mit den «hochtrabenden» Ideen praktisch erzielen könne. Erst wenn alles seiner «Preisfrage» standhält, ist der Stier-Aszendent zufrieden. Was für den plutonisch veranlagten Menschen auf der begegnenden Seite zum echten frustierenden Märtyrium wird, ist für den Stier-Aszendenten sehr wichtig, da er sich sofort in der Unsicherheit befindet, sobald etwas sich aus dem sicheren Rahmen seines materialistischen Weltbildes zu erheben beginnt. Seine Welt soll eine heile, gut genährte Welt sein, und jede Infragestellung seines

Weltbildes fühlt sich für ihn wie der Sturz aus dem Paradies an. Er will lieber nicht erkennend werden, wenn er dafür einen paradiesischen Zustand opfern muß.

So wird die verführende Schlange zu seiner «Lebensgefährtin». Sie versucht ihn ständig zu überreden, von den Früchten des Baumes der Erkenntnis von Gut und Böse zu kosten. Geduldig winkt sie mit der Erkenntnisfrucht, doch die Nativen sind nicht aus dem Holze Evas geschnitzt, die begierig kostet und den ganzen Weg in die Auseinandersetzung mit der Welt geht. Obwohl der Stier-Aszendent als echtes Ernährungsnaturell jeden anderen Apfel gerne essen würde, wirft er diesen im hohen Bogen weit weg, um auch weiterhin im Paradies sitzen bleiben zu können. Deshalb fühlt er sich beunruhigt, sobald jemand ihn auffordert, sich bewußt auf Erkenntnisprozesse einzulassen. Jede ernsthafte Auseinandersetzung mit einem bestimmten Thema ist ein Akt, bei dem sich Standpunkte verändern. Das mag zwar der Skorpion, aber der festsitzende Stier-Aszendent hat große Probleme damit.

Zielidee / höhere Einsicht: Mit einem Stier-Aszendenten ergeben sich zwei Möglichkeiten für die Finalität des Horoskopes. Zum einen die *Finalität Steinbock*, zum anderen die *Finalität Wassermann*. Beide Prinzipien, sowohl Steinbock als auch Wassermann, sind sehr übergeordnete Zeichen, die fern jeder Subjektivität liegen. Aus beiden ergeben sich ganz unterschiedliche Themen.

Steinbock-Finalität bedeutet für die betroffenen Horoskopeigner, daß sie sich im Laufe des Lebens ganz von den subjektiven Belangen lösen sollten, um sich einmal wieder einem höheren Ziel als dem Bedürfnis, sich selber nähren zu wollen, zuzuwenden. Mit dieser Finalität erleben die Nativen immer wieder die Aufforderung, sich im Leben zu verwandeln, und geraten deshalb auch in die Nähe von begrenzenden Situationen, deren größtes Extrem die Verwandlung durch den Tod ist, welche einem Opfer gleichkommt, das mit Vehemenz im Großen mit einemmal das einfordert, was der Mensch in vielen kleinen Situationen nicht zu opfern oder zu geben bereit war. Im Tode gibt es nichts Materielles mehr zu halten, nur die seelischen Erfahrungen und die erwachsenen geistigen Potentiale werden als einziges Gepäck auf die jenseitige Reise mitgenommen. Derartige Wandlungserfahrungen treten möglicherweise in nächster Nähe von ihnen auf, indem liebe Anverwandte, Freunde oder Partner plötzlich aus dem Leben gehen und sie über diesen Weg aufgefordert werden, sich mit dem Mysterium der Verwandlung und der zeitlichen Begrenzung auseinanderzusetzen. Dies wäre die dem Stier-Aszendenten entfernteste Thematik, denn Stier ist das voll verkörperte Leben an sich, das am Leben und dessen Konstanz festhält.

Für die Schattenarbeit und damit auch für das Erlangen einer höheren Einsicht ist es daher von großer Bedeutung, zu wissen, daß zum wahren Leben der Tod mit dazugehört, denn er lauert überall, kann sogar jede Minute eintreten. Aus diesem Grund ist der Niedergang viel sicherer als alles andere auf der Welt, was man glaubt festhalten zu müssen. Es ist wichtig zu erkennen, daß ein Leben ohne die Begrenzung des Todes kein Leben ist, da es ohne ihn seine notwendige Spannung verliert. Das wirkliche Leben bezieht seine Existenz aus dem immerwährenden zyklischen Kreislauf von Geburt, Tod und Wiedergeburt, nur dann hat es Anspruch auf die Bezeichnung Lebendigkeit. Jede innere Unbeweglichkeit ist in diesem Sinne viel näher am Tode gelagert, als man glaubt, da sie einem dumpfen stagnierenden Zustand gleicht.

Wassermann-Finalität ist die andere Variante der Zielidee des Stier-Aszendenten. Wassermann entspricht einem entpolarisierenden Prinzip, das alles, was sich in Konstanz befindet, aus seiner Gradlinigkeit herausbefördert und in sein genaues Gegenteil verwandelt. Für den Stier-Aszendenten bedeutet dies, daß keine Chance bleibt, an den alten Fixierungen festzuhalten. Würde man die beiden Finalitäten mit dem Aszendenten in einen vergleichenden Bezug setzen, dann wäre der Stier-Aszendent mit der Finalität Wassermann als der fixiertere zu bezeichnen, denn ihm gilt die Aufforderung, sich aus seinem unbeweglichen Zustand herauszubewegen, um einmal wieder lebendig zu werden. Aus diesem Grund wird der Stier-Aszendent mit der Wassermann/Finalität in vielen Situationen des Lebens Wandel und Umpolung erfahren; besonders dann, wenn er gerade glaubt, ganz fest verwurzelt und gesichert zu sein.

Er sollte dann aufmerksam werden, wenn er bemerkt, daß alles, was er bestrebt ist zu halten und was er lieb gewonnen hat, sich zu wandeln beginnt, und er genötigt wird, herzugeben und loszulassen. Wenn er plötzliche Einbrüche erlebt und Verhältnisse wie Arbeitssituationen oder Partnerschaften, die lange unverändert weilten, sich zu lösen beginnen, dann war sein Würgegriff zu eng. Das gleiche gilt auch, wenn Werte, die der Stier-Aszendent sammelte und hortete, plötzlich ihren Wert verlieren. Wenn das lebenswandelnde Element laut nach ihm ruft, dann sollte er sich vergegenwärtigen, daß er der entpolarisierenden Seite seine Aufmerksamkeit widmen sollte, statt auf dem alten Zustand zu beharren. Der Angesprochene sollte dem Ruf des Außen folgen, um die Erfahrung zu machen, daß es Werte jenseits der festen Form gibt, die wesentlich beständiger sind als seine materiellen Schätze. Und auch, daß die wahre Sicherheit erst dann entsteht, wenn man gelernt hat, sich zu wandeln. Erst wenn er das Gegenteil von all dem, was er sich wünscht, erfahren hat, kann er in den Genuß einer harmonischen Ganzheit kommen, die er sich in seinem tiefsten Inneren erhofft.

Der Zwillings-Aszendent

Im Tierkreisbild der Zwillinge manifestiert sich ein luftiges flüchtiges Thema, dem alle funktionalen Bereiche der äußeren Welt zugeordnet sind. Im mundanen Tierkreis löst es als das letzte Zeichen des ersten Quadranten den im Erdzeichen Stier entstandenen fest verwurzelten Zustand wieder auf. Mit ihm kehrt in das erdige stagnante Befinden des vorhergehenden Zeichens wieder Leben und Aktion zurück. Die im Bild der Zwillinge waltende Energie ist äußerst unruhig und beweglich. Denn um die Aufmerksamkeit über die Grenzen des Bekannten auszudehnen, bedarf es einer hohen Flexibilität und eines Interesses an allem Neuen, das sich verlockend in der Welt zeigt. Dies entspricht der Phase des auslaufenden Frühlings, in der es um Befruchtung und um die Weitergabe des Lebens geht. Die hohe Dynamik in der Natur kündet von der großen Beweglichkeit, die nötig ist, um Leben hervorzubringen.

Genau wie beim Atem, der dem Zwillings-Prinzip zugeordnet ist, geht es in dieser Zeit um die wertfreie Funktion, allein aus dem Sinn die Bewegung und damit das Leben zu erhalten. Die dem luftigen Merkurprinzip zugeordnete Thematik sorgt für Austausch, Kommunikation, Bewegung, Interesse, Vielfältigkeit und kündet damit von der reinen Qualität der Zwillings-Energie, die überall dort zu finden ist, wo äußeres Leben stattfindet. Damit bewegt sie sich zwar noch im Rahmen des ersten Quadranten, doch gleichzeitig löst sie den Zustand, der zuvor in Stier zur Ruhe gekommen ist, wieder auf.

Bewußtwerdung: Das Wesensnaturell eines Menschen mit einem Zwillings-Aszendent ist besonders neugierig und stets voller Freude, wenn es darum geht, die Welt mit all ihren interessanten Varianten zu entdecken. Alle neuen und unbekannten Dinge bereiten ihm große Freude, und nachdem er sich über seine Neuentdekkungen informiert hat, werden die Informationen sogleich in dem Sammelpool der intellektuellen Zentralablage seines Gehirns abgelegt. Menschen mit einem Zwillings-Aszendenten begegnen der Welt und allen Wissensgebieten neutral und wertfrei. Durch die Vielfalt der äußeren Dinge und die interessanten Impulse aus der Welt besteht für sie keine Notwendigkeit, sich aufgrund der Fülle an neuen Themen wirklich tief und ernst einzulassen. Gerade die Fähigkeit sich einzulassen führt die Nativen in einen für sie heiklen Angstbereich. Wenn sie in Situationen geraten, die sie in die Nähe von tiefen Gefühlen bringen, beginnen sie sich mit luftigen Aktionen panikartig zu entziehen. In ihnen entsteht in solchen Situationen eine hilflose Beklemmung, da sie fürchten, Gefühle könnten sie wie ein Strudel in die Nähe unerklärlicher Ebenen hinabziehen. Jede Form der Tiefe oder unkontrollierte Emotionen wecken in ihnen den Wunsch, sich von dem verunsichernden unerklärlichen Zustand zu entfernen. Sie fürchten, aus der Sicherheit der Rationalität gerissen zu werden. Um dieser Krise zu entgehen, kompensieren sie die innere Betroffenheit mit intensivem Redezwang. Auch für die eigenen Gefühle suchen sie nach Erklärungen – denn jede innere Regung, die nicht rationalisiert werden kann, erweckt in ihnen das Bedürfnis, sie zu analysieren. Deshalb sind sie viel eher in der Lage, ihre Gefühle einem Tagebuch oder einem anderen Menschen in Briefform anzuvertrauen, als über sie direkt zu reden. Die Schriftform schafft für sie einen unverbindlicheren Rahmen, der es ihnen ermöglicht, Aggressionen und Gefühle zu fixieren, um das Beschriebene ohne weitere Auseinandersetzung mit dem Umfeld stehen zu lassen. Auf diese Art und Weise schaffen sie sich eine Ebene, auf der ihre überbetonte Intellektualität auch weiterhin ihrem rationalen Verhalten die Oberhand sichert, um dem undefinierbaren Chaos zu entgehen, das sich für sie hinter den Gefühlen verbirgt.

Ähnlich geht es ihnen mit anderen Lebensbereichen, denn Menschen mit einem Zwillings-Aszendenten leiden beispielsweise häufig unter Einschlafschwierigkeiten, wobei ihre Gedanken unaufhörlich um irgendwelche äußeren Aktivitäten und Aktualitäten kreisen. Geraten sie in einen Zustand zwischen Wachbewußtsein und Tiefschlafphase – in ihm sind auch die kollektiven Bildinhalte verborgen –, kann es geschehen, daß sie erschreckt aus diesem Zustand aufwachen und eine unerklärliche Angst verspüren, eine Angst, die aus den irrationalen Bildern und Träumen dieses Schlafstadiums herrührt. Der Schlaf, auch genannt «der kleine Bruder des Todes», entspricht nicht der Ebene der konkreten Welt, auf der das Prinzip der Zwillinge zu Hause ist. Wachheit entspricht dem Zustand, in dem sie sich vertraut und sicher fühlen. Meist flüchten die Nativen wieder in ihre Gedankenwelt und versuchen zu ergründen, welche Tagessituationen zu ihren Bildern und Träumen beigetragen haben könnten: Sofort gewinnt das Rationale wieder die Oberhand.

Aus diesem Grund ist auch der Mensch mit einem Zwillings-Aszendenten, ähnlich wie die beiden vorhergehenden Zeichen Widder und Stier, an den äußeren Aspekten der Welt interessiert. Dies ermöglicht ihm – vergleichbar mit dem Bedürfnis des Stier-Aszendenten, der versucht konkrete Dinge in seinen Eigenwert mit einzubeziehen –, Informationen, die sich um Zusammenhänge der Welt drehen, unbegrenzt in sich aufzunehmen. Das entstehende Informationspotential trägt dann im hohen Maße zur Erhöhung des Eigenwertes bei. Dabei sind es die Interessengebiete selbst, die seinen Wert erhöhen. Beispielsweise können dies Informationen aus der Politik, aus dem aktuellen Tagesgeschehen, die neuesten Forschungsresultate, alle Informationen über interessante Menschen und deren Lebensgeschichte oder die aktuellen Trends in der «In»-Szene sein. Es gibt für ihn nichts, was nicht interessant wäre. Für ihn bedeutet «lebendig sein», wenn er weiß, was man heute anzieht, welche Möbel derzeit im Trend liegen, welche Urlaubsorte man als echter Trendsetter bereist, wer im letzten Sommer alles auf Sylt war, wer mit wem gerade eine Beziehung hat, in welchem Restaurant man die interessantesten Leute trifft, was die Börse hergibt, wer in den neuesten Filmen die Hauptrollen bekommt oder welche Meditationstechnik am schnellsten zum Ziel führt usw. usw..

Seinen Selbstwert bezieht er aus dem größtmöglichen Potential an äußerem Wissen. Ist er einmal über etwas schlechter informiert als andere, verspürt er eine tiefe Verunsicherung, und Gefühle von Minderwertigkeit tauchen in ihm auf. Die emotionale Krise ist in Sicht, und diese kann nur mit der Aktualisierung der «Wissensfestplatte» ausgeglichen werden. Damit es nicht erst zur Krise kommt, trägt er sozusagen präventiv dazu bei, immer auf dem laufenden zu sein. Dabei ist es weniger von Bedeutung, ob es um die Funktion von Solarmaschinen geht oder um das Geburts- und Sterbedatum von Papst Pius XXIII. Alles ist gleichermaßen hochinteressant, und das Wissen wird, vergleichbar mit der Aufnahmekapazität einer Computerfestplatte, ohne nennenswerte Sinnhaftigkeit abgespeichert. Es könnte ja in der Zukunft irgendwann einmal von Nutzen sein und zu einer brauchbaren Kommunikation beitragen, dann ist es stets schnell abrufbar.

Die Zwillings-Aszendenten sammeln überall ungeheure Informationsmengen, die aber nicht zu einer inneren Verarbeitung kommen, da das Wissen nicht lebendig einem Erkenntnisdrang folgend gesammelt wird. Vielmehr versuchen sie die innere Leere auszufüllen, die sie zwar verspüren, der sie aber trotzdem ausgeliefert sind, da sie nicht in der Lage sind, in die Tiefe zu steigen, die dieses Gefühl mindern würde. Die Statements, die sie abgeben, bleiben deshalb auf einer theoretischen Ebene; mit ihrem umfangreichen angeeigneten Wissen versuchen sie dann, ihnen Nahestehenden zu helfen. Interessiert nehmen sie Anteil an deren Leid oder deren Problemen, und da sie die anderen auf der intellektuellen Ebene verstehen können, glauben sie, sie seien einfühlsame Wesen. Dabei legen sie mit ihrem Abwehrverhalten und der Entfernung von tiefen Empfindungen selbst fest, was sie zu spüren glauben.

Sie reden sich Empfindungen ein und schaffen sich einen Sicherheitsrahmen, der für sie intellektuell kontrollierbar bleibt. Ein besonders begehrtes Feld bietet ihnen dabei die esoterische Psychologie, auf deren Schlachtfeld sie aufgrund ihrer Meinungen esoterisieren und theoretisieren können, ohne dabei echte Empfindungen zu haben. Je mehr allerdings Menschen mit einem Zwillings-Aszendenten versuchen, mit äußeren Signalen oder mit geplanten Maßnahmen jene Tiefe zu erreichen, um so größer wird die Gegenbewegung, die sie aus den Tiefen hinauszieht. Dies führt dazu, daß sie mehr und mehr verzweifeln, da sie etwas erreichen wollen, was nicht ihren eigentlichen Anlagen entspricht. Sie sollen gar nicht in die Abgründe tiefer Emotionen und Gefühle hinabsteigen, sondern sie sollten ihre Angst vor der Tiefe erkennen lernen! Mit ihrem Verstand können sie das Nichtnennbare an die Oberfläche transportieren, um es dort begreifbar zu machen, ohne es gleich wieder zu klassifizieren. Jede Bemühung, Gefühle zu ergründen oder sie zu erklären, rührt letztlich nur aus der Angst heraus, dem Gefühl ausgeliefert zu sein, denn die Bewertung schafft doch nur ein Behelf in gewohnter Manier, alles zu katalogisieren, ohne es zu verwerten, und somit die innere Distanz zu wahren.

Um den Inhalten zur Bewußtwerdung begegnen zu können, sollte auch der Mensch mit einem Zwillings-Aszendenten den klaren Blick für das eigene Sosein schärfen. Er sollte sich zuerst einmal vergegenwärtigen, daß hinter der Ausrichtung auf die Oberfläche der äußeren Welt noch weit tiefere Betrachtungsschichten des Seins existieren, als er glaubt ermessen zu können. Denn in der Gefangenschaft seines flüchtigen Aktionismus lebt er in der Gefahr, sich zum Bewerter über die Horizonte des Allgemeinwissens der anderen Menschen aufzuschwingen. Schnell glaubt er, daß sein reichhaltiges, von allem etwas enthaltendes Weltbild die Nabe des sich drehenden Lebensrades sei. Aus diesem Anspruch heraus prüft er das Wissen der anderen, indem er ihnen kritische Fragen stellt, die zum Ziel haben, das Wissen des Gegenüber auf etwaige Lücken und Mängel abzuklopfen. Fast erscheint es dem gequälten Opfer in solchen «Ernstfällen», als habe der Alleswisser die reichhaltigen Facetten des Seins selber durchforscht und sei nun aufgrund seiner tiefen Erfahrungen in der Lage, sich ein umfassendes Bild von den Zusammenhängen des Universums zu machen.

Analoge Entsprechungen findet man in der Arbeitsweise der Wissenschaften, die dem Zwillings-Prinzip zugordnet sind. Natürlich definieren sie auf ganz ähnliche Weise ihr Weltbild durch Sammlung von Fakten. Die meisten Wissenschaftler bauen lediglich auf den Erfahrungswerten ihrer Kollegen auf. Genau betrachtet haben sie die von den anderen Kollegen gemachten Erfahrungen nur theoretisch übernommen. Aufgrund dieser Umgangsform mit «Erfahrungswerten» schaffen sie ein echtes Glaubenssystem, das aber von ihnen nicht als solches entlarvt wird. Jede übernommene These eines anderen oder eines Gremiums – und wenn sie noch so real und beweiskräftig erhärtet wurde – bleibt doch erst einmal auf der ungeprüften Glaubensebene stehen, solange der Mensch diese Ergebnisse nur übernimmt und sie nicht selber nachvollzieht, um aus ihnen eigene Rückschlüsse zu ziehen. Auch der Zwillings-Aszendent übernimmt lückenlos alles Aufgeschnappte aus zweiter und dritter Hand. Er integriert die Informationen ungeprüft in seinen Bestand und macht sie somit zu seiner Form von Realität. Diese besteht dann aus einer Fülle von Meinungen, die an Aktualitäten gebunden sind, die aber völlig wetterwendisch und austauschbar sind und auf Dauer keinen Bestand haben.

Kindheitsmythos: Häufig empfangen Menschen mit einem Zwillings-Aszendenten in ihrer Kindheit nicht genügend Geborgenheit und Wärme. Die Eltern sind kaum fähig, dem Kind ihre Liebe zu zeigen. Innerhalb der Familie werden stets funktionale Themen bevorzugt, welche dem Zwillings-Prinzip zugeordnet sind. Alles kreist darum, den Alltag mit all seinen Anforderungen zu bewältigen. Es fehlt der Raum, dem Kind Zuwendung zu geben. Vielmehr soll es mit zum ehrgeizigen Schaffen der Familie beitragen, als Statussymbol in der äußeren Welt Signale setzen. Diese Statusfunktion, die das Kind zu tragen hat, ist dabei nicht an eine spezielle Rolle geknüpft, sie kann ganz individuell geprägt sein. So werden ihm beispielsweise gute Manieren und Umgangsformen andressiert, oder es wird vor dem entsprechenden Alter zu schulischen Aktivitäten genötigt. Man bringt dem Kind, welches eigentlich seinen Spiel- und Geborgenheitstrieb entwickeln soll, Schreiben und Lesen bei. Unbewußt empfindet es, trotz der Freude über die Lernthemen, daß es nicht um seiner selbst willen geliebt wird, sondern daß es für die Eltern etwas darstellen soll. Es lernt sehr früh, alleine zurechtzukommen, da beide Eltern berufstätig sind. Bei Menschen mit einem Zwillings-Aszendenten findet man häufig das typische «Schlüsselkind».

Die Arbeit der Mutter sorgt für einen gewissen Luxus in der Familie, ermöglicht Raum für Extraanschaffungen und Urlaubsfahrten. Aufgrund der mangelnden Zeit der Eltern ist das Kind sich selbst überlassen. Die Eltern entschuldigen ihr Verhalten damit, daß ihr gesamtes Schaffen dem Kind zugute komme. Dieses kompensiert die fehlende Liebe und Geborgenheit mit Vernunft und ist bald selbst der Meinung, daß es seinen Teil beitragen müsse. Es übernimmt die Argumente, damit es den Schmerz der mangelnden Zuwendung nicht spürt, und versucht, sich in den bestehenden Rahmen widerstandslos einzufügen. Seine Verdrängungsmechanismen führen es in einen überdimensionierten Wissenshunger. Neugierde, Aufnahmebereitschaft und Informationsbedürfnis überdecken das Gefühl von Einsamkeit und fehlender Geborgenheit. Innerhalb des Kindheitsmythos erfahren die Betroffenen aufgrund der Mangelsituation im emotionalen Bereich etwas über das Unvermögen, tiefe Gefühle zu empfinden. Sie sollten, auch wenn dies für sie eine schmerzliche Erfahrung ist, verstehen lernen, daß sie selber nicht bereit sind, tiefe Gefühle zuzulassen, da ihr Wesen von der Anlage her luftig ist, so daß es tiefe Emotionalität ausschließt.

Partnerschaftsmythos: In der Partnerschaft kommt es zu einem ähnlichen Konflikt, wie ihn die Betroffenen schon in der Kindheit erlebt haben. Nur stehen sie jetzt im eigenen Drama auf der Seite der Verursacher und nicht auf der Seite des Opfers. In der Partnerschaft weichen eine anfängliche Leidenschaftlichkeit und eine vertraute Nähe einer fassadenhaften Oberflächlichkeit. Die aufkommenden tiefen Gefühle bringen den Menschen mit dem Zwillings-Aszendenten in so tiefe Grenzbereiche, daß die Beziehung für ihn bedrohlichen Charakter annimmt. Um die Kontrolle wieder zu erlangen, flüchtet er sich in äußere Aktivitäten. Er muß dem bedrohlichen Zauber einer verwandelnden Beziehung den für ihn ausreichenden Schmelz des Alltäglichen verpassen. Für den Partner ist diese Verwandlung der Verbindung ein enttäuschender Abkühlungsprozeß. Bei ihm entsteht der Eindruck, daß der Lebensgefährte sich in der Beziehung ausruht, da keine emotionale Beteiligung entwickelt wird. Dies führt zu Auseinandersetzungen und Infragestellung der Gemeinschaft; trotz mannigfacher Liebesbeteuerung und der Idealisierung der Partnerschaft findet keine Dynamik statt, die signalisiert, daß man sich auch für das Ideal einsetzt. Die Kernproblematik wird nun bedrängend groß. Die Nativen sind aus Angst vor der Tiefe nicht bereit, ihre emotionale Distanz aufzugeben, auch wenn die Gefahr besteht, daß die Partnerschaft bricht. Sie fühlen sich nur dann sicher, wenn die Beziehung in einem freundschaftlichen Rahmen verläuft, in der kein Raum ist für echte Leidenschaftlichkeit. Wird der Konflikt zwischen Nähe und Unverbindlichkeit zu manifest, beenden sie die Verbindung ohne Erklärungen und großes Federlesen. Oder sie flüchten sich in die Zersplitterung durch viele Aktivitäten, die echte Nähe verhindert. Die Chance, die sich hinter dem von Fluchtinstinkten geprägten Verhalten bietet, wäre zum einen die Erkenntnis der eigenen Unstetigkeit, zum anderen die Überwindung der Angst. Sie böte die Möglichkeit, in die Nähe von seelischen Tiefen zu gelangen, die das rationale Denken überschreiten.

Die Sexualität spielt in einer solchen Beziehung meist eine untergeordnete Rolle, denn auch hier ist das Empfinden neutral; es mangelt an der entsprechenden Leidenschaftlichkeit. Da die echten Triebe nicht an der Ratio vorbeikommen und von dieser gefiltert werden, sind Native mit einem Zwillings-Aszendenten häufig in der Sexualität verklemmt. Es fehlt ein echter Bezug zur Körperlichkeit, da der Körper funktional betrachtet wird und nicht als sinnliches Potential. Probleme entstehen meist im Vergleich zu anderen Menschen oder auch durch Vorwürfe des Partners. In solchen Phasen können die Betroffenen dann ihre Sexualität mit den verschiedensten Therapien oder durch die Einnahme von stimulierenden Mitteln funktional aufarbeiten. Die Sexualität wird von ihnen intellektuell behandelt, indem sie darüber lesen und diskutieren.

Deshalb sind Kopfschmerzen auch häufig auftretende Symptome, da der nicht gelebte Trieb in den Kopf fährt. Aufgrund ihrer emotionalen Neutralität kennen die Betroffenen ihre eigentlichen Bedürfnisse nicht. Sie beginnen mit ihrer Sexualität zu experimentieren, was ihnen ausgesprochene Freude bereitet. In der Partnerschaft schaffen sie sich Reize durch das gemeinsame Betrachten von erregenden Bildern und Filmen, so daß ihnen das Nichtgespürte über den Reiz der äußeren Sinne begegnet. Auf diesem Weg kommen sie in die Nähe dessen, was ihr eigentliches Anliegen ist, nämlich die Ebene der Empfindungen beschreibbar zu machen. Häufig führt sie dieses Bedürfnis zu extremen Erfahrungen, in denen sich Abgründe öffnen, die ihnen unbekannt waren. Sie suchen Erlebnisse von gleichgeschlechtlicher Liebe oder fühlen sich zu sadomasochistischen Praktiken hingezogen bis hin zur kindlichen Sexualität, die sie noch einmal Entdeckerfreuden genießen läßt. Auf diese Weise versuchen sie dann, ihre wirklichen Bedürfnisse zu ergründen, was sich allerdings schwierig gestaltet, da sie sich doch auf keiner Ebene wirklich tief anrühren lassen.

Schattenbereich: Der Schattenanteil des Zwillings-Aszendenten bezieht seine Nahrung aus dem Schütze-Prinzip. Inhaltlich ordnet man diesem Tierkreiszeichen die großen Weltanschauungen und die tiefen Erkenntnisse zu, die das Ergebnis einer Fülle von gemachten Erfahrungen sind. Das Zeichen Schütze ist innerhalb des Tierkreises dem Bereich des Geistes unterstellt. Schütze verarbeitet tief in der Psyche jene Prozesse zu Erkenntnissen, die im Skorpion eine tiefe Verwandlung eingeleitet haben.

Menschen mit einer starken Repräsentanz des Schütze-Prinzips in ihrem Geburtsmuster zeichnen sich durch eine hohe Erkenntnisfähigkeit aus, welche jederzeit entsprechende Rückschlüsse aus den mannigfach gemachten Erfahrungen ziehen kann. In den Schütze-Eigenschaften liegt das genaue Gegenteil des Zwillings-Prinzips verborgen. Schütze setzt sich polar zum Zwilling nur noch mit den Erkenntnis- und Bilderwelten auseinander. Wenn der Zwillings-Aszendent sein Anliegen im Benennen der Außenwelt einlöst, löst dies das Zeichen Schütze – konträr dazu – im Ergründen der tieferen inneren Zusammenhänge der Psyche ein. Im archetypischen Bild des Schützen erhebt sich in seiner erlösten Form die Seele des Menschen über die Materie, und das Glück ist nicht mehr kausal an das Gelingen konkreter Situationen gebunden, sondern nährt sich in der inneren Erhebung, verursacht durch das Anvisieren erhabenerer Ziele, die über den kleinen subjektiven Bedürfnissen liegen. Der Zwillings-Aszendent speichert, im Gegensatz zum Schützen, nur die Erkenntnisse der anderen, die sich diese in langem Ringen um ihre Bewußtwerdung erarbeitet haben. So verwertet der merkuriale Typus das aufgenommene Wissen nicht für sich, sondern es bleibt in ihm selber unbeseelt in einzelnen Schubladen abgelegt und erfährt keine weitere Verwendung. Er verwahrt das Wissen einfach, auch wenn es auf den ersten Blick nutzlos erscheinen mag. Ein schönes analoges Beispiel dazu findet man in der Institution der Deutschen Bibliothek. Diese fordert von allen Verlagen Pflichtexemplare an, die zwar niemals von irgend jemanden eingesehen werden, doch man lagert die Werke ein und erhält sie für die Nachwelt. Vielleicht kann ja irgendwann einmal jemand etwas damit anfangen. So leitet auch der Zwillings-Aszendent seine gehorteten Informationen gerne an andere weiter und gibt Hinweise, wo er einmal etwas Bestimmtes gelesen habe, und erst dann beginnt das Aufgenommene in anderen Menschen befruchtend als Baustein weiterzuleben. Schütze / Zwillinge ist die Achse vom Lehrer zum Schüler. Zwilling nimmt als Schüler das Gelernte begierig auf, im Schützen hingegen ist der Lehrer zu finden, der sein Wissen aus der Tiefe der eigenen Erfahrung gerne weiterpredigt.

Der Schattenkonflikt des Zwillings-Aszendenten ergibt sich daraus, daß dieser im Kern um seine eigene Bedeutung ringt, die ihm doch ständig nur im Außen an anderen begegnet. Dort trifft er dann auf bedeutende Menschen, Philosophien und alle möglichen interessanten Weltanschauungen. Mit allen Fasern seines Bedürfnisses nach eigener Bedeutung ringt er – angefeuert von den äußeren Umständen – um den eigenen Wert und bemüht sich, mit äußeren Darstellungsmaßnahmen jenes Manko zu kompensieren, welches er wie ein Kainsmal als Stachel in seiner Seele verspürt. Häufig haben Menschen mit Zwillings-Aszendenten den Eindruck, die anderen fühlen sich ihnen gegenüber erhaben. Ständig machen sie die Erfahrung, daß man nicht bereit ist, ihre vermittelnden Aktionen aufzunehmen, da man sie nicht so richtig ernst nimmt und ihnen kein Gehör schenkt. Die anderen spüren natürlich im Kontakt mit dem Luftikus, daß der Aufstand des Zwillings-Aszendenten eher etwas mit heißer Luft als mit einem konkreten sinnhaften Anliegen zu tun hat. Sie realisieren sehr schnell, daß die Aktionen dazu dienen sollen, gesehen und beachtet zu werden, und daß die Kontaktmanöver eigentlich nicht so verbindlich ernst gemeint sind. Vieles verspricht der Mensch mit dem Zwillings-Aszendenten, wenn der Tag lang ist, doch kaum etwas wird eingehalten, er lebt ganz nach dem Motto «Was interessiert mich mein Gerede von gestern». So ist dann auch die Ansprache aus den Schattenmanifestationen stets mit den verständlichen Hinweisen versehen, doch einmal in die Tiefe zu gehen, sich konsequent einem Thema zu widmen und tief einzusteigen. Ein Buch von Anfang bis zum Ende zu lesen und nicht mittendrin anzufangen. Oder ein Projekt bis zum Ende durchzuführen, ohne mittendrin aufzuhören, um dann etwas Neues zu beginnen, sich einer sinnhaften Zielorientierung für ein bestimmtes Projekt zu widmen und die Energien auf ein konkretes Ergebnis auszurichten, ohne im Laufe der Zeit von tausend unwichtigen Dingen abgelenkt zu werden.

Sollten die Betroffenen häufig mit ähnlichen Aufforderungen konfrontiert sein, dann heißt es für sie, innezuhalten und das Interesse für die Bereiche der äußeren Welt auf inhaltliche und sinnvollere Themen umzupolen. Häufig erleben die Betroffenen diese Aufforderung in Krisensituationen, in denen sie voller Verzweifelung spüren, daß ihr Leben keine Tiefe besitzt. Sie sehnen sich nach anderen Menschen, die ihnen zu jener so schmerzlich vermißten Intensität verhelfen können, oder suchen die Nähe von Leuten, die mit dem entsprechenden Tiefgang ausgestattet zu sein scheinen. Oder sie versuchen, mit einer nach außen gestellten Ernsthaftigkeit den Oberflächlichkeitsvorwurf zu kompensieren. Sie begegnen dann ihrer Umwelt besonders sozialkritisch und versuchen, diese nach Strich und Faden zu durchleuchten. Doch auch dies ist nur wieder ein zur Schau gestelltes Deckmäntelchen, um den äußeren Anschein des Mankos zu kaschieren. Selbst die auf der Nasenspitze sitzende Halbbrille mit der Silberkette um den Hals schafft es nicht, über den eigentlichen Mangel an Tiefgründigkeit hinwegzutäuschen.

Die Chance der Verwandlung besteht wie so oft im Leben in der Krise, welche die betroffenen Zwillings-Aszendenten auf unerlöste Art und Weise in den Innenraum befördert. Denn wenn der Mensch einen seelischen Schmerz verspürt, zieht die sich entfesselnde Dynamik des Schmerzes den Betroffenen in seinen Innenraum hinein, und er beginnt zu ergründen, woher sein Leid wohl rühren mag. In solchen für den Zwillings-Aszendenten sehr wertvollen Momenten wäre es grundverkehrt, sich vermehrt mit einem äußeren Aktionsdrang abzulenken. Häufig berichten Menschen mit Zwillings-Aszendenten von der Trauer, die in ihnen aufsteigt, wenn sie mit sich selber konfrontiert werden. Dann möchten sie am liebsten «die Wände hoch gehen». Schnell kommt ihnen dann die rettende Idee «Mal unter Leute gehen, die lustig sind». Oder «Im Theatercafé trifft man jede Menge hochinteressanter Leute». Oder »Im Varieté, da ist immer was los!». Aufgrund solcher Ablenkungsmanöver erhöht sich nur der depressive Druck, da zwar die Depression im Ablenkungsmoment nicht verspürt wird, jedoch später zuverlässig wieder Einzug halten wird. Meist sind die dann folgenden depressiven Phasen nur noch größer, und die Täler beginnen sich immer weiter auszudehnen. Denn, man höre und staune, das Tief hat seinen Sinn!

Zielidee/höhere Einsicht: Der Zwillings-Aszendent hat *Wassermann als Finalität.* Als völlig übergeordnetes Prinzip, das auch eine Möglichkeit der Finalitäten beim Stier-Aszendent darstellt, erhält sie nun beim Zwillings-Aszendent eine ganz andere Bedeutung. Bei Stier lautet der Auftrag der Wassermann-Finalität, sich aus den Verhaftungen zu lösen und die Fixierung am konkreten Stoff in die Auflösung zu führen. Beim Zwillings-Aszendenten bedeutet Wassermann als Finalität, sich aus dem kleinen gebundenen Blickwinkel und Interessenwinkel von weltlichen Zusammenhängen zu lösen. Der Konflikt des Zwillings-Azendenten, der mit der Persönlichkeitsidentifikation und dem Ringen um die eigene Bedeutung nach anderen Inhalten sucht, hilft ihm den Blick auf andere Bereiche zu richten. An erster Stelle steht die Aufforderung, den Ebenen, die nicht rational erklär- und erfaßbar sind, eine größeren Raum zu gewähren, um auf diesem Weg Mittler zwischen den verschiedenen Seinsbereichen zu werden. Anhand eines Satzspiels könnte man sagen, daß der Native sich nicht unbewußt an der Oberfläche bewegen soll, sondern – umgekehrt – das Unbewußte an die Oberfläche holen sollte! Der in den weltlichen Funktionen verstrickte Mensch wird im Laufe seines Lebens genau so unheil, wie die Welt in ihrer derzeit übersteigerten Außenausrichtung ist. Hier drohen auch ihm die Sinnkrise und der Zusammenbruch der Lebensfunktionen, damit er beginnt, dem Leben wieder eine andere Bedeutung beizumessen. Für ihn ist es deshalb gut zu wissen, daß der andere Teil der Existenz aus jenen Bereichen besteht, die nicht unmittelbar rational erklärbar sind, und daß es wichtig für ihn ist, sich ihnen zu stellen, auch wenn er eine Unsicherheit verspürt, da ihm die entsprechenden Information für diesen Teil womöglich fehlen. Das Gesetz des Lebens basiert darauf, daß die Inhalte (Geist) sich über die Formen der materiellen Welt ausdrükken. Erst wenn die Inhalte als solche erkannt werden und Zugang zum menschlichen Bewußtsein erhalten, kann man von einer wahrhaftigen Lebendigkeit sprechen. Nur im inneren Einklang mit dem Austausch zwischen den genannten Bereichen gelangt der Mensch zur echten Heilung, die ja eine Heiligung sein soll.

Bezogen auf den Weg, der zur höheren Einsicht führt, sollte dieser von dem Zwillings-Aszendenten aus einem echten inneren Bedürfnis beschritten werden und außerhalb jedes Modetrends liegen. Man ordnet der Achse Zwilling / Schütze den Bereich der hermetischen Philosophie zu. Das hermetische Weltbild verdeutlicht sehr genau die erlöste Form des Zwillings-Prinzips. Dazu muß aber im Sinne des Weges bei dem Menschen mit einem Zwillings-Aszendenten schon eine Verwandlung stattgefunden haben, die ihn mit anderen Inhalten in Kontakt gebracht hat. Aufgrund der hohen Neutralität seines Wesensnaturells ist der merkuriale Typus besonders prädestiniert, seelische Grenzbereiche durchwandern zu können, ohne sich zu verwickeln. In allen überlieferten Mythen und in den Initiationsriten war es immer der Merkur (herrscht im Zeichen Zwillinge), der als Begleiter mit den Initianten in den Hades hinabzusteigen vermochte. Man beschrieb ihn als den neutralen Führer, der die anderen in seelische Grenzbereiche begleitete, selbst aber unversehrt von der Extremsituation wieder an die Oberfläche gelangte. So gelingt es dem Merkur als einzigem, die Erfahrungen aus den tiefsten Schichten des Unbewußten an die Oberfläche des Tagesbewußtseins zu befördern, und er allein vermag diese dann auch mit seinem Intellekt zu verarbeiten. Die Grundidee der hermetischen Philosophie lebt von der analogen Weltbetrachtung. Deshalb beginnt der Mensch mit dem hermetischen Schlüssel überall Zusammenhänge zu entdecken.

Aus der hermetischen Betrachtungsweise entsteht eine Verbindung aller Ebenen untereinander, so daß der Mensch anfängt, mit allem Seienden und Nichtseienden in einen Dialog zu treten. Der Mensch lernt die Sprache der Formen in ihre Inhalte umzusetzen und die entsprechenden Informationen aus diesen für den Weg zu nutzen, so daß er die Bereiche des Lebens nicht mehr separiert wahrnimmt, sondern in einem größerem Zusammenhang. Ist er zu einer solchen Betrachtung in der Lage, fügen sich die Bausteine des Lebens, einschließlich seinem Gefühl der inneren Leere, wieder zu einem Gesamtbild zusammen, was ihn mit tiefem Sinn erfüllt.

Der Krebs-Aszendent

Dem Tierkreisbild Krebs ist der Mond als Herrscherplanet zugeordnet. Der Mond repräsentiert ein wäßriges, passives, beeindruckbares und nach innen gekehrtes weibliches Thema. Im mundanen Tierkreis eröffnet das Zeichen Krebs den zweiten Quadranten, der dem Bereich des Seelischen zugeordnet ist. Der erste Quadrant, der symbolisch die sichtbare manifeste Welt der Form darstellt, erfährt mit dem Zeichen Zwillinge seinen Abschluß. Nach der Phase der

Veräußerlichung beginnt mit dem Bild des Krebses die Verinnerlichung. Die im Zeichen Krebs waltende Energie ist subjektiv nach innen bezogen. Dies ist die notwendige Folge nach der in den drei ersten Zeichen stattgefundenen Veräußerlichung. Alle Erfahrungen, die ein Mensch im Zeichen Krebs machen kann, führen deshalb zwingend in seinen Innenraum. Umgekehrt werden alle seine Handlungen und Reaktionen von subjektiven Bedürfnissen gesteuert. Mit der vorhandenen großen Beeindruckbarkeit findet in Krebs die Entwicklung des Emotionalen statt. Aus astrosophischer Sicht erschließt das Tierkreiszeichen Krebs jenen Bereich, über den sich auf der Instinktebene alle im Ur-Chaos der Seele enthaltenen Potentiale manifestieren wollen. Dies geschieht beim Menschen auf der instinkthaften Triebebene. So wie der Fötus im Mutterleib (Mondprinzip) alle Anlagen bereits besitzt, die sich im Laufe seiner Entwicklung mehr und mehr ausprägen, müssen analog zum äußeren Wachstumsprozeß auch die unbewußten Qualitäten der menschlichen Psyche im Licht der Bewußtheit reifen. Das Unbewußte ist schwer mit dem Tagesbewußtsein zu erfassen, so daß sich das Nichtfaßbare als Schattenanteil des verdrängten Lunaren in den Wesenheiten dieser Welt manifestiert. Will man den Schatten wieder ans Licht des Tagesbewußtseins heben, bedarf es der Bereitschaft, die verdrängten Anteile der eigenen Psyche aus dem Lebensmythos zu filtern, um ihnen im Bewußtsein den ihnen gebührenden Platz einzuräumen.

Bewußtwerdung: Da das Zeichen Krebs im seelischen zweiten Quadranten des Tierkreises zu finden ist, gilt das hauptsächliche Interesse des Menschen mit einem Krebs-Aszendenten den Bereichen, die man dem Subjektiven zuordnet. Die seelische Stimmung des Tierkreisbildes Krebs entspricht analog dem Stadium des Kindes, das der großen Welt und den Erwachsenen völlig ausgeliefert ist und ohnmächtig versucht, sich zu behaupten, um bestehen zu können. Menschen mit einem Krebs-Aszendenten sind im besonderen Maße emotional und subjektiv. Vergleichbar mit einem Säugling, legen sie in erster Linie auf ihre eigenen Bedürfnisse Wert. Hat ein Säugling z. B. Hunger, Durst oder den Wunsch nach Geborgenheit und Hautkontakt, klagt er lautstark seine unerfüllten Bedürfnisse ein. Da er noch keine geschulten Artikulationsmöglichkeiten besitzt, kann er seine Umwelt nur durch sein Geschrei in die Pflicht nehmen, damit diese ergründet, an was es dem kleinen Liebling mangelt. Da der Säugling seiner Lebenssituation vollkommen ausgeliefert ist, bezieht er alle Reize der Außenwelt auf sich. Erst mit der Zeit lernt er die Gefühle, die in ihm auftauchen, zu differenzieren und auch bei anderen Menschen wahrzunehmen. Vorrangig geht es dem Kind um die eigenen Belange, wobei der Drang nach Erfüllung seiner Bedürfnisse so groß ist, daß es häufig verletzend auf andere Menschen wirkt, ohne es selbst zu merken.

Der Mensch mit einem Krebs-Aszendenten fordert auch von den anderen Zuwendung; damit er sie bekommt, bemüht er sich um deren Anerkennung. Dies kann auf zweierlei Weise geschehen. Er versucht die benötigte Liebe entweder durch übertriebene Leistung oder durch ein Verhalten, das seine Bedürftigkeit signalisiert, zu erhalten. In keinem Fall jedoch sollen die Mitmenschen sein gesteigertes Bedürfnis nach Zuwendung als solches erkennen: Nichts fürchtet er mehr, als in die Rolle des Schwächeren gedrängt zu werden. Das würde für ihn den Verlust seiner Schutzmechanismen bedeuten und ihn der Außenwelt wehrlos ausliefern. Die Angst wurzelt in der letzlich ungefestigten Struktur seiner Seele, die eine starke emotionale Manipulierbarkeit zur Folge hat. Wie ein Fähnchen im Wind wechseln seine Gefühle. Rasch wechselnde Stimmungen geben ihm das Gefühl, schutzlos der Kälte dieser Welt ausgesetzt zu sein. Gegen diese Kälte schafft er sich eine Hülle, die symbolisch eine Gebärmutter darstellt, die seinen weichen Kern verbergen soll.

Der Krebs-Aszendent empfindet die ihn umgebende Welt als hart und unwirtlich. Ständig erfährt er Verletzungen von außen und hat das Gefühl, von den anderen Menschen überrollt zu werden. Aus diesem Grund ist sein Verhalten im zwischenmenschlichen Kontakt sehr vorsichtig darauf bedacht – gleich einem Kinde –, nicht den Unmut seiner Mitwelt zu wecken. In jeder neuen Begegnung beginnt er sich als erstes zu vergewissern, ob ihm von den anderen Verletzungen drohen könnten oder nicht. Stellt er fest, daß ihm keine Gefahr droht, beginnt er sich langsam zu öffnen. Selbst wenn er in einer Gruppe integriert ist, bemüht er sich meistens darum, daß auch im weiteren Verlauf keine harten Auseinandersetzungen entstehen können. Sein Angstmoment nährt er aus der Furcht vor dem Geborgenheitsverlust, der über den Streit und die Auseinandersetzung mit anderen entstehen könnte. Um quasi präventiv den Gefahrenmomenten und dem Unmut anderer entgegenzuwirken, beginnt er sich auf der ihm entsprechenden Ebene unentbehrlich zu machen, indem er seine Hilfe und seinen Sorgetrieb für andere Menschen einsetzt. Auf diese Weise versucht er eine Zutraulichkeit entstehen zu lassen, die es ihm ermöglicht, langsam, aber sicher in subtiler Form die Herrschaft zu erlangen. Seinen Dominanzanspruch zeigt er nicht in offener Form wie der dynamische feurige Widder-Aszendent oder der Löwe-Aszendent, sondern er verstrickt seine Mitmenschen auf subtilen Ebenen in Abhängigkeiten und Schuldgefühle, indem er hochgradig bemüht ist, für sein Umfeld unentbehrlich zu werden. Damit erzeugt er bei anderen eine Art «Beißhemmung», wie man sie aus dem Tierreich kennt, daß z. B. Hunde keine Kinder anfallen oder sich nicht an hilflosen Jungtieren vergreifen. Der Mensch mit dem Krebs-Aszendent baut über längere Zeiträume seine Hilfsbereitschaft, die dem Selbstschutz dient, bei anderen auf, woraus häufig ein lähmender Terror heranwächst, der ihm das gewünschte Machtpotential verleiht. Denn wer hat die Kraft sich zu wehren, wenn ihm stets Gutgemeintes oder Aufopferndes «angetan» wird. Wenn man mit den Hilfeleistungen des Krebs-Aszendenten nicht einverstanden ist und diese brüsk ablehnt, muß man wenigstens dem gebrochenen Blick eines Kindes standhalten, das mit schmollendem Mund und betrübten, zu Boden geschlagenen Augen sagt: «Ich wollte doch nur helfen.» Ganz zu schweigen von dem mentalen Druck, der von ihm ausgeht, und der im Endeffekt schlimmer ist als eine konkrete verbale Anklage, weil er die schuldigen Verursacher seines Leides in schwerste Gewissensbisse treibt.

So produziert der Mensch mit dem Krebs-Aszendenten im Laufe seines Lebens eine Fülle von Situationen, die bildhaft jener Hilfe ähneln, die einer Mutter und Hausfrau zuteil werden soll, wenn sie nachmittags nach Hause kommt und ihre Wohnung in ein echtes Schlachtfeld verwandelt vorfindet. Die wohlmeinenden Sprößlinge wollten ihrer Mutti einen Kuchen backen und hatten während dieses großen Werkes die Zutaten – Schokolade, Eier, Butter, Mehl – gleichmäßig im ganzen Haus auf den Polstern, den Veloursböden und an den Wänden verteilt, anstatt sie in einer Schüssel anzurühren. Auf die entsetzte Frage, was um Himmels willen das Chaos zu bedeuten habe, erhält die Mutti die süße Antwort: «Wir wollten dir einen Kuchen backen! Gell, jetzt freust du dich!?» Na und, wer kann bei einem solchen liebevollen Ansinnen wirklich ärgerlich sein? Was jedoch als konkretes Ergebnis aus dem «großen Werk» der Kinder übrigblieb, waren die schweren Schäden, die die Mutter in mühevoller Kleinarbeit wieder beseitigen mußte. Gemäß der zuvor beschriebenen Situation richtet der Mensch mit dem Krebs-Aszendenten aus seiner Sicht immer alles zum Besten. Es entsteht dann bildhaft auf den jeweiligen Hilfsebenen schnell ein Schaden für die anderen, da er mit seinem Bedürfnis, die Dinge richten zu wollen, eigenmächtig in erprobte Organismen eingreift und diese nach seinem «kindlichen» Gutdünken verändert. Da ihm, bezogen auf seine Hilfsaktionen, der entsprechende Überblick verwehrt bleibt, weil ihm das Organ einer berechnenden Weitsicht fehlt, müssen die getätigten Eingriffe oft von den im Umfeld betroffenen Menschen wieder ausgebügelt werden. Seine bewußte Intention ist vordergründig gutwillig, und er glaubt auch fest daran, genau wie die kuchenbackenden Kinder. Doch ist es eben seine subjektive Sicht der Dinge, die es dem Krebs-Aszendenten unmöglich macht zu erkennen, ob sein Ansinnen tatsächlich für andere hilfreich ist oder ihnen eher schadet. Unbewußt dienen seine Aktivitäten in erster Linie dem eigenen Schutz. In all seinen Handlungen fordert er eigentlich von der Welt, ihn anzunehmen, zu tragen und zu wiegen. Aus ähnlichen Motivationen ist es für ihn darum von wichtiger Bedeutung, wie Reaktionen, Handlungen anderer Menschen «auf ihn gewirkt» haben oder was Situationen «mit ihm gemacht haben». Die Nativen begegnen ihrer Umwelt völlig subjektiv und beziehen alles, was ihnen in der Welt begegnet, auf sich selber. Genau wie der Mond von außen beschienen wird und die Sonnenstrahlen reflektiert, reagiert auch der Mensch mit einem Krebs-Aszendenten auf seine Welt. Allerdings reagiert er stets in der Form, wie er glaubt, die Dinge des Außen zu empfangen. Da die Welt nur durch einen subjektiven Wahrnehmungsfilter Zugang zu ihm findet, interpretiert er stets Rückschlüsse in Situationen hinein, die real nichts mit dem objektiv Erlebten gemeinsam haben. Da er alle möglichen Erwartungen in Begegnungen mitbringt, können diese natürlich kaum von den anderen Menschen erfüllt werden. Bei jeder Abweichung von seinen Bedürfnissen strahlt der Mensch mit einem Krebs-Aszendenten nach außen einen emotionalen Druck ab, der von anderen massiv wahrgenommen wird. Ständig hat man das Gefühl, man habe etwas verbrochen, obwohl konkret nichts vorgefallen ist.

Dieser Terror der Gefühle ist dem Nativen nicht bewußt, und er glaubt nicht, daß andere seinen inneren Unmut wahrnehmen könnten, obwohl jeder in seinem Trotzgesicht wie in einem offenen Buch lesen kann. Selbst eindringliche Hinterfragungen führen zu keinerlei Preisgabe der Ursache der Verstimmung. Was beim Mitmenschen zurückbleibt, ist ein ständig schlechtes Gewissen dem Betroffenen gegenüber. Allerdings vergißt der Krebs-Aszendent sehr schnell. Die anderen grübeln vielleicht noch am dritten Tag nach einer Begegnung über den möglichen Grund der Verstimmung nach, dabei war das Seelenleid des Krebs-Aszendenten schon nach einer Viertelstunde wieder völlig vergessen. Ganz so wie bei einem Kind, das eben noch herzerweichend schluchzt, doch im nächsten Moment beim Anblick eines überraschenden Geschenkes sofort den ganzen Kummer vergißt und sich spontan freuen kann.

Das subjektive Gefühl bewirkt, daß dem Menschen mit dem Krebs-Aszendenten jegliche Objektivität fehlt und es ihm aus diesem Grund unmöglich ist, die Dinge des Außen wertfrei zu betrachten. Jede unverbindliche, sich auf objektive Fakten beziehende Äußerung übersetzt er sofort in seinen subjektiven Rahmen. Würde man beispielsweise in einem Gespräch in seiner Gegenwart erwähnen, daß die Aggression in der Welt erheblich zugenommen habe, wäre sofort der Einwurf fällig, daß er aber doch überhaupt nicht aggressiver geworden sei. Jede Form der Kritik oder jede Korrektur z. B. im Arbeitsfeld führt zu gefühlsgeladenen Überreaktionen, die als persönlicher Affront von ihm gewertet werden. Wenn er aufgefordert wird, einen anderen Gesichtspunkt in seine Arbeitsweise mit einzubeziehen, so bezieht sich seine Reaktion nicht auf das Faktische, sondern seine mögliche Antwort lautet mit einem verschnupften Unterton, er wisse ja schon selber, daß er nichts könne. Selbst diese Ausführungen der Schattenthemen werden mit Sicherheit bei den Angesprochenen keine objektive Reaktion hervorrufen, sondern eher zuvor genannte Überreaktionen erzeugen, so daß sie dann entschuldigend ständig beteuernd wiedergeben, daß es ihnen bekannt sei, daß sie alles falsch machen.

Sollte der Mensch mit einem Krebs-Aszendenten allerdings bereit sein für einen Bewußtwerdungsprozeß, ist es in erster Linie für ihn wichtig zu wissen, daß seine Sicht der Dinge und seine Betrachtung der Welt nicht objektiv sind, so daß es außerhalb seines Empfindens und Wahrnehmens durchaus andere Dimensionen gibt, zu denen er aufgrund der Gefangenschaft in seiner Gefühlssicht keinen Zugang hat. Für ihn ist es deshalb relativ bequem, aus dem ständigen Betroffensein die Rolle des armen Wesens einzunehmen, das allein gegen die ganze Welt antreten muß. Natürlich ist es aufgrund ihrer hohen Sensibilität schwer, der harten Welt standzuhalten. Sehr oft kompensieren die Nativen deshalb über und versuchen der Welt mit scheinbarer Souveränität und Stärke zu begegnen, doch mit einer solchen Haltung überfordern sie sich und verbrauchen jede Menge Lebensenergie. Die Überkompensation ihrer Labilität zwingt sie in einen unsichtbaren und unerbittlichen Kampf gegen das Leben. Irgendwann sind sie so geschwächt, daß sie ihre Täuschung nicht länger aufrechterhalten können. Sie müssen sich eingestehen, daß sie sich im Grunde nur nach der heilen Welt ihrer Kinderzeit zurücksehnen, in der sie sich versorgt und frei von lästigen Alltagspflichten fühlten.

Dieses kindliche Weltempfinden läßt sie in einer rückblickenden Trauersituation verharren. Die unbewußte Lebensangst, dem realen, harten Kampf nicht gewachsen zu sein, das Gefühl, in einer kalten, bedrohlichen Welt bestehen zu müssen, verurteilt sie zu einer rastlosen Suche nach Geborgenheit. Nur wenn es ihnen gelingt, eine Situation herzustellen, in der sie sich ganz angenommen fühlen, finden sie Ruhe. In diesen seltenen Fällen offenbaren sie ihrem Umfeld all die kindlichen Eigenschaften, die sie sonst ängstlich unterdrükken, dann lassen sie sich von ihren Gefühlen treiben, und ihre aufgesetzte Dynamik ist wie fortgeblasen. Diese extreme Differenz zwischen dem nach außen vermittelten Bild und ihrem tatsächlichen Persönlichkeitskern wirkt auf andere Menschen leicht doppelgesichtig: Der herrschsüchtige Macho verwandelt sich in einen rührseligen Buben, der sich mit Müsli und Brei ernährt und mit seinem Angorakaninchen auf dem Schoß ein heimliches Doppelleben führt. Oder die souveräne Geschäftsfrau, die tagsüber in Männerkleidung ihren nervenaufreibenden Lebenskampf ausficht, verwandelt sich in das kleine Mädchen, das mit Micky-Maus-T-shirt und Latzhose am Daumen lutscht. Hinter der nach außen gewahrten Form wohnt das vernachlässigte liebebedürftige Kind, das nur darauf wartet, wie ein Schwamm das Wasser, die Liebe und die Energien anderer Menschen in sich aufzunehmen. Je stärker allerdings ihr Bestreben ist, den eigentlichen Kern ihrer Persona nicht zutage treten zu lassen, desto größer wird in ihnen die Trauer, die aus der mangelnden Zuwendung entsteht. Solange sie sich nicht zu diesem bedürftigen Teil bekennen, werden sie, anstatt angenommen und getragen zu werden, immer neue Situationen erleben, die sie in ihre Ohnmacht und Schwäche zurücktreiben.

Es ist besser, den Themen des Geburtsmusters ihren Ausdruck jenseits der angstgeprägten Schutzhaltung zuzubilligen. Näher an der Themeneinlösung sind jene, die sich nicht mehr mit Schutzhaltungen umgeben, sondern die ihrer inneren Entsprechung einen Ausdruck verleihen und den Mut haben, durch die Annahme der Weichheit, wirkliche Stärke zu leben.

Kindheitsmythos: Ihre Sehnsucht nach den vermeintlich unbeschwerten Kindertagen knüpft sich an einige wenige Situationen der Wärme und Geborgenheit, die als Erinnerung im Gedächtnis festgehalten werden. Doch der überwiegende Teil der Kindheit verläuft in einem ganz anderen Klima. Schwangerschaft und Geburt finden in einer unsicheren Elternsituation statt. Ein mögliches Szenario: Die Eltern haben sich entzweit, und die Zugehörigkeit des Kindes ist nicht ganz geklärt. Die Mutter erlebt die Schwangerschaft in Einsamkeit und Verlassenheit, so daß sie ihrerseits dem Kind keine Geborgenheit schenken kann. Das Neugeborene wird für sein Umfeld zu einer Belastung, es stört, da es zur Schwere der Extremsituation beiträgt oder da es das Maß der Belastung durch seine Geburt noch verschärft. So wird das Kind in der Familie herumgereicht, und es ist nicht klar zu definieren, wer für es sorgen soll. Dem Kind fehlt die Fürsorge, es droht seelisch und körperlich zu verwahrlosen. Da es keine feste Bezugsperson findet, zu der es eine langfristige Bindung aufbauen kann, entwickelt sich in ihm kein Ur-Vertrauen dem Leben gegenüber. Auch der fehlende Hautkontakt und die mangelnde emotionale Wärme lassen das Kind ohnmächtig nach etwas verlangen, was ihm versagt bleibt. Mehr und mehr beginnt es die eigene Schwäche und die Ausgeliefertheit zu spüren. Dies führt dazu, daß es sich in eine Traum- und Phantasiewelt flüchtet, in der es zu erleben sucht, was ihm in der Realität versagt bleibt. Mit diesem Schutzmechanismus stellt es für sich einen Raum her, in dem es die Kälte und Härte der Realsituation nicht empfindet. Die erlittene Mankosituation, die der Mensch mit einem Krebs-Aszendenten erfährt, stellt eine unerlöste Variante der mondigen Anlage dar. Entbehrung und Schmerz lenken den Menschen auf seine eigenen subjektiven Belange. Das Fehlende entfacht die Dynamik, welche die Betroffenen an ihre Grundbedürfnisse heranführt. In erster Linie wollen sie die volle Zuwendung an die eigene Person. Sind sie sich ihrer Bedürfnisse nicht bewußt – was in der frühen Kindheit der Fall ist –, werden entsprechende Situationen, die den Menschen über die Mangelsituation an die vorhandenen unbewußten Bedürfnisse erinnern, vom Leben herbeigeführt.

Natürlich gibt es auch andere Erfahrungsvarianten dieses Musters, das gegebene Beispiel soll den Blick dafür öffnen, wie der Mensch aufgrund von Erleidenssituationen an seine eigenen Themen herangeführt wird. Der Native mit einem Krebs-Aszendent mag in einem anderen Fall durchaus mit Liebe und Wärme überhäuft werden, ohne daß er es würdigen kann, weil seine eigentlichen Bedürfnisse unerkannt bleiben. So spürt er zwar die Mühe der anderen, doch die Enttäuschung über ihr scheinbar fehlendes Einfühlungsvermögen ist größer als die Freude über die entgegengebrachte Wärme. Es entsteht eine Zerrissenheit zwischen vorwurfsvoller Anklage gegen die «Egoisten» in seiner Nähe und der Frage nach dem eigenen Undank, da er die entgegengebrachte Zuwendung nicht akzeptieren kann.

Auch in dieser Erlebensform geht es, genau wie bei der Mangelsituation in der Kindheit, primär um die Bedürfnisbefriedigung. In dem Verlangen nach der Zuwendung aus der Außenwelt liegt gleichzeitig der Motor dafür, daß das heiß Ersehnte ihnen versagt bleibt. Auf der Gefühlsebene befinden sich die Nativen im Entwicklungsstadium eines Kindes, welches unerbittlich Forderungen an sein Umfeld stellt. Doch durch die einseitige Ausrichtung auf das ewige «haben wollen» entsteht im Bereich der Gefühlswelt ein Stau. Der Gefühlsfluß wird aus der passiven Erwartungshaltung heraus blockiert, denn Gefühle können nur dann fließen, wenn der Mensch auch selber bereit ist, anderen etwas zu geben. Die Haltung, nur dann mit Zuwendung zu reagieren, wenn man zuvor vom Umfeld Zuneigung erhalten hat, bringt die Betroffenen in einen sich immer weiter drehenden Teufelskreis der versagten Gefühle.

Erst wenn sie die innere Blockade durchbrechen und lernen in einer wertfreien Form, frei von allen Bedingungen und Erwartungen, sich dem nahen Umfeld zuzuwenden, geraten Zuneigung und warmes Aufgenommensein wieder in Bewegung. Erst dann beginnt sich die Ebene der Gefühle langsam zu regenerieren.

Partnerschaftsmythos: In der Partnerschaft kehrt sich das Muster, das der Mensch in seiner Kindheit erlitten hat, in die aktive Form um. Aus dem Opfer wird ein Täter. Menschen mit Krebs-Aszendenten glauben aber trotzdem, sie seien Opfer in der Partnerschaft, da sie sowieso alles auf sich beziehen und häufig Situationen der Ausgeliefertheit erleben. Sie gehen mit sehr hohen Erwartungen in jede Beziehung. Der Partner soll ihr seelisches Defizit ausgleichen. Letzlich wollen sie mehr nehmen als geben. Sie degradieren ihren Partner zum verlängerten Arm ihres schlechten Elternhauses, dieser soll ihnen den schmerzlich entbehrten gefühlvollen Rahmen ausfüllen. Damit bleiben die Nativen emotional auf der Ebene eines Kindes. Sie sind nicht bereit, auf einer Erwachsenenebene dem anderen etwas zu geben, sondern haben jede Menge Erwartungen und

Anforderungen an die Gegenseite, die von dieser erfüllt werden sollen. Da das Zeichen Krebs eine inwendige Thematik birgt, sprechen sie diese Anforderungen konkret niemals aus. Daraus entsteht eine erdrückende Erwartungssituation, so daß der Partner zwar merkt, daß etwas nicht in Ordnung ist, aber er erfährt nichts über seine möglichen Versäumnisse. Selbst wenn der Partner dem Menschen mit Krebs-Aszendenten mit übergroßer Zuwendung begegnet, entfacht er in ihm einen Konflikt. Denn dieser hat Angst davor, daß ihn die Zuneigung des anderen zu Gegenleistungen verpflichtet. Übergroße Zuwendung macht ihn aggressiv, weil sie ihm seine Unfähigkeit zu geben und damit seine Schwäche vor Augen führt.

So bleibt es dann bei dem einseitigen Nehmen, wodurch die Partner oft das Gefühl haben, mit ihrer Zuneigung ein Faß ohne Boden zu füllen, da sie sich mit einem emotionalen Nimmersatt verbunden haben. Immer wieder neigt der Menschen mit Krebs-Aszendent dazu, aus Partnerschaften auszubrechen: Nur die wiedererrungene Unverbindlichkeit rettet ihn vor der Erkenntnis der Schwäche. Dies läßt in seinen Beziehungen ein Klima von Haßliebe entstehen. Einerseits lieben sie den anderen dafür, daß er ihnen einen Teil der lange entbehrten Geborgenheit zurückgeben kann, andererseits hassen sie ihn für seine Mitwisserschaft, was die labile Charakterstruktur und die Unfähigkeit angeht, aufgrund ihrer eigenen Schwäche auf den anderen einzugehen. Durch ihren seelischen Zwiespalt wird der Schenkende bestraft. Es entsteht in der Beziehung eine Politik von Zuckerbrot und Peitsche. Aus Rache an den unliebsamen Eltern genießen sie es, stellvertretend den Partner zu quälen und zu verletzen, auch um umgekehrt die erfahrene Ausgeliefertheit beim anderen zu erzeugen.

Diese zwanghaften Handlungen stürzen sie in einen Konflikt, denn das Opfer darf ihnen nicht böse sein, sie brauchen ja seine Nähe. Die Spannung zwischen der Scham über ihr Verhalten und der Verlustangst nimmt bald unerträgliche Ausmaße an. Kommt es schließlich zur Auflösung der Beziehung, neigen sie dazu, sich hysterisch an den Partner zu klammern, und erpressen ihn durch die chaotische Leere, in der sie versinken. Oder sie suchen sich Partner, die psychisch von ihnen abhängig sind, um dieser Situation zu entgehen. Sie schlüpfen in die Rolle des Stärkeren, obwohl ihnen nur die Schwäche des Partners die Illusion eigener Stärke erlaubt. Aber hier sind sie immerhin in der Nähe der Einlösung ihres Geburtsauftrags: Denn dieser heißt sie, Verantwortung für andere Menschen zu tragen und ihnen Zuwendung zukommen zu lassen.

Um ihr Muster wirklich einzulösen, müßten sie allerdings lernen, diesen Drang nach Stärke selbstlos umzusetzen, ohne mit ihm bloß ihrer Schwäche entrinnen zu wollen. Dies bedeutet, daß sie sich ihrer Ängste bewußt werden sollten, damit sie sich selber in einem anderen Licht sehen können. Erst nach der Erkenntnis, daß sie sich Schwächere suchen, um in die Stärke zu kommen, ist es möglich, sich frei dem anderen zuzuwenden, denn die Bewußtheit über die eigenen Motivationen schafft ihnen die Möglichkeit, in einen Zustand zu gelangen, der Geben und Hinwendung zu einem starken inneren Potential heranwachsen läßt.

Menschen mit einem Krebs-Aszendenten sind sehr sinnlich, die Sexualität läßt sie für Momente die Nähe erfahren, die sie im äußeren Leben vermissen. Doch ist bei ihnen der Sexualtrieb den Emotionen unterworfen, das heißt, daß die Empfindung in der Sexualität eine vorrangige Rolle einnimmt. Ist das Verhältnis von Wohlbefinden und Geborgenheit nicht im Einklang, dann erstickt diese Unstimmigkeit ihre triebhafte Seite. Ihre Sensibilität ist so hoch, daß sich schon aufgrund von unbedachten Äußerungen des Partners Schwierigkeiten im Intimleben einstellen. Innerhalb ihres Sexuallebens bedarf es daher einer absolut harmonischen und stimmigen Situation, damit sie sich voll in diesem Bereich öffnen können. Ihr Lebenskonflikt tritt wieder zutage, denn sobald sie spüren, daß ihr Partner Forderungen an sie stellt, ziehen sie sich innerlich zurück. In solchen Momenten kann die Erregung urplötzlich in Angst vor der Erwartungshaltung des Partners umschlagen.

Auch hier wird die starke Selbstsucht deutlich, die sich wie ein roter Faden durch die verschiedensten Bereiche ihres Lebens zieht. Der Schlüssel zu ihrem Geburtsmuster liegt gerade in dem Bereich angesiedelt, in dem sie die Bereitschaft entwickeln, anderen bereitwillig und wertfrei zu geben – ohne dies an Bedingungen zu knüpfen.

Schattenthemen: Der Schatten des Krebs-Aszendenten ist das Zeichen Steinbock. Die Steinbock-Thematik verkörpert genau jenen harten, strukturierten, gesetzmäßigen Teil, den der Krebs-Aszendent als echte Herausforderung empfindet. Steinbock steht für die übergeordneten kosmischen Gesetze und nimmt natürlich analog zum Kosmos jene Gesetzesfunktion in der Welt ein, die stets dem Kollektiv oder einer Sache dient. Vor ihr schmelzen alle kleinen menschlichen Bedürfnisse dahin, denn das saturnine Gesetz lautet, einer größeren Instanz als den persönlichen Wünschen und Trieben zu dienen. Selbst die Frage, welchen Benefit das Individuum selber für einen Dienst von der Sache erhält, tritt in den Hintergrund. Das Steinbock-Prinzip steht für die übergeordneten kosmischen Instanzen und – als deren irdischen Abglanz – die Gesetzes- und Autoritätsträger, wie die Regierungen der Länder, den Staat, die Eltern sowie alle erziehenden Institutionen, die der Masse oder dem Kind in der Familie die rechte Anleitung geben, damit es in seinem Leben selber zum Träger für andere werden kann. Im Zeichen Steinbock versammeln sich die vermeintlich konservativen Themen wie Pflichterfüllung, Strenge, Disziplin und Loyalität, die im Laufe der Zeit aus unserem Kulturkreis immer weiter zurückgedrängt wurden – ein Fakt, der das kindlich mondige Anliegen des Volkes gegenüber dem Leben beschreibt. Natürlich sind die Kinder immer an der «Entmachtung» der Eltern interessiert, damit sie machen können, was wie wollen. Deshalb ruht der kollektive Befreiungskampf nicht eher, bis auch der letzte Repräsentant jener saturninen Säule entmachtet ist.

Doch der Kampf ist aussichtslos, da das saturnine Prinzip letztlich immer überlegen bleibt. Der Mensch mit einem Krebs-Aszendenten erfährt deshalb über das Außen die Infragestellung seiner Subjektivität. Immer wieder sieht er sich aufgefordert, die Dinge des Lebens doch einmal objektiver zu betrachten und nicht in seiner Betroffenheit zu verweilen. Er selber wertet die Aufforderungen der anderen Menschen so, als könne man seine Gefühle nicht verstehen, was dazu führt, daß er sich in seinem Sosein nur weiter bestätigt sieht. Der Schlüssel, seine Ausgeliefertheit zu überwinden, liegt darin, im eigenen Verhalten den Machtanspruch zu entdecken, der aufgrund der ständigen Betroffenheit die anderen in einen Gefühlsterror verwickelt. Dabei sollte der Krebs-Aszendent erkennen, daß das, was er als so sensibel, empfindsam und verletzlich erachtet, am empfindsamsten ist, wenn es um die eigene Person geht. Ebenso sollte er wissen, daß er mit seinen für ihn selbstverständlichen Ansprüchen und seinen subjektiv kreierten Gesetzen, mit denen er nonverbal der Umwelt diktiert, wie man ihn als Person zu achten, ihm zu begegnen habe und welche Zuwendung man ihm zuteil werden lassen sollte, einen hochgradigen emotionalen Druck auf andere Menschen ausübt.

Wenn er lernt, im eigenen Verhalten den unerkannten Machtanspruch zu sehen, entläßt er die Welt aus der Pflicht, ihn in die Rolle der Ausgeliefertheit zu drängen. Je mehr er erkennt, wie unerbittlich hart und kalt er andere Menschen aus der Sicht seiner mondigen Ansprüche mißt, desto mehr nimmt er dem Schattenbereich die Aufgabe ab, ihm durch erhöhte Anforderungen und Reglementierungen etwas über ihn selbst zu spiegeln. Denn wer der Welt mit hohen Anforderungen begegnet, wird im Schatten immer noch höhere Anforderungen erleben, bis er gelernt hat, im Zerrspiegel die Ähnlichkeit mit dem eigenen Wesen zu erkennen. Je mehr der Mensch mit einem Krebs-Aszendenten etwas vom Außen erwartet und bekommen will, desto mehr befindet er sich mit seinen Ansprüchen auf dem aktiven Pol, der bedingt, daß die Welt ihn auf irgendeiner Ebene wieder in die Passivität bringen muß, da das Grundelement seines Ich-Anspruchs dem passiven Pol Krebs entspringt.

Vergleichbar mit dieser mondigen Versorgungsmotivation findet man innerhalb unserer Kultur entsprechende Errungenschaften, die im großen Stil soziale Netze anbieten. Auch alle Schutzfunktionen, die dem Individuum die nötige Geborgenheit vermitteln und es tragen sollen, damit es nicht abstürzt in die grausame Kälte der harten Welt, entsprechen dem Krebs-Prinzip. Mit Sicherheit sind die sozialen Einrichtungen unserer heutigen Welt sehr gut. Lange hat die Menschheit für sie gekämpft, doch sie haben auch den Nachteil, daß derjenige, der sich vom kollektiven Netz tragen läßt, gleichzeitig nicht mehr aus dem Zustand des Kindseins hinaustreten kann. Dies führt dann zu der Übersteigerung, daß der Mensch nicht mehr bereit ist, die Verantwortung für das eigene Leben und das Schicksal zu übernehmen. Es entstehen noch mehr Auswüchse aus dem Status des «sozialen Kindes», beispielsweise daß der Mensch nicht bereit ist, eigene Erfahrungen zu machen, die sich außerhalb des so selbstverständlichen Sicherheitsradius befinden. Seine Forderungen nach «Getragenwerden» wachsen immer weiter, doch niemand achtet darauf, ob das «Elternhaus» (= Staat oder Wirtschaft) der anwachsenden Belastung standhalten kann. Dies geschieht ganz in dem kindlichen Sinne, immer mehr und mehr zu fordern, ohne die Bereitschaft, auch etwas zu geben. Irgendwann bricht die Stütze des Elternhauses zusammen, und dann heißt es für die Kinder, endlich die Geborgenheit des Mutterschoßes zu verlassen. Real fühlt sich natürlich heute jeder erwachsen. Man sollte jedoch die inneren Ansprüche gegenüber dem Schicksal und dem Leben hinterfragen, denn sie sind es, die den tatsächlichen Ablösestatus aus der Kindheitssituation beweisen oder nicht.

Bezogen auf den spirituellen Weg ist der Mensch mit einem Krebs-Aszendenten aufgefordert, den Anforderungen der Welt mutig entgegenzutreten. Das bei ihm im Schatten liegende Steinbock-Prinzip gilt in den Mysterien als der Hüter der Schwelle. Der Hüter der Schwelle ist jene Station, die als übergeordnete kosmische Instanz dem Menschen auf seinem Weg die Frage stellt, welche Seelenqualitäten des Menschen auf dem Weg noch einer Verwandlung unterzogen werden müssen. Der Hüter der Schwelle stellt die Frage nach dem Ego, das immer für sich selber etwas erreichen möchte. Doch der Hüter der Schwelle ist eine völlig überpersönliche Instanz, vor der die Belange der kleinen menschlichen Person zu einem Nichts zusammenschrumpfen.

Der Mensch mit einem Krebs-Aszendenten steht – bildhaft gesprochen – häufig vor dem Hüter der Schwelle, der ihn nach dem Zuviel an subjektiven Ansprüchen fragt, die der Betroffene noch mit in sein Leben einbringt. Erst wenn der Mensch mit einem Krebs-Aszendenten gelernt hat, den Bedingungen im Außen eine echte Hinwendung entgegenzubringen, beginnt er wieder lebendig zu werden. Aus der überzogenen Forderung, nur etwas erhalten zu wollen, ergibt sich ein wahres Geben und Empfangen.

Zielidee/höhere Einsicht: Bei einem Krebs-Aszendenten ergeben sich ähnlich wie beim Stier-Aszendenten zwei Möglichkeiten, die als Finalität erreicht werden können. Die eine Möglichkeit entspricht dem Fische-Prinzip, die andere dem Widder. Auffällig ist, daß die erste Aufgabe eine sehr übergeordnete ist, die andere eine sehr konkrete.

Die *Finalität Fische* führt die Nativen in die Bereiche der Auflösung. Natürlich betrifft diese Auflösung die Subjektivität, denn der Mensch mit dem Krebs-Aszendent stagniert in gewisser Hinsicht innerlich, da er sich nur um seine eigenen Belange kümmert. Er soll also mit dem lösenden Fische-Thema innerlich wieder in Fluß geraten, was ihn hinausführt aus seiner immerwährenden Nabelschau.

Er soll lernen, daß er gegenüber der Welt eine Verpflichtung hat, die ihn auffordert, völlig losgelöst von den eigenen Belangen sich anderen und seinem Umfeld zuzuwenden, ohne aus dieser Hinwendung etwas erzielen zu wollen. Dazu gehört auch die Lernaufgabe, auf die eigenen Ansprüche und Gesetze zu verzichten, um eine höhere Verantwortung gegenüber dem Leben zu erlangen. Die Zuwendung und Beachtung, die er von der Welt erwartet und massiv einzufordern versucht, kann er nur dann erhalten, wenn er – vergleichbar mit einer liebenden und aufopfernden Mutter – sich ganz und gar den anderen Menschen in seinem Leben zuwendet. Genau dann wird er vom Leben die Situationen bekommen, die vergleichbar sind mit den Liebesbekundungen und dem Lächeln, das eine Mutter von ihrem Kind erhält, welches ihr die nötige Kraft spendet, den hohen Anforderungen und Verpflichtungen der Mutterschaft gerecht zu werden.

Vor dem Nehmen steht immer das Geben! Erst wenn der Mensch mit einem Krebs-Aszendenten seine Verhärtung im Kontakt mit der Welt erkennt und er diese in eine höhere Verantwortlichkeit verwandelt, beginnen die Dinge, um deren Erhalt er sich ständig ringend bemüht, sich in seiner Welt zu manifestieren.

Die *Finalität Widder* führt den Menschen mit einem Krebs-Aszendenten in eine Art Neubeginn hinein. Widder ist als erstes Prinzip im Tierkreis der Anfang eines neuen Zyklus. Somit kann man sagen, daß der Native mit der Widder-Finalität einen neuen Zyklus beginnt. Da Widder einem dynamischen Prinzip entspricht, ist dieser Zyklus mit einer gewissen Aktivität verbunden, so daß er sich wieder in das Leben und in die Auseinandersetzung hineinbegeben muß, um sich polaren Erfordernissen neu zu stellen.

Auch hier wird der Rückzug in die inneren Welten aufgelöst, da die Aufgabe bedeutet, immer wieder Konflikte einzugehen, da diese die notwendige Bewußtheit und Spannung erzeugen – selbst wenn es für den Betroffenen manchmal schmerzhaft wird, da er Verletzungen erfährt. Widder bedeutet wieder lebendig zu werden, deshalb wird der Krebs-Aszendent mit der Widder-Finalität immer wieder in neue Situationen hineingeführt, weil er sich selber nicht ins Neuland wagt. Für ihn bedeutet dies, einen Geborgenheitsverlust zu erfahren, den er unbedingt erfahren muß, da er selbständig und erwachsen werden soll. Jedes Kind wächst einmal aus dem Elternhaus heraus und muß lernen, den Lebenskampf alleine zu bestehen, um sich selber zu ernähren. Genau wie das Kind, das eines Tages zum Erwachsenen wird, muß sich auch der Krebs-Aszendent mit seiner Bedürftigkeit auf die Ebene des erwachsenen Menschen begeben. Erst wenn er bereit ist, sich allen Anforderungen zu stellen und in dem gleichen Maße zu geben, wie er die Zuwendung der ihm Nahestehenden erwartet, wird er erhalten, wonach er sich in hohem Maße sehnt. Er soll sich aktiv und hingebungsvoll zugleich der Welt widmen und mit dieser Einsicht den erforderlichen Löseprozeß von seinen Erwartungen einleiten. Wenn er dies vermag, verwandelt sich die erfahrene Ohnmacht (unerlöstes Mondprinzip) in eine erlöste Geborgenheit, und er ersteht auf einer ihm zwar unbekannten, aber weiterführend neuen Ebene. Dann ist er reif geworden, von der Umwelt ein Lächeln zu empfangen, da diese spürt, daß sie von dem Krebs-Aszendenten getragen wird.

Der Löwe-Aszendent

Das Urbild des Löwen folgt dem Zeichen Krebs, welches die ersten Erfahrungen im seelischen Bereich macht. Krebs lernt von den Eindrücken der äußeren Welt die Seelenzusammenhänge kennen und wird in die gesamte Palette der Gefühle eingeführt. Das Zeichen Löwe stellt in dem vom Krebs begonnenen Seelenquadranten des Tierkreises den Höhepunkt dar. Löwe ist eine veräußernde Qualität, die alles, was im vorherigen Zeichen noch verschlossen im Inneren der Seele wahrgenommen wurde, nach außen stellt. Hier kommt es zur prägnanten Ausdrucksform der im Krebs gesammelten Gefühle. Diese erhalten eine Bewegung nach außen (lat. emovere), so daß sich an dieser Stelle im Tierkreis die Entstehung der Emotionalität nachvollziehen läßt, die stets im Zusammenhang mit den beiden Tierkreiszeichen Krebs und Löwe zu sehen ist.

In der Natur ist der Löwe-Zeitraum die Phase des Hochsommers. Die Sonne brennt unerbittlich auf die Natur hernieder, und das äußere Leben beginnt in der schwülstigen Wärme scheinbar langsamer zu werden, da die Lebewesen in der Herrlichkeit dieser Jahreszeit schwelgen und in jedem Moment ganz bei sich sind und intensiv leben.

Das Zeichen Löwe ist ein männlich feuriges aktives Zeichen, dem das Ur-Prinzip Sonne zugeordnet ist, es wirkt schöpferisch gestaltend auf die Umwelt ein. Da es wie Krebs ein subjektives Zeichen ist, drückt es stets ganz authentisch die inneren Wesensmerkmale in allen Handlungen nach außen aus.

Bewußtwerdung: Vergleichbar mit der Sonne im Sonnensystem, um die sich als Zentrum alles einschließlich der Erde dreht, erlebt sich auch der Mensch mit einem Löwe-Aszendenten als zentralen Mittelpunkt des Lebens. In seinem Bewußtsein empfindet er sich als Maßstab aller Dinge, als Nabel der Welt, um den sich alles bewegt. Genauso wie die Sonne, die mit ihrer Strahlkraft alles bescheint, versucht er sich mit seinen Energien vollends in das ihn umgebende Umfeld einzubringen. Dieses Bedürfnis weist bei dem Menschen mit einem Löwe-Aszendenten auf die höchste Potenz der Egozentriertheit hin. Alle Handlungen, die er ausführt, alle Ziele, die er anstrebt, alle Begegnungen, die er macht, dienen nur dem einen großen Ziel, sich dramatisch zu veräußern und zum anerkannten Mittelpunkt zu werden. Ebenso wie die Sonne sich in ihrem Scheinen nicht hinterfragt, sondern permanent ihre Strahlung veräußert, hinterfragt sich auch der Mensch mit einem Löwe-Aszendenten nicht. Er betrachtet die Welt aus seinen Augen, und die Dinge, die er aus seiner Sicht erkennen kann, macht er zur eigenen Wahrheit. Daß es aber auf der Welt neben seiner Sicht der Dinge noch andere Betrachtungsweisen geben könnte, kommt ihm dabei nicht in den Sinn. So ruht er völlig in seiner hohen Egozentrierung und sonnt sich im Glanze der eigenen Herrlichkeit.

Da er ständig mit seinem subjektiven Anliegen einen energetischen Strom von innen nach außen fließen läßt, kann ihn allerdings auch von außen nichts erreichen, da seine Antennen niemals auf Empfang gerichtet sind, sondern nur auf Senden. Genausowenig wie der Mond, der von der Sonne beschienen wird, die Fähigkeit besitzt, aus seiner passiven Position Impulse auf die Sonne zu senden, ist es möglich, einen Menschen mit einem Löwe-Aszendenten in seinem Innersten zu erreichen.

Dies macht ihn zu einem Wesen, das völlig in der Konstanz der eigenen Egopotenz eingeschlossen ist und kaum von den Reizen der Außenwelt erreicht wird. Diese Anlage hat zur Folge, daß er von seinem Umfeld nichts aufnimmt und somit auch nicht besonders beeindruckbar und lernfähig ist. Diese Lernunfähigkeit bezieht sich nicht auf Lehrinhalte, die es zu studieren gilt, sondern sie bezieht sich auf Impulse, die nicht der Steuerung des Menschen mit einem Löwe-Aszendenten unterliegen, denn seine Dynamik ist so groß, daß er sich von äußeren Aspekten nicht willkürlich leiten läßt.

Seine Haltung zum Leben ist zwiespältig. Einerseits ist er in seinem Selbstverständnis im hohen Maße von sich selber überzeugt und ruht zentriert in seiner Mitte, andererseits ist er ständig auf dem Sprung, damit ihm niemand seinen Autoritätsanspruch abspenstig mache. Eifersüchtig wacht er über sein Umfeld und versucht jeden, der seinen Glorienschein bedrohen könnte, auszustechen.

Am wohlsten fühlt er sich, wenn es ganz allein um ihn persönlich geht. In einem Gespräch ist er nur so lange beteiligt, wie das Thema sich um ihn oder um seine Interessengebiete dreht. Wendet man die Aufmerksamkeit von ihm ab, reagiert er oft abrupt unzugänglich. Da es nicht mehr um ihn geht, beginnt er unaufmerksam oder müde zu werden, und die anderen spüren seine Verstimmung überdeutlich. So kann er z. B. am Telefon dem geduldigen Zuhörer stundenlang von seinen Beziehungsproblemen und seiner breitgefächerten Sexualität erzählen, doch sollte sein Zuhörer seinerseits versuchen, Erlebnisse aus dem eigenen Leben in das Gespräch mit einfließen zu lassen, könnte es sein, daß der Löwe-Aszendent kurz darauf bemerkt, daß es schon spät sei und er in seinem Tagesgeschehen fortfahren müsse. Liegt ihm etwas am Herzen, so gehört er zu den Spezies, die beispielsweise völlig selbstverständlich ihre Mitmenschen Sonntagmorgen um acht Uhr anrufen, um nach dreißigmaligem «Durchklingelnlassen» dem genötigten Frühaufsteher zwei Stunden lang sein Herz (= Löwe-Prinzip) auszuschütten, ohne zu fragen, ob der Angerufene schon wach gewesen sei oder vielleicht noch nicht gefrühstückt habe.

Viel zu sehr ruht er in sich, als daß er jemals die eigene Person in Frage stellen könnte. So nimmt er zwar am sozialen Leben teil und bringt sich auch bis zu einem gewissen Maße mit in das Geschehen ein, aber immer mit der Intention, an irgendeiner Stelle des Zusammenseins im Mittelpunkt zu stehen und die Macht zu übernehmen. Bei Nativen mit Löwe-Aszendenten gilt das Recht des Stärkeren, sie glauben, nur dem Stärksten und dem Durchsetzungsfähigsten gehöre die Macht. Alle anderen Menschen, die ihnen nicht das Wasser reichen können, finden in ihren Augen keine Akzeptanz. Sie sehen schwächere Menschen als vom Schicksal benachteiligt und damit als minderwertig an. Trotz des Überlegenheitsgefühls entsteht in ihnen nicht das Bedürfnis, anderen zu helfen. Ihr abweisendes Verhalten gegenüber Menschen, die vom Schicksal benachteiligt sind, gleicht Instinktreaktionen: In der Tierwelt werden schwache oder kranke Tiere von ihren Artgenossen verstoßen oder gar vernichtet, so daß sich schwaches oder krankes Erbgut nicht weiter fortpflanzen kann.

In einem kollektiven menschlichen Verbund wirkt diese Geisteshaltung asozial, da sie sich grundlos nur auf die egoistische Erhaltung der eigenen Art richtet. Trotz mangelnder Teilnahme an den Bedürfnissen anderer Menschen lebt im Löwe-Aszendenten der Wunsch, von anderen so, wie er ist, geliebt zu werden, doch er vergißt dabei sehr schnell, daß Liebe auf Gegenseitigkeit beruht, so daß der größte Widersacher im Wunsch, von anderen geliebt zu werden, natürlich die Eigenliebe ist. Es wurmt ihn, ertragen zu müssen, daß es andere Menschen neben ihm gibt, die im öffentlichen Interesse stehen und Achtung und Sympathie entgegengebracht bekommen. Einerseits fühlt er sich von solchen Menschen und ihren möglicherweise besonderen Fähigkeiten fasziniert und angezogen, deshalb versucht er sich ihnen freundschaftlich anzunähern, andererseits wurzelt tief in seinem Inneren jener raubtierhafte Jagdinstinkt, der alles daransetzt, dem Nebenbuhler das Terrain abzujagen, damit er sich in diesem überlebenswichtigen Akt beweisen kann, daß neben ihm sowieso keine andere Größe existiert. So beobachtet er in der Begegnung sehr genau seine vermeintlichen «Rivalen» und versucht, sie zu übertreffen und ihnen überlegen zu sein. In seinem übertrumpfenden Streben nach Ebenbürtigkeit saugt er die umkreisten Idole auf allen Ebenen energetisch und wissensmäßig förmlich aus, raubt ihnen Energie und Atemluft, so lange, bis diese in seinen Augen Schwächen zeigen und beginnen an Ansehen zu verlieren. Dies ist der ersehnte Moment: Wie ein Raubtier in der Arena, das die schwache Sekunde des Dompteurs benutzt, um zum Angriff überzugehen, schlägt der Löwe-Aszendent zu. Aus diesem teilweise unbewußten Jagdinstinkt wird der Mensch mit einem Löwe-Aszendenten in allen Begegnungen geduldig auf die schwache Stunde warten. Tiefe Freundschaften wird er aufgrund dieses Prinzips nur mit ihm deutlich unterlegenen Menschen pflegen. Selbst wenn er glaubt, ein joviales Freundschaftspotential zu besitzen, wird er bei allen Mitmenschen, die ihm den Rang ablaufen könnten, auf das Unterlegenheitsmoment lauern, um im passenden Augenblick völlig selbstverständlich «mit der Tatze» übergreifen zu können. Denn Dominanz und Mißgunst bohren in seinem Inneren, solange es Gestalten gibt, die sein Licht in den Schatten stellen könnten.

In seinem Selbstverständnis vermag er alles zu meistern und zu bewältigen und glaubt, die Anlage zu besitzen, die ihn befähigt, alle Disziplinen innerhalb des Leben bewältigen zu können. Er lebt in dem Bewußtsein, alle Fähigkeiten, die er an anderen entdeckt, seien ihm ebenso zu eigen und es sei für ihn ein Leichtes, die mannigfachsten Tätigkeiten auszuführen. Dies gibt er mit der Kennermiene des

Fachmanns unmißverständlich seinem Umfeld zu verstehen. Nehmen andere Menschen seine Aussagen eines Tages einmal wörtlich und beginnen konkrete Ansprüche an ihn zu stellen, dann wird er häufig einen kläglichen Beweis seiner hohen Selbstüberschätzung liefern, da die Genialität meist nur in seinem Bewußtsein existiert, aber sehr schnell an der Realität scheitert. Sein Augenmerk orientiert sich immer an dem Endstadium, das ein anderer Mensch erreicht hat. Dabei vergißt er aber ganz, daß es für viele oftmals eine harte jahrelange Wegstrecke bedeutete, bis sie ihr Ziel erreichten.

Dem Löwe-Aszendenten geht es weniger um die Arbeit, die auf ein Ziel gerichtet ist, als um die «zu erntenden» Lorbeeren, ohne zu berücksichtigen, daß diesen immer eine hohe Leistung vorausgehen muß. So sind die Löwe-Aszendenten Meister im Aufdecken von Unfähigkeiten anderer, doch auf die Bitte, das Kritisierte besser zu machen, entpuppt sich der Aufstand nur als ein Strom heißer Luft. Je mehr man sie dann beim Wort nimmt, desto mehr beginnen sie sich aus allen möglichen »triftigen« Gründen zu entziehen. Schnell werden unfertige oder mangelhafte Dinge abgeliefert oder ausgeführt. Immer aber in dem Bewußtsein, das Vollbrachte sei das absolute Nonplusultra. Je stärker man sie dabei unter einen Leistungsdruck setzt, desto mehr entsteht in ihnen die Tendenz, sich der bindenden Situation zu entziehen. Natürlich finden sie immer gute Gründe, warum sie bestimmte Reaktionen und Handlungen ausführen mußten, doch zurück bleiben lauter unvollendete Symphonien.

Scherzhaft könnte man diese spezifische Eigenart anhand des optischen Erscheinungsbildes des Löwen im Tierreich beschreiben, der vorne an seinem Haupte eine riesige Mähne trägt. Betrachtet man den weiteren Konturverlauf seines Körpers, offenbart sich am Schwanzende nur eine kleine, mickrige Quaste. Ihre Ansichten und Erkenntnisse halten Menschen mit Löwe-Aszendenten für allgemeingültig, es kommt ihnen nicht in den Sinn, daß neben ihren noch andere Erfahrungen existieren könnten. Sie sind sehr ehrgeizig und versuchen mit allen möglichen Aktionen ihre Umgebung zu beeindrucken. Womit immer man Aufmerksamkeit erregen kann, es liegt ihnen am Herzen. Sie schrecken weder vor Pomp noch vor schlechtem Geschmack zurück. Vergleichbar mit den Krebs-Aszendenten wollen sie vor allem von ihrem Umfeld Anerkennung erhalten. Im Gegensatz zu diesen suchen sie nicht so sehr die Liebe der anderen; sie benötigen die Bestätigung und die Bewunderung ihrer Person. Sie wollen im Mittelpunkt des öffentlichen Geschehens stehen. Gerne zeigen sie sich anderen Menschen gegenüber besonders großzügig mit herzlichen großen Gesten, doch diese sind nicht selbstlos, sondern sollen das Licht, das sie vermeintlich wohlwollend verströmen, wieder zurück auf sie selber werfen. Die Außenwelt ist ihnen buchstäblich ein Spiegel, allerdings nicht im Sinne einer klassischen Erkenntnisfunktion: Die Reize und Impulse von außen sollen sie im eigenen Glanze erstrahlen lassen. Gerne fordern sie ihre Mitmenschen auf, sie in Gold aufzuwiegen, damit sie sich in ihrem Stolz und ihrem Hochmut bestärkt fühlen. Bleibt der gewünschte Applaus oder die Bestätigung aus, dann beweihräuchern sie sich wenigstens selbst, indem sie auf ihre Taten hinweisen.

Aufgrund ihres Hungers nach Bestätigung sind sie in besonderem Maße von anderen Menschen, die diese Abhängigkeit durchschauen, manipulierbar. Ein paar schmeichelnde Worte, und der Mensch mit dem Löwe-Aszendenten beginnt zu «schnurren» und strahlt vor Wohlwollen. Jedes Ärgernis läßt sich auf diese Weise bei ihm beseitigen, so daß er bei richtiger Behandlung schnell wieder versöhnlich gestimmt ist. Im Gegensatz zum Krebs-Aszendenten, der jeden Impuls, jedes Gefühl, jede Stimmung um sich herum wahrnimmt und auf sich bezieht, besitzt der Mensch mit einem Löwe-Aszendenten eine Dynamik, die permanent Energie von innen nach außen transportiert.

Dieses permanente Abstrahlen macht ihn zum einen für Impulse seines Umfeldes unerreichbar, zum anderen verhindert seine aktive nach außen strebende Kraft, daß er sich nach innen kehrt. Betrachtet man die emotionale nach außen gerichtete Bewegung symbolisch, dann versteht man, daß er wenig Zugang zu seinem Unbewußten besitzt. Das Reflektieren ist ihm, da er ein feuriger Typus ist, nicht gegeben. Wie alle anderen aktiven männlichen Prinzipien, die mit ihrer Dynamik nach außen streben, hat auch er Angst vor der Einkehr in sein Inneres. Um sich nicht selbst begegnen zu müssen, entfacht er eine Überdynamik, die ihn durch ständige Reizüberflutung vor Reflektionen bewahrt. Hinter seiner Aktivität verbirgt sich die Angst vor dem Verlust des Selbstbildes. Jede Infragestellung bedroht seine mittelpunktorientierte Selbstgenügsamkeit. Der mögliche Verlust des Selbstbildes zählt für ihn als ein Verlust der Stärke und damit dem Verlust seiner Macht.

Kindheitsmythos: In der Kindheit entwickelt sich bei Nativen mit Löwe-Aszendenten im Verbund mit den Eltern eine Konkurrenzsituation. Häufig ist der Vater symbolischer Mittelpunkt der Familie, er hat den Status des Löwe-Prinzipes. An ihm als Vertreter der Autorität entzünden sich primär die Rivalitätsthemen. Die Reibung ist hier nicht wie bei Widder-Themen ein offener Kampf, sondern findet ihren subtilen Ausdruck in Ehrgeiz und Leistungswillen. Hinter aller Bereitschaft des Kindes, den Anforderungen gerecht zu werden, steht immer das Ziel, dem Vater zu gleichen und ihn zu übertrumpfen. Vordergründig faßt die Familie dieses Bestreben nicht als Rivalität auf. Man unterstützt vielmehr das Kind, weil so der Status der Familie angehoben wird, auch soll das Kind alle Chancen erhalten, die den Eltern verwehrt blieben. Native mit Löwe-Aszendent erfahren oft durch ihre scheinbare Integration die Förderung der Eltern, schon im frühen Alter wird ihnen das Wohlwollen der Angehörigen zuteil. Alle Hoffnungen ruhen auf ihnen, und sie werden mit allen erdenklichen Mitteln verwöhnt. Jede Äußerung wird entsprechend mit Applaus belohnt, ohne daß Gegenleistungen erwartet werden. Allein die Existenz und die Auszeichnung, als die die Familie ihre Anwesenheit erfährt, reichen für die allgemeine Begeisterung aus.

Häufig entwickeln die Eltern sogar Minderwertigkeitsgefühle, dem Kind nicht alles bieten zu können, was es fördert, oder sie fühlen sich aufgrund ihres sozialen Status dem Kind unterlegen. All ihre Aufmerksamkeit konzentriert sich auf sein Fortkommen, wobei sie ihm vermitteln, besser zu sein als die anderen. Das Kind hält es fortan für selbstverständlich, daß seine Mitmenschen ebenso wie die Eltern von ihm begeistert sein müssen. Doch diese Ansicht wird keineswegs von allen geteilt, denn was ihnen in ihrem familiären

Umfeld eine Sonderstellung verschafft, macht sie im Kontakt mit anderen zum Außenseiter.

Ihr Verhalten erweckt bei anderen Menschen Anstoß, da sie auf diese arrogant, intolerant und besserwisserisch wirken. In ihrem Selbstverständnis sind sie mit allen Eigenschaften reichlich gesegnet, nichts ist ihnen fremd, und sie leben in dem Gefühl, alles bewältigen zu können. Der Sonderstatus, den sie gerne einnehmen, führt dazu, daß sie in Gruppen als Fremdkörper empfunden werden, da sie sich deutlich von der Masse des «gemeinen» Fußvolkes abgrenzen. Das macht sie einsam, und sie müssen lernen, sich selber die Zuwendung zu geben, die ihnen von den anderen versagt bleibt (was ihnen auch nicht schwerfällt).

Partnerschaftsmythos: Partnerschaft gestaltet sich bei Menschen mit Löwe-Aszendent aufgrund ihrer natürlichen Dominanz in einem hierarchischen Verhältnis. Sie suchen sich einen unterlegenen Partner, der sie bewundert und ihnen eine Vormachtstellung einräumt. Zeitweise lassen sie ihn diese mit unverhohlener Verachtung spüren. Sie spielen ihre Überlegenheit aus. Beim anderen entfachen sie vielfach Schuldgefühle, indem dieser seine Unzulänglichkeit erkennt und das Gefühl erhält, nur aufgrund der Hilfe des Partners mit dem Löwe-Aszendenten im Leben die entsprechenden Schritte gehen zu können. Sie lassen den anderen fühlen, daß sie die Beziehung nur gnadenvoll aufrechterhalten, um den minderbemittelten Partner nicht fallenzulassen. Ihr Ausharren in der Beziehung ist die höchste Form der Auszeichnung und der höchste Liebesbeweis ihrerseits. Damit erzeugen sie einen ungewissen Schwebezustand, auf dem sie ihre Macht und ihren Freiraum ausbauen. Für sich beanspruchen sie alle erdenklichen Möglichkeiten und Freiräume, doch der andere hat sich in ihre Gesetze und Bestimmungen einzufügen. Dazu fordern sie über die Gefügigkeit ihres Partners hinaus immer neue echte Liebesbeweise ein. Sie verstehen es, damit eine Form von Tyrannei und Erniedrigung zu schaffen, die den anderen in ständiger Aktion hält. Trotz ihrer Selbstherrlichkeit sind sie sehr eifersüchtig. Die kleinste Zuwendung ihres Partners zu einem anderen Menschen ist für sie unerträglich, sie werten sie als Affront, denn die fehlende Aufmerksamkeit bringt sie in die Nähe einer Hinterfragungskatastrophe. Kleinste Unstimmigkeiten werden deshalb für sie zum Trennungsgrund. Von jeder noch so geringfügigen Verhaltensweise ihres Partners machen sie den Bestand der gesamten Beziehung abhängig. Sie zwingen den Partner dazu, um ihre Gunst zu buhlen und sie in «Gold aufzuwiegen». So strukturieren sie ihre Beziehungen nach dem Herrschaftsprinzip. Mit dem Schaffen von klaren Wertigkeiten wollen sie von vornherein vermeiden, daß die Partnerschaft für sie zum Schmelztiegel der Verwandlung werden könnte. Die Bewunderung des anderen soll mögliche Kritik ausschließen, damit sie konstant in ihrer Mitte leben können.

Aufgrund dieses an Kompromisse gebundenen symbiotischen Verhältnisses erfahren sie in der Partnerschaft keine echte Befriedigung. Sie befinden sich in der Zwickmühle, einerseits den schwächeren Partner als Claqueur zu benötigen, andererseits verachten sie dessen Unterlegenheit und sehnen sich nach einem vollwertigen Partner, dem sie ihre Achtung schenken können und dessen gehobener Status auch ihre eigene Person aufwertet. Dem Bestand ihres Persönlichkeitsbildes sind solche ebenfalls ungleiche Partnerschaften gefährlich. Sie bringen sich in die gleiche Konkurrenzsituation, die schon in der Kindheit zu dem stärkeren Elternteil bestand. Kritik und Auseinandersetzungen mit einem ebenbürtigen oder stärkeren Partner sorgen dafür, daß sie sich rasch entziehen, um ihren Persönlichkeitsbestand zu retten, im extremen Fall unter theatralischen Auftritten. Längere Beziehungen entstehen immer dann, wenn der andere eine gehörige Form von Idealismus mit einbringt, um die kapriziöse Beziehung zu ertragen.

Native mit Löwe-Aszendent nehmen für sich in Anspruch, auf jeden Flirt und jede Form der Werbung im Außen einzugehen. Sie lassen quasi nichts anbrennen, denn mit jeder begehrlichen Situation steigert sich natürlich auch ihr Selbstwert, und dieser profitiert von jeder neuen Eroberung. So gestaltet sich auch ihre Sexualität analog zu ihrem sonstigen Verhalten einseitig. Von der Anlage her sind sie sehr leidenschaftliche Liebhaber, die allerdings kaum auf die Bedürfnisse des anderen eingehen. Der Sexualakt trägt bei ihnen Züge, die den anderen besiegen und unterwerfen wollen, er wird zum Mittel, zu beeindrucken, denn mit jeder Wirkung, die sie beim anderen erzielen, finden sie sich wieder und vor allem selbst bestätigt. Aufgrund der großen Eigenliebe sind ihnen tiefe emotionale Bindungen nicht möglich, mit der Konsequenz, daß sie in bestimmten Phasen des Lebens einsam sind. Sie sollen sich aus ihrem asozialen Verhalten wieder herausbewegen, ganz in dem Sinne, daß sie lernen, ihre Kraft als Motor für die anderen zu verwenden. Je mehr sie sich nur auf sich beziehen, desto weniger werden sie die ersehnte Akzeptanz und die Zuwendung in der Außenwelt erhalten.

Schattenthemen: Die überhöhte Selbsteinschätzung des Menschen mit einem Löwe-Aszendenten führt naturgemäß zu einer auffallenden Schattenmanifestation. Denn je vehementer ein Thema einseitig ausgelebt wird, was bei dem feurigen Löwe-Aszendenten der Fall ist, desto stärker wirkt der Schatten als gegenpolares Element in das Leben des Betroffenen hinein. So erlebt er sehr oft die Umpolungen seiner Egointention durch das Schicksal. Immer, wenn er in seiner Mitte ruht, erlebt er massive Einbrüche, die ihn unbarmherzig aus dem Zenit des Glanzes schleudern. Dies kann er auf den verschiedensten Ebenen erfahren. Ob es der Ausstieg aus dem festen Beruf ist oder ob es die Existenz ist, die durch eine labile Wirtschaftslage bedroht ist, oder die erfolglose Jagd auf eine berufliche Position, stets muß er sich mit dem Thema auseinandersetzen, ob er im weiteren Lebenslauf die «Nummer eins» bleibt oder nicht. Polar zum Zeichen Löwe befindet sich auf dem gegenüberliegenden Pol des Tierkreises das Zeichen Wassermann. Wassermann bezeichnet man als die Unterbrechung der Kontinuität, die Umpolung von allem, was sich in hoher Konstanz befindet. Im Wassermann werden die subjektiven Egobelange vom Thron gestürzt und in eine größere objektive Wahrheit hinein verwandelt. Bezogen auf den Mythos des Löwe-Aszendenten sieht die Verwandlung in seinem Leben so aus, daß er entweder im hohen Maße auf seine Selbsttäuschung aufmerksam gemacht wird oder daß er sich frühzeitig selber von den gesteckten Zielen verabschiedet, sozusagen als unbewußte Schutzreaktion, um den Niedergang der gehegten Größenillusion nicht miterleben zu müssen. In beiden Fällen ist er immer bestrebt, den alten Status quo wieder herzustellen, was allerdings zu der Vermehrung der Entpolarisierungsdynamik führt und ihn letztlich immer tiefer in das Problem hineinführt.

Im Auftrag, eine erhöhte Bewußtheit erreichen zu müssen, bietet sich dem Menschen mit einem Löwe-Aszendenten die einzigartige Möglichkeit, ein Leben lang seiner Schattenthematik zu begegnen. Denn ihm bereitet es Schwierigkeiten, bewußt seinen Ego- oder Machtanspruch zu sehen. Kommt es mit anderen Menschen zu einer Aussprache über ihren Macht- und Dominanzanspruch, reagieren die meisten Menschen mit dem Löwe-Aszendenten völlig verwundert und wissen überhaupt nicht, was eigentlich gemeint ist. Da sie immer ganz authentisch und echt sich selber leben und alles so richten, wie sie es gerade für sich beanspruchen, bedarf es der entsprechenden Impulse von außen, die sie innehalten lassen in ihrer ungebremsten Dynamik. Erst wenn es zu Situationen kommt, in denen sie an die Grenzen ihrer Person geführt werden, beginnen sie zu grübeln.

Der Schattenbereich führt sie im Laufe des Lebens dahin, daß sie lernen, neue echte Werte für sich zu finden und den auf nichts fußenden Geltungstrieb zu überwinden. Ähnlich wie der Krebs-Aszendent ist auch der Löwe-Aszendent gefordert, dem Thema der Subjektivität eine höhere Objektivität hinzuzufügen. Denn Krebs und Löwe sind die subjektivsten Zeichen des Tierkreises. Als «aufsteigendes» Aszendenten-Thema sind sie jedoch zu einer Wandlung aufgefordert. Das heißt für den Löwe-Aszendenten, sich jenseits jeder Einbildung in seinem wahren Sein erkennen zu müssen. Er ist gefordert, mit der ihm eigenen Stärke etwas zu machen, was nicht nur dem ewigen Spiel der dramatischen Eigeninszenierung dient, seine Kraft als Potential einer Gemeinschaft zur Verfügung zu stellen. Denn mythologisch gilt die Sonne (Löwe) als Vaterprinzip.

In seiner unerlösten Form übersteigert der Mensch mit Löwe-Aszendent den Machtpol, in dem er sich, ohne zu geben und zu bewahren, auf das Recht der Führungsperson beruft. Vergleichbar mit dem unerbittlichen Machtbedürfnis und dem hohen Egoanspruch des Löwe-Aszendenten sind frühere Kulturen mit dem pervertierten Status der Monarchie. Diese Monarchen ruhten sich auf den Knochen des Volkes aus; der König ließ sich lieber vom schwachen Pol tragen, als seinem wirklichen Auftrag nachzukommen, sich als sorgender Mittelpunkt um das Wohlergehen seiner Untertanen zu kümmern. Die Menschen haben sich gegen die «schlechten» Könige erhoben und sie entthronisiert. Allerdings hat nur ein Austausch stattgefunden, denn stellvertretend für den König haben sich daraufhin die revolutionierenden Egos selbst auf den nun freien Thron gesetzt. Nun herrscht der Mensch in seinem kleinen Reich und lebt genau die Anteile der verhaßten Monarchen aus, die er nur aufgrund seiner eigenen Resonanz bei ihnen entdecken konnte.

Auch die Nativen mit einem Löwe-Aszendenten sind gefordert, zu einer echten Vaterschaft im Leben zu gelangen, denn der echte Vater sorgt mit all seiner Kompetenz und seinem Leistungsvermögen für die ihm Anvertrauten. Dies gilt gleichermaßen für männliche als auch für weibliche Native, denn das Prinzip der Vaterschaft sollte im Sinne der starken umsorgenden Qualität verstanden sein, weniger im wörtlich gemeinten. Erst wenn der Mensch mit dem Löwe-Aszendenten es gelernt hat, seine ganze Kraft einem Kollektiv zur Verfügung zu stellen, wird ihm das entpolarisierende Element nicht nur zur Zerstörung gereicht werden, sondern er wird lernen, über das Außen zu einer höheren Objektivität zu gelangen. Auf diesem Weg wird er natürlich immer mit dem Thema der ständig lauernden Dominanz zu ringen haben, und es wird rings um dieses Thema für ihn zu Spannungen kommen.

Damit er sehen lernt, was er zunächst nicht sehen kann, sollte er sich an den entpolarisierenden Schicksalseinbrüchen orientieren und diese nicht als ungerechte Willkür des Schicksals gegen sich bewerten, sondern solche Momente als Marksteine seines Weges erkennen, an denen er im hohen Maße wachsen kann.

Zielidee/höhere Einsicht: Auch beim Löwe-Aszendenten ergeben sich in der Finalität zwei Varianten. Die eine Möglichkeit liegt in der Finalität Widder, die andere in der Finalität Stier.

Die Widder-Finalität bringt auch die Menschen mit einem Löwe-Aszendenten in die Bereiche der Neuwerdung hinein. Hier ist die Thematik ähnlich zu verstehen, wie sie beim Krebs-Aszendenten gestaltet ist. Auch die Löwe-Aszendenten sollen sich aus ihrem subjektiven Dominanz- und Vordergründigkeitsanspruch lösen. Sie stagnieren in gewisser Hinsicht in ihrem Mittelpunktsanspruch, auch wenn sie ein aktives Prinzip verkörpern. Sie müssen also darum ringen, wieder neu zu werden, so wie jede Widder-Thematik sich mit Kampf und Kraftaufwand eine neues Terrain erobern muß. Mit dieser Finalität werden die Betroffenen an das Mysterium herangeführt, in dem sie verstehen lernen sollen, wie belebend das Spiel mit der daraus resultierenden Unsicherheit für sie ist, wenn sie aufgefordert werden, sich aus Status- und Nimbusanspruch zu lösen. Je mehr es ihnen also gelingt, von den eigenen Bedürfnissen der Sättigung der Egoinstinkte und Machtgelüste abzulassen, desto mehr werden sie eine neue Form der Belebung im Dasein verspüren. Für sie gilt es, ihre Kraft und ihr großes Selbstvertrauen zu nutzen, um in die erlöste Form des wahren Königs hineinzuwachsen. Der echte König braucht keine Bestätigung für seine Macht. Er ist derjenige, der auf seine Belange zugunsten der anderen verzichtet und der aus liebendem Herzen heraus für das Wohlergehen seines Volkes sorgt. Nur das Bild der pervertierten Monarchie zeigt die unerlöste Form eines Staatsgefüges, das nicht mehr auf der sozialen Ebene für seine ihm Anvertrauten sorgt. Doch in den wirklichen funktionierenden Formen ist der König stets der Diener des Volkes. Dazu bedarf es nur eines Rückblickes auf das Inkareich, in dem noch die wahren Sonnenkönige regierten. Sie waren die starken Stützen für ihr Staatsgefüge und sorgten für das Wohlergehen ihrer Untertanen. Der wahre König und der wirklich starke Mensch brauchen keine äußere Macht zu demonstrieren, sie haben sie einfach.

Wenn die Nativen mit der Widder-Finalität gelernt haben, auf Macht- und Behauptungsthemen zugunsten des Prinzips der echten Vaterschaft zu verzichten, erreichen sie die unangefochtene Stärke, nach der sie sich sehnen. Wenn sie bereit sind, ihre vorhandenen Potentiale ihrem schwachen Umfeld zur Verfügung zu stellen, erhalten sie jene begehrte Akzeptanz des echten Königs, der aufgrund seiner souveränen Stärke auf jede Demonstration derselben verzichtet. Aufgrund ihrer inneren Reife erhalten sie jene Bedeutung, um die sie sich zuvor so intensiv wie vergeblich bemühten.

Mit der *Finalität Stier* sind Menschen mit einem Löwe-Aszendenten besonders deutlich aufgefordert, an ihrem wirklichen Wert zu arbeiten. Wenn sie mit der Finalität im Widder zum Verzicht auf ihren subjektiven Machtanspruch aufgefordert wurden, so lautet für sie unter der Stier-Finalität das Thema, zu einem konkreten Wert zu finden. Die Nativen leben mit einer Menge von genialen Selbstbildern, die auf nichts fußen, aber im Selbstverständnis eines Universalgenies gipfeln. Oftmals hört man sie im Brustton der Überzeugung sagen, daß sie eigentlich zuviel können und daß es ihnen deshalb schwerfällt, sich überhaupt für eine Sache zu entscheiden. Die Nativen sind unter dieser Finalität aufgefordert, der Realität ins Angesicht zu schauen; sie sollen lernen, sich ganz konkret einer Sache zu widmen, um diese zu einer wirklichen Krönung zu führen. Wenn es ihnen möglich ist, sich wirklich einzulassen, dann wächst auf diesem Weg in ihnen ein echter Wert heran, der dann ihr wahrer Bestand genannt werden darf. Dann brauchen sie nicht zu fürchten, daß das Außen sie in nicht enden wollende Werteprobleme verwikkelt, denn ihre Intention ist nicht mehr auf eine Fiktion bezogen, sondern bemüht sich um echten Wert.

Der Jungfrau-Aszendent

Das Bild der Jungfrau ist das letzte und abschließende Zeichen des zweiten Quadranten, der dem Bereich des Seelischen zugeordnet wird. Die zuvor entwickelte und ausgedrückte Subjektivität der Zeichen Krebs und Löwe erhält mit dem Jungfrau-Prinzip eine bewußte Reflektion. Alles, was im vorhergehenden Zeichen frei und ungebremst seine reichhaltige Ausdrucksform finden konnte, wird nun in einen Hinterfragungs- und Reduzierungsprozeß eingefädelt. Dieser Vorgang steht in Analogie zu dem Reifen der Feldfrüchte: In der Zeit des Krebses bildeten sie sich aus, in der des Löwen entfalteten sie ihre ganze Fülle, und in der Zeit der Jungfrau werden sie geerntet. Das Jungfrau-Prinzip entspricht auf der konkreten wie auf der geistigen Ebene gleichsam der Ernte; im Zeichen Jungfrau werden die Früchte des Unbewußten eingebracht. Der freie und ungehemmte Ausdruck fällt beinahe vollständig einer immensen Reduktion zum Opfer, der ungehinderte Gefühlsstrom wird zu einem gut kontrollierbaren Rinnsal.

Der herrschende Planet im Zeichen Jungfrau ist Merkur. Obwohl der Planet Merkur, der auch in dem Zeichen der Zwillinge regiert, ebenso das Urbild der Jungfrau beherrscht, lassen sich kaum Ähnlichkeiten zwischen den Grundanliegen beider Bilder entdecken. Lediglich in der Interessenausrichtung auf die Funktionen und die äußeren Dinge der Welt findet man gewisse Parallelen zwischen Zwillingen und Jungfrau. Allerdings ist selbst in diesen gemeinsamen Aspekten die Grundstimmung, mit der sich die beiden der Welt annähern, völlig verschieden. Bei Menschen mit einem Zwillings-Aszendenten herrscht stets eine optimistische, auf die Zukunft ausgerichtete freudige Lebensstimmung vor, wohingegen Menschen mit Jungfrau-Aszendenten äußerst pessimistisch «in schmucklosem Alltagsgrau mit permanenter Krisenstimmung» dem Leben begegnen. Herzlichkeit und Offenheit weichen einer kalkulierten, beobachtenden Reduktion, ein mutiges optimistisches Lebensgefühl wird zu mißtrauischen, von Ängsten geprägten Ahnungen.

Das Zeichen der Jungfrau ist eines der Angstprinzipien des Tierkreises. Am mundanen Tierkreis beschrieben bezieht sich die Jungfrauangst auf das ihr gegenüberliegende Prinzip der Fische. In ihm herrscht das Urchaos, das absolute Nichts, ein Zustand, in dem die reine Wirklichkeit enthalten ist, die aus dem Numinosen durch die Form hindurchwirkt. Wenn mit dem spezifischen Bedürfnis des Jungfrau-Prinzipes sich angepaßt wird, alles bewahrt und geordnet wird, geschieht dies aus dem unbewußten Wissen, daß innerhalb der materiellen Form nichts von dauerhaftem Bestand ist, sondern jegliche Materie aufgrund der Angebundenheit an die Bedingungen von Raum und Zeit der Vergänglichkeit unterworfen ist. Die Materie ist im Schöpfungsmythos die letzte Instanz, nämlich nur die stoffliche Ausformung des Geistes und unterliegt damit dem großen vom Menschen nicht erfaßbaren Schöpfungsprinzip.

Bewußtwerdung: Wo immer das Bedürfnis nach Vorsorge, Sicherung und Prüfung unterstützt wird, findet man nicht unweit genügend Jungfrau-Aszendenten, die versuchen, über die Tätigkeit in diesem Bereich ihre Angst zu bewältigen. Gegen alle Eventualitäten versuchen die Jungfrau-Aszendenten gewappnet zu sein. Alles will im kleinsten Detail durchdacht und gesichert werden, jedes Familienmitglied sowie jeder nur irgendwie erreichbare Fremde werden ebenso aufgefordert, sich zu disziplinieren und mit der gleichen Sorgfalt den menschlichen Lebensraum zu achten und zu pflegen. Gerade im Vergleich zu den großzügigen und ausschweifenden Seelenqualitäten des Löwe-Prinzipes sind die Lebensäußerungen bei Menschen mit Jungfrau-Aszendenten zurückhaltend und auf das Notwendigste reduziert. Tief in ihren unbewußten Schichten schlummert ein hohes Angstpotential, das jeweils im direkten Kontakt mit dem Leben die entsprechenden Projektionsflächen findet. Man könnte diese Angst global auch als eine Ahnung vor dem großen Chaos bezeichnen. Egal auf welcher Ebene der Mensch seine Prioritäten setzt, er wird stets Befürchtungen vor Mißgeschicken oder ihm entgleitenden Situationen haben. So hat der eine z. B. Angst vor ansteckenden Krankheiten, so daß er niemals die Hand zur Begrüßung reicht. Oder er ist stets mit einer kleinen Taschenflasche Desinfektionsmittel und einer Papierabdeckung für Toilettenbrillen unterwegs, die dann fleißig zum Einsatz kommen, um sich vor möglichen Infektionen zu schützen. Der andere wiederum fürchtet sich vor wirtschaftlichen Einbrüchen und schließt jede Menge Versicherungen ab, um ein mögliches Übel abzuwenden. Man findet in solchen Fällen der sorgfältigen Vorsorge häufig im Schlafzimmer direkt neben der Schlafstätte eine Aktenmappe mit fein säuberlich sortierten Versicherungspolicen und einer Reihe von Krügerrand-Münzen, die im Brand- oder Katastrophenfall sofort gegriffen werden kann, um die ersten Hürden zu überbrücken. Andere Jungfrau-Aszendenten wiederum ernten Obst und trocknen oder kochen dieses ein, um die Vorratskammern zu füllen, und weil es nichts kostet, suchen sie bevorzugt im Wald nach kleinen eßbaren Pilzen, die dann auf langen Bindfadenreihen zum Trocknen aufgehängt werden, um im Notfall, sollte einmal eine Lebensmittelknappheit auftauchen, den ohnehin recht schwach trainierten Magen ein wenig ausfüllen zu können.

So entsteht bei anderen schnell der Eindruck, daß der Mensch mit dem Jungfrau-Aszendenten mit angezogener Handbremse durch sein Leben fährt und – ohne es zu merken – selber Opfer all seiner Ängste und Befürchtungen wird. Er zieht im Leben die Vernunft dem Abenteuer vor, auch wenn sein Weg der kleinen Schritte tödlich langweilig werden sollte. Lieber schafft er sich kleine Dinge zur Erbauung in seinem Leben, die ihm auf seine Art und Weise ein wenig Freude bereiten, doch sollten auch sie im überschaubaren Rahmen bleiben. Der einmal eingeschlagene Weg wird nicht mehr verändert, es muß schon eine höhere Instanz mit einem Schicksalsschlag aufwarten, damit in sein Leben Bewegung kommt. Fehlende Genialität und Risikobereitschaft kompensiert er mit Beständigkeit und Ausdauer. Sein Bedürfnis nach Anerkennung ist nicht auf die eigene Person gerichtet, sondern die geleistete Arbeit soll von den anderen honoriert werden. An dieser Stelle sind Menschen mit Jungfrau-Aszendent besonders leicht manipulierbar, denn nichts beflügelt sie mehr als eine kleine Auszeichnung, eine Urkunde oder das Lob, das von einer höheren Instanz an sie ergeht. Häufig vergraben sie sich in Arbeit, da ihnen die Anlage zur kreativen Eigenbeschäftigung fehlt. Lieber fügen sie sich in den Rahmen selbstauferlegter Zwänge, so daß Außenstehende das Gefühl beschleicht, sie würden für irgend etwas in ihrem Leben bittere Buße ableisten. Dabei tendieren sie dazu, den Arbeitszwang auf andere Menschen zu übertragen, indem sie ihnen ein schlechtes Gewissen suggerieren, sobald sie nicht ebenfalls in geschäftige Aktionen verstrickt sind. Freiräume wie Urlaub und Entspannung gibt es selten in ihrem Leben. Auf vielen Ebenen sind sie reduziert, in ihrer Seele scheint nichts zu fließen, und sollten sie einmal über die Stränge geschlagen haben, bestrafen sie sich für ihre Übertretungen der selbsterrichteten Moral. Vergleichbar ist ihr Verhalten dem von mittelalterlichen Nonnen, die sich während ihres Klosterdaseins für etwaige Übertretungen gegen die bestehende Moral kasteien und sich die verschiedensten Formen von Buße zukommen lassen, um ihr Gewissen vor sich und vor Gott wieder reinzuwaschen. Sie sind die großen Mahner und Reduzierer im Leben der anderen Menschen, die still für sich in Anspruch nehmen, die Handlungen ihrer Mitmenschen zu kontrollieren und sie zu bewerten. Sie laufen zu Höchstform auf, wenn sie anderen ihre Verfehlungen vorhalten und gleich einer strengen Gouvernante oder einer Heimleiterin mit spröder freudloser Stimme die nötigen Anweisungen geben können. Sie wissen immer genau, was andere zu tun und zu lassen haben, und auch wenn sie ihr Bedürfnis zu maßregeln nicht öffentlich preisgeben, hinterlassen sie wenigstens durch die entsprechende Mimik mit gerümpfter Nase und spitzen Mündchen bei ihren Mitmenschen ein schlechtes Gewissen.

Fast nie findet man bei ihnen spontane Entschlüsse und Entscheidungen. Alle Prozesse in ihrem Leben laufen wohl durchorganisiert und überprüft ab. Alles wird zu Ende gedacht, und erst wenn auch die letzte mögliche Konsequenz aus Handlungen erfaßt wurde, kommt es endlich zu Entscheidungen. Aus diesem Grund erhält das Leben von Menschen mit Jungfrau-Aszendenten eine völlige Überschaubarkeit und Berechenbarkeit. Auf ihrem Weg der kleinen Schritte und Gesten läuft die Zeit etwas langsamer als bei anderen. Es wird viel geplant, aber wenig erlebt. Man findet nichts Schrilles, Schräges oder Abgründiges bei ihnen. Nur blasse, farblose, natürliche Ungeschminktheit kennzeichnet den Lebensweg. In den Biographien der Jungfrau-Aszendenten sucht man meistens vergeblich nach dunklen Punkten, Ecken und Kanten. Alles geschieht sehr brav und ganz normal, so, wie es die Welt aus ihrer Sicht diktiert – von der Ausbildung, dem Studium, dem krisenfesten Beruf, dem Bausparvertrag, der Hausratversicherung, dem Prämiensparen bis hin zum Rentenmodell –, es ist alles da, was das Leben langweilig macht. Menschen mit Jungfrau-Aszendenten sind in hohem Maße von der Welt und den äußeren Umständen abhängig, sie steuern ihr Leben auf die äußeren Gegebenheiten aus und passen sich den Bedingungen an. Darüber hinaus verkündigen sie ihr persönliches Verständnis von Stabilität und Beständigkeit als dringend notwendige Allgemeingültigkeit. Das Sicherungsbedürfnis wird aufgrund der eigenen Angst zum Dogma erhoben. Gleichzeitig schaffen sie über diese Form Möglichkeiten, mit denen sie durchaus legitim Macht auf die Menschen in ihrem Umfeld ausüben können.

Jede freie Lebensäußerung anderer Menschen wird aus diesem Anspruch heraus unterbunden und in die errichteten (DIN-)Normen hineingezwungen. Abgesichert durch scheinbare Notwendigkeiten, werden Nachbarn denunziert, da sie ihren Müll nicht ordnungsgemäß sortiert haben. Jemand, der trotz Wassersparverordnung seinen Vorgarten gegossen hat, wird unverzüglich angezeigt. Alle Maßregelungen werden mit größter Empörung ausgeführt, denn es geschieht ja nur zum Wohle der Nachkommen. Für die Erhaltung der Art steht der Jungfrau-Aszendent tapfer und gewissenhaft ungeheure Ängste aus, wenn er andere an- und verklagt. «Einer muß es doch tun!» Für luftige oder feurige Zeichen wird die Begegnung mit Menschen, die einen Jungfrau-Aszendenten haben, schnell zur Einengung. Sehr selten kommt in dem Kontakt mit ihnen Freude und Vergnügen auf, denn wenn es allzu leicht und übermütig wird, beginnt der sprichwörtliche «Warner des Tierkreises» die anderen zur Ernsthaftigkeit zu mahnen, und er bremst mit ernsthafter Kritik das befreite Geschehen um ihn herum. So fehlt den Jungfrau-Aszendenten jede Form von Spontaneität und Leidenschaft, da sie ständig bemüht sind, die Kontrolle aufrechtzuerhalten. Treffen sie auf unmotivierte Freundlichkeit, werden sie besonders vorsichtig, da sie befürchten, der andere könnte etwas gegen sie im Schilde führen und sie könnten schließlich Opfer eines gemeinen Unrechts werden.

Um die nötige Vorsorge zu treffen, sammeln Menschen mit Jungfrau-Aszendenten alles, was nicht niet- und nagelfest ist, da man die Dinge, die man jetzt nicht benötigt, später sicher noch einmal verwerten kann. Das beginnt bei den Tüten aus dem Supermarkt und reicht über die Obstgläser für das selbstgemachte Quittengelée, die winzigen, aber kunstvollen Pillendöschen für die Handtasche, die noch wiederverwertbaren C4-Umschläge verschiedener Briefsendungen, die Zeitungsausschnitte der letzten zwanzig Jahre, die Urlaubskarten der Verwandtschaft (die Briefmarken könnten ja mal einen Sammler erfreuen), die Urlaubsfotos und die Sondermarkensammlung, die in dicken Alben aufbewahrt werden, die Teppichbodenreste aus der Verlegeaktion von 1960, verschiedene Sorten Häkelgarn für selbstgemachte Weihnachts-Topflappen bis hin zum eingepackten halben Restaurantessen für die Lieben daheim, da der Appetit nicht so groß war. So füllen sie ihre kleinen Lebensräume mit muffigem Tand, der dann oftmals im Falle ihres Ablebens von den erstaunten Hinterbliebenen angeekelt, mit spitzen Fingern und ohne Umschweife in den Entrümpelungs-Container geworfen wird. Symbolisch schleppen sie auf diesem Weg ihr nicht verarbeitetes Seelengerümpel mit sich herum. Denn für sie ist es wichtig, sich mit dem eigenen seelischen Schmutz wieder auseinanderzusetzen. Das Bedürfnis, äußere materielle Güter zu verwerten, zeigt an, daß auf einer inneren Ebene keine seelische Verarbeitung des eigenen Unbewußten stattfindet.

Kindheitsmythos: Auch in der Kindheit kommt der Mensch mit einem Jungfrau-Aszendenten schon sehr früh in den Kontakt mit Ängsten und dem Thema der Anpassung. Meist ist die Ankunft des Kindes nicht erwünscht, da die Schwangerschaft im Bewußtsein der Eltern nicht genügend vorbereitet ist. Möglicherweise sind die Eltern zu jung, als daß sie in der Lage wären, die volle Verantwortung für das Kind zu übernehmen, oder sie sind bereits zu alt, als daß die Ankunft des Kindes sie in einen Freudentaumel versetzen könnte. Auch eine finanzielle Notsituation kann zur Ablehnung des Kindes führen. Vielleicht ist der Vater nicht präsent, und das unehelich geborene Kind kommt in eine Situation der Ächtung durch seine Umwelt. Das Ungeborene spürt schon während der Schwangerschaft die Ablehnung der Mutter, so daß seine Seele die Information aufnimmt, von der Welt nicht erwünscht zu sein, denn mit seiner Geburt trägt es zur Erschwerung des Lebens seiner Eltern bei. Auch die Entbindung vollzieht sich schwer und mühselig, worin sich symbolisch im Geburtsprozeß die Schwere des Ringens mit der Welt ausdrückt. Im Verbund mit der Dimension der Zeit wird der Inhalt des Geburtsmythos im Laufe des Lebens in den verschiedensten Bereichen immer wieder deutlich. Die scheinbar kausalen Gründe lassen das Kind spüren, daß es unerwünscht ist. Es entwickelt für seine Anwesenheit Schuldgefühle und versucht sie durch angepaßtes Verhalten und eine unauffällige, duckmäuserische Haltung zu kompensieren. Die Mutter wertet die Angepaßtheit des Kindes unbewußt als Merkmal für dessen Leistungs- und Lebensunfähigkeit. Es wird von ihr als eigenständige Person nicht akzeptiert, was sich darin äußert, daß das Kind der ständigen Kritik der Mutter ausgesetzt ist. Alle Handlungen, die es ausführt, führen zu argwöhnischen Reaktionen, als wäre das Kind nicht in der Lage, eigene richtige Entscheidungen zu treffen. Nach außen hin überdeckt die Mutter die Ablehnung des Kindes mit einer extremen zur Schau gestellten Sorgfalt. Die zwiespältigen und unvereinbaren Reaktionen der Mutter kann das Kind nicht einordnen. Es findet keine klare Linie in der mütterlichen Zuwendung und entwickelt schon bald ein neurotisches Verhalten. Geplagt von Schuldkomplexen, lernt es die Gefühle unter Kontrolle zu halten, so daß es nicht einmal Aggressionen, die ihm den angestauten Druck nehmen könnten, gegen die Eltern zuläßt. Mehr und mehr paßt es sich an, um den Schmerz der Ablehnung und Verunsicherung nicht empfinden zu müssen. Die Eltern repräsentieren innerhalb des Kindheitsmythos die männlichen und weiblichen Anteile eines jeden Menschen. Vater und Mutter stellen jeweils mit ihrem Sosein symbolisch dar, wie einerseits des Menschen aktiver männlicher Anteil, der sich in der Welt durchsetzt, und andererseits der weiblich passive Anteil, mit dem man die Welt empfindet, beschaffen ist.

In der Gestalt und in dem zwiespältigen Verhalten der Mutter spiegelt sich bei den Nativen das eigene gespaltene Verhältnis zur Welt wider. Der Mythos, der im Zusammenhang mit der Mutter entsteht, symbolisiert die Unsicherheit im Verbund mit der Welt. Aus ihr resultiert die übersteigerte Suche nach Sicherheit. Die mangelnde Geborgenheit entfacht in den Betroffenen eine Dynamik, die sie an alle möglichen Ängste bindet. Einerseits besteht daraufhin die Gefahr, daß sie zeit ihres Lebens an ihre Ängste gebunden bleiben, andererseits bewirkt der seelische Druck das individuelle Bedürfnis, zu suchen und alles zu ergründen. Die Suche währt so lange, bis sie eines Tages Einblicke hinter die Physis der Welt erlangen und die Funktion kosmischer Gesetzmäßigkeiten erkennen. Erst dann beginnt nach der Akzeptanz einer größeren Gesetzmäßigkeit und der daraus erwachsenden Verantwortungsübernahme für sie die schrittweise Befreiung aus der Angst. Was die Betroffenen in diesem Zusammenhang als notwendig erachten, ist allerdings nur das eigene Bedürfnis nach emotionaler sowie konkreter Sicherung. Leider geht ihnen aber dieser Bezug verloren, so daß gerade dann, wenn sie vergessen, daß all ihre Aktionen dazu dienen sich abzusichern, ihnen das Leben den genauen Gegenpol serviert, damit sie über die Unsicherheit wieder mit ihrem ureigensten Bedürfnis in Berührung kommen.

Partnerschaftsmythos: Innerhalb der Partnerschaftssituation herrscht bei Menschen mit Jungfrau-Aszendenten eine förmliche, distanzierte Stimmung. Die Betroffenen geraten in ihren Beziehungen immer wieder mit ihrer emotionalen Unzulänglichkeit in Berührung. Ihnen fehlt die Fähigkeit – wie auch allgemein beim Jungfrauthema –, ihren Gefühlen einen Ausdruck zu verleihen. Aus diesem Grund schaffen sie kühle Distanz in der Beziehung, so daß die Partner nie genau ergründen können, wie tief eigentlich ihre Gefühle wurzeln. Dem jeweiligen Partner, sollte dieser um die Definition der Verbindung ringen, scheint es deshalb schwer, ein Verbundenheits- oder Einheitsgefühl zu entwickeln, da der andere emotional nicht greifbar ist. Oftmals erwecken ihre Beziehungen den Eindruck, als würden sie sich nicht einlassen wollen, fast so, als hätten sie keine Beziehung. Auseinandersetzungen und Streit werden tunlichst vermieden, und sie versuchen, ihren eigenen Weg innerhalb der Partnerschaft zu gehen, da Harmonie und Beständigkeit nur aus der Ferne existieren können. Je größer ihre Distanz zum anderen, desto verbundener fühlen sie sich mit ihrem Partner.

Die Betroffenen haben Angst, sich ganz zu öffnen und fallenzulassen. Um das zu kaschieren, versuchen sie die Beziehung auf eine zweckgebundene Ebene zu heben, so daß sich ihr Interesse weniger auf die Beziehung richtet als auf die Bewältigung des Alltags. Auf diese Art und Weise werden dann die kleinen Momente der Alltäglichkeit zum Bindeglied der Partnerschaft und gleichzeitig zum Schutzmechanismus vor dem echten Einlassen und dem Verschmelzen mit dem anderen. Im Rahmen der erdverbundenen Zweckgebundenheit soll die Partnerschaft materielle Vorteile und vor allem Sicherheit verschaffen, damit sie ihr Manko an Geborgenheit über diesen Weg ausgleichen können. Selbst wenn der Preis für die Sicherheit sehr hoch ist, so daß sie sich in Beziehungen aufhalten, in denen keine echte Liebe existiert, sind sie bereit, ihn zu bezahlen und gleichzeitig durch ihr Ausharren Buße für ihre Berechnung zu leisten.

Die Thematik des durch die eigene Geburt erzeugten Schuldkomplexes wirkt auch in die Partnerschaft unbewußt mit hinein. Häufig finden Verbindungen mit Menschen statt, die Hilfe benötigen. Der Partner ist beispielsweise krank oder Alkoholiker, tablettensüchtig oder drogenabhängig. Auf diesem Weg leben sie dann ihre Hingabe, die sie für ihre Existenz reinwaschen soll. Gleichzeitig befinden sie sich mit ihrem Dienst auch in einer Position der Stärke, so daß sie sich nicht zu öffnen brauchen, und damit weiterhin die Kontrolle über ihr Leben behalten, da sie in ihrem Umfeld mit jemandem zusammen sind, dem stellvertretend für sie die Kontrolle über sein Leben entglitten ist. Auf diesem Umweg begeben sie sich dann in die Nähe des Kontrollverlustes, der ihnen auf diese Art und Weise seelisch vertrauter wird.

Innerhalb der Sexualität, der als Bedingung für einen stimmigen Austausch die Öffnung zugrunde liegt, bereitet es ihnen Schwierigkeiten, sich voll und ganz hinzugeben. Auch auf dieser Ebene werden sie Opfer ihrer Kontrollmechanismen, da sie nicht bereit sind, sich auf ihren Partner einzulassen. Jede Handlung, jede Berührung, die sie erfahren, versuchen sie unter Kontrolle zu halten, um sich nicht aufgeben zu müssen. Auf einer tieferen Ebene ist es die Angst, mit dem dunklen Teil des anderen Menschen in Berührung zu kommen. Denn der Partner ist im Sinne der Vollkommenheit jener ergänzende schattige Teil, der jedem einzelnen Individuum fehlt. Doch wollten die Betroffenen wahre Hochzeit mit diesem Teil halten, hätte dies zur Folge, daß sie ihre Persönlichkeit aufgeben müßten. Aufgrund dieser Angst wird der Trieb sublimiert und nicht voll ausgelebt. Seine Blockade zeigt sich dann auf der korporalen Ebene in Form von Allergien, Akne oder Herpesinfektionen. Sie signalisieren, daß der Mensch nicht bereit ist loszulassen, so daß das nicht gelebte Dunkel der Sexualität seinen Weg über die Hautebene nach außen nimmt. In der Sichtbarkeit symbolisiert das Hautproblem jenen Teil der extremen emotionalen Aufwühlung, die dem Bewußtsein nicht zugänglich ist. Die nicht gelebte Leidenschaft sucht sich über die Haut (Venus = Sexualität) jenen Weg der Einlösung, die dem Bewußtsein bis dahin verschlossen blieb. Das Extrem der völligen Verschlossenheit hat auf seinem Gegenpol einen starken Hang zum Sadismus. Die eingeschränkte Lust wird durch starke Reize erzwungen und für kurze Momente befreit. Anstelle des eigenen unterdrückten Empfindens wird der Partner gequält.

Auf diesem Weg verschaffen sie sich die Nähe von Grenzempfindungen, die ihnen sonst kaum möglich sind und die doch gleichzeitig für sie eine lustvolle befreiende Erlösung darstellen. Auch die eigene Bestrafung und der Schmerz holt über diesen Weg Empfindungen in ihnen hervor, denen sie sich ausgeliefert fühlen und die auch gleichzeitig die Bestrafung für den Lustgewinn darstellen.

Schattenthemen: Das hohe Angstpotential und das Sicherungsbedürfnis der Menschen mit einem Jungfrau-Aszendenten führen natürlich ausgesprochen zuverlässig zu den entsprechenden Schattenmanifestationen. Je stärker ein Mensch versucht, bestimmte Bereiche aus seinem Leben auszuklammern, desto mehr «drückt» die abgelehnte Seite. Über alle möglichen Umwege halten dann genau die Themen Einzug, die man bestrebt war, aus dem Leben zu verbannen. So entstehen immer wieder Situationen, in denen der Jungfrau-Aszendent seine Ängste bestätigt sieht. Jede Kleinigkeit nimmt er zum Anlaß, sich in düsteren Visionen auszumalen, was alles schiefgehen kann und welches Unglück ihm widerfahren könnte, wenn er nicht entsprechende Präventivmaßnahmen ergreifen würde.

Auf der gegenüberliegenden Aszendenten-Achse des Jungfrau-Prinzipes findet man das Zeichen der Fische. Die Fische sind das genaue Gegenteil zum diesseits orientierten Jungfrau-Thema, sie stehen symbolisch für das ununterschiedende Sein, für das Nichtnennbare. Wenn aus esoterischer Betrachtung die Welt sichtbar gewordener Geist ist, ruhen in dem Fische-Prinzip die Inhalte, die sich aus dem Nichts formieren und in der Materie Gestalt annehmen. Das Fische-Prinzip ist das Numinose, das Urchaos, aus dem sich die Manifestationen bilden und wohin auch der Geist alles Sichtbaren wieder zurückkehrt, wenn die Schöpfungsuhr in der Raum / Zeit-Achse abgelaufen ist. Jungfrau / Fische bildet die Achse vom Diesseits zum Jenseits. Auf ihr findet der ewig währende Kampf des Menschen statt, sich im Stoff zu behaupten und als Individuum in seiner Welt die einzig sichtbare und nachweisbare und deshalb auch akzeptierbare Konstante einzunehmen. Unbewußt verspüren die Menschen mit einem Jungfrau-Aszendenten die ständige Nähe zu den jenseitigen und unerklärbaren Bereichen. Deshalb haben sie ja auch jede Menge Befürchtungen, die sie dann auf alle sichtbaren und erklärbaren weltlichen Dinge projizieren. Sie ringen darum, die Grenze des Erklärbaren nicht zu erreichen, denn Angst breitet sich in ihnen aus, wenn die fünf Sinne in Grenzbereiche gelangen und das Unerklärbare sich aufdrängt. Denn genau hier beginnt – wie für alle Erdzeichen – gerade jener Bereich, der in die Unsicherheit und damit auch in die Angst führt.

Dieser Angst kann aber nicht begegnet werden, indem man die Augen verschließt und versucht, mit äußeren Präventivmaßnahmen gegen sie zu wirken und sich gegen alle Eventualitäten zu schützen. Die einzige Chance für die Erlösung von der Angst besteht in der Möglichkeit, ihr mit Bewußtheit zu begegnen und sich die Frage zu stellen, was der wahre Grund ist, der hinter der Angst verborgen liegt. Gleichzeitig befinden sich die Nativen aufgrund ihres Denkverhaltens immer auf der Seite der unschuldigen Wesen, die leidhaft den äußeren Bedingungen ausgeliefert sind. Somit sind ihre Hände stets reingewaschen, und alles Unheil, aller Abgrund, aller Schmutz sind nur bei den anderen zu finden. Hier sollten die Betroffenen sich die Fragen stellen: «Wieso entdecke ich nur drohendes Chaos und Abgründe um mich herum? Warum habe ich eine Resonanz zum dunklen Schmutz dieser Welt, und warum verfolgt mich dieser überallhin? Warum begegnen mir immer wieder die schwachen haltlosen Menschen? Warum ist keiner außer mir so richtig vernünftig? Warum fürchte ich mich vor der Zerstörung, der Auflösung und dem Untergang dieser Welt?» Die Antwort könnte sein: «Es muß also in mir eine Resonanz dafür geben, weshalb das Thema überall in der Sichtbarkeit zum ständigen Begleiter meines Lebens wird. Die Nativen sollten die Ehrlichkeit besitzen, hinter allen vorgeschobenen Sicherungs- und Sorgeargumenten das eigene Unvermögen zu entdekken, sich den unbekannten, nicht kalkulierbaren Aspekten des Seins, die immerhin die andere Hälfte des Lebens ausmachen, zu stellen. Alle analytischen Bedürfnisse sollten besser auf den eigenen Innenraum gerichtet werden und nicht nur, um andere damit in die Enge zu treiben. Anstatt den äußeren Schmutz zu bekämpfen, sollten sie lernen, ihren eigenen inneren Schmutz zu suchen und zu lieben. Denn wer außen nur Abgrund entdecken kann, muß selber viel »Dreck am Stecken« haben.

Im Zeichen der Fische befinden sich alle Qualitäten des Seins, es trägt inhaltlich gleichzeitig Perversion und Heiligkeit, und es löst den Menschen aus seinen bewertenden Maßstäben heraus, da alles im Kosmos vorhanden und somit Ausdruck des Göttlichen ist. Die Menschen mit dem Jungfrau-Aszendenten sollen lernen, auch im Abgrund wieder Gott zu begegnen. Dies gelingt ihnen am besten, wenn sie sich bewußt Situationen stellen, in denen konkrete Dinge oder Situationen beginnen, in einen Auflöseprozeß zu treten. Dazu gehören z. B. der Krankendienst, die Altenpflege oder die eigene Aufopferung an ein bestimmtes überpersönliches Thema. Auf diesen Ebenen lernen sie, von den eigenen Belangen Abstand zu nehmen sowie auflösende Prozesse anzuschauen und in die Normalität, als zum Leben dazugehörig, zu integrieren. Mit der Anpassung und der Erforschung der sichtbaren Welt haben die Menschen mit dem Jungfrau-Aszendenten einen wichtigen Teilaspekt dieser Voraussetzung schon eingelöst, doch der andere Teil lautet nun, mit Vertrauen und losgelöst vom Mißtrauen solchen Bereichen zu begegnen, die vielleicht vordergründig angsteinflößend sein könnten, da sie für die Betroffenen völlig neu sind und es dort keine bewährten Regeln und Werte mehr gibt. Der Schlüssel und die Heilung der Menschen mit Jungfrau-Aszendenten liegt im Kontrollverlust. Erst wenn die Betroffenen sich den Bedingungen des Geistprinzips (Fische) ganz ergeben, schaffen sie die Vorausetzung, Stück für Stück die Angst abbauen zu können, da sie das Schicksal aus der Pflicht entlassen haben, ihnen im Leben die Kontrollfunktion aufzulösen.

Zielidee/höhere Einsicht: Der Jungfrau-Aszendent besitzt als mögliche Finalität zwei Varianten. Die erste Variante ist die Zielidee Stier, und die zweite Variante ist die Zielidee Zwillinge. Beim vorangegangenen Thema des Löwe-Aszendenten lautete der Auftrag mit der Finalität Stier, einen neuen ganz konkreten Wert zu finden. Die *Finalität Stier* beim Jungfrau-Aszendenten bedeutet, sich aus den vagen Ängsten herauszubewegen und sich an die tatsächlichen konkreten Gegebenheiten zu halten. Deshalb sollten die Nativen erkennen lernen, daß ihre persönlichen Ängste gar nicht denen der Allgemeinheit entsprechen, daß ihre Sorgen nicht für alle Menschen Geltung besitzen, sondern allein ihren persönlichen, aus Befangenheit geborenen Interpretationen entspringen und sie aufgefordert sind, den Ängsten in der Form auf den Grund zu gehen, indem sie sich an die Arbeit der eigenen Bewußtwerdung machen. Als abschließendes Zeichen des Seelenquadranten, dem man in den vor Jungfrau liegenden Zeichen Krebs und Löwe das Unbewußte zuordnet, sind sie natürlich aufgefordert, diesem Teil verändernd durch Bewußtwerdung zu begegnen.

Denn es sind die Ängste, die aus der Unbewußtheit geboren werden, welche die Nativen dazu treiben, die nicht definierbaren Befürchtungen auf konkrete Bereiche zu projizieren. Immer ist es das scheinbar dunkle Abgründige, das für sie nicht zu durchschauen ist, das ihnen solche Angst einflößt. Da die Jungfrau-Aszendenten mit einer hohen Bedachtsamkeit und Sorgfalt ausgestattet sind, finden sie natürlich in der Welt immer nur Schuldige und solche, die rücksichtslos das Desaster der Welt mitverursacht haben. Aus diesem Grund sind sie Meister in der Schuldzuweisung an andere, und da die anderen immer die Verantwortlichen sind, sind sie in ihrem Empfinden natürlich die einzigen Unschuldigen auf diesem Planeten. Doch gerade aus der Unbewußtheit der Nichtidentifikation sind sie die eigentlichen Verursacher der Mißstände. Die Außenwelt ist Symbolträger des Unbewußten – da gerade den Menschen mit Jungfrau-Aszendent von den äußeren Instanzen jene dunklen Bereiche zugetragen werden, ist es nur das eigene Unbewußte, das ihnen begegnet – für das sie natürlich im besonderen Maße selber verantwortlich sind. Die Nativen sollen also lernen, ihrem Schatten ganz konkret zu begegnen, dabei kann ihnen die vage Angst (egal, aus welchen Themen sie resultiert – denn diese sind beliebig austauschbar) als Motor dienen, die immer dann, wenn sie sich einstellt, sie dazu bewegen sollte, sich auf den Weg in die eigenen Innenräume zu machen, um dort Bewußtheit über ihre eigenen Abgründe zu erlangen. Die Enge (= Angst-Jungfrau) löst sich und wandelt sich zur Weite, entstanden aus Einsicht und Erkenntnis.

Die Aufforderung lautet also, sich nur am Konkreten zu orientieren und Abstand von den vagen Eventualitäten zu nehmen. Nur so gelingt es ihnen, einem zentralen Thema des Lebens zu begegnen und jenen inneren Frieden zu finden, der aus Bewußtheit resultiert.

Die *Finalität Zwillinge* fordert den Menschen mit Jungfrau-Aszendent auf, wieder über den Dingen zu stehen. Was zuvor bei der Finalität Stier bedeutet, sich allein an den konkret realen Bedingungen zu orientieren, wird mit der Finalität Zwillinge zu einer Anforderung, dem Leben wieder neutraler zu begegnen. Da natürlich als Ausgangsbasis des Jungfrau-Aszendenten die Ängste und das Sicherungsbedürfnis stehen, ist es für den Nativen wichtig zu lernen, diesen gegenüber wieder neutraler zu werden. Denn die Ängste sollen zu einer inneren Suche führen, die in einer verantwortungsbewußten Eigenanalyse mündet. Zwillinge ist das Prinzip der Lebendigkeit und des Austausches, es entspricht dem Thema des Lebensatems, der ins polare Geschehen einbindet und durch seine Einatem- und Ausatembewegung das Rad des Lebens in Bewegung hält. Auch der Mensch mit dem Jungfrau-Aszendenten sollte unter dieser Finalität wieder lebendiger werden, er sollte sein Interesse und seine Neugierde, die mit der Finalität Zwillinge verbunden ist, auf die Bereiche des Unbewußten richten und das Neuland seines seelischen Innenraumes entdecken. In allen alten mythologischen Darstellungen ist es immer der Gott Hermes / Merkur, welcher dem Zwillings-Prinzip zugeordnet ist, der mit den Initianten in die Mysterien der verborgenen Einweihungskammern hinabsteigt. Er allein ist in der Lage, die Erfahrungen, die in dunklen Einweihungskammern gemacht werden und die Mysten in das tiefe Geheimnis des eigenen Ur-Grundes initiieren, an das Tageslicht des Bewußtseins zu fördern.

So wäre es auch das Thema, unter dieser Finalität beispielsweise durch eine therapeutische Arbeit oder durch eigene bewußte Auseinandersetzung mit den Träumen oder den inneren Bildern sich auf den Teil einzulassen, den man immer auf die anderen projiziert. Die Grundstimmung der Nativen verleitet sie zu der Annahme, alles mit funktionalen Handlungen aus der Welt schaffen zu können. Für sie heißt es aber verstehen zu lernen, daß die Welt die zweite Instanz ist, auf der sich die Themen des Geistes manifestieren. Im Großen wie im Kleinen, jeder Schöpfungsmythos kündet in dieser Reihenfolge vom Entstehen der Manifestationen, und natürlich schöpft der Mensch als Einzelindividuum und im Kollektiv in gleicher Form in seinem eigenen Leben. Zwar verleitet den Menschen mit Jungfrau-Aszendent die Betroffenheit zu der Annahme, er sei für sein Schicksal nicht verantwortlich, aber er macht sich erst recht schuldig, indem er sein Geburtsthema, schuldig durch Nichtidentifikation zu sein, nach außen verlagert: Er sucht die Schuld bei den anderen und kann sich nicht mit ihnen identifizieren. Seine scheinbare Unschuld und Reinheit läßt jenen dunklen Pol immer weiter anwachsen und in seinem Leben verweilen – bis er gelernt hat, die verdrängten Anteile wiederzufinden. Er muß seine fixierte Weltbetrachtung aufgeben, Kontrolle aufgeben, indem er neutraler wird, denn nur so kann er lernen, mit einem gewissen luftigen Abstand die Ordnung der Ganzheit in sich wieder zu entdecken.

Der Waage-Aszendent

Das Thema des Urbildes Waage ist luftig und männlich aktiv. Die Waage eröffnet im Tierkreis einen ganz neuen, den geistigen Ideenwelten zugeordneten Bereich. Das Zeichen Jungfrau bildet den Endpunkt im subjektiven Teil des Tierkreises; mit ihm werden die letzten Themen, die dem Individuum auf einer kausalen Ebene Nutzen bringen können, abgeschlossen. Die erste Hälfte des Tierkreises ist mit der Jungfrau beendet. Mit dem Zeichen der Waage beginnt die zweite Hälfte als polarer Teil zu den bisher beschriebenen Themen.

Am natürlichen Jahreslauf läßt sich ablesen, daß im Zeitraum der Zeichen von Widder bis zur Jungfrau das Leben in der äußeren Welt in voller Blüte steht. Alle Energien richten sich auf das Außen, und es ist für den Menschen die schönste Zeit im Jahreslauf, wo er mannigfache Zerstreuung in den äußeren Bereichen finden kann. Mit dem Zeitraum des Waagezeichens gelangt die Natur an einen Wendepunkt, da die äußere Pracht sich zu verwandeln beginnt und es mit schnellen Schritten dem Herbst und der folgenden unwirtlichen Winterzeit entgegengeht. Die Konzentration auf die äußeren Lebensbereiche endet zu diesem Zeitpunkt, der Mensch wendet sich dem Leben im Heim und damit seinem Innenraum zu. Verglichen mit dem Mythos, der sich in der Natur ablesen läßt, ergibt sich natürlich aus den Schattenthemen der Zeichen Waage bis zu den Fischen eine völlig andere Aufgabenstellung, als man sie bei den Tierkreiszeichen von Widder bis Jungfrau findet. Die ersten sechs Bilder des Tierkreises sind der stofflich-materiellen Welt und den subjektiven seelischen Belangen zugeordnet. Menschen, die diese Tierkreiszeichen am Aszendenten haben, tragen jene Frühlings- und Sommerstimmung des Jahreslaufes im Bewußtsein und finden aufgrund dessen in ihrem Schattenbereich die Aufforderung wieder, hinter der Welt der äußeren Formen andere Inhalte als die kleinen an persönliche Bedürfnisse gebundenen Themen zu suchen.

Waage eröffnet den Abschnitt, in dem das «Nicht-Ich» angesiedelt ist. Dem dritten Quadranten des Tierkreises, der mit der Waage beginnt, werden keine persönlichen Belange mehr zugeordnet. In diesem Bereich beginnt die Welt des Geistes und der kollektiven Bildinhalte. Menschen, die mit einem Aszendenten vom Zeichen Waage bis zum Zeichen Fische geboren werden, müssen sich ganz anderen Lebensinhalten stellen, als die vor ihnen angesiedelten Zeichen von Widder bis Jungfrau. Die sechs Zeichen der zweiten Hälfte des Tierkreises werden aufgrund ihrer Anlage viel stärker aufgefordert, sich den Herausforderungen der Welt zu stellen. Sie haben eher Schwierigkeiten, mit den Belangen der stofflichen Welt zurechtzukommen, als daß ihnen Themen außerhalb des rational Erklärbaren zum Problem werden. Sie ringen mit der Frage, weshalb sie «anders gewebt» sind als meisten anderen Menschen. Diese beobachten sie mit einer Portion Neid, da sie geborgen voll im Weltentrubel zu Hause sind und auf der Klaviatur des Lebens alle Tasten bedienen können. Häufig fragen sich dann Menschen mit Aszendenten, die dem Geistbereich zugehören, warum es ihnen in bestimmten Lebensbereichen nicht ebenso vergönnt sei, die Dinge frei und unbeschwert zu genießen. Selten werden Menschen mit den Zeichen von Waage bis Fische am Aszendenten sich in der Welt zu Hause fühlen wie die Aszendenten von Widder bis Jungfrau, die im Mutterschoße der weltlichen Belange Geborgenheit und Schutz finden. Selbst wenn die Weltabgewandten möglicherweise in ihrem Tagesbewußtsein glauben, mit der Welt verbunden zu sein, wird es für sie Momente und Situationen geben, in denen sie sich wie Außenseiter fühlen oder in denen sie beobachtend danebenstehen und aus einer übergeordneten Position das bunte subjektive Treiben der Welt betrachten. In solchen Verhaltensweisen zeigt sich der emotionale Abstand als Ausdruck ihrer unbewußten Abneigung gegen das Leben.

Die Lernaufgabe der Menschen mit einem Aszendenten aus der oberen Hälfte des Tierkreises ist, daß sie trotz ihrer inneren Weltenabödung wieder lernen sollen, am großen Rad des Lebens mitzudrehen, auch wenn sie sich in vielen Situationen nicht so verwurzelt fühlen wie möglicherweise Menschen mit Aszendenten aus den vorangegangenen Zeichen.

Bewußtwerdung: Das Naturell des Menschen mit einem Waage-Aszendenten ist, wie bei allen Luftzeichen, verbindend, leicht und flexibel. Doch aufgrund der Venusbetonung wurzelt sein höchstes inneres Anliegen in dem Bedürfnis, die Welt, die er als disharmonisch empfindet, wieder in die Bahnen zu lenken, in denen er Harmonie definiert. «Harmonie als Dauerzustand» wäre eine gute Bezeichnung für den sehnlichsten Lebenswunsch der Menschen mit Waage-Aszendenten. Aus diesem Grund sind sie für andere Menschen recht angenehme Zeitgenossen, da sie sich stets bemühen, ohne viele Ecken und Kanten dem Leben und allen Mitmenschen gerecht zu werden. Gerne agieren sie diplomatisch als integratives Bindeglied zwischen unterschiedlich gearteten Wesensnaturellen, und ähnlich wie den Zwillings-Aszendenten geht es ihnen darum, alles miteinander zu verknüpfen.

Im Tierkreisbild der Waage ist die Individualität aufgelöst. Es entstehen Themen, die den genauen Gegensatz bilden zum gegenüberliegenden Zeichen Widder, das den ersten Quadranten der Stofflichkeit eröffnet. Im Zeichen des Widders formiert sich das «Ich», in dem der Waage das «Du». Wenn der Mensch mit Widder-Aszendent sich als Individuum definieren kann, ist dies für einen Menschen mit Waage-Aszendent nicht selbstverständlich. Der jeweilige Aszendent eines Menschen beschreibt dessen Selbstgefühl und damit den Verwurzelungsgrad. Da es ab der zweiten Hälfte des Tierkreises für die Menschen, die mit ihren Geburtsanlagen dort angesiedelt sind, schwerer ist, die Persönlichkeitswahrnehmung aus einem reinen Selbstverständnis zu beziehen, wird dieses über andere Bereiche definiert.

Der Mensch mit dem Waage-Aszendenten erhält deshalb seine Definition aus der Welt. Hier liegt die Ursache, weshalb die Nativen besonders stark auf die Welt und andere Menschen fixiert sind. Erst über die Begegnung erhalten sie jene Qualität der Identität, die sie in sich selbst nicht finden können. Innerlich sind sie deshalb unsichere, labile Persönlichkeiten; aufgrund ihres Mangels an Eigenwert tragen sie keine gefestigte Struktur in sich. Trotz des gespürten Mankos besitzen sie eine klare Vorstellung davon, wie sie gerne sein möchten. Der Weg dorthin scheint ihnen aber versagt. Sie ringen im Verlauf des ganzen Lebens darum, eine genaue Persönlichkeitsdefinition zu schaffen. Sind sie gerade in die Nähe einer solchen gelangt, tritt durch ein äußeres Ereignis ein Fakt in ihr Leben, der das eben noch Faßbare wieder zunichte macht.

Aus dieser Dynamik entwickeln die Betroffenen ein immer stärkeres Bedürfnis nach Vollkommenheit. Diese soll ausgleichend für die unbefriedigende Persönlichkeitsfindung wenigstens in der Schönheit und Perfektion der äußeren Bereiche stattfinden. Doch auch dort entdecken sie nur die Unvollkommenheit und Häßlichkeit der grobstofflichen Welt. Während der Mensch mit dem vorangehenden Zeichen Jungfrau am Aszendenten sich an das Nützliche und Notwendige anpaßt, wünschen die Nativen mit dem Waage-Aszendenten nichts sehnlicher als die Befreiung von der grauen Notwendigkeit. Die innere Grundstimmung ist eine Mischung aus Melancholie und der Sehnsucht nach Leichtigkeit. Diese versuchen sie beispielsweise in den Bereichen der schönen Künste zu befriedigen. Dort finden sie für kurze Momente das, was ihnen in der Welt versagt bleibt. Die Beschäftigung mit Kunst und Literatur entspringt ihrer träumerischen romantischen Ader; sie dient ihnen als Brücke, ihre innere Zerrissenheit nicht spüren zu müssen, und dämpft ihre Unzufriedenheit über die Realität. Immer wieder erfahren sie in ihren Bemühungen, der Außenwelt ein Stück Vollkommenheit abzugewinnen, daß sie an die Grenzen des Möglichen stoßen. Dies führt dazu, daß sie sehr stark von Vorstellungen geprägt sind, die ihnen den Weg zum realen Leben verbauen. Die Erfahrung, ihre Vorstellungen nicht konkret leben zu können, verweist sie auf ihre eigene Thematik: die Unmöglichkeit, eine eindeutige Identifikation zu finden. Um dies andere Menschen nicht merken zu lassen, versuchen sie wenigstens vorzutäuschen, was ihnen ungreifbar erscheint. Durch eine auffällige Starrköpfigkeit in ihren Meinungen und Ansichten versuchen sie zu beweisen, daß sie durchaus entscheidungsfreudige und meinungsfähige Menschen sind – obwohl ihr Selbstgefühl abgefallenen Blättern im Wind gleicht und sie ständig nach dem unbekannten inneren Gleichgewicht und der Definition ihrer Persönlichkeit suchen.

Nur die Begegnung mit anderen Menschen vermittelt ihnen ein Gefühl für sich selbst; hier finden sie die Definition, die sie so dringend benötigen. Weil das Gefühl für die eigene Identifikation nicht so stark ausgeprägt ist, identifizieren sie sich mit den Menschen in ihrer Umgebung und bauen auf diesem Weg ein vordergründiges Selbstwertgefühl auf. Dabei ist es für sie wichtig, wen sie kennen und welche Kontakte sie pflegen können. Steigt der Status der ihnen bekannten Persönlichkeiten, so wächst damit gleichzeitig auch ihr eigenes Selbstwertgefühl. Deshalb erwähnen sie sehr oft in ihren Gesprächen Rang und Status ihrer Bekannten. (Mein Bekannter ist promovierter Zahnarzt, ich traf ihn letzte Woche in der Stadt ... usw.) Gleichgültig in welchen Genre sie sich zu Hause fühlen, sei es die Kunst, die Musik-, die Mode-, die Politszene, je etablierter sie in dieser Szene sind, desto besser fühlen sie sich. Sie wandeln sich wie Chamäleons. Ihr Selbstwert steigt mit der Integration und fällt auch gleichzeitig wieder mit dem Ausschluß aus der Öffentlichkeit. «Sehen und gesehen werden» lautet die Devise; je begeisterter die anderen von den Menschen mit Waage-Aszendenten sind, desto besser fühlen sie sich. Stets hängt es von ihren persönlichen Beziehungen ab, wie sie sich selber fühlen. Die Außenwelt erhält die Macht, mit einer einzigen Bemerkung darauf einwirken zu können, ob sich der Tag gut oder schlecht gestaltet. So benötigten die Menschen mit dem Waage-Aszendenten die Anerkennung und die Bestätigung anderer Menschen wie die Luft zum Atmen. Sie brauchen das Außen, um sich selber überhaupt spüren zu können. Fehlt der äußere Auftrieb, dann fehlt auch die eigene innere Wertschätzung. Genaugenommen mangelt es den Betroffenen an jeglicher Selbsteinschätzung, deshalb lassen sie sich bereitwillig von der Welt definieren.

Die Waage-Aszendenten wissen um diesen Wesenszug, und sie leiden unter dieser Abhängigkeit, die völlig an äußere Zuwendung geknüpft ist. Doch es fehlt ihnen die entscheidende Dynamik, etwas ändern zu können. Im Grunde wissen sie nie, was sie wollen und wer sie eigentlich sind. Sie befinden sich im ständigen Kampf mit der eigenen Definition. Gerne würden sie ein Ich-Gefühl entwickeln, wie es ihr polares Gegenstück, der Widder-Aszendent, hat; doch haben sie endlich in ihrem Glauben und Hoffen jene Definition erreicht, kommt es zu einer äußeren Situation, die alle frisch gewonnene Festigkeit wieder über den Haufen wirft. Oftmals genügt die Bemerkung eines anderen Menschen oder ein Konflikt, und der schwache Ich-Turm stürzt in sich zusammen.

Ihre kräftezehrende Willfährigkeit führt mitunter dazu, daß sie sich selbst hassen. Das Bedürfnis, es allen recht zu machen, kann sich bis zur Neurose steigern: In einer überdrehten Hysterie gehen sie so lange auf andere Menschen ein, bis sie die Kontrolle über ihre Rolle verlieren und die Maske fallen lassen müssen. In solchen Momenten spüren sie ihren Zerrissenheitszustand in Form von nervöser Unruhe, so daß sie kaum klare Gedanken zu Ende führen können und Opfer ihrer inneren Vibrationen werden. An solchen Stellen erhält ihr Konflikt die Qualität einer echten Bestandsaufnahme, denn sie sollen sich im Leben der eigenen Gespaltenheit bewußt werden. Für sie ist es wichtig, akzeptieren zu lernen, daß sie sich nur im anderen wiederfinden können. Jede Form oder jedes Bedürfnis, mit dem sie versuchen, eine eigene Prägnanz oder Gradlinigkeit ihrer Person zu entwickeln, führt dazu, daß sie die Spaltung in sich selbst noch intensiver wahrnehmen müssen.

Da sie von anderen Menschen häufig überrollt werden oder aber die anderen immer schneller und entschlossener sind als sie, werden sie leicht traurig und mutlos, weil es für sie schwer ist, sich zu behaupten. Trotzdem sind sie im Inneren hoch aggressiv, finden jedoch keine Ausdrucksmöglichkeit für ihre Aggression, sie ballen die Faust in der Tasche, um dann mit Samthandschuhen und einem Lächeln zu versuchen, ihr Ziel zu erreichen. Um sich vor den Übergriffen anderer zu schützen, glänzen sie in allen Situationen mit Nettigkeit und Verständnis. Ähnlich wie die Krebs-Aszendenten erzeugen sie dann in der Umwelt jene Beißhemmung, die sie vor dem Unmut anderer schützen soll. Auf dieser Schiene leben sie dann trotzdem ihren subtilen Machtanspruch aus. Dabei versuchen sie ihre Mitmenschen mit in ihr Nettigkeitsraster hineinzuzwingen.

Beispielsweise packen sie einem lieben Bekannten zum vierzigsten Geburtstag vierzig winzig kleine Päckchen mit Goldflitter und gut verschnürten Bändchen. Vierzig süße Nettigkeiten mit genau gekennzeichneter Auspackreihenfolge liegen vor dem Geburtstagskind. «Du mußt erst alle anderen auspacken, bis du dieses große zuletzt öffnen darfst», lautet die gnadenlose Anweisung. Das arme Geburtstagskind muß nun im Beisein des Waage-Aszendenten, trotz ständig klingelnder Gäste und wartenden Buffets, jedes Päckchen einzeln öffnen und bei jedem Päckchen ein laut vernehmbares Aaahh – Ooohh von sich geben. Wird das Geburtstagskind unkonzentriert und läßt die Überraschung heimlich liegen, folgt mit Sicherheit der Hinweis: «Du hast aber noch nicht alle Päckchen aufgemacht». Nach diesem lähmenden Grundraster agieren die Nativen in ähnlicher Form in ihren Beziehungen. Dabei existiert immer eine ziemliche Kluft zwischen dem Dargestellten und dem tatsächlichen Ist-Zustand. Indem sie es allen rechtmachen wollen, entfernen sie sich von ihren eigentlichen Gefühlen und vereinsamen. Innerlich wissen sie um ihre Ängste und Bedürfnisse, weshalb es ihnen nicht viel bedeutet, wenn die Mitmenschen ihr übertriebenes Imponier- und «Balzgehabe» positiv bewerten. Diese Reaktionen sind für sie eben nur Mittel zum Zweck, Ergebnis ihrer alltäglichen Überlebensstrategie, um sich in Sicherheit zu wiegen. Was anderen als entgegengebrachte Sympathie heilig ist, ist für die Menschen mit Waage-Aszendenten notwendiges Tagesgeschäft, um überhaupt diese Ebene leben zu können.

So entgleitet ihnen aufgrund des ständigen Taktierens das Gefühl, um ihrer selbst willen gemocht zu werden, die eigene Entfremdung wächst immer weiter, die inneren Spannungen werden immer größer, denn sie spüren aufgrund ihrer Klarheit und brillianten Beobachtungsgabe auch die Diskrepanz in ihrem Verhalten. Manchmal führt das dazu, daß sie plötzlich von heute auf morgen nicht mehr bereit sind, dem einst vorgegebenen Außenbild zu entsprechen. Dann brechen sie rigoros mit ihren Rollen und fallen in das entgegengesetzte Extrem; ein Trotzverhalten, das sie zu allen früheren Themen in Opposition bringt, damit sie vor sich selbst bestehen können. Damit sie sich beweisen, daß auch sie eine eigene Meinung besitzen, deren Verteidigung sich lohnt. Gleichzeitig entlädt sich auf diesem Weg der über Monate und Jahre aufgestaute Druck. Oft malen sie sich in ihren Träumen und Phantasien aus, wie sie es ihren Mitmenschen einmal wirklich beweisen – einmal wirklich aussprechen, was sie denken oder fühlen. Viele Dinge gibt es, die sie anders machen würden, wenn nicht ...! Sie spielen Lebensthemen in ihrer Gedankenwelt durch, denn oftmals fehlt ihnen der Mut, sich konsequent durchzusetzen oder Ziele anzusteuern. Immerhin ist die Ebene der Gedanken ein Schauplatz, der frei ist von allen Impulsen, die das Außen ihnen entgegensetzen könnte. Kommt es zu der durchgespielten entscheidenden Situation, dann mangelt es an der Umsetzung, und begleitet von quälenden Gewissensbissen und Reuegefühlen, handeln sie dann doch anders, als sie es bereits innerlich erprobt haben. Sie nicken nur und fressen alles in sich hinein. «Beinahe hätte ich ihm die Meinung gesagt ..., ich konnte mich kaum beherrschen ..., fast hätte ich ihn geohrfeigt ..., gestern nacht hätte ich fast vor ihrer Türe gestanden und geklingelt ... etc.». Möglicherweise vertrauen sie ihrem Tagebuch alle nicht gelebten Anteile an. Oder sie greifen zum höchsten Ausdruck ihrer Aggressivität und schreiben einen Brief, der Klärung bringen soll. Jetzt nimmt das

Papier geduldig auf, was auf der Seele lastet. Doch der Brief will immerhin noch abgeschickt werden – das kostet Überwindung, denn er könnte ja reale Konsequenzen bringen. Sollte selbst diese Hürde nicht genommen werden, dann hilft in letzter Not nur noch der anonyme Brief. Jetzt sind alle Schleusen auf, und endlich kann gefahrlos hinaus, was bisher alles nicht gesagt oder ausgeführt wurde.

Vergleicht man ein mit Waage-Aszendent ausgestattetes Horoskop mit dem naturgegebenen Tierkreis, der im Zeichen Widder seinen Anfang nimmt, versteht man das ständige Ringen um klare Definitionen. Denn das Horoskop steht mit der Zeichenaufteilung in den Häusern, die den persönlichen Lebensbereich symbolisieren, auf dem Kopf. Alle Zeichen befinden sich in den Häusern des Horoskops in der genauen Umkehrung (vergleiche Abb. mundaner Tierkreis Seite 50). Im ersten Haus, das für die Sichtbarkeit und die Ich-Kräfte steht, heißt es statt dessen bei ihnen umgekehrt «Du». Im zweiten Haus, in dem man die konkrete stoffliche Basis ansiedelt, findet man statt dessen Ideen, geistige Bilder und Vorstellungen. Im dritten Haus, wo es um alltägliche profane Weltenfunktionen und Beweglichkeit geht, findet man anstatt einfacher Weltanschauung eine höhere Philosophie. Im vierten Haus, wo Geborgenheit, Subjektivität und Wärme zu Hause sind, steht nun Distanz, Einsamkeit und Kälte. Diese Umkehrungen ziehen sich durch das ganze Horoskop und nehmen dem Waage-Aszendenten jegliche Hoffnung auf das angestrebte gradlinige «Durchmogeln» im Leben. Nichts scheint im «normalen» Rahmen zu liegen. Deshalb finden die Betroffenen auch nichts in der Welt an seinem authentischen Platz. Diese Disharmonie macht sich in ihnen selber und in ihrem Leben äußerlich bemerkbar, so daß sie aus dieser Kluft heraus versuchen, überall Brücken zu schlagen, damit die scheinbar verlorene Harmonie zurückkommen möge. Doch der Wunsch, diese Harmonie, die der Mensch mit einem Waage-Aszendenten mit Gleichklang definiert, ist nicht mit dem normalen Anspruch aus der menschlichen Warte herzustellen. Harmonie ist aus kosmischer Sicht nicht die Eintracht zwischen gleichgearteten Kräften, sondern vielmehr das Zusammenspiel von polar zueinander stehenden unterschiedlichen Energien. Diese bilden eine Einheit wie die zwei Seiten einer Münze.

Versucht der Mensch, die Welt in einen «paradiesischen» Zustand zu verwandeln, indem er alles Ungute, alles Häßliche, alles Kranke, alles Gewalttätige, alles Kalte usw. verbannt, wird es für ihn in seiner kleinen Welt zwar scheinbar harmonischer, doch aus kosmischer Sicht versinkt der Mensch immer tiefer in seiner Verstrickung, da er die Realität um die andere Hälfte der Wirklichkeit beschnitten hat. Je mehr der Mensch die Welt mit Bewertungen versieht, Teile und Aspekte des Seins ausklammert, treibt er das diabolische Werk der Spaltung an und versackt tiefer und tiefer in der Verzweiflung. Denn sein Spaltungsbewußtsein – ob nun mit guter oder schlechter Intention geladen – facht im Kosmos eine Dynamik an, die immer den Gegenpol im Leben Gestalt annehmen läßt, um den lebensnotwendigen Ausgleich herzustellen. Kosmisch gesehen befindet sich der Mensch mit einem Waage-Aszendenten in der Harmonie, wenn er mit dem Gegenteil seiner eigenen Überzeugungen und Handlungen konfrontiert wird. Für ihn ist es deshalb wichtig, seinen Harmoniebegriff ganz neu zu definieren. Er sollte lernen, die Harmonie gerade im für ihn paradoxen Zwiespalt zu sehen, denn jede Einseitigkeit wird in diesem durch ihren Gegenpol ergänzt.

Ist er bereit, das zu akzeptieren, wird er den inneren Frieden ernten, den er sich immer ersehnte – allerdings jenseits seiner Vorstellungswelt.

Kindheitsmythos: Menschen mit Waage-Aszendenten besitzen eine ausgesprochen scharfe Beobachtungsgabe, was die emotionalen Reaktionen ihres Umfeldes anbelangt. Wie ein Seismograph besitzen sie die Fähigkeit, jede Stimmungslage ihres Gegenüber sofort aufzunehmen und darauf zu reagieren. Diese Sensibilität ist ein Schutzmechanismus, der in ihrer Kindheit heranwächst, denn sie kommen innerhalb ihres Kindheitsmythos sehr früh über die Außenwelt mit der eigenen Zerrissenheit in Kontakt. Die Eltern symbolisieren ihnen ihr inneres Drama; zwischen beiden besteht ein Klima von Nähe und Spaltung. Symbolisch könnte sich das in der Kindheit beispielsweise so darstellen, daß die Mutter vor ihrer Heirat eine große unerfüllte Liebe hat. Das Thema des Ideals und der Vernunft stellen sich damit der Mutter bereits als junger Frau, wobei sie selbst dazu neigt, ihren Gefühlen zu folgen. Doch die äußeren Verhältnisse, die Eltern der Mutter, üben einen solchen Druck aus, daß sie sich im vorgegebenen Rahmen «vernünftig» verhält. Auf Drängen der Eltern geht sie eine Verbindung ein, die ihr die Sicherheit im Leben garantiert, und verzichtet schmerzlich auf ihren Idealpartner; vergißt ihn jedoch niemals. Vielmehr beginnt sie, den auf ihrer Weichheit und ihrem Kalkül basierenden irreparablen Verlust zu idealisieren und zu stilisieren. Möglicherweise entsteht sogar das Kind aus der Verbindung mit dem Traumpartner. Das Kind wird auf diesem Weg zum lebendigen Denkmal der versagten, unerreichbar gewordenen Liebe – und damit zugleich ständiges Mahnmal für die mütterliche Unentschlossenheit. Es erinnert diese stets daran, daß sie nicht bereit war, ihren wahren Gefühlen zu folgen. Das Kind bewahrt die Botschaft von ihrer großen Lebenslüge und wächst deshalb in eine angespannte Befangenheit hinein. Es kann natürlich nicht ergründen, weshalb die Mutter ihm zwiespältig begegnet. So wird die Befangenheit zum Nährboden für das Schwanken zwischen unerfüllter Sehnsucht und grauer Realität. Die Eltern leben in einer Art Zweckgemeinschaft zusammen, sie haben sich arrangiert. Sie lieben sich zwar nicht, aber die Alltagswelt hält genügend Aufgaben bereit, die sie gemeinsam ausführen können; ihr Pakt wird nicht enttarnt. Aber auf das Kind wirkt die elterliche Verbindung äußerst unsicher und instabil, denn es spürt, daß es keine echte innere Bindung ist, sondern nur eine rein materielle grobstoffliche. Daraus erwächst seine Angst, verlassen zu werden, denn die Basis der Familie ist instabil und jederzeit von den Eltern austauschbar. Damit die Mutter vor sich selbst bestehen kann, baut sie unbewußt zwischen sich und dem Kind eine immer größer werdende Entfremdung und Anspannung auf; der wahre Ursprung des Konflikts bleibt verborgen.

Das Kind entwickelt sehr früh seine intellektuellen und sprachlichen Fähigkeiten, einerseits um über die rationale Ebene die Gefühle von Angst und Unsicherheit bewältigen zu können, andererseits um auf diesem Weg als Mittler zwischen den Eltern wirken zu können. An diesem Punkt prägt sich die besondere Wachheit in bezug auf die Emotionen der Umwelt aus. Kleinste Veränderungen lösen im Kind Alarmbereitschaft und Panik aus. Dies führt so weit, daß das Kind in bedrohlichen Situationen mit psychosomatischen Erkrankungen reagiert. Sie sollen die Aufmerksamkeit auf es lenken. Für die Psyche des Kindes bedeutet dies, daß es sich mehr auf sein Umfeld konzentriert als auf seine eigenen Bedürfnisse. Über diesen unerlösten Erleidensweg wird es fremdbestimmt, so daß die Umstände in der Außenwelt seine inneren Stimmungen dominieren.

Die Bemühungen der Waage-Aszendenten um emotionale Anerkennung gehen auf Kosten ihrer Selbstentfaltung, da die eigenen Bedürfnisse nicht mehr greifbar sind und im Hintergrund stehen. Das frühe, bereits in der Kindheit einsetzende Rationalwerden bewirkt, daß ihre Denkweise noch im Erwachsenenalter kindlichen Träumen und Wunschvorstellungen entspricht. Sie haben es versäumt, diesen Teil zu seiner Zeit auszuleben und zerreißen sich deswegen zwischen dem Thema, auf die anderen eingehen zu müssen, und den schmerzhaft unausgeprägten eigenen Bedürfnissen.

Partnerschaftsmythos: Partnerschaft nimmt im Leben der Menschen mit Waage-Aszendent einen ganz besonderen Stellenwert ein. Über den zwischenmenschlichen Bereich erfahren sie starke, dringend benötigte Impulse für ihre persönliche Entwicklung. Ihrem Begegnungsmythos entsprechend, brauchen sie ihren Partner, um sich selbst definieren zu können. Häufig sind sie zwischen mehreren Partnern unentschieden, wie schon im Kindheitsmythos an der Person der Mutter deutlich wurde. Die Spannung baut sich auch bei ihnen zwischen einem Idealpartner und einem Zweckpartner auf. Zwischen diesen Polen sind sie hin- und hergerissen, denn jeder repräsentiert nur einen Teil ihrer Wahrheit, die sie in ihrer Gänze weder allein noch mit nur einem Partner erfassen können. Die Angst, daß sie unbemerkt ihre Seele verkaufen, führt dazu, daß sie zwischen Partnerschaftswelten hin- und herwechseln. Es gelingt ihnen nicht, ihr ersehntes Ideal mit einem Menschen zu leben. Viel zu sehr ist ihr Vorstellungsbild eines Idealpartners in den Vordergrund gerückt, so daß ein Mensch im Realen niemals den Anforderungen, die sie innerlich haben, entsprechen kann. Dies sind natürlich keine extremen leitbildorientierten Anforderungen, wie man sie bei Menschen mit Skorpion-Aszendenten findet, doch sind es traumhafte Beziehungsideale, mit denen Partnerschaft zu einem rein paradiesischen Zustand erhoben werden soll. Obwohl sie ihr Ideal-Pendant nicht finden können, sie gleichzeitig auch nicht bereit sind, auf Beziehungen zu verzichten, scheuen sie in den bestehenden, des Ideals entbehrenden Beziehungen jede Verbindlichkeit; unbewußt auch um ihre Zerrissenheit nicht zu verlieren, die ja ebenso Bestandteil ihres Wesenskerns ist.

Diese Spannung führt die Betroffenen in einer tieferen Schicht zu den für sie wichtigen Erfahrungsbereichen. Jeder Partner gibt ihnen einen Teil des Wertgefühls, das sie für ihre Existenz benötigen. Degradiert zu Resonanzträgern innerer Wesensanteile, werden die Partner zugleich austauschbar. Menschen mit Waage-Aszendent lassen sich nicht wirklich auf ihre Partner ein, sondern bedienen sich ihrer zur Erweckung eigener Persönlichkeitsbereiche, die in dem betreffenden Lebensabschnitt für sie von Bedeutung sind. Häufig verwechseln sie dabei den Drang nach Vollkommenheit und Ganzheit (der ja auch Motor des Liebesprinzipes ist) mit echter Liebe. Sie kennen die Bereitschaft zur Verschmelzung nicht, da ihnen die Fähigkeit zur ganzheitlichen Wahrnehmung fehlt. Man darf ihr Verhalten nicht als berechnend bezeichnen, weil ihnen ihre Bedürfnisse, die gleichzeitig als Überlebensmotor aus einer tiefen seelischen Schicht stammen, nicht voll bewußt sind. Deshalb liegen ihnen lockere Beziehungen, die ihnen einen entsprechenden Freiraum garantieren, mehr als feste Partnerschaften. Trotzdem besteht in ihnen der Wunsch nach der vollkommenen Beziehung. Doch auch hier scheitert ihr Anspruchsdenken an der Realität.

Ihr Verhalten in der Partnerschaft ist fahrig und unberechenbar. Sie sind immer auf dem Sprung, während die Partner bemüht sind, die Beziehung aufrechtzuerhalten. Auf Kosten der Gefühle ihrer Partner dehnen sie ihren Freiraum aus, damit die Beziehung für sie unverbindlich und erträglich bleibt. So halten sie dann häufig die jeweiligen Partner in einem nervenaufreibenden Drahtseilakt bei der Stange. Sie sind in ihren Beziehungen so unzuverlässig, weil ihre

Gefühle nur so weit reichen, wie sie vom Partner Rückmeldung und Bestätigung erhalten. Aber diese erreichen sie nicht in der Tiefe, denn die Gefühle ihrer Partner bedeuten ihnen nicht mehr als die für sie notwendige Zuwendung. Die Partner spüren in der scheinbaren Nähe die eigentliche Ferne, vermögen es aber den Nativen mit Waage-Aszendenten nicht zu vermitteln, da diese nicht auf die bestehende Problematik eingehen wollen. Klärenden Gesprächen entziehen sie sich, indem sie vom Thema ablenken, und selbst wenn es zu einer scheinbaren Aussprache mit Ergebnis gekommen ist, weist ihr Verhalten kurz darauf die gleichen Züge auf wie eh und je, als wäre alles an ihnen spurlos vorübergezogen. Die anderen buhlen so lange um ihre Gunst, bis sie es endlich satt haben, von ihnen hingehalten zu werden. Möglicherweise stellen sie fest, daß sie in einer anderen Partnerschaft bereits bekommen, was ihnen in ihrer unbefriedigenden Beziehungssituation versagt bleibt. Für die verlassenen Waage-Aszendenten klafft erst einmal durch den Verlust des Partners ein großes Loch, denn mit dem Gegenüber verlieren sie ihre Definition. In ihnen entsteht damit eine ähnliche Thematik, wie sie die Mutter erfuhr: Sie spüren die Unfähigkeit, ihren Gefühlen Raum zu geben, sie sind wieder schmerzlich mit ihrer Gespaltenheit konfrontiert, weil Gefühle an konkreten Vorstellungen und Konzepten scheitern, da diese niemals mit dem rationalen Teil eine Verbindung eingehen können.

In der Sexualität erleben die Nativen folgende Diskrepanz: einerseits mit dem Partner seelisch eins und geborgen zu sein, andererseits lustvoll Sexualität zu erfahren. Innerlich entspricht dem die Trennung zwischen dem lustvollen Drang, ihre triebhaften sexuellen Bedürfnisse auszuleben, und dem Wunsch nach inniger seelischer Verschmelzung. Für sie lassen sich Sexualität und Erotik als zwei unterschiedliche Pole nicht vereinen. Leben sie beispielsweise nur ihre sexuellen Bedürfnisse aus, dann vermissen sie den Teil, der ihnen sinnliche Geborgenheit vermittelt. Leben sie den Teil, der ihnen Geborgenheit und Wärme spendet, dann mangelt es ihnen am entsprechenden Lustgewinn. Gerne würden sie mit dem Wunsch nach Vollkommenheit beides in einer Person vereint sehen. Doch sie schaffen es immer wieder, in der Realität ihrer Partnerschaften das sprichwörtliche Haar in der Suppe zu entdecken, so daß sie sich die Erfüllung selbst versagen. Dies geschieht unbewußt, denn sie sind ja mit dem Auftrag geboren, im Leben immer zwei Teile als Bestandteil einer Ganzheit zu akzeptieren. Das ständige Hin und Her schafft in ihnen jene verzweifelte Spannung, die sie rastlos und frustriert dem Leben gegenüberstehen läßt. Sie müssen also lernen, eine Verbindung der verschiedenen Persönlichkeitsanteile in sich selber zu schaffen, damit sie akzeptieren, daß die Vollkommenheit, die sie suchen, in der Welt nicht existieren kann. Nur im Bewußtsein können sie die Einheit finden, die sie im Außen herzustellen bestrebt sind. Dort liegt die Quelle der Heilung ihrer Zerissenheit verborgen. Die Spaltung gelangt in ihr Leben allein durch das äußere Pendeln zwischen den verschiedenen Wesensanteilen und durch ihr Bedürfnis, Harmonie als Gradlinigkeit zu definieren.

Wenn sie lernen, Harmonie als Ergänzung eines Teiles mit seinem polaren Gegenstück zu akzeptieren, dann schaffen sie die Basis für eine Erfahrung, nach der sie in ihrem Leben verzweifelt (gespalten) suchen.

Schattenthemen: Für einen Menschen mit einem Waage-Aszendenten spielt das Thema des Schattens eine besondere Rolle, denn das Zeichen der Waage liegt im mundanen Tierkreis genau dort, wo man im Horoskop des Menschen den Schatten ansiedelt. Waage beschreibt den Bereich des Nicht-Ich, dem die Aspekte zugeordnet werden, die der Mensch an sich nicht wahrnehmen kann, die ihm deshalb über Begegnungen, Beziehungen und Symptome entgegentreten. Aus diesem Grund ist das Thema der Schattenarbeit gerade für einen Menschen mit einem Waage-Aszendenten von hoher Bedeutung, denn was er erlebt sind all jene Anteile, die er selber an sich nicht wahrnehmen kann. Die Betroffenen fühlen sich oftmals im Leben als Opfer und den äußeren Bedingungen ausgeliefert. Ihnen begegnet im Schatten das Thema des Widders. Hier werden sie dann zwangsläufig Opfer von Aggression im Außen. Sie erleben, daß sie plötzlich barsch behandelt oder angegriffen werden. An dieser Stelle erfahren sie dann etwas über ihre eigene Aggressivität, der sie in ihrem Leben und in ihrem Bewußtsein keinen Platz einräumen.

Viel zu sehr gehören sie zu den Schönrednern und Süßholzrasplern, die trotz anderem Denken ihren Mitmenschen unter dem Motto begegnen «Smile as smile can». Ihnen fehlt das Ventil, ihren Unmut nach Außen abgeben zu können, trotzdem ist ihre Beobachtungsgabe und ihr Denken messerscharf und äußerst seziererisch. Doch die Umwelt bekommt diese Wesensanteile selten gezeigt. Nur durch Nichtabgabe ist aber ihre Aggression nicht aus der Welt. Aus diesem Grund begegnet ihnen dann im Außen der Teil ihrer unbewußten, nicht wahrgenommenen Denkstrukturen wieder. Da natürlich das Denk- und Verdrängungsspektrum sehr groß und weit ist, ernten die Menschen mit dem Waage-Aszendenten in der Begegnung jede Menge nicht wahrgenommener Anteile. Das Umfeld spiegelt ihnen im besonderen Maße all das wider, was ihnen abhanden gekommen ist. Deshalb sollten sie besonders wachsam sein und diesen Teil als Geburtshelfer für die nicht gesehenen unbewußten Teile begrüßen. Dort erhalten sie die Hinweise und Impulse, die ihnen fehlen. Die Außenwelt wird auf diesem Weg zu einem Geburtsakt (Widder) für eine andere Form der Auseinandersetzung. Die Bedingung dafür ist allerdings, daß die Betroffenen mit ihrer hohen Schuldprojektion aufhören und nicht mehr alle anderen für ihr Schicksal verantwortlich machen, sondern im Extrem erkennen lernen, welche Bereiche ihres Unbewußten sich ihnen noch nicht erschlossen haben. Der Schatten führt sie in dieses Neuland hinein. Dies erleben sie dann über ständig wechselnde Freundschaften und Partnerschaften, die immer wieder unterbrochen oder abgebrochen werden. Jedesmal erfahren sie in den Extremsituationen, was sie hätten anders oder besser machen können, um beim nächsten Mal wieder genauso zu reagieren und nicht zu handeln, wie zuvor.

Auf diesem Weg beginnen sie, sich mit seelischen Gesetzmäßigkeiten auseinanderzusetzen. Sie lernen aus der Ohnmacht in der Welt wieder etwas über die Emotionen anderer, da ihnen die eigenen abhanden gekommen sind. Aus der Spannung mit der Welt erhalten sie stückweise jenes Ich-Gefühl zurück, nach dem sie sich so sehr sehnen. Auch wenn Sie die Reibung der Welt im hohen Maße verspüren, wird jeder Kontakt mit Spannung für sie zu einem Prozeß, der sie in eine Neugeburt einfädelt. So wird die Welt über die Auseinandersetzung zum Geburtshelfer jener Teile, die dem Menschen mit Waage-Aszendenten fehlen – nämlich subjektive Empfindungen und ehrliche Ausdrucksformen der Emotionalität.

Zielidee/höhere Einsicht: Der Waage-Aszendent besitzt zwei mögliche Varianten als Finalität. Die eine ist die Finalität Krebs, die andere die Finalität Löwe.

Mit der *Finalität Krebs* wird von der Seelenstruktur der jeweiligen Nativen wieder eine größere Beeindruckbarkeit gefordert. Allzusehr sind sie geneigt, ihren Vorstellungsbildern und Ideen Raum zu geben, so daß es für sie schwer möglich ist sich dem Leben und seinen Verläufen hinzugeben. Die Hingabe und Annahme der äußeren Lebensprozesse ist der wichtigste Auftrag mit der Finalität Krebs. Nicht die einseitige Definition der Persönlichkeit und die Ausgrenzung bestimmter Bereiche aus der kollektiven Psyche sind für die Nativen ein Lösungsweg, sondern die Erweiterung der eigenen Grenzen, um herauszufinden, welche Bereiche ihrer Persönlichkeit ihnen an bestimmten Stationen des Lebens verschlossen blieben. Das ist genau jene Lernerfahrung, die sie in ihrem Leben machen sollen. Mit dem Geburtsauftrag, über Fühlen und Aufnehmen mit dem Andersartigen in Kontakt zu kommen, erreichen sie erst dann jene ersehnte Ruhe, wenn sie eine innere Verbindung zwischen ihren unterschiedlichen Wesenszügen geschaffen haben. Sind sie nicht bereit, dies zu verwirklichen, entsteht eine zwiespältige Persönlichkeit, die weder von der Umwelt noch vom Betroffenen verstanden wird. Denn die Ablehnung der Andersartigkeit und die Distanz zum Leben gleichen einer Mauer oder einer Barriere, die sie zwischen sich und der Welt aufgebaut haben. Diese gilt es sehen zu lernen und gerade auch abbauen zu lernen, denn die Hingabe (Krebs) an die Bereiche des Paradoxen schafft ein größeres Verständnis, welches weit über die menschliche Begrifflichkeit hinausragt.

Mit der *Finalität Löwe* ist beim Waage-Aszendenten ebenso wie bei der Krebs-Finalität die Vorstellungsgebundenheit als zentrales Thema angesprochen. Das Zeichen Löwe entspricht der höchsten Form des authentischen Lebens, wie es die Zeit im Monat August im Lowe-Abschnitt symbolisiert. Authentisches Leben bedeutet, ganz im Hier und Jetzt zu sein und jeden Augenblick in seiner Intensität zu erfassen, wie er im Moment ist. Der Mensch mit einem Waage-Aszendenten ist aufgrund seiner Vorstellungsgebundenheit nicht lebendig. Jedes Konzept, jede Vorstellung steht vor dem wirklichen Leben.

Genau diese Lektion der Erkenntnis der Distanz zum tatsächlichen Leben sollen die Nativen mit der Finalität Löwe lernen. Deshalb erfahren sie immer wieder den Einbruch der Wirklichkeit in ihrem Leben. Für sie bedeutet dies, daß sie sich in ihren Konzepten gestört sehen und aus ihren Bahnen geworfen werden. Natürlich ist der Einbruch der Wirklichkeit im Leben der Menschen mit Waage-Aszendenten immer eine Störung, da sie dies in der Form erleben, daß alle Konzepte und Ideen vom Leben unterbrochen und ad absurdum geführt werden. Im Ergebnis finden sie sich in lauter Situationen wieder, in denen sie ständig improvisieren müssen, um auf die im Moment erforderlichen Gegebenheiten eingehen zu können. Für die Betroffenen ist eine solche Erfahrung sehr ermüdend, denn sie versuchen alles erdenkliche in die Wege zu leiten, um nicht in solche Situation geraten zu müssen. Solange sie sich gegen diese Form wehren und je mehr sie gegen sie ankämpfen, werden sie eine Menge Kraft verlieren, da letztendlich das Leben immer stärker ist als sie.

In vielen Fällen ziehen sich die betroffenen Nativen innerlich vom Leben zurück, sind enttäuscht oder nehmen nicht mehr am Leben teil, weil sie es nicht ertragen können, ständig enttäuscht zu werden. Doch gerade derartige Umpolungen und Einbrüche sind das Heilmittel für die Betroffenen. Je mehr sie sich innerlich zurückziehen, desto unlebendiger werden sie. Die Lebensenergie weicht aus ihnen, weil tatsächlich kein echtes Leben mehr in ihnen vorhanden ist. Dabei wünschen sie sich innerlich auf einer anderen Ebene, sich intensiv wahrnehmen zu können. Der Schlüssel zu dieser Erfahrung von Lebendigkeit und dem Gefühl, sich spüren zu können, liegt im Zulassen von Leben an sich. Sie erreichen auf genau dem entgegengesetzten Wege die Definition, die sie mit ihren Konzepten so sehnlichst herzustellen suchen. Dazu müssen sie lernen, dem Leben wertfrei zu begegnen. Denn dann übernimmt das Leben selbst jenen Teil, es braucht die Nativen nicht mehr mit dem Gegenteil ihrer Vorstellungen ins Leben einzufädeln, sondern kann nun seine volle Lebendigkeit entfalten.

Der Skorpion-Aszendent

Das Ur-Bild Skorpion entspricht dem Höhepunkt des geistigen Quadranten, der im Tierkreis mit dem Bild der Waage eröffnet wurde. Jedes kardinale Zeichen, zum Beispiel der Widder im Quadranten des Sichtbaren oder Krebs im Quadranten des Seelischen, öffnet die Eintrittspforte zu einem ganz spezifischen inhaltlichen Themenbereich. Die den kardinalen Zeichen folgenden fixen Tierkreiszeichen verdichten das zuvor begonnene Thema. In diesem Sinne verfestigt im dritten Quadranten Skorpion den Bereich des Geistigen.

Skorpion ist ein wäßriges, passives weibliches Zeichen, dem die Seelenaspekte aus dem kollektiven Unbewußten zugeordnet werden. Der in diesem Ur-Bild herrschende Planet ist Pluto, Symbol der Verwandlung, aber auch der hohen Regeneration. Skorpion ist das dem Stier gegenüberliegende polare Zeichen. Stier verfestigt den in die Sichtbarkeit gesandten ersten Impuls innerhalb der Materie. Wesentlich ist diesem erdigen Prinzip das Bedürfnis, an den stofflich konkreten Dingen festzuhalten. Im Bild des Skorpions geschieht Ähnliches, aber auf einer geistigen Ebene. Analog zur stofflichen Variante hat Skorpion das Bedürfnis, an Ideen, Leitbildern und Fixierungen festzuhalten. Während im mundanen Tierkreis im Bild der Waage die Individualität beginnt sich aufzulösen, wird dieser Prozeß in Skorpion weiter fortgeführt, in Form von extremen Wandlungsprozessen, die beim Menschen in die Grenzbereiche des Seelischen hineinführen.

Waage symbolisiert im mundanen Tierkreis jenen Teil der Nichtidentifikationen, die man auch als den Schattenbereich definieren könnte. Im Skorpion ist der Zugang zu den Themen, die in der Waage häufig noch unbewußt in der Projektion erlebt werden, wesentlich begrifflicher.

Ähnlich wie der Mensch im Monat November das äußere Wandlungsgeschehen in der Natur beobachten kann, geht es im Urbild des Skorpions auch um Wandlung und Verwandlung des Seelischen. Dies wird über ständige Stirb- und Werdeprozesse initiiert. Getreu den natürlichen Bedingungen, in denen der Mensch im November gezwungen ist, sich vor lauter Unwirtlichkeit in die Innenräume seiner Behausung zurückziehen, lautet das Thema aus diesem Ur-Bild, sich dem Bereich der kollektiven Psyche und somit dem kollektiven Unbewußten – dem seelischen Innenraum – zu stellen.

Bewußtwerdung: Menschen mit Skorpion-Aszendenten haben in der Begegnung eine besonders bestechende, oft auch charismatische Wirkung. Viele, die damit konfrontiert werden, reagieren auf diese plutonische Besonderheit mit einer Mischung unsagbarer Faszination, schwelenden Unbehagens und abgrundtiefer Angst. Unbewußt spüren die Mitmenschen den okkulten Zauber, der von einer Seelen-Persönlichkeit ausgeht, die sich in immerwährenden Bemühungen außerhalb unseres linearen Zeitmodells den Zugang zu geistig-magischen Skorpion-Abgründen erarbeitet hat. Alle Skorpion-Aszendenten besitzen diese charismatische Anlage im Übermaß, da sie in den schwelenden Sümpfen des Hades ihr Zuhause haben. Häufig fühlen sich die Menschen deshalb in Anwesenheit eines Skorpion-Aszendenten in ihren wahren Anliegen, die sie zu verschleiern suchen, aufgedeckt. Unter dem bohrenden Blick eines Trägers dieser Signatur stellen sich bei anderen Menschen latente oder sogar massive Minderwertigkeitskomplexe ein. Wie ein empfindlicher Sensor spüren die Skorpion-Aszendenten in Begegnungen mit anderen jene Anteile auf, die entweder unbewußt sind oder nicht ganz ehrlich gelebt werden. Auch noch die verborgensten, verdrängten Anteile «sehen» sie beim anderen sofort. Auf diese Weise verwikkeln sie ihre Umwelt in eine subtile Dauertherapie, denn das Werk der Bewußtwerdung wird in ihrer Gegenwart zu einem nicht enden wollenden Akt. Auch im Berufsleben sind sie die besten Therapeuten, da sie sofort die Schwachstelle herausfinden und mit intuitiver Sicherheit – oftmals schon während einer belanglosen Begrüßung – den wunden Punkt ihrer Mitmenschen berühren. Ihnen selber ist diese Fähigkeit nicht immer ganz bewußt, sie erfahren dies dann manchmal erst aus den panikartigen Reaktionen der tief Getroffenen.

Hinter der meist freundlichen Fassade, die der Eigner eines Skorpion-Aszendenten zeigt, verbirgt sich ein fanatischer Extremist, der von den anderen Menschen überdurchschnittlich viel geistige Qualität fordert. «Bedingungslose Konsequenz und messerscharfe Ehrlichkeit» sind die beliebtesten Stichworte, denn vor nichts hat der Mensch mit einem Skorpion-Aszendenten mehr Angst, als von anderen enttäuscht oder hintergangen zu werden. Jede Inkonsequenz im Verhalten und jede Abweichung von vorgegebenen Maßstäben wertet er als einen Affront gegen die eigene Lauterkeit, die er tatsächlich zu verkörpern versucht. Wird er einmal enttäuscht, beginnt sein Mißtrauen zu wachsen, und er fängt an zu leiden. Vergleichbar mit den Jungfrau-Aszendenten, die im Leben von Ängsten und Befürchtungen getrieben werden, sind auch die Skorpion-Aszendenten Angstzeichen im Tierkreis. Der Jungfrau-Aszendent hat Angst, in das unbeherrschbare Chaos der Welt zu stürzen und die Kontrolle im Leben zu verlieren. Der Mensch mit einem Skorpion-Aszendenten hat auf einer inneren Ebene Anschluß zu allen Abgründen der Seele, was bedeutet, er ist den kollektiven Niederungen der menschlichen Psyche sehr nahe. Deshalb fürchtet er auch mit Recht, diesen Anteilen in anderen Menschen zu begegnen.

Je unbewußter er ist und je weniger Zugang er zu seinen eigenen Niederungen hat, desto mehr projiziert er diese Wesenszüge auf andere Menschen, weil er glaubt, der Abgrund und das Dunkel seien allein draußen in der Welt zu finden, aber sicher nicht bei ihm selbst. Und hier irrt er sich sehr! Je mehr nun der unbewußte Skorpion-Aszendent in seinem Tagesbewußtsein Bilder und Leitbilder von Frieden, Liebe, Harmonie und heiler Welt konzipiert, muß er natürlich den düsteren Pol zutiefst fürchten, da er ja eigentlich – wenn auch vorerst unbewußt – in der Nähe dieser Niederungen weilt. Sehr häufig setzt er sich z. B. nach seinem Gutdünken für andere Menschen ein, will sich nützlich machen, doch seine Form der Hilfe gerät schnell in eine Richtung, in der sich die anderen von ihm übervorteilt und ausgenutzt fühlen. Da man die völlige Vereinnahmung hinter dem vordergründig guten Ansinnen wittert, wird der unbewußte Mensch mit einem Skorpion-Aszendenten dann oftmals abgelehnt oder gar verstoßen. Dieser jedoch kommt gar nicht auf die Idee, er hätte die anderen «über den Tisch ziehen» wollen, denn ihm ist ja der Zugang zum eigenen Abgrund versperrt. Und so landet er in der Projektion und fühlt sich mißverstanden oder mißachtet, obwohl die anderen sich ja eigentlich nur gegen seine übermäßige Dominanz schützen mußten. Zurück bleibt auf beiden Seiten des zwischenmenschlichen Kontaktes latent ein übler Nachgeschmack, der versteckt hinter dem Leitbild von viel herzlichem Gefühl Einzug hielt. Deshalb hat auch die Begegnungsqualität des Skorpion-Aszendenten immer etwas Lauerndes an sich, denn er wartet stets darauf, daß andere Menschen ihm gefährlich werden könnten, da er selbst – bewußt oder unbewußt eben auch nicht ganz ungefährlich ist. Aus dieser Angst heraus stellt er seine Mitmenschen heimlich auf die Probe oder versucht Anzeichen und Orakel in Verhaltensweisen seiner Nächsten zu finden. Sehr oft gibt er Extrastatements von sich, die überhaupt nicht seiner Meinung entsprechen, um auf diesem Wege das Echo seiner mentalen Wirksamkeit auszuloten oder die Loyalität seiner Getreuen abzutasten. Dabei geht es ihm weniger darum, Wertmaßstäbe zu setzen und die anderen in «Gut» und «Böse» zu trennen, sondern er möchte auf diesem Weg erreichen, daß die ihn umgebenden Menschen sich ihm völlig offenbaren und als Zeichen ihrer Treue absolut ehrlich zu ihm sind. Solche Treuebeweise schweißen ihn dann mit den anderen fester zusammen. Haben die von ihm auserkorenen Probanden seine innere Akzeptanz oder gar Zuneigung gefunden, ist er der Partner, der mit ihnen durch Dick und Dünn, Tod und Teufel, Gedeih und Verderben wandern wird. An diesem Punkt zeigt sich die berühmte lautere Treuebindung eines Skorpion-Aszendenten, die als feinstoffliches Band bis zur sogenannten «Verbrecherehre» reichen kann.

Menschen mit einem Skorpion-Aszendenten haben, ähnlich wie die Waage-Aszendenten, ein sehr ausgeprägtes Innenleben. Ihre Welt ist das Reich der Ideen und Vorstellungen, und diese versuchen sie ständig in der Welt manifest werden zu lassen. Ihr Denkvermögen ist so plastisch und so gestaltend, daß sie verändernd auf ihr gesamtes Umfeld einwirken. Damit werden sie unbewußt zum magischen Schöpfer in ihrer Welt, denn ein Gesetz der Magie ist es, Bilder und Vorstellungen zu schaffen, die erst, nachdem man sich gedanklich von ihnen abgelöst hat, frei werden können, um sich zu manifestieren. Die Skorpion-Aszendenten sind mächtige Bildner und Schöpfer in ihrer Welt. Oftmals erleben sie verwundert Situationen, in denen sie feststellen, daß ihre Gedanken, die ihnen vor nicht geraumer Zeit durch den Kopf gingen, plötzlich manifest geworden sind. Diese Fähigkeit, andauernd aus dem Bilderreichtum schöpfen zu können, erhebt die Menschen mit einem Skorpion-Aszendenten natürlich aus dem Reigen der menschlichen Potentiale heraus. Denn aufgrund ihrer mitgebrachten Anlage sind sie meistens viel mächtiger, als es ihnen selber bewußt ist. Doch dieses Schöpfungspotential ist gleichzeitig mit karmischen Pflichten und erheblicher Verantwortung verbunden. Diese Kraft ist immer ein Ergebnis von intensivem Bemühen auf dem esoterischen Weg. Bedingt durch seine Geburt in den Stoff, ist dem Menschen mit Skorpion-Aszendent sein Erinnerungsvermögen an die einstigen Potentiale abhanden gekommen, doch seine Fähigkeiten sind weiterhin vorhanden. Gleichzeitig befindet er sich aber auch für diese mitgebrachten Potentiale in der Verantwortlichkeit; dies gilt für alle seine bewußten wie unbewußten Handlungen. Das «Vergessen» aufgrund seiner Stoffgeburt entbindet ihn nicht von den Konsequenzen, die aus dem unbewußten Benutzen seiner alten Fähigkeiten herrühren. Deshalb muß der Mensch mit einem Skorpion-Aszendenten als erstes sehen lernen, daß er über ein außergewöhnliches magisches Potential verfügt, was einen hohen Grad an Selbsterkenntnis von ihm fordert. Dazu gehört auch die Einsicht, daß Macht und Unerbittlichkeit in seinem Leben eine große Rolle spielen. Menschen mit Skorpion-Aszendenten nehmen, bezogen auf ihre Ansprüche, eine unerbittliche Haltung ein, denn nichts ist für sie schlimmer, als sich den verwandelnden und regenerierenden Aspekten des Lebens stellen zu müssen, obzwar sie in solchen Situationen ihr Heil finden würden. Doch ihnen fällt es schwer, die Zügel aus der Hand zu geben und sich dem Schicksal zu ergeben. Sie ahnen zwar, daß eben dies für sie bedeuten würde, sich den verwandelnden Prozessen der Existenz zu stellen, doch dies kompensieren sie mit einer gehörigen Portion masochistischer Selbstzerstörungslust, um jederzeit auf der Seite der Aktion zu bleiben. Sollten sie spüren, daß sie mit ihren Ansprüchen nicht zum anvisierten Ziel gelangen, provozieren sie in übersteigerter Form Situationen, die alles zuvor Aufgebaute wieder zerstören, um aus eigenen Gesichtspunkten neu beginnen zu können. Zumindest sind sie in solchen Fällen bis zuletzt immer der auslösende Faktor solcher Situationen, um die Handlungsfähigkeit nicht abgeben zu müssen.

Je unbewußter sie durch ihr Leben wandeln, desto mehr erleben sie immer wieder Situationen der Ohnmacht, in denen ihnen die selbstbestimmte Handlungsfähigkeit abhanden kommt. Macht und Ohnmacht befinden sich auf einer Achse. Wer die Macht hat, gedanklich schöpfen und manifestieren zu können, der erfährt als Ausgleich Ohnmacht und Ausgeliefertheit an äußere Bedingungen. Diese Erfahrungen machen die Betroffenen nicht im Sinne des menschlichen, moralischen Gesichtspunktes, sondern vielmehr ist die Ohnmacht der notwendige ausgleichende Gegenpol der Macht. Wegen ihrer Bemühungen auf dem okkulten Weg außerhalb unseres Raum- und Zeitverständnisses hat die Seelenpersönlichkeit mit ihrem Anlagepotential einen kosmisch verantwortlichen Zustand erreicht, der den Menschen viel schneller mit den Früchten seines Tun konfrontiert, als dies bei anderen Menschen der Fall ist. Er ist kein spirituelles Kind mehr, sondern geistig erwachsen. Vergleichbar wäre dies dem Erwachsenenstatus in unserer Welt. Der Erwachsene ist im Sinne des Rechtes und der Gesetze seines Landes voll und ganz für alle Handlungen verantwortlich. Im Gegensatz zu ihm werden Kinder nicht im Sinne einer Gerichtsbarkeit zur vollen Verantwortung gezogen. Sie werden zwar von ihren Eltern zurechtgewiesen, doch die volle Härte des Gesetzes trifft sie noch nicht. Aus kosmischer Sicht hat ein Mensch mit einem Skorpion-Aszendenten den Status des Kindes bereits überschritten. Aus diesem Grund steht er außer für seine bewußten Handlungen vor allem in der vollen Verantwortung für alle seine unbewußten Persönlichkeitsaspekte. Deshalb erntet er in seinem Leben sehr schnell die entsprechenden Gegenbewegungen, wenn er nicht genauestens den bewußten Blick für alle seine Potentiale in sich trägt. Dort begegnen ihm dann im Zerrspiegel der Welt die Situationen, die ihn in die absolute Hilflosigkeit zwingen, um den Gegenpol seiner Macht zu erleben.

Kindheitsmythos: Der Kindheitsmythos von Menschen mit Skorpion-Aszendent beschreibt sehr deutlich ein besonders lebensfeindliches Klima. Zwischen der Mutter und dem Kind herrscht eine aus hohen Anforderungen und intensiver Liebe aufgespannte seltsame Atmosphäre. Die Mütter von Menschen mit Skorpion-Aszendent werden meist im zweiten oder dritten Anlauf schwanger, möglicherweise, weil sie zuvor abgetrieben haben oder Fehlgeburten hatten, was aber aus übergeordneter Betrachtung einer unbewußten Abtreibung gleichkommt, da stellvertretend der Körper durch den Abgang des Fötus die nicht erkannte Abneigung gegen das Prinzip der Mutterschaft ausführt. In diesem Sinne wird der Körper zur ausführenden Instanz des seelischen Anliegens. Die Schuldgefühle, die die Mutter durch ihre Ablehnung gegen das heranwachsende Leben hat, soll nun durch überdimensionierte Sorgfalt am Kinde wieder gutgemacht werden. Aufgrund dieser Ausgangssituation wird das Kind von der Mutter sehr stark dominiert. Es entsteht eine zwangsjackenähnliche Erstickungssituation, dem Kind wird jeder eigene Entwicklungsraum genommen. Vor lauter Angst und Sorge wird es, da ihm jede Selbständigkeit genommen ist, lebensuntauglich. Es entwickeln sich aus der Muttersituation verschiedene Typen. Sollten die Betroffenen innerlich schwach ausgeprägte Persönlichkeiten sein, leiden sie ihr Leben lang unter der Dominanz der Mutter. Auch im späteren Leben sind sie kaum in der Lage, ein selbständiges Leben zu führen. Handelt es sich bei ihnen um stärkere Persönlichkeiten, dann vollziehen sie irgendwann in ihrem Leben einen Behauptungsakt, der zur Trennung von den Banden der Mutter führt. Diese Trennungen sind dann meistens endgültig, da die Mutter solche Eigenständigkeiten niemals akzeptieren kann. Die nibelungenartigen Treue- und Liebesbande wandeln sich in eine tiefempfundene Abneigung. Wobei die Intensität und der Ausdruck von Haßgefühlen jene gleiche Heftigkeit wie auf der Liebesseite erfahren. Die Zwänge, die sich für die Nativen in ihrer Kinderzeit ergeben, sind oftmals nonverbaler Natur und hängen über ihnen wie ein Damoklesschwert. Sie sollen stellvertretend für die Mutter eine Vielzahl von Themen leben, da diese ein inneres Mangelgefühl mit dem Kind kompensieren möchte. Entwickelt sich das Kind gegenläufig zu ihren Vorstellungen, erleidet die Mutter eine Wertekrise, die sie in tiefe Abgründe schleudert und es ihr dann unmöglich macht, ihr Kind als eigenständigen Menschen zu akzeptieren. Mit solchen Erfahrungen wird das Kind an seine eigenen Themen herangeführt, indem schon früh aus dem Kindheitsmythos ersichtlich wird, daß sein Leben einen ständigen Kampf zwischen Vorstellungen und Wirklichkeit für es bereithält. Wahre Empfindungen verkümmern in einem solchen Klima der Ideenhaftigkeit. Das Leben wartet seinerseits mit einer Dynamik auf, welche die Betroffenen aus der Welt der Vorstellungen in die konkrete Realität einführt. Dies geschieht über die frühe Erfahrung von Härtesituationen. Traumatische Erfahrungen, einschneidende Schicksalsschläge und der Kontakt mit dem Tod bringen sie in die unerbittliche Nähe des wirklichen Lebens. Sie können sich den damit verbundenen Wandlungserfahrungen nicht entziehen.

Als Bewußtwerdung bedeutet das für sie, über die transformierende Form des Gefühls immer wieder neu zu werden, um sich aus der irrealen Welt der geistigen Vorstellungsinhalte zu lösen. Dazu muß die Bereitschaft vorhanden sein, den Schmerz einer Situation ertragen zu können, die sich außerhalb des unerbittlichen Steuerungsbedürfnisses des Lebens bewegt. Weiterhin gehört das Wissen dazu, daß Leben gleichzeitig Sterben bedeutet, da sich der Mensch vom ersten Atemzug an unerbittlich auf den Tod zubewegt. Die innere Bereitschaft, sich von den geistigen Fixierungen und Leitbildern zu lösen, ist der erste Schritt dahin, um zu spüren, daß sie stets wieder neu erstehen können.

Partnerschaftsmythos: Die Partnerschaft stellt für den Menschen mit Skorpion-Aszendent die Ebene der höchsten möglichen Verwandlung dar. Wie die Nativen mit einem Waage-Aszendenten können sie auf diesem Feld sehr viel über sich lernen. Es führt sie in sehr direkter Form in jene Grenzbereiche, die sie sonst in anderen

Lebensbereichen als sehr schmerzhafte Wandlungsprozesse erleiden müßten. Enge partnerschaftliche Beziehungen bringen sie in die Nähe ihrer inneren Kluft zwischen Realität und Vorstellung, weil sie aufgrund eines seelischen Mankos oder eines Minderwertigkeitsgefühls nicht bereit sind, einen Partner außerhalb ihrer Wunschvorstellungen wahrzunehmen. Unbewußt soll der Partner für sie Lükken kompensieren und ausfüllen, dabei können sie Eigenschaften aus den unterschiedlichsten Bereichen, die ihnen selber fehlen, als besonders erstrebenswert ansehen: Leistungsfähigkeit, Kreativität, Inspiration, Jugendlichkeit oder mystisches Empfinden. Plötzlich entdecken sie in der Begegnung mit einem anderen Menschen etwas, was ihrem tiefsten Seelenwunsch entspricht. Intensive Liebe und Sehnsucht entwickeln sich, aus dem Ur-Wunsch der Seele nach Vollkommenheit gespeist. Die ersehnten Inhalte werden schon im Moment der ersten Begegnung am anderen meist bis ins kleinste Detail wahrgenommen. Alles weitere nimmt dann in der sich entwickelnden Beziehung seinen Verlauf. Ganz subtil und ohne daß man den Nativen planmäßiges Taktieren vorwerfen könnte, verwenden sie ihre Energie darauf, den Partner gemäß ihrem Bild zu formen: Dieser entwickelt sich, zuerst von ihm unbemerkt – wie durch einen magischen Akt angeregt –, in eine bestimmte Richtung. Seine dabei entstehenden Fähigkeiten werden vom Menschen mit Skorpion-Aszendent wie eine seelische Nahrung empfunden und begierig integriert, da ihm selber diese Seelenanteile fehlen und der Partner sie stellvertretend für sie verkörpern soll. Für eine gewisse Zeit entsteht durch diesen Akt der seelischen Einverleibung in ihnen ein Gefühl der inneren Harmonie, da sie sich durch den anderen endlich reicher und vollkommen fühlen. Mehr und mehr saugen die Nativen ihre Partner seelisch aus, nutzen sie als innere Labsal, um sich mit ihnen vollkommener wahrzunehmen.

Die Partner spüren, daß von Menschen mit Skorpion-Aszendent leise, aber stetig ein Zwang ausgeht, und dieser Druck erzeugt in ihnen zwiespältige Gefühle. Einerseits fürchten sie, den hohen Anforderungen des anderen nicht gewachsen zu sein, andererseits entwickeln sie eine Abneigung gegen sie, da sie im Laufe der Zeit das Gefühl der Eigenständigkeit vollkommen verlieren. Ihnen stellt sich die Frage, ob sie überhaupt um ihrer Person willen geliebt werden oder ob ihr Partner in ihnen nur seine eigene Wunschvorstellung liebt. Der Versuch des Ausbruches aus dem seelischen Gefängnis der Partnerschaft führt in ein höllisches Inferno. Sobald sie sich aus dem ihnen vorgesteckten «Bilderrahmen» bewegen, werden sie vom Skorpion-Aszendenten nicht mehr akzeptiert. Sie werden von ihnen nicht als individuelle Persönlichkeit anerkannt und müssen sich einer unverhältnismäßigen Kritik aussetzen. Denn die Nativen mit Skorpion-Aszendent geraten in die Nähe ihres inneren Mankos, da es zur Abweichung von ihren Vorstellungen gekommen ist; Angst und Leere beginnen in ihnen aufzusteigen. Sie investieren viel Kraft in den seelischen Druck, mit dem sie den anderen in dem gesetzten Rahmen halten wollen. Doch wenn sie bemerken, daß ihre Indoktrination fruchtlos bleibt, zerstören sie die Beziehung rigoros.

Damit überspielen sie den Schmerz, der entsteht, wenn sich in ihrem Leben etwas außerhalb ihres schöpferischen Zugriffes bewegt. Sie leiden an der Entmystifizierung des Partners, die sie an ihre eigene Unzulänglichkeit heranführt und die ursprüngliche seelische Lücke wieder aufreißt. Solange aber die Partnerschaft ihrem Bilde entspricht, sind sie voll und ganz in die Beziehung eingebunden. Mehr und mehr umgarnen sie ihre Partner (die geliebte Vorstellung) mit Liebesbeweisen, bis diese kaum mehr einen Schritt alleine ausführen können. Jeder Millimeter, jede Handlung, jeder Blick wird «liebevoll» überwacht – immer auf der Hut, um vom anderen seelisch nicht enttäuscht zu werden. Um die eigene Unbewußtheit in der Beziehung zu verdrängen, gestalten sie überdimensionierte Szenarien, die Liebe und Verbundenheit dokumentieren sollen. Neue Reize, überdrehte Inszenierungen entführen den Partner in eine pseudolebendige Scheingefühlswelt, die er nicht als unlebendig zu entlarven vermag. Sie veranstalten beispielsweise Geburtstagsfeiern für ihren Partner, die in Größe und Glanz einer professionellen Veranstaltung einer Werbeagentur gleichkommen. Oder sie bemühen sich, den Partner durch ausgefallene Leistungen zu binden. Tatsächlich gelingt es ihnen, den Traumpartner seelisch einzuspinnen und zu blenden, indem sie überdimensionierte Projekte auf die Beine stellen. Im Extremfall malen sie beispielsweise intuitiv ein Bild, das sich mit den inneren Bildern des Partners deckt, oder sie schreiben ein Buch oder komponieren eine Musik, die dem Partner gewidmet ist nur, um den anderen anzubinden, ihm die Illusion inneren Wertes widerzuspiegeln.

Dieses unbewußte, zwanghafte Verhalten entsteht aus der ungelebten Aufforderung, die die Geburtsanlage bedingt, nämlich der unverhohlenen Konfrontation mit sich selbst. Diese ist notwendig, um die Vorstellungen und Fixierungen bestimmter Selbstbilder zu wandeln. Denn eine wirkliche Verwandlung setzt voraus, sich selbst außerhalb eines Verdrängungsrahmens wahrzunehmen. Dazu gehört es, den Verlust des eigenen Wertes ertragen zu können, um sich und den anderen zu befreien. Wirkliche Verwandlungsqualität besteht nicht darin, die Partner und Menschen aus dem Umfeld in bestimmte Rollen zu zwingen, sondern über den akzeptierten Verlust der Wertvorstellung die Verwandlung an der eigenen Seele zu spüren. Auch in der Sexualität steht der Machtaspekt im Vordergrund. Die Sexualität führt in die Bereiche der Verschmelzung und Einswerdung mit dem anderen. Dies hat viel mit Hingabe und Verwandlung zu tun. Denn in der Sexualität muß die Bereitschaft vorhanden sein, im anderen ganz aufzugehen und sich in diesem verlieren zu können. Da jedoch gerade dieser Bereich bei Menschen mit Skorpion-Aszendent im argen liegt, begegnen sie in der Sexualität ihrem Hauptspannungsfeld, dem Mangel an Hingabefähigkeit und dem Anspruch auf Dominanz und Machtbehauptung. Dies führt dazu, daß sie nicht loslassen können und sich verkrampfen, da jeder Lebensbereich von ihnen kontrolliert werden möchte. Sexualität führt in die Bereiche des «kleinen Todes», der sich in kurzen individualitätsauflösenden Momenten im Orgasmus manifestiert. Doch gerade der Tod ist der Angstbereich, den sie auszuklammern suchen. Um dem Thema zu entgehen, retten sie sich auf eine oberflächlichere Ebene der Sexualität und entwickeln ein Konsumverhalten, das den mystischen Verschmelzungsaspekt ausschließt. Oder sie suchen extreme Bereiche auf, die beispielsweise über sadomasochistische Praktiken im Konkreten jene Verwandlung ersetzen sollen, die ihnen im Inneren nicht gelingt. Hier unterwerfen sie sich dann ganz konkret, zwar immer noch gesteuert, einer für Momente dominierenden Situation, um so die Nähe jenes Grenzbereiches, den es auf einer inneren Ebene gilt zu erfahren, im äußeren Leben einziehen zu lassen. Denn auch im Leben erfahren sie unter Schmerzen, gebunden an zwingende Wandlungsereignisse, jene lösende Spannung der Neuwerdung, wenn sie sich von allen alten Fixierungen gelöst haben.

Schattenthemen: Dem Menschen mit einem Skorpion-Aszendenten begegnet im Schattenbereich das Thema des Stieres. Stier ist der materielle Gegenpol zu der geistigen leitbildhaften Fixierung des Skorpion-Aszendenten. Stier ist das konkrete stoffliche, satte Leben, das völlig real und fixiert nur an den wirklichen Gegebenheiten orientiert ist. Es geht im Thema des Stieres um ganz konkrete Dinge. Der sich aus diesem Urbild ergebende Auftrag lautet, sich an der Welt der Form zu orientieren, dort Wurzeln zu schlagen und sich am Stoff zu nähren. Jede Form von fiktiven Ideenvorstellungen oder idealistischen Bildern hat in seinem Bereich nichts zu suchen. Deshalb ist er der genaue Gegenspieler zum Thema des Skorpion-Aszendenten. Über das Ur-Thema Stier bearbeitet der Skorpion-Aszendent seine zentrale Geburtsspannung. So wird er die konkrete Welt oftmals anders erfahren müssen, als er es in seinen Bildern und Vorstellungen bereits durchlebt hat. Mit dem Widerstand des konkreten Stierthemas entsteht dann ein Kampf, da sich die inneren Bilder an der sichtbaren Stofflichkeit reiben. An dieser Stelle beginnt jener Verwandlungsmechanismus, den der Träger eines Skorpion-Aszendenten sich selber so gerne vorenthält und den er vorwiegend in der Projektion an anderen Menschen praktiziert. Immer dort, wo er «zurückstecken» muß, wird er aufgefordert, sich in seiner Ideenhaftigkeit zu wandeln. Natürlich empfindet er das als eine Ohnmachtserfahrung, wenn ausgerechnet seine Bildekräfte keine Chance haben, den Kampf gegen die unerbittliche Realität zu gewinnen. Sobald er sich in solchen Situationen befindet, ist er meistens nicht bereit, das reale Leben zu durchleben, sondern neigt dazu, sich zu entziehen oder alles, was nicht seinen Vorstellungen entspricht, in einem großen Rundumschlag zu zerstören. Dies geschieht aus einem Schutzbedürfnis heraus, da er nicht den Schmerz ertragen will, durch die «Hölle» der äußeren Realität zu gehen. Lieber stürzt er sich in die eigene inszenierte Zerstörung, damit er das Leid nicht ertragen muß, das er immer dann fühlt, wenn die Welt nicht mit seinen Vorstellungen übereinstimmt.

Auch in dieser Reaktion hat das Thema der Macht schon Einzug gehalten, weil er damit zeigt, wie sehr er selbst der Steuermann seines Schicksals bleiben möchte. Aus diesem Grundbedürfnis nährt er die nächste Situation, die ihn weiter in die Verwandlung treiben muß, bis er lernt, sich aus seinen inneren Fixierungen zu lösen und demütig das Leben anzunehmen. Das begleitende Hauptthema seines Lebens ist der ständige Kampf zwischen Bild und Wirklichkeit. Doch das Mysterium, das sich hinter diesem aufreibenden Prozeß befindet, möchte den Betroffenen in die eigene Metamorphose einschleusen. Für Menschen mit Skorpion-Aszendent ist es sehr schwierig, von ihren geistigen Fixierungen zu lassen, da sie sich ja auf der Achse Stier–Skorpion befinden. Denn was der Stier im Materiellen festhält, hält der Skorpion-Aszendent an Leitbildern fest. Die Welt der konkreten Formen wächst also für den Skorpion-Aszendenten zum Gegenspieler heran und somit zum Erfüllungsgehilfen für die Wandlungsprozesse, die nicht freiwillig vollzogen werden. Er soll im Laufe seines Lebens lernen, die persönlichen Belange zu opfern, um sich konkreten weltlichen Bedingungen wieder zu stellen. Diesem Akt allein gilt die angestrebte Verwandlung, die natürlich als solche bewußt von ihm gesehen werden sollte. Auch die materiellen Verhältnisse eines Skorpion-Aszendenten geben ihm selber Aufschluß über seine Fähigkeit, sich vom Leben transformieren zu lassen. Denn je weniger er seelisch bereit ist, den Löseprozessen im Leben zu folgen, desto mehr drückt sich dies über finanzielle Probleme aus. Hohe Schulden und ständige Schwierigkeiten, Rechnungen und Verpflichtungen begleichen zu können, begleiten die Menschen mit Skorpion-Aszendent wie die Parfümerieverkäuferin der Duft edler Wässerchen. Auch hier wird das Thema des Stierbereiches wieder zum Erfüllungsgehilfen und zum Gradmesser für die Betroffenen. An ihren materiellen Schulden können sie erkennen, inwieweit sie sich seelisch schuldig gemacht haben, indem sie der sichtbaren Welt nicht genügend an eigenen Wertvorstellungen und

Leitbildern geopfert haben. Wohlgemerkt hat diese Art von Schuld nichts gemein mit der menschlichen Auffassung einer moralischen Schuld, sondern die Schuld des Skorpion-Aszendenten ist es, noch nicht im eigenen Thema angekommen zu sein, da er immer noch zu aktiv und dynamisch in die Schöpfung des Lebens eingreift. Er ist gefordert, verantwortungsbewußt mit dem Potential der bereits erworbenen Macht umzugehen und sich von dieser im Sinne persönlicher Belange zu lösen, indem er seine Macht nicht mehr für seine eigenen Bedürfnisse einsetzt.

Wo immer der Mensch mit einem Skorpion-Aszendenten sein Leben einer Prüfung unterzieht und dabei Bereiche entdeckt, in denen er Leid und Ausgeliefertheit spürt, ist er nahe an jenen Themenaspekten, die ihm Aufschluß darüber geben können, in welchen Bereichen er aufgrund seiner Unbewußtheit über sein Ziel geschossen hat. Auch innerhalb zwischenmenschlicher Begegnungen erfährt der Skorpion-Aszendent häufig jene beschriebenen Ohnmachtssituationen. Gerade seine Fähigkeit, andere Menschen im Urgrund zu verstehen und in die Tiefen von deren Seelen zu gelangen, läßt das Thema des zwischenmenschlichen Kontaktes in eine besondere Verantwortlichkeit rücken. Denn er ist derjenige, welcher – aufgrund seiner Bildekräfte – intensiv darauf einwirkt, wann ein Mensch zu ihm Zuneigung entwickelt und wann nicht. Er selber nimmt dieses Potential nicht immer wahr, wundert sich nur von Zeit zu Zeit, weshalb so viele Menschen «an ihm kleben». Bei ihm ist es oftmals nur ein kurzer Einblick in den Abgrund der anderen, der jene Gleichschaltung und Öffnung in der Begegnung bewirkt, was beim anderen Menschen zur seelischen Verbundenheit führt; und daraus entsteht sehr leicht Liebe.

In Therapiesituationen kennt man den Aspekt, daß Klienten, die sich geöffnet haben, sich in ihren Therapeuten verlieben. Der Therapeut ist dann gefordert, im verantwortlichen Maße dafür zu sorgen, daß sein Klient wieder befreit wird. Bindungen, die im Leben auf die gleiche Weise entstehen, machen den Menschen mit einem Skorpion-Aszendenten im kosmischen Sinne verantwortlich. Er besitzt immerhin die Macht, andere Menschen «an- und auszuknipsen» – wobei das Einschalten leichter ist. Das Ausschalten fällt ihm selbst zwar nicht schwer, aber das «Gerät» Mensch brennt bisweilen weiter. Je unreifer der Mensch mit einem Skorpion-Aszendenten ist, desto verantwortungsloser geht er häufig mit diesem Potential um. Das führt dazu, daß sein Weg gesäumt ist mit seelischen Leichen, die hell aufgeflammt lichterloh für ihn brennen, an ihm kleben und von ihm abhängig sind. Doch das Verlangen der anderen erreicht ihn oft nicht, er liefert kein neues Brennmaterial mehr, so daß die Entflammten sich selber verzehren müssen. Der unbewußte Skorpion-Aszendent selbst schert sich häufig keinen Deut um jene, die mit ihm eins waren und sich mit ihm verbunden fühlen. Dies macht ihn «reif», nun umgekehrt jene Erfahrungen der Ohnmacht und der Verlassenheit zu machen, die er vorher nur aus den Äußerungen der an ihm haftenden Menschen kannte. So verliert er dann z. B. in dem Moment, wo er selber völlig von einem Menschen eingebunden ist, jenen geliebten Partner durch dessen plötzlichen Tod und leidet selber Höllenqualen bis zur Verzehrung, da er diesen konkreten Verlust mit aller Macht der Welt nicht rückgängig machen kann. Oder er wird von einem ähnlichen Potential eines anderen Menschen eingebunden und muß nun im Zerrspiegel der eigenen Ausgeliefertheit an der eigenen Seele erfahren, wie schmerzhaft seine mißachteten Gefühle ihn quälen. Die seelischen Grenzbereiche, die er erfährt, indem ihn sein Schatten in die erdige Stagnation und die Gefangenschaft im Unveränderlichen verdammt, führt auf einer seelischen Ebene zu jenem Zustand, der ihn wieder formbar und definierbar im Verbund mit seinem Stier-Schatten (= der Außenwelt) werden läßt, da er sich wieder in den begrenzten Status des Menschseins zurückgliedern muß.

Zielidee/höhere Einsicht: Für den Skorpion-Aszendenten ergeben sich zwei Themenstellungen als Möglichkeit der Zielidee. Die eine ist die Finalität Löwe, die andere die Finalität Jungfrau. Hier werden besonders deutlich die Unterschiede herauskristallisiert, die zwischen beiden Finalitäten bestehen. Denn die Finalität Löwe entspricht einem aktiven Thema, wohingegen die Finalität Jungfrau einem erdig-passiven Thema entspricht.

Skorpion-Aszendenten mit der *Finalität Löwe* befinden sich in ihrem Leben in einem besonders starken Ringen zwischen den Themen von Idee und Wirklichkeit. Ähnlich wie beim Waage-Aszendenten sind Menschen mit einem Skorpion-Aszendenten sehr stark vorstellungsgeprägt, doch ihre Ausdrucksform ist wesentlich vehementer als die des Waage-Aszendenten. Bei ihnen ist der Kampf gegen die Bedingungen des Lebens, die natürlich niemals so perfekt und deckungsgleich mit den Ideen der Nativen sein können, besonders intensiv. Dies ist auch eine Stelle, an der die Menschen mit einem Skorpion-Aszendenten besonders viel Kraft verlieren. Sie stemmen sich gegen das eindringende Lebendige im Leben und erleiden in ihrem zähen Kampf gegen die «Windmühlen des Schicksals» hohe energetische Verluste. Die Nativen sollten wieder lernen, hinter ihrem Bedürfnis, das nur auf Vorstellungen basiert, das konkrete Leben zu erfahren. Denn jede Vorstellung steht, wie es das Wort schon sagt, vor der realen Welt. Diese aber ist dem Skorpion-Aszendenten zur Ebene gereicht, die ihn verwandelt, da die Form jenen Verwandlungsakt ausführt, in dem der Geist oder die Idee sich an die dort herrschenden Bedingungen ausliefern muß. So verlangt das Leben eine hohe Bewußtheit, und immer dort, wo die Betroffenen in Idealvorstellungen und Beschönigungen bezüglich der eigenen Abgründe dahinleben, zwingt sie das Leben, über Härteerfahrungen bewußter zu werden, um genau hinzuschauen, was im realen Leben gerade ansteht. Dabei spielt es niemals eine Rolle, wie sich eine Situation vollzieht oder wer daran beteiligt ist, sondern das Ergebnis, in dem der Betroffene sich am Ende einfindet, ist von entscheidender Bedeutung. Der tapfere Gang durch das häufig erfahrene Leid führt zu einer hohen Form der Bewußtheit. Gleichzeitig wird der Betroffene damit aufgefordert, aus sich heraus jene Bewußtwerdungsarbeit zu betreiben, die ihm vom Leben verschrieben wird. Ganz im Hier und Jetzt zu leben, um alle Motivationen wahrzunehmen, die sich in ihrem Verhalten ausdrücken wollen, fern aller in der Tiefe des Unbewußten lauernden Ideen die sich über den Nativen ihren Ausdruck verschaffen wollen. Er soll lernen, sich selber in den Abgründen des seelischen Kollektivs wiederzufinden, um zu erkennen, daß seine Intentionen aus diesen Niederungen entspringen. Dazu muß er alle persönlichen ausgrenzenden Konzepte und Leitbilder dem Leben opfern, damit er frei wird für diese Erfahrung der Wirklichkeit, die es ihm ermöglicht, sich ganz authentisch in allem wiederzufinden.

Mit der *Finalität Jungfrau* wird besonders das alte magische Potential des Menschen mit Skorpion-Aszendent angesprochen. Mit Sicherheit sind die Erfahrungen, welche die Nativen mit dieser Finalität machen, besonders konsequent, denn für sie heißt das Thema Jungfrau, sich wieder bescheiden zu lernen. Jungfrau entspricht der Reduzierung und der Anpassung an die Bedingungen der Welt. Diese Anpassung gilt vor allem dem tiefen Machtanteil des Skorpion-Aszendenten, denn seine Schöpfungsfähigkeiten heben ihn ein Stück über das «normale» Menschsein hinaus. Doch er ist unter dieser Finalität aufgefordert, sich wieder an die Bedingungen anzupassen, wieder das normale Weltenspiel mitzuspielen und sich daran zu halten, daß es mit seinem Muster nicht darum geht, in die Schöpfungs- und Lebensbausteine einzugreifen, sondern sich zu bescheiden auf das begrenzte Menschsein. Dazu ist aber die Fähigkeit gefordert, bewußt sehen zu lernen, wie er manipulierend in das Leben und in die Seelen anderer Menschen eingreift. Er sollte vor allem lernen, sich selbst offen und ehrlich zu begegnen. Allein das bewußte Sehen kann ihn von seinen immerwährenden Schöpfungen, die er aus seiner reichen Bilderwelt nährt, herauslösen. Es reicht also für ihn, wenn er sich in allen Motivationen erkennt. Es geht nicht darum, irgend etwas in seinem Leben rückgängig machen zu wollen oder ein schlechtes Gewissen zu haben. Schuld in diesem Sinne gibt es für ihn nicht, vor allem keine moralische Schuld, denn sie ist einzig ein weltliches Konstrukt. Wenn man überhaupt den Schuldaspekt miteinbeziehen kann, der von einem falsch ausgelegten Christentum reichlich überstrapaziert wurde, dann ist es beim Menschen mit einem Skorpion-Aszendenten die alleinige Schuld, die er sich selbst gegenüber hat, indem er über sich und sein Verhalten unbewußt bleibt.

Deshalb sind auch alle Vorstellungen und Bilder von sich selbst im Sinne einer höheren Einsicht nicht förderlich, auch von diesen sollte er sich lösen. Er muß lernen, von den Potentialen der Vergangenheit loszulassen. Dies käme dem großen Werk des Alchimisten gleich, der, nachdem er alle Fähigkeiten errungen hat, auf diese verzichtet. Dies zeichnet ihn besonders aus, denn er verzichtet auf etwas Großes, das ihn aus allen Begrenzungen befreien könnte.

Für den Menschen mit Skorpion-Aszendent ist es wichtig, die Gegenwart zu erfahren, der er seine gesamten Vorstellungen und Fixierungen opfert, in der er neu geboren wird, wenn er gelernt hat, über die Schwelle der Angst in die Wirklichkeit zu treten: Dann kann das Weltenwerk jene Verwandlungen an ihm vornehmen, welche er in unerbittlichen Kämpfen im Laufe seines Lebens fernzuhalten bestrebt war – auf daß er lernt, aus der Asche seiner Leitbilder und Vorstellungen neu zu werden.

Der Schütze-Aszendent

Das Tierkreisbild des Schützen schließt den dritten Quadranten des mundanen Tierkreises ab. Es ist ein männlich/feuriges Ur-Bild, dem die Qualitäten des Jupiters zugeordnet werden. Das Zeichen Schütze führt den im Skorpion erreichten Höhepunkt zu seinem Abschluß und fügt ihm die nächste verändernde Qualität hinzu. Mit dem Zeichen Skorpion erreichte dessen geistige verinnerlichende Qualität ihren Höhepunkt – in Skorpion sind die Bilder der kollektiven Psyche enthalten, die gleichzeitig den Abgrund und die Niederungen der Existenz beschreiben, so daß es die konsequente Auseinandersetzung mit den Inhalten, die den Menschen in die Ehrlichkeit hineinführen, initiiert. Im Ur-Bild Skorpion begegnet man der Summe der Nichtidentifikationen, die bewirken, daß das kleine Ich eine Wandlung erfährt. Durch den Verbund mit dem kollektiven Urgrund kann es nicht so bleiben, wie es sich einst subjektiv definierte. Im Bild des Schützen geht es jetzt nicht mehr um das reine Bewahren der Bilder der kollektiven Psyche und um den Zugang dazu, sondern um die Verwertung der damit verbundenen Geistinhalte. Schütze als das lösende Zeichen im dritten Quadranten hat auf einer tieferen, seelischen Schicht nun schon alle Erfahrungen im kollektiven Unterbewußtsein gemacht. Es steht also bereits im Verbund mit den kollektiven, archetypischen Bildinhalten, die in

Waage aufgenommen und in Skorpion verfestigt wurden. Schütze steht über den Dingen, um ganz wertfrei die Aspekte des Allgeistes in Erkenntnis- und Erweiterungsprozesse verarbeiten zu können. Damit sind alle Eigenschaften des Schützebildes auf Erhebung und Inspiration ausgerichtet, um sich über den Schwerezustand der Welt hinauszuheben und an anderen Dimensionen anzuknüpfen.

Bewußtwerdung: Ähnlich wie der Skorpion-Aszendent lebt auch der Schütze-Aszendent in der Welt der Ideen und Vorstellungen. Auch er ist in der Innenwelt stärker zu Hause als in der Außenwelt. Der Mensch mit dem Schütze-Aszendenten hat im hohen Maße Verständnis für alles, was ihm in der Welt begegnet, da er ja auf einer tieferen seelischen Schicht schon vertraut ist mit allen Höhen, allen Abgründen und Niederungen der kosmischen Ganzheit. Deshalb bereitet es ihm auch keinerlei Schwierigkeiten, diese auf einer seelischen Ebene zu erkennen und zu verstehen. Aus diesem Grund ist er auch als Mensch mit allen Eigenschaften, die er an anderen entdecken kann, einverstanden. Gegenüber den Wesenszügen und der Lebensart seiner Mitmenschen entwickelt er eine solche Toleranz, daß böse Zungen ihm gerne unterstellen, er interessiere sich eigentlich überhaupt nicht für die Welt und die Menschen um ihn herum. In gewisser Hinsicht stimmt dies auch, denn nichts empfindet er als so besonders oder so neu, um darüber in Erstaunen oder Begeisterung geraten zu können. Alles kommt ihm bekannt und schal vor. Aus diesem Grund hat er das Gefühl, es gäbe in der «schnöden» Welt nichts mehr, was er lernen könnte. Das führt häufig dazu, daß er keine ehrgeizige Dynamik entfacht, sich weltlichen Werdegängen zu stellen. Er lebt mit dem Gefühl, daß es wichtigere Dinge als das profane Leben gibt.

Weil er darin keinen Sinn erkennen kann, lehnt er konsequente harte Arbeit ab. Er fängt vieles mit großer Begeisterung an, doch führt er selten etwas auch zu Ende. Sein Ideenreichtum ist sehr groß und bunt, doch mangelt es ihm an der nötigen Kraft der Umsetzung. Sobald sich ihm etwas in den Weg stellt und er Widerstände bemerkt, kapituliert er noch vor dem Kampf. Er hat dann das Gefühl, daß diese Widerstände ihn an scheinbar ausweglose Situationen binden, die ihn an die Wunde der Erdverbundenheit erinnern. Das Schlimmste in seinem Leben ist das Gefühl, angebunden und unfrei zu sein. Innerlich spürt er eine undefinierbare Unruhe und die Lust, in die Ferne zu schweifen.

Darin zeigt sich sein Mangel an Konzentration auf die tatsächlichen Anforderungen, welche die Welt an ihn stellt. Gerne versucht er, den kleinen Dingen des Alltags zu entrinnen. Lieber gibt er sich mit fertigen Endprodukten ab, als den mühseligen Weg hin zu ihrer Perfektionierung selber zu beschreiten. Dabei vergißt er, daß gerade die vielen Notwendigkeiten des Lebens den Gesamterfolg bedingen. Doch ihm widerstrebt es, Mühsal zu tragen, die erst irgendwann in der Zukunft Entlohnung verheißt. Er möchte sofort Ergebnisse sehen. Zum Beispiel wünscht er sich in seiner Jugend, ein berühmter Pianist zu werden. Er erhält auch sein begehrtes Klavier, doch leider mangelt es ihm nach kurzer Zeit an der Lust, seine Fingerübungen auszuführen – und so sitzt er lieber träumend vor dem Klavier, übt nicht, sondern antizipiert, wahllos die Klaviatur malträtierend, imaginäre Begeisterungsstürme einer imaginierten Zuhörermenge. Dieses Bild ist symptomatisch für das Leben eines Menschen mit Schütze-Aszendent. Häufig bekleidet er untergeordnete Positionen, nicht weil es ihm an Intelligenz oder kreativen Ideen mangelt, sondern weil er sich nicht die Hände mit profanen Dingen schmutzig machen möchte.

Er leidet natürlich unter der Diskrepanz zwischen seinem Erhabenheitsgefühl und den tatsächlichen Verhältnissen. Es ist ihm unverständlich, daß er trotz seines Herrschaftsanspruchs Diener von in seinen Augen unwürdigen Menschen ist. Je größer diese Diskrepanz für ihn wird, desto stärker leidet er unter der Erniedrigung. Anderen Menschen ist dieser seelische Aspekt kaum verständlich, denn sie halten die Welt um sich herum für besonders wichtig, spielen alle Spiele mit, die nötig sind, um in ihr existieren zu können, und lassen sich von dem augenscheinlichen Zauber der sichtbaren Welt gerne gefangennehmen. Sehr schnell entwickelt natürlich der im Stoff verwickelte Mensch Aggressionen auf die über allem stehende Geisteshaltung des Schütze-Aszendenten, der ihre «kleine Weltenfreude» nicht so recht mit ihnen teilen will. Auf sie wirkt seine geistige Haltung verletzend und entsetzlich arrogant, da er ihnen den Eindruck vermittelt, er habe ihre Interessen schon längst hinter sich gelassen und alles, wofür sie sich interessieren und womit sie sich beschäftigen, sei sowieso nur unwichtiger Schnee von gestern. Hinzu kommt, daß er diesen Eindruck auch noch dadurch bekräftigt, daß er mit intensiven weltanschaulichen Predigten keinen Zweifel daran läßt, er wisse sowieso alles besser und allein seine Weltanschauung sei die richtige. Vergleichbar ist dieses Bild mit der Besserwisserei, die hinter allen Religionskriegen und Bekehrungsmaßnahmen steht. Diese bekannten «heiligen» Missionen sind Symbolmanifestation des Schützeanspruchs mit dem Ziel, anderen das Heil zu bringen, nötigenfalls mit der Waffe.

Menschen mit einem Schütze-Aszendenten erwecken in der Begegnung den Eindruck von innerlicher Zurückgezogenheit und Unbeteiligtheit, ähnlich wie die Skorpion-Aszendenten, allerdings wirkt ihre Begegnungsqualität nicht so lauernd und mißtrauisch wie die der plutonischen Vorläufer. Viel eher ruhen sie völlig unbeteiligt in sich, und es muß auf der Begegnungsseite schon einiges geschehen, damit sie aus ihrer Reserve gelockt werden. Sie können es absolut nicht ertragen, von anderen belehrt zu werden oder den Ausführungen anderer folgen zu müssen. Denn tief in ihnen schlummert das Bewußtsein eines Lehrers und Priesters, die sich ja auch im konkreten Leben nicht von ihren Schülern und ihrer Gemeinde belehren lassen. Solange der Mensch mit einem Schütze-Aszendenten gezwungen ist zuzuhören, wird man sein Interesse nicht erwecken können und auch nicht viele Reaktionen bekommen. Freundlich, jedoch nicht besonders lange wird er – meistens mit gefalteten Händen und mit pastoraler Gönnermiene auf seine kleinen Schäfchen herniederblickend – zuhören, um sich dann entweder dem Gespräch zu entziehen, oder er wird zum großen Rundumschlag ausholen, der den anderen, nachdem dieser sich eigentlich nur mitteilen wollte, so gründlich und langatmig salbungsvoll belehrt, daß anschließend keine weiteren Fragen mehr offenbleiben. Dabei geht es dem Menschen mit einem Schütze-Aszendenten keinesfalls um einen Dialog, sondern allein um die Möglichkeit, sein Gegenüber ein Stück aus dessen kleiner Weltgefangenheit zu erheben. Er will die Menschen erhöhen, läutern und einweihen. Alles, was nicht der Erweiterung des Horizontes dient, hält er für Zeitverschwendung. Dies hat auf jeder Ebene seine spezielle Ausdrucksform.

Das Auftrumpfen mit materiellem Größenanspruch und elitärem weltmännischem Gehabe ist die stoffliche Variante des Schützethemas. Die geistige Variante findet man im Löseprozeß aus den weltlichen Bindungen und in einer kaum zu befriedigenden Sehnsucht nach religiöser Weite. Oftmals gelingt es dem Schütze-Aszendenten, die Mitmenschen an seinem inneren weihevollen Zustand teilhaben zu lassen und ihnen ein wenig von seiner inneren Erhebung mitgeben zu können. Wer sich gerne auf solche «Erhebungen» einläßt, kann nach einem Gespräch mit ihm durchaus neue Perspektiven sehen oder zumindest glauben, etwas Eindrucksvolles gehört zu haben, wenngleich man auch nicht alles verstanden hat. Um intellektuelles Verstehen oder gar intellektuelle Haarspalterei geht es dem Schütze-Aszendenten nicht; er gibt Geist, Ganzheit und Einsicht weiter, die immer eine synthetische Verbindung aus menschlich hirnrissigen Haarspaltereien schafft. Jede Form von Beschränkung in geistiger oder konkreter Form wird von den Nativen verachtet. Denn in dem archetypischen Bild des Tierkreisbildes Schütze liegt die bewußte Zugehörigkeit zur spirituellen Weite und die ernstgemeinte Sehnsucht nach der Erhebung aus dem Kreuz der Materie. Aus diesem Grund lechzt in jedem Schütze-Aszendenten die Gier nach anderen, viel weiteren Daseinswelten, die er fernab von dem kleinlichen Schmutz des irdischen Treibens zu finden hofft. Er hat das Gefühl, aus einem Paradies in die Abgründe der Welt geboren zu sein. Über diesen bitteren Umstand ist er besonders unglücklich, da er sich verurteilt sieht, in einer profanen Welt verschmachten zu müssen. Also schließt er die Augen und gibt sich seinen inneren Tempelbildern oder überschwenglichen Lebensvisionen hin. Dann findet er in sich selbst die jovische Weite, die sich beispielsweise in den Baustilen alter Schlösser und Kirchen ausdrückt. Gigantische Säulengänge, hohe Türme und Zinnen, monumentale Hallen und «Schloß Neuschwanstein»-Pomp sind immer stoffliche Schütze-Versuche, die Bilder und Sehnsüchte des Herzens in sichtbare Formen hineinzugebären.

Das Empfinden, sich aus dem Profanen zu erheben, dominiert bei Menschen mit Schütze-Aszendent deren Handlungsfähigkeit. Dies drückt sich besonders dadurch aus, daß nur im Zuge einer begeister ten Inspiration weltliche Dinge bewältigt werden können. Fehlt diese, so stagniert alles in ihrem Leben. Ist genügend Euphorie vorhanden, dann sind sie anderen Menschen gegenüber offen und auffallend großherzig. Gehören sie zu den weniger zufriedenen und erfolgreichen Naturen, tarnen sie sich unter einer Maske der Arroganz und der Überheblichkeit, um ihre Unsicherheit zu kaschieren. In dieser unerlösten Variante ihres Musters wächst der Gram über das eigene Versagen, bis sie sich zu unerträglichen Naturen entwickelt haben, die Leistungen anderer Menschen nur kritisieren, selber aber nicht in der Lage sind, Vergleichbares auf die Beine zu stellen. Sie berücksichtigen in ihrem allwissenden Selbstverständnis nicht, daß vor jeder Kritik, quasi als Legitimation, die Auszeichnung durch die eigene Arbeit stehen sollte. Vergleichbar wäre ihre Eigenart mit der eines Kunst- oder Literaturkritikers, der, ohne selbst künstlerisch schaffen zu können, künstlerische Leistungen zu bewerten bestrebt ist und dazu hochtrabende Expertisen abgibt. Für diese Art, sich über die Leistungen anderer zu erheben, bedarf es schon einer erheblichen Aufarbeitung eigener Verdrängung, um der Fehleinschätzung seiner selbst auf die Schliche zu kommen.

Tief im Herzen des Schütze-Aszendenten glüht das Verlangen, sich über die Belange der Materie zu erheben, denn in ihr wird er aus seinen schöngeistigen Dimensionen gerissen. Ähnlich wie die Spannung des Menschen mit einem Skorpion-Aszendenten, der zwischen seiner Vorstellung und der konkreten Welt aufgespannt ist und an ihr leidet, verspürt auch der Schütze-Aszendent die Spannung zwischen der realen Welt und seiner Innenwelt. Er ist nur nicht mehr so fanatisch und unerbittlich auf seine Vorstellungen fixiert wie der Skorpion-Aszendent, sondern er ist bereits abgelöst aus dieser teilweise beim Skorpion-Aszendenten fast an Wahnsinn grenzenden Fixierung. Der Schütze-Aszendent leidet innerlich still an der Wunde der Verstofflichung. Er versucht sich aus dem Jammertal der Welt in seine geistigen Gefilde zurückzuziehen, um dem Schmerz des Geborenseins zu entkommen. Er vergräbt sich in erlesenen Büchern, in denen er seine Erhebung sucht, obwohl es nicht sehr viele gibt, die seinem hohen geistigen Anspruch noch gerecht werden können. Denn «er weiß ja schon alles». Oder er benutzt die Musik als Vehikel, weil ihn sehnsüchtige Schauer beim Hören überfallen, mit denen er sich auf den Olymp hinaufschwingen kann.

Die Nativen fühlen sich, egal in welcher Position sie sich in ihrem Leben befinden, oft fehl am Platze. Sie leben in ihrem Bewußtsein in einem Zustand, den man auch als Durchgangsstadium bezeichnen könnte. Niemals sind sie mit den Gegebenheiten, die sie erreicht haben, zufrieden, sondern glauben fest daran, daß sich ihre Lebenssituation bald ändern werde, um wieder «besseren Zeiten» entgegenzugehen. Diese Haltung verschließt ihnen natürlich jeglichen Genuß in der aktuellen Lebenssituation, doch sie ist Ausdruck der Suche nach etwas Größerem und Besserem und gleichzeitig Abglanz für die Motorik des esoterischen Weges, die immer dann entsteht, wenn der Mensch in Situationen gerät, die ihn um Sinnhaftigkeit ringen lassen. Jeder andere Mensch wäre wahrscheinlich mit dem, was der Schütze-Aszendent erreicht hat, bestens zufrieden und würde sich auf seinen Lorbeeren ausruhen wollen, doch er selber sehnt sich aus seinem «irdischen Armenhaus» – das ein luxuriöses und gigantisches Imperium sein kann – hinaus wie der Gefangene aus seiner Zelle. Immer wieder schafft er im Geiste neue Ziele, die erreicht zu werden ihm lohnenswert erscheinen.

Aus diesen Zielsetzungen bezieht er seine Euphorie, die er benötigt, um existieren zu können. Voller Optimismus, mit der Hoffnung auf bessere Zeiten, steuert er dann auf seine Ideen los, um – wenn er angekommen ist – schon wieder die nächste Hürde anzuvisieren, die alles, was vorher war, übertrifft. Das zeusische Bedürfnis des Schütze-Aszendenten, die Welt befruchten zu wollen und die eigenen Vorstellungen und Ideen im Außen zu verströmen, birgt die dem Feuerprinzip eigene Dynamik in sich. Die Eigenheit aller Menschen mit feurigen Aszendenten (auch Widder und Löwe) beruht auf dem Bedürfnis, immer nur Energie aus sich selbst heraus nach außen abzugeben. Diese Dynamik führt dazu, daß ein solcher Mensch kaum von äußeren Impulsen erreicht wird, da er vollends damit beschäftigt ist, sich selbst und seine Ideen zu verströmen. Auf der Ebene des Schütze-Aszendenten äußert sich das darin, daß er seine eigenen Weltanschauungen überall durchsetzen will. Dies stellt eine ähnliche Fixierung dar, wie man sie bei Menschen mit Skorpion-Aszendenten finden kann. Nur ist der Skorpion-Aszendent wesentlich fanatischer auf die Manifestation seiner Leitbilder ausgerichtet und verachtet alle jene, die gegen ihn wirken, weil er sich im Urgrund seiner Seele wegen dieser Mißachtung verletzt fühlt. Der Mensch mit einem Schütze-Aszendenten jedoch interessiert sich schlichtweg nicht für jene Menschen, die nicht bereit sind, sich von ihm befruchten zu lassen. Er drängt sich also nicht unbedingt auf, registriert zwar, daß es «arme Seelen» gibt, die niemals in den Genuß erhebender Momente kommen werden, versucht auch alle möglichen Maßnahmen der Bekehrung anzuwenden, doch interessiert es ihn nicht im geringsten, ob ein anderer seine Ideen oder Impulse aufnimmt oder nicht. Wer nicht will, der «ist eben noch nicht dort», der bleibt der arme Unterentwickelte. Mit Toleranz und Liebe schaut Zeus von der olympischen Wolke herab, donnert und blitzt nach Herzenslust und fühlt sich dabei wirklich kein bißchen überheblich! Und der Rest der Welt schaut hoch und schüttelt sprachlos den Kopf angesichts eines solchen unreflektierten Gebarens.

Kindheitsmythos: Menschen mit Schütze-Aszendent empfinden das Leben als eine Erfahrung, die sich nicht mit ihren inneren Vorstellungen deckt. Schon von Kindheit an haben sie das Gefühl, aus dem «Paradies» in einen profanen Zustand gefallen zu sein, der für sie, je älter sie werden und je mehr Verantwortung sie übernehmen müssen, immer stärker zum Problem heranwächst. Im Grunde ihres Herzens fühlen sie sich über das Leben erhaben, ein Gefühl, das eine gewisse Ähnlichkeit hat mit der Sehnsucht, die sich in der würdigen Ausstrahlung alter Tempel, alter Kirchen oder von antiken Theatern spiegelt. Ihre seelische Großzügigkeit und die Verbundenheit mit einem Zustand, der sehnsüchtig weit über das profane Leben hinauszielt, läßt sie so empfinden. Voller Idealismus und voller Illusionen gehen sie auf andere Menschen zu und glauben an deren ehrliche Motive, ohne einen Gedanken an Berechnung, Übervorteilung oder rationales Kalkül zu verschwenden. Doch das Leben lehrt sie Vorsicht im Umgang mit den Mitmenschen, woraus sich die Sehnsucht nach idealeren Verbindungen nährt. Für sie ist es schwer verständlich, daß das Gros der zwischenmenschlichen Kontakte getragen ist von Neid, Revierkämpfen und dem Bedürfnis, jeden Andersdenkenden zu ächten. Aus diesem Grund wünschen sie sich eine Ebene des Zusammenlebens, die frei ist von allem störenden kleinlichem menschlichen Gerangel. Primär entspringt die Sehnsucht dem Wunsch, die Einheit und das Einssein nicht gegen ein weltliches Zerwürfnis eintauschen zu müssen. Die Geburt mit dem darauf folgenden Lebenslauf droht mit allen Herausforderungen und Problemen diesen harmonischen Einheitszustand zu zerstören. Die Mutter eines Menschen mit Schütze-Aszendent macht während ihrer Schwangerschaft die Erfahrung, psychischen Schwankungen unterworfen zu sein, die sie für eine gewisse Zeit in der Schwangerschaft aus dem Gleichgewicht geraten lassen. Mangelnde Zuwendung des Partners oder eine Schocksituation wie das Fremdgehen des Partners oder der Kontakt mit Todeserfahrungen können Auslöser dafür sein.

Die Probleme während der Schwangerschaft führen allerdings nicht zur Ablehnung der Mutter gegen das Kind. Die Schocksituationen, welche die Mutter während der Schwangerschaft erfährt, übertragen sich auf das Kind und entfachen in ihm während des pränatalen Zustandes eine Ablehnung des ihn erwartenden Lebens. Unbewußt wächst es mit dieser ablehnenden Haltung gegen das Leben auf. Für das Kind ist die Welt nicht großartig und zauberhaft genug, und es ist erfüllt mit einer an Heimweh oder Weltschmerz grenzenden Trauer. Bis zur Pubertät verfällt es immer wieder in Tagträume, die es vor der Welt und der damit verbundenen Auseinandersetzung schützen sollen. Es baut sich innere Phantasiewelten auf und spricht unter Umständen die Menschen in seinem Umfeld mit Phantasienamen an. Den Erwachsenen mag das heiter und schön erscheinen, doch dahinter verbirgt sich die Nichtakzeptanz der Realität. Oder das Kind baut sich im konkreten Außen Zufluchtsstätten, in denen es von der Welt verschont bleibt. Das mag eine selbstgebaute Hütte im Garten sein, ein alter Schrank oder eine Truhe auf dem Speicher, in die es kriecht und in der es vorübergehend seine Geborgenheit findet. Die Pubertät bringt das Kind meist in Situationen, die es aus seiner inneren Isolation treiben. Das kann durch immer wiederkehrende Alpträume geschehen, die dazu führen, daß das Kind sich mit Außenaktivitäten von seinen inneren Welten ablenkt. Oder die in der Außenwelt geschaffene Zufluchtsstätte verliert durch irgendein Ereignis ihren Reiz oder wird dem Kind gar von anderen Menschen entzogen.

Dahinter verbirgt sich schon im Kindheitsmythos die auch später immer wiederkehrende symbolische Aufforderung des Lebens, sich der Welt zu stellen, so wie sie wahrhaftig ist. Denn nur über den weltlichen Kontakt und die Anerkennung der jeweiligen Ist-Situation erreichen die Nativen jene volle Qualität, die sich aus der Teilnahme an notwendigen Lebensverläufen ergibt.

Partnerschaftsmythos: Auf der Ebene der Beziehungen zu anderen Menschen und im Partnerschaftsbereich ist der Mensch mit dem Schütze-Aszendenten häufig alleine. Für ihn ist es schwer, den richtigen Partner zu finden, denn er wird lange suchen müssen, bis er ein echtes Interesse für einen anderen Menschen entdecken kann. Häufig kommt es zu Verbindungen, in denen die Lehrer-/Schüler-Achse als Basis zugrunde liegt und der Mensch mit dem Schütze-Aszendenten in der Partnerschaft jenen Teil übernimmt, der sich dem schwachen, nichtwissenden Gegenüber zuwendet, um diesen mit hoffnungsvollen Perspektiven und Zielen anzufüllen. Meistens dauern solche Beziehungen nicht sehr lange, da der andere Mensch keine Lust verspürt, sich ein Leben lang schulmeistern zu lassen. Das führt dann zur klassischen Entmachtung des Lehrers, in der die Kluft zwischen Theorie und Praxis auffällig wird und die ursprüngliche Achtung verlorengeht. Nun wandelt sich der selbständig gewordene Partner zu der Instanz, die den betroffenen Schütze-Aszendenten immer mehr fordert und hinterfragt, so daß er abermals aus seiner Erhebung gerissen wird und weiter suchen muß. Zwar sind die Ideen des Schütze-Aszendenten meist sehr gut, doch die Umsetzung läßt zu wünschen übrig, da diese ja immer in kleine Detailarbeit hineinführt, die ihn mit Frustration erfüllt, an der seine Begeisterung letztlich zerschellt.

Oder der umgekehrte Fall tritt ein, daß sich ein Mensch mit Schütze-Aszendent einen starken Partner auswählt, den er zu schätzen weiß, da ihm dieser den nötigen Ansporn geben kann. Allerdings erzeugt dann die spürbare Unterlegenheit Fluchttendenzen in ihm, da es ihm in diesem Fall schwerlich gelingt, euphorisch geistig frei und ungebunden zu bleiben. Die schwierigere Beziehung wäre allerdings die bessere für ihn, da inneres Wachstum hier gewährleistet ist.

Sehr häufig kommt in ihren Partnerschaften das Bedürfnis zum Tragen, Gegensätzlichkeiten zu überwinden. Ihr hohes Maß an Idealismus läßt sie häufig Beziehungen eingehen, in denen große soziale Unterschiede bestehen. Möglicherweise ist ihr Partner wesentlich älter, entstammt einer anderen Nationalität oder hat eine andere Hautfarbe, so daß das Ungleichgewicht sichtbar ist. Beseelt von der Idee, jedes Individuum als gleichberechtigt anzusehen, ziehen sie unbeirrt ihre Bahn. Dabei ecken sie häufig im sozialen Umfeld an, wobei sie die aus ihrem Verhalten entstehenden Konflikte über die Außenwelt zu spüren bekommen. Solange die Beziehung den idealistischen Rahmen unverletzt übersteht und sie von ihren Partnern nicht enttäuscht oder demotiviert werden, ist für sie alles in Ordnung. Sollte es jedoch zu Enttäuschungen kommen, dann verwandelt sich ihr Idealismus in knallharte Zweckgebundenheit, allein aus der Verletzung ihrer mißachteten Ideale heraus. Doch bevor es dazu kommt, betreiben sie ein perfektes Verdrängungswerk, jeder Konflikt wird ausgeklammert, um das Ideal der Beziehung zu erhalten. Manchen gelingt es auch für einen gewissen Zeitraum, ihre quasi keimfreien problemlosen Verbindungen aufrechtzuerhalten, doch meistens schlägt das Verdrängte nach einiger Zeit erbarmungslos zurück, und die Betroffenen müssen genau die Bereiche durchwandern, die sie langfristig auszuklammern versuchten. Schmerzhaft erfahren sie dann die Aspekte, die sie glaubten überspielen zu können.

Im Bereich der Sexualität fällt besonders die Trennung zwischen Gefühl und Sexus auf. Meistens idealisieren sie ihren Partner und erheben ihn fast zum Heiligen. Heilige in den Bereich der Sexualität einzusortieren wirft aber gewisse Probleme auf. Hier wird meistens eine Trennung vollzogen, denn die Nativen bewahren sich im Partner das Idealbild des Wahren, Schönen, Guten, wobei sie die Sexualität ausklammern. Diese leben sie außerhalb ihrer Beziehungen, was aber dem Liebesgefühl für ihre geheiligten Partner keinen Abbruch tut. Sie wollen diese nur nicht mit in ihren Augen «niederen Trieben» beschmutzen, so daß ihnen die Unterscheidung nicht schwerfällt. Trotz ihres erhöhten Interesses für die Sexualität sind sie stets bereit, diese für ihre hochfliegenden Ideen und Ziele zu opfern, so daß man sagen kann, die Welt der Ideale liegt bei ihnen in der Wertigkeit vor dem reinen Triebgeschehen. Aus diesem Grund unterstellen sie auch ihr Triebleben allen möglichen moralischen oder religiösen Überzeugungen. Erhöhter Streß im Leben der Schütze-Azendenten kann dazu führen, daß die Sexualität ganz ausgeklammert wird. Dann erfordert die Außenwelt so sehr ihre Aufmerksamkeit, daß sie nicht mehr in der Lage sind, ihre Triebe frei und unbelastet auszuleben. Bei Männern führt dies in der Regel zu Erektionsproblemen und bei der Frau zu Orgasmusschwierigkeiten. In solchen vorübergehenden oder längerdauernden Schwierigkeiten tritt deutlich hervor, daß sie im Verbund mit dem Leben und den konkreten Anforderungen nicht in der Lage sind, sich frei und gelöst gehenzulassen. Da die Nativen in den geistig inspirierten Gefilden zu Hause sind, begegnet ihnen in der Sexualität, die, auf einer symbolischen Ebene betrachtet, zum Fortbestand und zum Erhalt der konkreten Welt beiträgt, die eigene Unzulänglichkeit, da auf dieser Ebene weder das Wort noch die gedankliche Welt regieren. Hier zählt eben die Körperlichkeit, und damit hapert es bei ihnen genauso wie in der Bewältigung konkreter weltlicher Themen. Aber gerade den Bereichen, in denen sie nicht so sicher sind, gilt es Aufmerksamkeit zu schenken, denn sobald die Hilflosigkeit zu wachsen beginnt, vollzieht sich der seelische Werdeprozeß des Schütze-Aszendenten, der daran gekoppelt ist, ihm stets das im Bewußtsein Fehlende zu geben.

Schattenthemen: Im Schatten des Schütze-Aszendenten liegt am Deszendenten das Bild der Zwillinge. Zwillinge stellt die äußere Welt dar, in der alles aus kausalen Zusammenhängen besteht. Zwillinge symbolisiert die unzähligen alltäglichen kleinen Funktionen, angefangen vom kommunikativen Austausch, der Freude an der interessanten Welt, die Lust an äußerer Vermittlung und der Bewegung, die Neugierde auf alles Neue bis hin zur hohen Flexibilität, dem Leben in Form eines interessanten Abenteuers zu begegnen. Der Schattenbereich des Schütze-Aszendenten, der sich in den Zwillingen manifestiert, enthält nichts von tiefem Sinngehalt, sondern bewegt sich im Rahmen der reinen Lebensfunktion immer auf der Oberfläche, damit die Welt in Schwung bleibt und sich bewegt. Dies geschieht genauso wertfrei, wie der Atem eines jeden Lebewesens ein und aus fließt.

Deshalb führt die Schattenkonsequenz den Menschen mit einem Schütze-Aszendenten in die ständige Begegnung mit der profanen Welt. Alle kleinen alltäglichen Dinge wachsen für den betroffenen Schütze-Aszendenten zur unerträglichen Qual heran, so daß er sich auf der ständigen Flucht vor diesen ihn von seinen großen Plänen abhaltenden unwichtigen Belangen befindet. Jede Begegnung, jede Ansprache, läßt ihn die große Kluft zwischen ihm und der Welt verspüren. Kein anderer vermag so recht zu begreifen, warum er keine wirkliche Freude an den äußeren Dingen finden kann. Für den Betroffenen selbst wird der Weltkontakt regelrecht zur Qual, weil er Stück für Stück seiner inneren Erhebung hergeben muß und dem Moloch der Welt mit allen notwendigen Belangen zu dienen hat. Indem er immer wieder aus seinem inneren Zustand, seiner in sich gekehrten jovialen Ruhe, hinausgerissen wird, muß er sich vermehrt die Frage stellen, ob denn seine Ideen und Ziele eigentlich wirklich so bedeutsam sind, da sie ja sowieso nicht von anhaltendem Bestand sind. Das Außen wird zu jenem Korrekturelement, in dem er zu spüren beginnt, daß er sein Bewußtsein von Großartigkeit nicht aufrechterhalten kann. Dort erfährt er jene Lebendigkeit, die er in seinen inneren Gefilden nicht mehr besitzt, was letztlich zum Sturz aus dem inneren Paradies führt.

Das Bedürfnis des Schütze-Aszendenten, in alten Büchern zu lesen, ins Theater zu gehen, Kirchen oder sakrale Räume aufzusuchen ist zwar bezogen auf das Geburtsmuster verständlich, doch in diesen einseitigen Wünschen manifestiert sich nur der Drang, Altes, bereits

Durchlebtes noch einmal zu reinkarnieren. Diese alten Bilder tragen für den Schütze-Aszendenten nur deshalb jenen bekannten Geborgenheitsaspekt, weil er sich in diesen Bereichen bereits bestens auskennt. Alles Lesen und Studieren ist für ihn nur ein Wiederaufarbeiten und Rückerinnern an okkultes Wissen aus anderen Existenzen, welches er schon Tausende Male gewälzt hat. Für ihn ist es deshalb wichtig, sich zu vergegenwärtigen, daß er in den Bereichen, in denen er glaubt, sich aufhalten oder sie nochmals manifestieren zu müssen, niemals das innere Wachstum finden wird, welches ihm ein tiefes Bedürfnis ist. Seine Studien bringen ihn nicht weiter, aber die Teilnahme am Leben hilft ihm, sich zu entwickeln.

Der Schütze-Aszendent sollte im Störenfried der Außenwelt jenen Teil erkennen lernen, der ihn wieder einlädt, Neugierde für die Welt zu entdecken. Denn was nützen ihm sein ganzes in ihm schlummerndes Wissen und die hohe Erkenntnisfähigkeit, solange diese ungenutzt in ihm ruhen und nicht im Verbund mit der Außenwelt zum Leben erweckt werden. Die Erkenntnis, daß es nicht sinnvoll ist sich zurückziehen, sondern sich dafür in verstärktem Maße dem Außen zu stellen, ist für ihn schmerzlich, ebenso das Wissen darum, daß nur dann Wandlung entstehen kann, wenn die letzte Subjektivität in ihm abgestorben ist. Damit ist er gefordert, wieder mit jenen Teilen in Kontakt zu treten, die er nur in der Welt finden kann. Sie sind der Schlüssel, der ihm jene Bereiche wieder erschließt, die er glaubt nur in seinen Idealvorstellungen finden zu können. Hier beginnt der Stirb-, aber auch gleichzeitig der Werdeprozeß des Schützethemas, denn Skorpion und Schütze im Tierkreis beschreiben jenen Akt des Sterbens und des Werdens. In der Außenwelt erfährt der Mensch mit einem Schütze-Aszendenten sehr häufig Hinterfragungen, die er selber nicht ausführt, da er sich in einem innerlichen euphorisierten Zustand befindet, der sich an der eigenen Erhebung nährt. Er erfährt aber oftmals über die Funktionen der Welt die Kontrolle, die ihm selber nicht gegeben ist, da seine Dynamik in der Begeisterung entsteht, die mit jedem Skeptizismus oder Pessimismus ihre Dynamik an Intensität verliert. Jede Infragestellung bremst natürlich den Betroffenen. Jedoch, auch wenn der Betroffene selber glaubt, nur auf Hindernisse zu stoßen, vollzieht sich in ihm ein geistiger Feinschliff, den er niemals aus sich heraus produzieren könnte. Aus diesem Grund weist ihn der Weg zu einer höheren Einsicht dahin, sich wieder an die Bedingungen der Welt anzubinden und jenem Teil Aufmerksamkeit zu widmen, der ständig so laut versucht, in sein Leben einzudringen.

Zielidee/höhere Einsicht: Als Themen der Finalität ergeben sich für den Schütze-Aszendenten drei Möglichkeiten, Jungfrau, Waage und Skorpion. Die *Finalität Jungfrau* bringt den Menschen mit dem Schütze-Aszendenten in eine intensive Reflektion und Selbsthinterfragung hinein, da das Jungfrau-Prinzip weit entfernt von allem Ideellen an die rational konkreten Themen der Welt gebunden ist. Das hat zur Folge, daß kaum eine Idee und euphorische Erhebung vor der Jungfrauprüfung standhalten kann. Diese Infragestellungen, welche die Nativen über die Welt oder andere Menschen erfahren, führt zu einer immerwährenden Reduzierung und damit zu einer Anbindung an die Realität. Dies bewirkt, daß der Mensch sich mit den ganz normalen weltlichen Belangen konfrontiert sieht, wobei alle seine Inspirationen und großen Pläne, die in einem Bedürfnis nach Erhebung wurzeln, auf den Boden der Tatsachen zurückgeführt werden. Für den Betroffenen mag dies ein desillusionierender Prozeß sein, doch dieser führt die Begeisterung zu einer notwendigen Hinterfragung, die den Realitätssinn und die Weltentauglichkeit des Betroffenen in Frage stellt. Der Schütze-Aszendent mit Jungfrau-Finalität soll lernen, mit dem Alltäglichen in Verbund zu kommen. In der polaren Welt der Auseinandersetzungen mit ihren kleinen notwendigen Details lernt er, sich und seine subjektiven Belange zu hinterfragen. Dies kristallisiert für ihn Erfahrungen heraus, in denen er erkennen kann, daß die Ideen nur dazu dienen sollen, der Trauer der Inkarnation entgegenzuwirken, indem er sie verdrängt. Das bedeutet aber, daß die Eigner des Schütze-Aszendenten der Konfrontation mit dem tatsächlichen Leben ausweichen, was unweigerlich dazu führt, sich letzlich dem Verdrängten stellen zu müssen. Denn sie wurden geboren, um zu leben, nicht um zu phantasieren. Für die Nativen ist es wichtig, sich im Leben außerhalb der überheblichen Distanz wieder ganz neu zu definieren. Sie müssen lernen, Schritt für Schritt wieder in der Welt neu zu werden. Dabei verhilft ihnen die Einsicht, daß die Welt, die sie so profan und unwichtig empfinden, genau der Teil ist, der ihnen fehlt und der sie bereichern kann. Erst wenn sie verinnerlicht haben, daß sie der Teil bereichert, vor dem sie im Leben Angst haben, beginnen sie sich den Rückweg zu bahnen zu dem Zustand, den sie sich in ihren Sehnsüchten erträumen. Sie, die aus dem Paradies Gestürzten, müssen verstehen lernen, daß die gesamte Schöpfung wie beim mythologischen Sündenfall entsteht, um in der polaren Sichtbarwerdung das Individuum geistig erkennend zu machen. Die Welt will durchschritten und inhaltlich bewältigt werden, damit der Gestürzte wieder in die Einheit zurückkehren kann, was im Klartext unter dieser Finalität bedeutet, daß der innere Einklang mit der Existenz über den Weg der Weltenbewältigung erreicht wird.

Mit der *Finalität Waage* erhält die Zielidee des Schütze-Aszendenten eine ganz andere Bedeutung. Mit dieser Finalität wird deutlich, daß die Betroffenen sich aus echter menschlicher Begegnungsfähigkeit entfernt haben. Sie sind innerlich anderen Menschen gegenüber distanziert und lassen sich im Austausch mit ihnen nicht auf sie ein. Es mangelt ihnen an Berührbarkeit und am Interesse, sich in die Ansichten anderer hineinzuversetzen, denn diese könnten möglicherweise dazu führen, daß sie ihre eigene Weltanschauung in Frage stellen müßten. Unbewußt fürchten sich die Nativen vor solchen Infragestellungen, denn sie könnten dadurch ihre euphorische Mitte verlieren, und der innerliche Einheitszustand wäre bedroht. Um nicht mit sich in ein Zerwürfnis zu geraten, leben Sie mit dem Motto «Leben und leben lassen», was aber nicht Ausdruck ihrer Toleranz ist, sondern egoistischer Selbstschutz. Jede Weltanschauung gerät zwangsläufig durch Kontakt und Austausch mit anderen Menschen in Bewegung, selbst wenn das Umfeld nicht vorsätzlich das Bedürfnis hat, verändernd zu wirken. Jedes zwischenmenschliche In-Beziehung-Treten trägt dieses verwandelnde Mysterium im Keim, wie es auch in partnerschaftlichen Beziehungen wirkt. Durch den Verbund zweier Menschen werden beide vollkommen verändert und entsprechen nicht mehr ihrem ursprünglichen Zustand. Aus diesem Grund hüten sich die Betroffenen besonders vor Außenkontakten, oder sie retten sich in distanziertes Schutzgehabe, das anderen Menschen nicht ermöglicht, zu ihnen vorzudringen. Die Betroffenen sollten ihre vermeintliche innere Erhabenheit über viele Dinge des Lebens als einen angstvollen Schutzmechanismus entlarven, der sie von Erfahrungen fernhalten soll, die das Selbstbild in Gefahr bringen könnten. Ihre innere Haltung gleicht einer Lokalanästhesie, die jene schmerzliche Erfahrung ausschalten soll, die ein «operativer Eingriff» von außen (Kontakt zu anderen Menschen) mit sich bringt. Für die Nativen ist die Erkenntnis von Nutzen, daß ihre Weltanschauungen oder Philosophien erst durch den Kontakt zu anderen Menschen echte Lebendigkeit erfahren. Denn das Wasser ihres unbewegten Wissenstümpels, das schweigend in ihnen ruht, ist schon lange faulig geworden und bedarf dringend der Umwälzung über einen Austausch mit anderen. So tragen also jeder Kontakt und jede Begegnung dazu bei, daß sie nicht verlieren, sondern daß in ihnen auf der Basis ihrer Wissensgrundlage Neues entstehen kann. Dies ist aber an die Bedingung von Begegnung und Austausch geknüpft.

Die dritte Variante der möglichen Zielideen eines Schütze-Aszendenten ist die *Finalität Skorpion.* Über das Thema des Skorpions wird die Notwendigkeit zu innerer Wandlungsbereitschaft besonders deutlich. Skorpion ist das Prinzip der Transformation, aber auch der Regeneration. Jeder lebendige Prozeß ist immer an zyklische Verläufe gebunden, so daß ein Zyklus mit der Phase des Aufbaus und des Niedergangs die Voraussetzung für ein immerwährendes Wachstum schafft.

Diese Bewegung und die damit verbundene echte Lebendigkeit fehlen dem Schütze-Aszendenten mit der Finalität Skorpion. Wandlungsbereitschaft, bezogen auf seine Ziele und Pläne, ist nicht vorhanden. Unter dieser Finalität ist das Bemühen, am alten festzuhalten und sich immer weiter in die bekannte, selbst vorgegebene Richtung hineinzuarbeiten, besonders groß.

Hinter den überzeugend aufgebauten Argumenten verbergen sich nur die Unlust und das Unvermögen, die sich ein galaktisches Weltbild gönnen, um mit den kleinen Details, die die Ergänzung zur Weite darstellen würden, nicht in Berührung zu kommen. Bildlich gesprochen sparen die Betroffenen ihre kleinen «Detail-Schulden» auf einem lange ruhenden Sollkonto an. Die Zahlung der Verbindlichkeiten wird dann allerdings – ganz im Sinne des jovischen Schütze-Prinzips – mit einen großen Schlag fällig. Dann heißt es für sie, sich von den unerbittlichen Erfordernissen, die die Welt an sie stellt, wandeln zu lassen. Skorpion als das Zeichen der Folgerichtigkeit und Konsequenz schleust die Nativen ganz folgerichtig – nachdem sie sich lange nur mit Ideen auseinandergesetzt haben – in die Detailumsetzung hinein. Nun müssen sie beweisen, ob ihre Ideen auch der Realität standhalten können oder ob es nur Illusionen sind.

Die Lernerfahrung unter dieser Finalität lautet deshalb, daß wahre Größe und Vollkommenheit immer im Ausgleich der Prinzipien bestehen, daß nichts ohne seine notwendige Ergänzung existieren kann. Dies gilt auch für ihre eigene Lebensintention, denn sie sind es, die stets festlegen und beurteilen, was sie in ihrem Leben für bedeutungsvoll und sinnvoll erachten. Der Ausgleich dieser Geisteshaltung ist das umgekehrte Entdecken einer Sinnhaftigkeit im äußeren Geschehen. Dies bedeutet vor allem, die äußere Suche aufzugeben und den Sinn im Leben zu finden. Sie sollten verstehen lernen, daß sie sich den Zugang zu jeder tieferen Erkenntnis gerade dadurch verbauen, daß sie immer nur verkrampft versuchen, dem Leben ihren festgelegten Anspruch wie einen Stempel aufzudrücken. Dabei bleibt ihnen die Erfahrung versagt, daß das höchste Glück darin liegt, mit dem, was ist, einverstanden zu sein und sich dem zu öffnen, was der Moment in sich birgt. Es ist bereits alles vorhanden: Jedes ist in jedem, und alles ist in allem, der Sinn ist schon im Leben enthalten, und er muß nicht noch zusätzlich hineininterpretiert werden. Es ist notwendig, daß die Betroffenen den überdynamischen Bedeutungswahn in ihrem Verhalten sehen lernen, der sie von jeder Lebenserfahrung ausschließt, da in ihren Augen alles nur profan und sinnlos scheint. Dazu bedarf es der Einsicht, daß Friede und Erlösung nur im Moment des absoluten Innehaltens zu finden sind und daß zynischerweise die rastlose Suche den Schütze-Aszendenten mit der Finalität Skorpion daran hindert, seine eigene grundlegende Wahrheit zu erkennen. Denn jeder Moment, jede Situation und jedes Wesen enthalten ihren tiefsten Sinn in sich selbst. Die einzige Möglichkeit, ihn zu verpassen und ihn nicht zu erkennen, ist, zusätzlich noch einen bedeutsameren Sinn darin finden zu wollen.

Der Steinbock-Aszendent

Das Urbild Steinbock symbolisiert ein erdig-weiblich-passives Thema, welchem man die Qualitäten des Saturn-Prinzips zuordnet. Es ist das erste Zeichen im vierten und letzten Quadranten des Tierkreises. Im vierten Quadranten walten all jene kosmischen Gesetzmäßigkeiten, vor denen der Mensch mitunter fassungslos steht und die ihn oftmals gnadenlos zwingen, sein Handeln zu hinterfragen. In den Mysterientraditionen wird das Urbild Steinbock als «Hüter der Schwelle» bezeichnet, der die Eingangspforte zum Numinosen bewacht. An dieser Pforte macht der Suchende auf dem Weg die Erfahrung, daß er eigene Vorstellungen zurücklassen muß, von denen er annahm, daß sie für ihn besonders wichtig und unverzichtbar waren. Vor dem Hüter der Schwelle wird der Mensch mit der verzerrten Fratze seiner noch nicht bewältigten Persönlichkeitsanteile konfrontiert. In der Tat lösen sich innerhalb des vierten Quadranten die letzten subjektiven Anteile des Menschen auf, die kosmischen Gesetzmäßigkeiten kommen in diesem Bereich primär zum Tragen. Für den Menschen sind Kontakte mit diesen Gesetzmäßigkeiten immer mit Löseprozessen gleichzusetzen. So lautet denn auch die Frage, die sich dem Individuum auf dem Weg und insbesondere im Verbund mit dem Bild des Steinbocks stellt: Wie viele subjektive Belange sind noch in dir vorhanden? Welche Persönlichkeitsanteile besitzen noch eine zu große Subjektivität, als daß diese die Pforte der entpolarisierten kosmischen Gesetzmäßigkeiten passieren könnten?

Mit dem Urbild Steinbock beginnt die Manifestation eines hoch entsubjektivierten Zustandes, der weit entfernt ist von den weltlichen Belangen, die man besonders in den Bildern von Widder bis Löwe dargestellt findet. Während im Bild des Schützen eine überdimensionale Ausdehnung mit der Sehnsucht nach unendlicher Weite und Freiheit stattfindet, wird dieser Prozeß durch Steinbock beendet. Alles gleichzeitig in die Weite und Ferne Zielende wird zurückgenommen und verdichtet. Damit findet im Vergleich zum vorhergehenden Zeichen eine Einschränkung und eine Begrenzung des Subjektiven auf das Objektive statt. Steinbock repräsentiert das höhere Gesetz, vor dem das kleine Individuum keinen Bestand hat. Mit Steinbock werden alle noch vorhandenen subjektiven menschlichen Bedürfnisse reduziert bis auf den Keim der geringsten Notwendigkeit.

Bewußtwerdung: Analog zur Beschreibung des makrokosmischen Inhaltes verkörpert sich auch im Menschen mit einem Steinbock-Aszendenten ein Zustand, der nur noch wenig Persönliches enthält. Er steht über den kleinen emotionalen menschlichen Dingen und hat aus diesem Grund auch sehr wenig Verständnis für jene, die ihre eigenen Bedürfnisse als besonders wichtig erachten. Schon während der Kindheit fühlen sich Menschen mit einem Steinbock-Aszendenten sehr alt. Sie empfinden das Geborenwerden als eine schwere Bürde, so, als wären sie von der langen Wanderung zu müde, um noch einmal in diese Welt zu inkarnieren. Sie sehen in dem ausgelassenen Schreien und Lachen tobender Spielgefährten nur blödsinnige Zuckungen, da sie deren innere Emotionalität nicht nachvollziehen können. Während die anderen spielen und sich gehenlassen, stehen sie einsam nebendran und behalten den Überblick. Das Verbotsschild vom Grünflächenamt wird nur von dem Kind mit Steinbock-Aszendenten wahrgenommen, und zu seiner Empörung zertrampeln die anderen hemmungslos den Rasen. Da sich das saturnine Kind deutlich spürbar durch seine Reife hervorhebt, wird es von den Gleichaltrigen oftmals gemieden. In deren Augen ist es aufgrund seiner phantasielosen, pragmatischen Art der trockene Spielverderber, mit dem gar nichts richtig Spaß macht.

An diesem Zustand, der schon so früh in der Kindheit zutage tritt, wird sich auch nicht viel ändern, er wird sich möglicherweise im späteren Verlauf des Lebens mit zunehmendem Selbstbewußtsein weiter ausprägen. Dies zeigt sich darin, daß die Betroffenen von klein an versuchen, das Verhalten anderer Menschen zu bewerten und die erlernten kollektiven Gesetzmäßigkeiten, mit denen sie sich identifizieren, zu generalisieren. Mit diesem Verhalten machen sie sich bei anderen Menschen nicht besonders beliebt, da diese sie als Gesetzgeber oder Dogmatiker empfinden. Die Abgrenzung macht sie einsam, da sie sich mit ihrem Verhalten den Zugang zum echten Kontakt verschließen. Sie sind in hohem Maße auf übergeordnete Belange reduziert und fühlen sich zu allen Bereichen, die frei von kleinen persönlichen Anliegen sind, besonders hingezogen. Das Lebensgefühl ist stark angstbeladen, denn unbewußt ahnen sie, daß ein Teil ihres Lebensauftrages lautet, von den persönlichen Belangen in der Welt Abstand zu nehmen. Es ist ihnen unverständlich, wie man dem Leben in freudiger Erwartungshaltung begegnen kann. Für sie bedeutet Leben, daß man mit einer pessimistischen Grundstimmung auf das nächste Unheil wartet.

Die Distanz, die aus diesem abweichenden Lebensgefühl entsteht, führt dazu, daß sie sich einsam und unverstanden vorkommen. Deshalb treffen sie Entscheidungen lieber alleine, da sowieso nicht viele Freunde in Frage kommen, denen man sich mitteilen könnte. Selbst wenn es in ihrem Leben Freundschaften gibt, ist es immer noch fraglich, ob die Bereitschaft vorhanden ist, sich den anderen zu öffnen. Denn für die Nativen mit Steinbock-Aszendenten müssen die Mitmenschen Voraussetzungen erfüllen, damit ihnen die nötige Achtung entgegengebracht wird. Für sie ist es schwierig, die Sehnsucht nach der Akzeptanz und der Sympathie ihres Umfeldes mit dem inneren dogmatischen Anspruch zu verbinden, denn sie fürchten, aufgrund ihrer melancholischen Lebenshaltung gemieden zu werden. Oftmals leiden sie unter schweren Depressionen, die sie wie eine schwarze Wolke empfinden, die sich plötzlich und nicht an kausale Situationen gebunden über ihre Psyche legt. Dies geschieht immer dann, wenn sie den verantwortungsvollen Aufgaben zu entfliehen versuchen, die das Leben für sie bereithält, so daß die nicht getragene Last sich auf die psychische Ebene verlagert.

Das Empfinden von Menschen mit Steinbock-Aszendenten ist in vielen Bereichen blockiert. Man könnte auch sagen, daß der innere Quell der Gefühle versiegt ist. Für die Nativen sind Gefühle gleichzusetzen mit Kontrollverlust, denn sie bringen sie in Bereiche des Undefinierbaren, Unkonturierten hinein, die ihnen fremd und deshalb nicht steuerbar sind. Um dem Gefühl oder emotionsgeladenen Situationen ausweichen zu können, eignen sie sich ein Schutzverhalten an, mit dem sie auf andere höflich, aber distanziert wirken, was auch zu dem Eindruck führen kann, daß sie unnahbar, arrogant und überheblich sind. So gelingt es ihnen, eine Barriere zu den Mitmenschen aufzubauen, die sie vor den gefürchteten Gefühlen der Betroffenheit bewahrt. Allzu enge Kontakte könnten ihr Rollenverhalten durchbrechen und ihren wahren Kern zutage treten lassen. Mit Gefühlen würden sie in jene subjektiven Bereiche hineingelangen, die nicht zu ihrem Muster passen. Einerseits fürchten sie sich vor einem Zuviel an eigener Subjektivität, andererseits ersehnen sie die subjektive Zuwendung anderer, da ihnen diese häufig versagt bleibt. Dies läßt sie in einem ambivalenten Zustand leben, mit dem sie sich allerdings arrangieren, da sie gelernt haben, auf die Dinge zu verzichten, die ihnen vorenthalten blieben. Ihre Vernunft verhilft ihnen dazu, sich mit vielen Situationen des Lebens abzufinden. Da sie das schon in jungen Jahren gelernt haben, ist diese Eigenschaft zu einem starken Bestandteil ihres Wesens geworden. Häufig bauen sich die Nativen in ihrem Leben ritualisierte Bereiche auf, um über die systematisierte Handlungsweise jeden neuen Impuls auszuschließen. Diese Systematisierung erwächst aus dem Bedürfnis, ein Überlebensraster zu gestalten, das ihnen Sicherheit vor den Eventualitäten des Lebens bieten soll. Aus dem gleichen Grund halten sie an einmal getroffenen Entscheidungen fest, die von ihnen langsam und bedächtig getroffen werden. Spontaneität kommt in ihrem Muster zu kurz.

Auch das von anderen geschätzte ordentliche und zuverlässige Verhalten entspringt dem gleichen Quell der Unsicherheit. Denn tief in ihrem innersten Kern sind sie labile, unsichere Personen, die ein Mindestmaß an Richtlinien und Gesetzmäßigkeiten benötigen, um im Leben zurechtzukommen. Die andere Komponente ihres Wesens kann auch in der umgekehrten Form zutage treten, dazu braucht es aber feurige Anteile im Geburtsmuster. Ist dies der Fall, dann erheben sie sich selbst zum Gesetzgeber und treten dem Leben mit Überdynamik entgegen, um auf diesem Wege der Angst nicht begegnen zu müssen.

Analog zum kosmischen Aspekt, der Huterfunktion des makrokosmischen Gesetzes, fühlen sich die Menschen mit einem Steinbock-Aszendenten von allen Regeln und Normen angezogen. Diese werden von ihnen sehr gerne als Richtlinien in das eigene Lebensprinzip integriert, womit sich für sie zugleich eine Chance eröffnet, eine legitime Ebene für den persönlichen Machtanspruch zu haben. Ebenso wie bei den anderen erdigen Aszendenten Stier und Jungfrau bieten ihnen Vorgaben, Gesetze und Gewohnheiten den nötigen Sicherheitsrahmen, in dem sich ihr Leben nach ordentlichen Abläufen sicher, kontrolliert und überschaubar vollziehen kann. Als Untermauerung der Lebensphilosophie dient ihnen die Aussage «man», die stets genau bestimmt, wie man sich zu verhalten, was man zu berücksichtigen, wie man zu arbeiten hat, welche Erkenntnisse man benötigt etc. ...

Niemals geraten die subjektiven Ansichten mit ins Spiel oder gar eigene Ansprüche in den Dialog mit anderen, denn Steinbock-Aszendenten haben kaum Zugang zu den eigenen Bedürfnissen, sondern knüpfen diese meist an öffentliche Themen. Aufgrund ihrer Gesetzesträgerfunktion werden sie immer mehr zum Sprachrohr für Recht und Ordnung, was sie natürlich weiter in der Rolle des unantastbaren Menschen bestärkt. Tief in ihrem Innersten sehnen sie sich nach Ordnung und Struktur, denn in ihrer Seele empfinden sie die Stimmigkeit des großen kosmischen Gesetzes.

Aus diesem Grund schaffen sie sich immer wieder Lebenssituationen, die überschaubar und geplant sind. Haben sie z. B. ein Feriendominizil gefunden, dann wird dieses mindestens die nächsten zwanzig Jahre angesteuert. Stolz berichten sie dann z. B., daß selbst ihre Urgroßeltern immer schon Urlaub auf der Insel Fehmarn machten. Man kennt die Hoteliers und das Ambiente. Der gewohnte Rahmen bietet die beruhigende heilige Ordnung, die selbst in den Phasen der Abwechslung aufrechterhalten wird. Haben sich diese Menschen an bestimmte Nahrungsmittel gewöhnt, so essen sie zehn Jahre die gleiche Marmelade, die gleiche Wurst oder die Brötchen von einem bestimmten Bäcker. Auch auf der beruflichen Ebene sind sie lange gebunden. Sie sind die geeigneten Führungsmenschen oder Stützen von Firmen oder Institutionen, die benötigt werden, damit es in der Firmenchronik heißen kann: «100 Jahre Qualität aus unserem Meisterbetrieb», oder «Wir haben das Automobil erfunden. Unsere 100jährige Erfahrung dient Ihrer Sicherheit» oder «50 Jahre Lebensmittel Hans Dorn – immer für Sie da!»

Im Leben eines Menschen mit Steinbock-Aszendenten sind es meist die äußeren Gegebenheiten, die ihn zu einer Wandlung auffordern, da ihm selber das Gespür für die Notwendigkeit von Wandlungsmomenten fehlt. Genau wie ein Stein, der seine Beschaffenheit von sich aus über Jahrhunderte nicht verändert, sind auch sie nicht fähig, sich von selber zu verändern. Es bedarf einer äußeren Einwirkung, damit eine Erneuerung in ihrem Leben geschehen kann, die dann meist so konsequent ist, daß im nachhinein nichts mehr so bleibt, wie es ursprünglich einmal war – dies dann allerdings wieder für Jahrzehnte. Aufgrund des Bedürfnisses, alles zu fixieren und zu kontrollieren, mögen sie nichts Unvorhergesehenes und Spontanes. Alle Handlungen und Schritte sind voll bewußt durchgeplant oder durchkalkuliert, um nur ja jede Eventualität auszuschalten. In ihrem Leben soll an alles gedacht sein. Auf jede Ansprache, die sie aus den gewohnten Bahnen werfen könnte, reagieren sie mit hohem Mißtrauen. Der höchste Ausdruck von Spontaneität ist ein schnelles und klares «Nein» zu allen neuen Herausforderungen, damit sie sich nicht mit unbekannten Dingen auseinandersetzen müssen. Die Nativen leiden unter ihrer eigenen Wesensqualität, da sie sich im nachhinein über das konsequente ablehnende Verhalten gegenüber ihrer Mitwelt ärgern, denn mit der Zeit werden sie immer einsamer und unbeweglicher. Gerne würden sie sich ändern und über ihren eigenen Schatten springen; doch bietet sich die erste Chance zur Wandlung, verfallen sie unbemerkt in ihr altes Muster. Selbst Kritik von wohlmeinenden Zeitgenossen findet bei ihnen kaum Gehör, weil sie ihre Mitmenschen nicht wirklich ernst nehmen. Denn genau wie sie schon in ihrer Kindheit alle anderen Kameraden nicht akzeptieren konnten, prägt sich der Eindruck immer tiefer bei ihnen ein, daß alle Welt nur aus Kindern und leichtfertigen Gestalten besteht. Wer läßt sich schon gerne von Kindern beraten, die sowieso täglich den Beweis für ihre Unzulänglichkeiten liefern? Die Mitmenschen werden allesamt als unzuverlässig, ungenau und oberflächlich erlebt. Aus diesem Grund kann ihnen niemand «das Wasser reichen», da sie allein mit ihrer Umsichtigkeit den Schlüssel zur Welt in den Händen halten. Ihr Anspruch, den sie an andere Menschen stellen, ist sehr hoch, so daß sie stets in der Gefahr schweben, allein zu stehen und einsam zu werden, sobald die anderen feststellen, wie kalt es im Innenleben des Steinbock-Aszendenten tatsächlich ist. Denn der Mensch mit dem Steinbock-Aszendenten besitzt ganz klare Richtlinien, wie man ihm zu begegnen hat, wie man sich ihm gegenüber zu verhalten hat, welche Grenzen der andere respektieren sollte. Um diesen unerbittlich strengen Anspruch zu vertuschen, geben die Betroffenen gerne andere Signale nach außen, indem sie eine Leichtigkeit vortäuschen, die sie gar nicht besitzen. Den Mitmenschen erscheinen sie in so einem Fall flexibel, tolerant und unverbindlich, was sie allerdings im hohen Maße anstrengt und belastet, da es nicht ihrem wahren Naturell entspricht. Denn innerlich regiert weiterhin der dogmatische Despot, der bei jeder Zuwiderhandlung echte Qualen ertragen muß.

Da Steinbock dem Prinzip der höchsten Bewußtheit und Klarheit entspricht, können sie die Lebenslüge der Leichtigkeit auf Dauer nicht aufrechterhalten. Denn je mehr sie den anderen Menschen Raum in ihren Handlungen geben, desto mehr werden diese unbewußt an Terrain einnehmen wollen, so daß die mit falschen Signalen lockenden Steinbock-Aszendenten immer weiter in die Enge getrieben werden, bis sie beginnen, sich wieder zu behaupten und die wahren inneren Motivationen preiszugeben. Dies führt dann dazu, daß die anderen Menschen zutiefst betroffen sind, da sie in ihrer Unbefangenheit den Menschen mit Steinbock-Aszendenten ganz anders «eingekauft» hatten, als dieser sich nun plötzlich entpuppt. Die erschrockenen Mitmenschen wenden sich ab, und es kommt für den Steinbock-Aszendenten letzten Endes doch zu der gefürchteten Trennung und der daraus resultierenden Einsamkeit. Diese Drucksituation ist nötig, damit die Nativen erkennen, welche Anliegen sie tatsächlich in ihrem Innenraum tragen.

Als Träger eines Aszendenten aus dem vierten Quadranten sind sie aufgefordert, ihrem Leben mit voller Bewußtheit zu begegnen. Genau wie die Skorpion- und die Schütze-Aszendenten müssen die Steinbock-Aszendenten jene Bewußtheit und Konsequenz, die sie immer von anderen fordern, als Maßstab für das eigene Leben ansehen. Bei genauem Betrachten werden die angesprochenen Menschen mit einem Steinbock-Aszendenten erkennen, daß sie sowieso stets den Teil in ihrem Leben ernten, den sie bestrebt sind, fernzuhalten – womit es also keinen weiteren Grund für sie gibt, Zeit und Energie in Überkompensationen zu vergeuden. Alle symptomatischen Lebenskrisen, die aus der Unbewußtheit über den eigenen Machtanspruch resultieren, führen die Betroffenen an ihre innere Fixierung, auf daß ihnen ihr versteinerter Zustand bewußt wird, um auf diesem Weg einen Zugang zu ihrer seelischen Verhärtung zu erhalten.

Kindheitsmythos: Menschen mit Steinbock-Aszendenten fühlen sich in der Welt ähnlich ungeborgen wie die Menschen mit Schütze-Aszendenten. Schon sehr früh, nämlich im pränatalen Zustand, machen sie die Erfahrung, in der Welt nicht erwünscht zu sein. Die Mutter hegt während der Schwangerschaft eine Abneigung gegen die bevorstehende Mutterschaft, weil sie fürchtet, den Anforderungen der Rolle als Mutter nicht gewachsen zu sein. Aus dieser psychischen Belastung projizierte sie das Unwohlsein in die Zukunft. Erst die Schwangerschaft bringt ihr zu Bewußtsein, daß für sie mit der Verantwortung der Ernst des Lebens beginnt. Vielleicht ist die Mutter noch viel zu jung und will gerne bestimmte Bereiche des Lebens auskosten, was durch die nahende Geburt vom Ankömmling vereitelt wird.

Das Kind fühlt die Abneigung der Mutter, und mit seiner unabwendbaren Geburt entsteht in ihm ein schlechtes Gewissen für das eigene Dasein. Die Erfahrung, in der Welt nicht willkommen zu sein, verbindet es mit dem Leben an sich und mit anderen Menschen, so daß es sich aufgrund dieser Kälteerfahrung immer mehr zurückzieht und vorsichtshalber auf Distanz bleibt, um nicht verletzt zu werden. So entsteht aus der scheinbar kausalen Situation ein Verhalten, das die Betroffenen kontaktarm sein läßt, da weder verbindende Gemeinschaft noch Austausch existiert. Allerdings entspricht das dem eigentlichen Naturell der Nativen mit Steinbock-Aszendent, doch sind sie zeitlebens auf der Suche nach der vermißten Geborgenheit und reagieren auch äußerst mimosenhaft auf jegliche Ablehnung. Sie bemühen sich darum, mit anderen Menschen Verbindungen herzustellen, die eine Art «verlängerte Gebärmutter» darstellen, um den Mangel zu kompensieren. In vielen Fällen erleben sie, daß sie sehr früh in der Familie Verantwortung übernehmen müssen, weil die Mutter beispielsweise alleinerziehend oder berufstätig ist. Sie wachsen dann schnell in die Rolle des kleinen Erwachsenen hinein und kümmern sich um die Geschwister oder um funktionale Abläufe im Familiengeschehen. Durch solche Verantwortlichkeiten bleibt ihnen das Kindsein versagt. Während Gleichaltrige spielen, fahren sie das Schwesterchen mit dem Kinderwagen aus oder gehen einkaufen. So lernen sie schon sehr früh zu verzichten, entwickeln sich aber zu geradlinigen und durchaus belastbaren Persönlichkeiten. Das Klima im Elternhaus ist nicht besonders warmherzig, doch sie lernen, trotz der mangelnden Zuneigung und den immer wieder an sie gestellten Leistungsanforderungen problemlos zu funktionieren. Das Bedürfnis nach Zuneigung wächst in ihnen, je mehr sie von der Mutter oder den Eltern abgelehnt werden. Sie versuchen, sich die vermißte Zuwendung zu erarbeiten. Der Leitsatz «Gefühle gegen Leistung» beschreibt treffend das Klima in der Familie. Wie immer die Anforderung von seiten der Eltern an das Kind ausschaut, sie ist niemals wertfrei, sondern immer an Bedingungen geknüpft. Das Kind ist bereit, die geforderten Leistungen zu erbringen, verliert aber über dem Leistungsdruck die Wertfreiheit von Gefühlen. Auch später erlebt es diese als an Bedingungen geknüpft. Für die Nativen werden Gefühle zu einer kalkulierbaren Größe, die sie immer auf einem möglichst niedrigen und damit nicht verunsichernden Level halten. Solchermaßen ihrem Gefühl entfremdet, identifizieren sich die Betroffenen viel lieber mit übergeordneten Normen, wobei ihnen der Zugang zur eigenen Emotionalität verschlossen bleibt. In ihnen erwächst geradezu eine Angst vor der Individualität, so daß ihre Übernahme von kollektivem Rollenverhalten als reiner Selbstschutz gewertet werden kann.

Die Nativen mögen das in stillen reflektierenden Momenten als bedauerlich empfinden, da ihnen bestimmte Gefühlsebenen, die sich für andere Menschen eher offen und unbelastet darstellen, nicht zugänglich sind. Diesen Fakt sollten sie verinnerlichen, damit sie auf dem Weg über die unerlöste Form die eigene Distanz und das eigene Unvermögen, Gefühle offen und frei auszudrücken, kennenlernen. Erst wenn sie verstehen lernen, daß sie nicht Opfer äußerer Umstände sind, sondern daß das Außen lediglich die verdeckten unbewußten Bereiche ihrer Psyche hervorbringt, kehrt für sie in den betroffenen Themenbereichen Normalität ein. Erst wenn sie ihren eigentlichen Wesenskern erkennen und zulassen und die Außenwelt nicht mehr gezwungen ist, ihnen diesen Teil über das Schicksal zu vermitteln, wachsen in ihnen neue Potentiale heran.

Partnerschaftsmythos: Im Bereich der Partnerschaft entwikkeln Menschen mit Steinbock-Aszendenten eine besondere Dauerhaftigkeit. Hier kommt das saturnine Element zum Tragen, das der Zeit (Kronos) zugeordnet wird. Es dauert bei den Nativen sehr lange, bis sie sich öffnen. Aber ist dies einmal geschehen, halten sie an der Partnerschaft fest, um die erlangte Sicherheit nicht zu verlieren. Die in der Beziehung stattfindende Öffnung ist oft so groß, daß sie für sie geradezu bedrohliche Ausmaße annimmt. Sie erhalten dann paradoxerweise die Partnerschaft, um sich wieder verschließen zu können. Mit Routine oder Gleichförmigkeit führen sie sie wieder auf ein unbedrohliches Maß zurück. Dies ist genau der umgekehrte Prozeß, wie er gegenläufig von vielen anderen Paaren angestrebt wird. Dort steht für die meisten in langjährigen Beziehungen das Element der Öffnung im Vordergrund. Selbst wenn die Beziehung im Kern schon keinen Bestand mehr hat, führen die Steinbock-Aszendenten sie aus Gewohnheit und Sicherheitsbedürfnis weiter. Häufig spielt hier das ökonomische Element eine große Rolle. Wenn sie schon so lange in der Verbindung verweilten und viel Energie und Dynamik in diese investiert haben, dann wollen sie auch, so argumentieren die Nativen vor sich selbst, von den Ergebnissen und den sich erst mit der Zeit einstellenden Vorzügen Gebrauch machen (Zugewinn- oder Erbengemeinschaft). Der Mensch mit Steinbock-Aszendent gibt nicht gerne, wie dies bei erdigen Naturen häufig der Fall ist. In Beziehungen wird jeder Pfennig, der dem anderen überantwortet wurde, notiert und festgehalten. Im Geiz spiegelt sich das

Unvermögen wider, dem anderen seine Zuneigung (Venus = Geld) zukommen zu lassen, andere Menschen an den eigenen Energien partizipieren zu lassen, damit diese auf einer seelischen Ebene getragen werden.

In Partnerschaftssituationen sind es dann die Nahestehenden, die mit der unerbittlichen dosierenden Berechnung in Kontakt kommen. Als ausgleichender Pol begegnen den Nativen sehr oft wässrige schwache oder sehr subjektive Menschen, die von der Härte und Kälte betroffen sind und deren Tränen versuchen, das Eis des Steinbock-Aszendenten zu schmelzen. Für ihn wird dann die Partnerschaft zum Grenzbereich, fern seinem rationalen Bewußtsein, denn er wird aller Kontroll- und Rationalisierungsversuche enthoben, da er mit vernünftigen Worten und dem Versuch einer kühlen Aussprache immer nur neue Tränensturzbäche bei den anderen hervorrufen wird. Sowohl in der Partnerschaft als auch in vergleichbaren Situationen des Lebens soll der Mensch mit einem Steinbock-Aszendenten ertragen lernen, daß er in seiner übergeordneten Rolle als Erwachsenenfigur nicht immer gefordert ist, aus Erhabenheit den weichen gefühlvollen Teil in seinem Umfeld zu verurteilen. Vielmehr sollte er die Notwendigkeit erkennen, daß der Kontakt mit Wesen, die ihn als Stütze benötigen, gleichzeitig sehr heilsam für ihn ist, da die von ihnen erzeugten Gefühle in ihm etwas entstehen lassen, das ihn wieder weicher machen kann.

Dieser Aufweichungsprozeß ist nötig, da auf vielen anderen Ebenen in seinem Leben nichts fließt. In ihren Beziehungen ist aufgrund der Verhärtung sowohl bei Frauen als auch bei Männern die Hingabefähigkeit gestört. Bei Frauen führt das dazu, daß sie die Rolle der Frau nicht akzeptieren; sie versuchen, den männlichen regulierenden Teil in der Beziehung zu leben. Häufig neigen Frauen mit Steinbock-Aszendent zu gleichgeschlechtlichen Beziehungen, in denen sie dann den aktiven männlichen Teil übernehmen, da sie sich aufgrund ihres souveränen inneren Potentiales niemals unterordnen könnten, so daß eine klassische Rollenverteilung kaum in Frage kommt. Trotzdem ist jedes Ausscheren aus der Norm für sie besonders schwer, denn innerlich ist ihr Wesen konservativ und läßt originellere Lösungen in den Hintergrund treten. Männer sind in ihren

Beziehungen verkrampft und gehemmt, sie können nicht loslassen, so daß sie sich als unerbittliche Prinzipienreiter entpuppen. Für sie bedeutet es, wenn sie Gefühle zeigen, daß sie über ihren Schatten springen müssen und gleichzeitig über den Kontrollverlust in den Angstbereich geraten.

Häufig zeigt sich das Nichtloslassenkönnen oder die Angst vor der Selbstaufgabe in der Sexualität durch Potenzprobleme. Gerade über die Sexualität geraten die Betroffenen mit der Angst, die Individualität zu leben, in Kontakt. Die inneren Zwänge und Kontrollmechanismen sind so stark, daß sie sich immer mehr verkrampfen. Infolgedessen ist auch die Lust nicht besonders ausgeprägt, denn Sexualität entspricht dem inneren Bedürfnis nach Leben und Selbstaufgabe. Um diesem Bereich nicht bewußt zu begegnen, erheben Sie das eigene Unvermögen, Gefühle zu erleben oder zuzulassen, zum Gesetz, in das sich alle einzufügen haben. Darin liegt die Gefahr, daß sie in ihrem Hang zum Generalisieren andere Menschen in den von ihnen vorgegebenen Rahmen zwingen wollen. Sie sollten sich dabei bewußtmachen, daß sie in vielen Fällen das eigene Unvermögen zum Gesetz erheben, deshalb orientieren sie sich unbewußt an Bereichen, die bestimmte Normen und Formen als Bestand haben. Alle Vorgaben dienen ihnen als «Sicherheitskorsett», welches sie sich gerne anziehen, damit ihnen der Zugang zur eigenen Emotionalität und den daraus erwachsenden Bedürfnissen und Ängsten erspart bleibt.

Schattenthemen: Im Schattenbereich begegnet dem Menschen mit einem Steinbock-Aszendenten das Urbild des Krebses. Als polares Gegenstück zum objektiven Thema des Steinbocks verkörpert es die höchste Form der Subjektivität. In den großen kosmischen Zusammenhängen symbolisiert Krebs die mondige Spiegelung, die die sichtbare Welt in ihren verschiedenen Manifestationen hervorbringt, welche den unwirklichen Abglanz des Geistes darstellt. Krebs ist jener undisziplinierte, weiche, passive und kindliche Teil, der ständig alles für sich in Anspruch nimmt, wie eben Kinder von ihren Eltern einfach alles fordern, was ihnen in den Sinn kommt. Da spielt es keine Rolle, ob diese krank sind oder ob es ihnen anderweitig schlecht geht – die Eltern müssen Tag und Nacht strammstehen, wenn das Kind etwas von ihnen verlangt. Alle Themen, die sich aus dem Krebsbereich ableiten lassen, drehen sich erst mal um die persönlichen Bedürfnisse. Hier spielt es dann eine große Rolle, wie der Mensch sich gerade fühlt, ob ihn etwas beeindruckt und betroffen macht. Auch findet man im Krebsschatten keine Mauern, Grenzen oder Fassaden, die verbergen könnten, was wahrhaftig alles im Menschen an Gefühlen gärt und brodelt, wie dies bei dem verschlossenen Steinbock-Aszendenten der Fall ist. Im Gegenzeichen Krebs tritt immer gleich alles sichtbar an die Oberfläche und wirkt sich auch im hohen Maße auf die – meistens unsouveränen – Handlungen des Menschen aus.

Der Steinbock-Aszendent hat das Thema Krebs am Deszendenten und daraus erklärt sich sein, sinnbildlich gesprochen, Begegnungsdrama. Ihm erscheint sein Umfeld wie ein trotziges Kind, das gleich losplärrt, wenn es seinen Willen nicht bekommt. Das erweckt bei ihm den Eindruck, als würde er nur auf lauter verspielte, eigensüchtige Menschen treffen, denen ihre bauchigen Bedürfnisse mehr wert sind als alles andere. In seinen Augen machen andere Menschen den Eindruck, als seien sie vollkommen unbelastbar und in der Leistungsfähigkeit nicht mit ihm zu vergleichen. Also macht er lieber gleich alles selbst und überlastet sich bis zur Erschöpfung. Ständig erfährt der Mensch mit einem Steinbock-Aszendenten, daß Versprechungen von anderen nicht eingehalten werden oder Leistungen in Details von den Abmachungen abweichen. Stück für Stück bringt ihm die Welt damit bei, daß es außerhalb seiner Fixierungen noch andere Möglichkeiten gibt, dem Leben zu begegnen. Seine Meinung von der Welt mit ihren oberflächlichen, wankelmütigen Menschen ist zwar nicht besonders hoch, jedoch muß er mit der Zeit einsehen, daß er mit seinen Dogmen nicht überall durchkommt. Die Welt lockt ihn häufig, mit mehr Freude seinem Dasein zu begegnen und das Leben nicht so verbissen zu sehen. Doch er nimmt die Angebote selten an, da sie seine Kritikschwelle nicht passieren können. Er ist ein Gefangener im selbst errichteten Kerker der Fixierungen.

Je mehr er in der Außenwelt mit spontanen, lebendigen, mondigen Elementen in Berührung kommt, erfährt seine Seele etwas über das Mysterium des Fließens. Was er an anderen Menschen erlebt und was er an ihnen verachtet, ist gerade jenes hohe Maß an Spontaneität und Begeisterung für alles Lebendige und Neue, welches ihm selber fehlt. Er ist der grauknitterige Greis im Tierkreis, der die saftigen Rotbäckchen der Kinder insgeheim beneidet, sich das aber niemals freiwillig eingestehen würde. Das Thema seiner Sonne zeigt ihm dann, wo das Loch in seiner Mauer geschlagen wird, damit frische Luft, Leben, Licht und Liebe wieder zu ihm hindurchfließen können. Er muß erkennen lernen, daß seine gesamte Fixierung und das Festhalten an alten Strukturen nur aus der Angst heraus resultierten, sich selbst verändern zu müssen. Das, was der Mensch mit einem Steinbock-Aszendenten so sicher als objektives und allgemeines Gesetz anführt, ist nur die vorgeschobene Argumentation seiner großen Furcht, die entsteht, wenn er glaubt, den Boden unter den Füßen zu verlieren. Hinter seinem Skeptizismus verkleidet sich auch jener für ihn schwer erkennbare Teil, der im hohen Maße bei ihm selber subjektiv ist. Denn sein Bedürfnis sich mit Gesetzen und übergeordneten Themen zu identifizieren, entspringt seinem subjektiven angstgeprägten Kontrollbedürfnis. Dieses aber ist sein ganz persönliches Thema, deshalb erlebt er im Schatten in der Begegnung soviel Subjektivität, die ihn schier zur Weißglut treibt, da er in seinem Verhalten nicht erkennen kann, daß *er* es ist, der die Gesetze in seinem Leben definiert. Er sollte sich aber für die Welt wieder öffnen, um in deren Ansprache auch gleichzeitig die Notwendigkeiten zu sehen. Er muß erkennen lernen, daß das einzige beständige Gesetz der Wandel ist und jede Fixierung und jeder Stillstand, im Sinne einer kosmischen Sicht, einem stagnanten todesähnlichen Zustand gleichkommen. Vergleichbar wäre sein innerer Zustand mit Menschen, die sich Kinder wünschen, weil sie die Lebendigkeit und Inspiration der Jugend von außen benötigen, um ihr Leben aufregend und abwechslungsreich zu gestalten. Geht der Mensch mit einem Steinbock-Aszendenten keinen Weg, der ihm die ständige Bereitschaft zum Wandel abverlangt, braucht er Situationen in seinem Leben, über die er dieses Prinzip, das ihm so sehr fehlt, wieder erfahren kann. Er sollte also lernen, in den ewigen Kreislauf der Veränderung, wie es der Jahreslauf ihn symbolisiert, mit einzusteigen, damit er die aus seiner Subjektivität entspringende Starre überwindet und das ewig existierende Gesetz der regenerierenden Transformation entdeckt.

Zielidee/höhere Einsicht: Der Steinbock-Aszendent hat als *Finalität* im Geburtshoroskop *Skorpion* und erhält mit dieser den schlüssigen Auftrag, wieder wandlungsfähig zu werden. Skorpion als das Prinzip der Verwandlung signalisiert auch dem Steinbock-Aszendenten, daß es für ihn wichtig ist, sich innerlich zu transformieren. Er gleicht wie alle Erdzeichen am Aszendenten einem geschlossenen System, in das aus eigenem Antrieb keine Bewegung geraten kann. Die äußeren Situationen tragen allemal dazu bei, daß die Nativen lernen, aus ihren Fixierungen hinauszutreten, um auf diesem Weg wieder wandlungsfähig zu werden. Der Unterschied zwischen dem Schütze-Aszendenten und dem Steinbock-Aszendenten mit der Finalität Skorpion besteht darin, daß der Schütze-Aszendent in seinen Weltanschauungen fixiert ist, um nicht mit der Welt in Berührung zu kommen, da diese ihn aus seiner euphorischen Mitte reißen könnte. Beim Steinbock-Aszendenten ist die Fixierung schon wesentlich existenzieller, denn er hat mit jedem unvorhergesehenen Einbruch das Gefühl, den Boden unter den Füßen zu verlieren. Die Nativen geraten in Angstbereiche hinein, wenn es für sie heißt, die Kontrolle aufgeben zu müssen. Mit jeder einbrechenden Eventualität geraten sie in eine enorme Unsicherheit, die sie mit sich selbst konfrontiert und mit ihren eigenen Ansprüchen, die aber soweit abgespalten sind, daß sie diese nicht in sich selber sehen können, da sie unter soviel objektiven Gesetzen und Ansprüchen verschüttet sind.

Jedes Aufgeben von diesen führt sie immer ein Stück näher an sich selber heran, so daß es für sie bedeutet, hinter der objektiven Vorgabe die Maske zu sehen, die sie vor der eigenen angsteinflößenden Subjektivität schützen soll. Dies ist auch der Grund, weshalb die Nativen in die Einsamkeit geraten, denn in ihr sollen sie erkennen lernen, daß die vermißte Emotionalität und die fehlende Geborgenheit im Leben ihnen dabei hilft, sich der eigenen Abgrenzung bewußt zu werden. Skorpion als das Prinzip der Bewußtwerdung und der Folgerichtigkeit schleust die Betroffenen in einen Erkenntnisprozeß ein, der sie wieder mit dem konfrontiert, was sie in Wirklichkeit sind.

Sie sind immer wieder aufgefordert, sich mit brennglasartiger Klarheit selbst im Spiegel der Bewußtheit zu betrachten. In keiner Verbindung von Aszendent und Finalität tritt das Thema der überpersönlichen Wahrheit so deutlich hervor wie in dieser. Für die Nativen bedeutet dies, daß sie sich über ihre persönlichen Leitmotive und Handlungen auf Dauer nichts vormachen können. Schmücken sie ihr Leben trotzdem mit Illusionen aus, werden sie mit Vehemenz dazu gezwungen, ihre wahren Motivationen mit aller Bewußtheit zu reflektieren.

Jede unsaubere Definition kristallisiert sich über das Schicksal heraus, bis im Zerrspiegel des Lebens in den Ergebnissen die wirklichen Intentionen deutlich werden. Für die Betroffenen handelt es sich dabei um ganz konkrete leidhafte Erfahrungen, doch fördert es den Erkenntnisprozeß nicht, an der leidhaften Erfahrung festzuhalten, sondern er dient den Betroffenen vielmehr als Gradmesser, die Lebensbereiche daraufhin zu durchleuchten, ob nicht im Unbewußten eine andere Wahrheit schlummert, die vielleicht unbequemer ist als die persönlich angenommene. Im Leben der Nativen manifestiert sich stets die volle Wahrhaftigkeit ihrer verschütteten unbewußten Intentionen, die sie allerdings ernstlich ergründen müssen. Dies bedeutet, daß die Nativen auf einer tieferen Ebene, beispielsweise in einer Therapie, nach dem Teil forschen sollten, der sich über das Erlebte in ihr Bewußtsein zu drängen versucht. Die Nativen sollten erkennen lernen, daß die erlebte Dunkelheit der Motor und die Aufforderung sind, sich den Erfordernissen zu stellen, die das Leben über diesen Weg an sie heranträgt. Denn wer vom Schicksal auf den Weg der Wahrheit durch «Stirb und Werde»-Prozesse in Erfahrungsbereiche des Außergewöhnlichen geschleust wurde, der sollte in diesen die Chance für echtes Wachstum und seelische Regeneration sehen.

Der Wassermann-Aszendent

Das Urbild Wassermann, dem man die Qualität des Planeten Uranus zuordnet, symbolisiert ein männliches luftig-neutrales Thema. Es ist das zweite Zeichen im vierten Quadranten und gleichzeitig der Höhepunkt der im vierten Quadranten waltenden Transzendenz. Das mit dem Zeichen Steinbock eröffnete Thema des Überpersönlichen wird vom Zeichen Wassermann weitergeführt und veredelt. Mit dem vierten Quadranten schließt das letzte Viertel den mundanen Tierkreis zu einer Ganzheit zusammen. Der begonnene Prozeß, der sich im Verlauf dieses Quadranten verstärkt, löst mit den letzten Zeichen des Tierkreises (Wassermann und Fische) die noch vorhandenen subjektiven menschlichen Belange auf. Aus kosmischer Sicht ist dieses Geschehen ein notwendiger Prozeß, um die jeweiligen Individuen von der stofflichen Gebundenheit zu befreien.

Für den Menschen allerdings stellt sich ein solcher Kontakt mit höheren Gesetzmäßigkeiten als existenzielle Bedrohung dar, da er die übergeordnete kosmische Ansprache meist nicht versteht. Kosmische Gesetzmäßigkeiten tragen immer das Signum des Paradoxen, weil sie die weltliche Linearität auflösen. Während in Steinbock die Frage dem Zuviel menschlicher Subjektivität gilt, stellt Wassermann die uranische Frage nach der Einseitigkeit im menschlichen Bewußtsein. Alle aus einseitigem Bewußtsein ausgeführten Handlungen werden mit ihrem Gegenpol konfrontiert. Jede einseitige Identifikation und alles andere wird auf diesem Wege unmittelbar entpolarisierend ad absurdum geführt.

Dies macht es schwer, das wassermännische Prinzip im Konkreten zu leben; es erfordert die Loslösung von allen subjektiven Ansprüchen, die der Mensch an das Leben stellt und die sich häufig im menschlichen Bewußtsein in Bewertungen, einseitigen Konzepten und Vorstellungen widerspiegeln.

Bewußtwerdung: Ähnlich wie die Menschen mit Steinbock-Aszendent fühlen sich auch Menschen mit einem Wassermann-Aszendenten von ihrem Umfeld unverstanden und gemieden, denn ihre Seelenqualität entspricht jener übergeordneten weltenfernen

Stimmung. Wegen der inneren Entfremdung leben die Menschen mit einem Wassermann-Aszendenten trotz vieler äußerer Begegnungen mit dem Gefühl, alleine zu sein. Sie empfinden sich als von den anderen getrennt. Um den Schmerz dieses Getrenntseins nicht im vollen Umfang spüren zu müssen, kultivieren sie den Zustand der Separation und beziehen daraus ein elitäres Wertegefühl, ohne ihren Mitmenschen jedoch zu verraten, worauf dieses beruht. Im stillen erhabenen Wissen, besser und anders zu sein, leben sie zwar im Verbund mit anderen Menschen, sind aber von diesen emotional getrennt; sie suchen einerseits deren Anerkennung und nehmen sie doch nicht an, da sie ihnen andererseits kein Urteil zutrauen. Die Entfremdung von den anderen kann soweit gehen, daß sie das Gefühl haben, von einem anderen Planeten zu stammen und hier auf dieser Erde eine besondere Mission zu erfüllen. Dies führt sie dann weg von den normalen Bedürfnissen und Belangen anderer Menschen. Sie befinden sich in dem allgegenwärtigen Zwiespalt, die Nähe ihrer Mitmenschen zu suchen und sich doch im Moment des Aufgenommenwerdens von der Geborgenheit erdrückt zu fühlen. Werden die Erfordernisse der Umwelt zu dominant, gehen sie immer weiter auf Distanz. Hinter ihren Flucht- und Entzugstendenzen steht die unbewußte Angst vor der Bindung. Diese scheinbar kausal begründbare Angst resultiert aus der Ablehnung des Menschseins an sich, dessen persönliche Bedürfnisse dazu führen, immer tiefer in die Materie verstrickt zu werden.

Aus diesem Grund sind ihre Ideen und Ansichten dem Leben immer ein Stück voraus und nicht mit dem Strom der allgemeinen Entwicklung konform. Auch die schicksalsmäßigen Verläufe innerhalb ihres Lebens besitzen keine Geradlinigkeit. Dies zeichnet sich schon sehr früh ab. Immer wenn sie meinen, ihre Identifikation gefunden zu haben, und sie sich an feste Standpunkte klammern, erfolgt ein Impuls, der sie aus der eingenommenen Ruheposition wieder hinausbefördert. Auf einer tiefen seelischen Schicht ahnen die Nativen die ständige Nähe einschneidender Ereignisse. Innerlich befinden sie sich deshalb in einer ständigen Alarmbereitschaft, so daß ihnen daraus andere Wahrnehmungs- und Reaktionsantennen erwachsen, als sie ein Mensch in einem entspannten Zustand besitzt.

Man hat allgemein beobachtet, daß Menschen in Gefahrensituationen, beispielsweise im Krieg, intuitiv blitzschnell richtig handeln und die Signale des Lebens viel schneller aufnehmen und verwerten können als in einem «normalen» Zustand. Eine vergleichbare Form der intuitiven Wahrnehmung besitzen auch Menschen mit Wassermann-Aszendenten, da sie sich seelisch in einer ständigen Ausnahmesituation befinden. Auf andere Menschen wirken sie deshalb unruhig und nervös, da in ihnen jede Faser vibriert. Ihre Beobachtungsgabe ist äußerst geschärft, und häufig besitzen sie eine ungewöhnliche Intelligenz. Ihre besondere Wahrnehmungsfähigkeit zeichnet sie natürlich gegenüber anderen Menschen aus. Sie kennen die Unterschiede zwischen sich und ihren Mitmenschen, deshalb verlassen sie sich kaum auf deren Rückmeldungen, da sie gelernt haben, den Sinnesfähigkeiten anderer zu mißtrauen. Sie leben in dem Bewußtsein, dem trägen Menschen in seinem dumpfen Erdendasein etwas mehr Licht und Erhebung bringen zu können, indem sie ihn auf unbewußte Dinge hinweisen. Der Drang, Bewußtwerdungsprozesse bei anderen anzuregen, läßt sie gegen übernommene und nicht hinterfragte Konventionen rebellieren. Dies hat allerdings auch den Nachteil, daß sie anderen gegenüber äußerst überheblich sind und nicht im geringsten bereit, irgend etwas von ihnen anzunehmen oder sich ihrerseits von ihnen kritisieren zu lassen. Wie Native mit einem Steinbock-Aszendenten spüren auch sie die Distanz zu den Mitmenschen und wollen diese überbrücken. Doch je mehr sie eine Annäherung versuchen, desto mehr müssen sie erleben, wie die anderen Menschen sich von ihnen entfernen und sie meiden, weil sie ihre Andersartigkeit spüren.

Menschen mit einem Wassermann-Aszendenten wirken auf andere distanziert; die argwöhnisch betrachtende Art, mit der sie ihren Mitmenschen begegnen, wird von diesen als Überheblichkeit und Arroganz gewertet. Weil sie das Leben aus einer ganz anderen Perspektive wahrnehmen als die Masse, können sie sich nicht am egozentrierten Treiben der Welt ergötzen, sondern durchblicken schnell das bizarre Spiel menschlicher Eitelkeit. Da sie sich davon distanzieren wollen, dokumentieren sie ihre Andersartigkeit mit eindeutigen Signalen. Dies bringt ihnen keine besonderen Sympathien ein, denn die Masse Mensch kann es nicht ertragen, wenn sich jemand von ihr abhebt. Entweder strebt sie eine Angleichung des Außenseiters an, damit die vorher sichtbaren Unterschiede verschwinden, oder sie meidet ihn, als wäre er ein Träger der Pestilenz. Menschen mit einem Wassermann-Aszendenten erinnern die anderen an ihre stagnante erdverbundene Position, die es ihnen kaum ermöglicht, das Leben anders als aus der «Mäuschenperspektive» zu betrachten. Die Nativen leiten sehr oft bei anderen Menschen Wandlungsprozesse ein, indem sie durch ihr Verhalten oder ihre Anwesenheit Zerwürfnisse auslösen. Unbewußt spürt das Umfeld in der Nähe der Nativen die gleichzeitige Präsenz von Umpolungssituationen, deshalb wirken sie auf diese «ruhestörend», schrill und bizarr. Sie sind die – selten beliebten – Sendboten der universellen Ganzheit, die hinter der irdischen Zerrissenheit steht. Sie müssen die Spaltung aufzeigen und die Probleme der Einseitigkeit jeweils mit dem Gegenpol heilen. Natürlich gefällt das den anderen nicht, denn der uranische Mensch bringt große Unruhe in das scheinbar friedliche Dahingleiten des Lebens. Der Wassermann-Aszendent selbst fühlt sich aber mit den Spuren, die er hinterläßt, auch nicht besonders wohl, denn er erlebt seinen Abstand zu den Menschen überdeutlich. Tief in seinem Herzen trägt er die Empfindung, auf dem Erdenball nicht zu Hause zu sein. Er weiß um seine Außergewöhnlichkeit und will ihr verständlicherweise Ausdruck verleihen, dabei gerät er in den Konflikt, sich an die von Menschen erdachten Gesetze halten zu müssen, doch am liebsten würde er gegen sie verstoßen. Auch in den kleinen zwischenmenschlichen Spielregeln drückt sich dieses Muster aus. Ganz egal, was man für Statements abgibt, der Wassermann-Aszendent sagt blitzschnell «... das finde ich nicht ...» und argumentiert höchst engagiert und in langem Redefluß mit dem Gegenpol. Er weiß schon alles, kann schon alles und hat schon alles, darum ist ihm schwer beizukommen. Seine Argumente sind immer die besseren, weil sie sozusagen «von oben» abgesegnet sind; davon ist der Mensch mit einem Wassermann-Aszendenten überzeugt. Wahrscheinlich stimmt dieser Fakt sogar, denn es fällt jedem schwer, ihm zu widersprechen. Die geistige Genialität und der verbale Seiltanz seiner ausgefallenen Sichtweisen löschen oftmals die Gedanken der anderen einfach aus. Beschwert man sich darüber, reagiert der «uranische Götterbote» erstaunt, denn für ihn entspricht es einer ganz normalen Lebensäußerung, überall die Gegenpole aufzuzeigen, und es wundert ihn eigentlich nur, daß die anderen es nicht so handhaben oder sogar unter seiner Art leiden. Tief im Urgrund seiner Psyche spürt er die Nähe des kosmischen Bewußtseins, mit dem er sich tief verbunden fühlt. Wie der Steinbock-Aszendent lebt er deshalb in einer höheren Weisheit, die sich als entsubjektivierte Ferne von allen kleinen Belangen des Lebens ausdrückt. Ja, er fühlt sich regelrecht aufgefordert, nach Möglichkeiten zu suchen, wie er seine Mitmenschen – buchstäblich: um Himmels willen – aus ihrer Erdenschwere und der für ihn unerträglichen trüben Unbewußtheit ihrer Alltäglichkeit erlösen könnte.

Deshalb steht er ähnlich wie der Steinbock-Aszendent in der Begegnung mit anderen Menschen immer ein wenig im Abseits. Er fühlt sich zwar nicht so alt und von seiner Bürde erdrückt wie der Steinbock-Aszendent, aber sein Blick kommt von noch weiter oben herab, da er die Lebenssituationen aus der Vogelperspektive beäugen kann. Er befindet sich also gewissermaßen immer über der Situation, über den Dingen, und dies nährt seine heimliche Vermutung, etwas ganz Besonderes zu sein. Damit wähnt er sich derart zum Retter auserkoren, daß er sich nicht mehr an dem gefühlsgesteuerten Gerangel irdischer Verwicklungen beteiligen mag. Statt dessen sucht er ohne Unterlaß nach neuen Ideen, die den Menschen auf irgendeine Art und Weise Erleichterung in ihrem animalischem Dasein bringen sollen. Aber die «Herde Mensch» duldet es nicht, wenn ein Wesen beginnt, sich von ihr abzulösen. Bemerkt sie ein solches Verhalten, dann wird sie versuchen, den Abtrünnigen wieder in den Verbund zu integrieren. Da das bei dem Nativen kaum möglich ist, erntet er keine großen Sympathien. Seine allzeit belehrende Art vermindert die Beliebtheit zusätzlich.

Das Lehrertum des Wassermann-Aszendenten unterscheidet sich in einigen Nuancen vom Schütze-Aszendenten, denn er tritt nicht als konkreter Lehrer oder Meister auf, sondern sieht sich selbst eher als ein befähigter Geist, der im Verbund mit seinen Mitmenschen allein durch seine geniale Anwesenheit dafür sorgt, daß seine Gedanken, seine Aussprüche und seine Handlungen dazu beitragen, den anderen Menschen neue Lichter aufzustecken. Seinen geneigten Schülern demonstriert er in anschaulicher Art und Weise, daß er durch seine geistige Vorleistung im Denken und Leben den Schleier der Unbewußtheit der Mitmenschen heben kann. Dann können auch sie ihre Köpfe hochrecken, um ebenfalls in den Genuß jener universellen Weite zu gelangen, die für ihn selbstverständlich ist.

Diese Mutmaßung einer Auserwähltheit und Sonderstellung bezahlt der Träger eines Wassermann-Aszendenten allerdings mit einem sehr hohen Preis, nämlich mit kühler Einsamkeit. Denn nur derjenige kann vollends im Verbund mit den anderen Menschen leben, der gleichfalls neben ihnen unter dem Schleier der Unbewußtheit zu Hause ist. Da dies für ihn aber nicht der Fall ist, muß er es ertragen, zwar einerseits die Bedingungen für andere verbessern zu können, aber gleichzeitig für sein Sosein von den anderen Menschen gehaßt und von ihnen ausgestoßen zu werden.

Damit leidet er an seinem paradoxen Konflikt: Zwar möchte er niemals so sein wie die anderen, doch wenn die Mitmenschen ihn ausstoßen, sehnt er sich dann doch nach einer Verbundenheit mit ihnen. Diese Zerrissenheit ist typisch für ihn. Er muß mit solchen Widersinnigkeiten leben. Um sich auf seinem Wege dennoch Sympathie von anderen Menschen zu verschaffen, setzt er sich für Randgruppen, sozial Schwächere oder in seinem Arbeitsumfeld für die Rechte der Kollegen ein. Dort zeitigt sein Bemühen auch Erfolge, doch selten erhält er den Dank und die Liebe, die er sich eigentlich dafür wünscht. So leidet er unter dem Undank und der «Schofeligkeit» seiner Lämmer und entfernt sich dadurch immer mehr von der Stallwärme der Masse. In der Erkenntnis «Undank ist der Welten Lohn» erlebt er aber etwas sehr Wichtiges. Denn seine Geburtsanlage, die ihre inhaltliche Nahrung aus den geistigen entsubjektivierten Bereichen bezieht, gestattet es ihm nicht mehr, jenen subjektiven Applaus zu erhalten, wie es beispielsweise den Zeichen aus dem ersten und zweiten Quadranten noch vergönnt ist. Applaus und Lohn sind bei Menschen mit einem Wassermann-Aszendenten bereits im Wissen um die eigene Genialität und

Fähigkeit, Bedingungen zu verändern, enthalten. Also kann von außen keinerlei Dank mehr kommen, und er wartet ein Leben lang vergeblich darauf.

Ähnlich wie bei dem Menschen mit Steinbock-Aszendent ist dem Eigner eines Wassermann-Aszendenten der Zugang zu den eigenen Gefühlen schwer möglich. Bei ihm ist allerdings die Quelle der Gefühle nicht verödet wie beim Steinbock-Aszendenten, sondern sie ist ihm einfach sehr fern. Auch hat er erhebliche Ängste, mit seinen und den Gefühlen anderer in Kontakt zu kommen, da diese ihn auf eine menschliche Ebene herabziehen, die ihm eigentlich fremd ist. Aus diesem Grund wehrt er jede Gefühlsregung ab. Erfährt er trotzdem ihre Nähe, besitzt er genügend Konzepte, um Abhilfe zu schaffen, so daß er sich nicht ausliefern muß. Für ihn ist der Kontakt mit dem Gefühl gleichzusetzen mit der Bindung an die grobstoffliche Welt. Je «gefühlsduseliger» es in seinem Umfeld wird, desto mehr fühlt er sich von der Erdenschwere überwältigt. Seine innere Dynamik ähnelt trotz der polaren Unterschiedlichkeit der des Löwe-Aszendenten, der sich mit seiner Subjektivität in der Außenwelt verströmt, so daß er von dort keine Reize aufnimmt. Der Wassermann-Aszendent lebt in dem Bewußtsein, daß alles, was ihn seitens der Welt erreicht, ihm sowieso nicht das Wasser reichen kann und von daher wenig beachtenswert ist. Aus dieser Dynamik heraus versteht sich, daß die Welt den unberührbaren uranischen Nativen mit besonders harten Bandagen hernimmt, damit dieser für die Botschaften des Lebens aufnahmefähig wird.

Aus dem unbewußten Bedürfnis nach Distanz zu den anderen wählen die Nativen häufig ungewöhnliche Berufe, die aus der Masse abstechen. Dies können Tätigkeiten aus dem Bereich der Wissenschaft und Technik sein oder auch aus dem breiten Spektrum des Heilungssektors. Mit dem aus ihrer Tätigkeit erwachsenden Sonderstatus lösen sie das Prinzip der Andersartigkeit ein, welches sonst schwerlich auf anderen Ebenen zu verwirklichen ist. Die ihnen aus dem weltlichen Sonderstatus erwachsende Distanz zu den anderen legitimiert sie; ihre innere Distanz wird quasi amtlich bestätigt. Der ihnen berufshalber entgegengebrachte Respekt verschafft ihnen einen klar definierten Rahmen der Distanz, so daß andere ihnen nicht zu nahe treten können. Selbst ihre Handlungsweisen sind jeglicher Kritikmöglichkeit entzogen, da ihre Betätigungsfelder so spezialisiert sind, daß die anderen ihnen mangels fachlicher Spezialkenntnisse nichts anhaben können. Wagt es dennoch einmal jemand, sie innerhalb ihres Spezialgebietes zu kritisieren, reagieren sie äußerst betroffen ob dieser Verletzung ihres «heiligen Terrains», denn die Kritik holt sie wieder auf den Boden der Tatsachen zurück und führt sie gleichzeitig an ihre eigenen Ängste vor dem Menschsein heran. – Denn sie hatten sich ihre Rahmenbedingungen geschaffen, um nicht mehr als Individuum für eventuelle Fehlleistungen hinterfragt zu werden.

Die Heilkunde ist ein Tummelplatz für die Wassermann-Aszendenten. Diese bietet eine ideale Ebene, auf der sie ungehindert ihr funktionales Bedürfnis nach Hilfe und Verbesserung ausleben können. Deshalb ist der Beruf des Arztes oder auch der des Heilpraktikers eine häufig gewählte Tätigkeit, die es ihnen ermöglicht, ihr inneres Paradox leben zu können. Einerseits wenden sie sich nämlich demütigst hilfsbedürftigen Menschen zu – wobei sie aufrichtig bemüht sind, Linderung zu schaffen und Bedingungen zu verbessern –, doch andererseits garantiert ihnen der aus früheren Epochen existierende Priesternimbus des Ärztestandes (obwohl dieser in der heutigen Zeit nicht mehr aus sich heraus legitimiert ist) jenen Abstand, den sie zu ihren Patienten brauchen. Bei aller Offenheit und Betulichkeit würden sie eine ebenbürtige Begegnung mit den Patienten niemals zulassen, sondern immer auf dem notwendigen Abstand bestehen. Nichts wäre für sie schrecklicher, als die errungene Sonderstellung (im weißen Kittel) wieder hergeben zu müssen.

Ausnahmen von der Regel durchziehen ihr Leben in allen Bereichen. Es ist für sie kaum möglich, Vereinbarungen in ihrer vorgegebenen Form zu übernehmen. Buchen sie z. B. ein Seminar mit Verpflegung und Unterkunft, sind sie mit Sicherheit bemüht, komplizierte Sonderregelungen zu treffen. Dann führen sie tausend Gründe an, weshalb sie lieber in einem anderen Haus wohnen möchten, weshalb sie sich nur makrobiotisch ernähren können oder seit wann sie den Geruch von Pommes frites und Schweinshaxen nicht mehr ertragen. Ihre Gründe sind immer triftig und geradezu zwingend, doch sind sie damit an ihre eigene Schrulligkeit und die Unfähigkeit, sich konkreten Ist-Situationen hinzugeben, ausgeliefert. Man erkennt sie in Gruppen daran, daß sie niemals im Zentrum der Masse sitzen, sondern immer an der Peripherie oder in der Nähe eines Fensters oder einer Tür, damit sie als erste den Raum verlassen können, wenn der große Aufbruch kommt. In der Reihe stehen und dort gar gedrängt zu werden ist eine Horrorvorstellung für sie. Dieses Sondersein zeigt sich auch im Zuspätkommen; da sie sich nicht an formale Regeln halten können, treffen sie dann mindestens zwanzig Minuten nach dem offiziellen Beginn einer Veranstaltung ein. Während alle Teilnehmer ihre Ankunft als störend miterleben, fühlen sie sich in ihrer Sonderrolle recht entspannt. Finden sie nicht die direkte Form für Normabweichungen, die für ihr Leben das A und O sind, und bemühen sie sich, gesellschaftlich angepaßt in den ruhigen Gleichklang des Lebens einzuscheren, dann erfahren sie von außen Situationen, die jede mühsam erstellte Geradlinigkeit stets wieder unterbricht. Häufig gestalten sie ihren Lebensweg aufgrund von Ausbildungen und Studien in einer bestimmten Richtung, die unvermittelt einen Knick erhält und in völlig andere Bahnen läuft.

So entstehen die typischen Aus- und Aufsteiger, die ein langwieriges Studium absolviert haben, und wenn es darum geht, das Gelernte in die Praxis umzusetzen, springen die Überflieger ab, um mit dem frisch erworbenen Chemiediplom oder der Promotion als Jurist eine Blitzkarriere in einem Seifenkonzern, einem Investmentfond oder in einem Wasserfilterunternehmen mit Aufstiegschancen im Schneeballsystem zu machen. Oder die frisch erworbene Heilpraktikerprüfung führt auf Umwegen (wegen der nicht funktionierenden Praxis) zu einer gutbezahlten Tätigkeit als Pharmareferent. Immer aber leiten sie aus ihren Betätigungen ein «Sich-unter-Niveau-Verkaufen» ab. Das gibt ihnen dann tatsächlich die Legitimation, in ihrer augenblicklichen Stellung heimlich und versonnen über den Dingen zu schweben. Im Sinne ihres Geburtsmusters ist ihr normabweichendes Verhalten vollkommen richtig, nur sollten sie es als eine individuelle Ausdrucksform und als eine Sehnsucht für die Einlösung ihres schrulligen Lebensanspruches erkennen, der nur in ihrem uranischen Lebensmuster seine individuelle Gültigkeit besitzt. Berichten die Nativen aus ihrem Leben, entsteht der Eindruck, daß sie sich zum Wohle ihres Umfeldes und zugunsten entstandener Erfordernisse zeitlebens unter Preis verkauft haben.

Vordergründig betrachtet mag dieser Anschein stimmen, doch die Betroffenen sollten sich aus ihrer Christi-Leidensrolle lösen und statt dessen erkennen lernen, daß es nur um den ihnen nicht bewußten Anspruch auf eine Sonderrolle geht, für die sie das Leid der Welt scheinbar heroisch auf ihre Schultern nehmen. Sollten die Betroffenen dies einsehen, eröffnen sich ihnen extrem befreiende Dimensionen, die es ermöglichen, in direkten Formen (ohne Umwege!) ihren Sonderstatus nach Herzenslust auszuleben.

Kindheitsmythos: Menschen mit Wassermann-Aszendent kommen früh mit dem Thema der Ungeborgenheit in Kontakt. Häufig trägt schon die Geburt das Signum vom Verlust der schützenden Einheit mit dem Mutterleib. Die Nativen erfahren dies möglicherweise in Form einer Sturz- oder Frühgeburt. Ebenso kann sich ihre Geburt an ungewöhnlichen Orten einleiten, im Taxi, in dem sich die Mutter auf der Fahrt zum Krankenhaus befindet, oder in einer Telefonzelle, von der aus der helfende Arzt angerufen werden soll. Immer sind es Situationen, die den Mythos des Plötzlichen und Unvorhergesehenen tragen. Eine andere uranische Variante wäre, daß die Mutter ihre Schwangerschaft in den ersten Monaten nicht bemerkt. Oder sie ist für eine Empfängnis eigentlich schon zu alt, so daß sie nach dem Ausbleiben der Monatsblutung unvorsichtiger mit Verhütungsmaßnahmen wird. Auch kann die Geburt des Kindes mit dem Wassermann-Aszendenten dazu dienen, die fehlende Verbindung zwischen den Eltern (wieder)herzustellen. Die Kluft zwischen ihnen kann durch fremde Nationalitäten, durch soziale Unterschiede, ein geringeres Bildungsniveau oder gravierende Charakterdifferenzen mit den daraus erwachsenden schwer miteinander zu vereinbarenden Neigungen entstehen. Bei solchen gewaltigen Unterschieden stellt sich in der Psyche des Kindes ein Zerissenheitszustand ein, der die Aufgespanntheit zwischen den Seelenpotentialen des Vaters und denen der Mutter repräsentiert.

Die Betroffenen werden im Laufe ihres Lebens zwischen den unterschiedlichen Qualitäten hin- und hergerissen, ohne die verschiedenen Persönlichkeitsanteile selbst steuern zu können. Sie fühlen sich häufig als Opfer der gespaltenen Anteile ihrer Psyche. Als Kind werden die Menschen mit Wassermann-Aszendent von der Mutter mit viel Liebe, gleichzeitig aber auch mit verschiedenen Ansprüchen überlagert. Die Mutter überträgt ihre unerfüllten Sehnsüchte und Wünsche auf das Kind, was dazu führt, daß es den Zugang zu den eigenen Bedürfnissen und Gefühlen verliert. Das Kind soll für die Mutter einen bestimmten Auftrag erfüllen, der ihr im Leben versagt geblieben ist. Sie drängt es dazu, ein Studium zu absolvieren, oder nötigt es dazu, Erfolge zu haben. Wie immer dieser mütterliche Auftrag aussehen mag, das Kind wird so sehr überlagert, daß es – von der Mutter fremdbesetzt – eigene Bedürfnisse nicht mehr spürt. Daraus entsteht eine Abwehrhaltung und die Flucht in die rettende Distanz, mit der es sich vor dem elterlichen Übergriff in Sicherheit bringt. Das Anspruchsdenken der Mutter bewirkt beim Kind einen traumatischen Zustand, der zeitlebens erhalten bleibt und immer dann besonders deutlich zu Tage tritt, wenn andere mit Ansprüchen an die Betroffenen herantreten.

Für die Zeit des Heranwachsens ist das Kind den eigenen Ansprüchen entfremdet und entwickelt dadurch zwanghafte Verhaltensstrukturen. Einerseits ist es in hohem Maße auf der Suche nach Geborgenheit und gerät in Panik, wenn ihm diese versagt bleibt. Erhält es andererseits die vermißte Zuwendung, wendet es sich ab und entzieht sich. Aufgrund seines Verhaltens ist es von seiten der Familie und der Mitmenschen nicht einschätzbar, denn egal wie man auf es eingeht – es ist für das Kind nicht stimmig. Die Familienmitglieder reagieren auf dieses widersprüchliche Verhalten mit Ablehnung, da sie durch die einschlägigen Erfahrungen irgendwann die Waffen strecken müsssen und es aufgeben, ihm etwas rechtmachen zu wollen. Die betroffenen Nativen mit einem Wassermann-Aszendenten stehen selbst mit großem Unverständnis vor ihren eigenen Verhaltensweisen, die ihnen immer wieder Rätsel aufgeben. Das Unvermögen, sich definieren zu können, soll die Nativen in einem höheren Maße von der Anbindung an die Subjektivität ablösen. Erst wenn sie aufhören, sich immer wieder neue Identifikationen zu suchen, erhalten sie von sich eine Begrifflichkeit, die jenseits aller weltlichen Konzepte liegt.

Partnerschaftsmythos: Die Ebene der Partnerschaft fördert im besonderen Maße den uranischen Konflikt des Wassermann-Aszendenten zutage. Beziehungen haben unter dieser Signatur nicht die Dauerhaftigkeit, wie sie vielleicht von den Nativen gewünscht wird. Denn über den Konflikt von Distanz und Nähe zieht das uranische Paradox mit in die Beziehung ein, die unter den gegebenen Voraussetzungen sehr schwer zu verwirklichen ist. Sie sehnen sich zwar nach Nähe, doch wenn diese tatsächlich entsteht, dann brauchen sie gleichermaßen die entsprechende Distanz, um die Nähe ertragen zu können. Partner können solche Verbindungen als nervenaufreibenden Prüfstein erleben. Für die Partner ist es schwer nachzuvollziehen, daß sie vom anderen geliebt werden, obwohl dieser gleichzeitig versucht, die Distanz zu wahren. Den ständigen Aktionsdrang, dem die Nativen unbewußt unterworfen sind, begründen sie zwar meist kausal, doch sie überlassen sich ihm, damit echte Geborgenheit und Nähe ihre Psyche nicht aus der Bahn werfen können.

Für uranische Menschen gelten andere Gesetze, als sie vom Gros erfahren werden. Denn für sie besteht die höchste Zuneigung darin, dem anderen geistig nahe zu sein, was für sie aber beinhaltet, daß sie auf physische Nähe und die damit verbundenen Signale der Zuneigung weitgehend verzichten können. Je mehr ein Partner dem Wassermann-Aszendenten mit Erwartungen und Ansprüchen begegnet, desto mehr geht dieser auf Gegenkurs, so daß immer genau das Gegenteil von dem eintritt, was die anderen von ihm erwarten. Die Nativen strafen stellvertretend an ihren männlichen oder weiblichen Partnern Mutter oder Vater, die ihnen den Zugang zu den eigenen emotionalen Bedürfnissen versperrten. Sie quälen unbewußt ihre Partner, die ihr inneres Drama ursprünglich gar nicht verursachten, indem sie ihre seelisch zudringliche Liebe an der eigenen Kälte auflaufen lassen. Diese Mechanismen spielen sich nicht unbedingt auf der konkreten Ebene ab, sondern werden intuitiv ausgeführt, da sie mit ihren feinsinnigen Antennen die Erwartungshaltung der anderen wie ein Seismograph erspüren und sich entsprechend ihrem Muster genau entgegengesetzt verhalten. Auf einer anderen Ebene kann sich ihre Neigung, von der Norm abzuweichen, dadurch ausdrükken, daß sie Beziehungen mit Partnern eingehen, die aus ganz anderen Verhältnissen kommen. Ein Wissenschaftler heiratet beispielsweise seine Raumpflegerin, oder die Tochter aus gehobenem Hause läßt sich zum Entsetzen des Familienclans mit einem brotlosen Künstler ein.

In solchen Fällen kann durch die erhebliche Unterschiedlichkeit, die dem uranischen Prinzip entspricht, im Leben der Nativen Ruhe einkehren. Die erwähnten paradoxen Spannungen werden auf einer anderen Ebene ausgetragen, das Prinzip der Widersprüchlichkeit findet so seine Einlösung.

In ihren Beziehungen begegnen ihnen häufig Menschen, die ganz bei ihren Gefühlen sind und die sich nur für das real Existierende interessieren. Ideelle Themen werden bei den Partnern klein geschrieben, dafür bringen sie den Nativen ganz profane Themen ins Haus. Für die Betroffenen mit einem Wassermann-Aszendenten entstehen auf diese Weise erhebliche Einschränkungen, die zu Konflikten führen. Die entstehenden Emotionsausbrüche in der Partnerschaft führen dann dazu, daß die Nativen daran erinnert werden, vermehrt ihrem Herzen Beachtung zu schenken, nicht nur ihrem Verstand. Sehr häufig entziehen sie sich, um dem Konflikt zu entgehen. Für andere Menschen macht es eben einen Unterschied, ob der Partner tatsächlich am Familienleben teilnimmt und konkret anwesend ist oder nicht. Der Mensch mit dem Wassermann-Aszendenten fühlt sich aber – je näher und verbindlicher seine familiäre Verpflichtung wird – von der Situation erdrückt und flieht, um wieder frei zu sein. Dieses Mysterium ist jedoch von anderen Menschen, die beständiger in ihrem Wesen sind, nicht nachvollziehbar. Sollten die betroffenen Nativen in beschriebenen Situationen Vorhaltungen ernten, heißt das für sie, verstehen zu lernen, daß es notwendig ist, auf die Bedürfnisse und die Gefühle des Partners einzugehen, ihnen zumindest Gehör zu schenken, denn Emotionen lassen sich nicht wegintellektualisieren. Ein vehementes Abbrechen jeder Kommunikation und das völlige Entziehen aus dem Umfeld des liebenden Menschen, aus Frustration vor dem scheinbaren Unverstand, ist nicht die Lösung der bestehenden Konflikte, denn sie sollen im Sinne der Hinwendung an die Welt auch Verständnis für menschliche Belange entwickeln.

Sexualität ist für den Menschen mit Wassermann-Aszendent ein schwieriges Kapitel, da gerade der sexuelle Akt die höchste Form der Bindung an die korporale Welt darstellt. Die mangelnde energetische Ladung ihrer Extremitäten erschwert ihnen die Sexualität. Dies symbolisiert, daß die Nativen sich eigentlich nicht mit der Welt einlassen wollen. Dieser Bereich ist besonders mit den Menschen, die sie lieben, schwer zu verwirklichen. In ihrem Bewußtsein entsteht eine Kluft, da sie über den körperlichen Kontakt in eine zu große Nähe mit dem Partner eintreten, die dann zu der späteren Abstoßung führt. Deshalb gehen sie außerhalb ihrer Liebesbeziehungen Verbindungen mit Menschen ein, die sie auf einer tieferen Schicht verachten. Mit solchen Partnern leben sie ihre Körperlichkeit ganz unbefangen, da sie aufgrund der unbewußt ablehnenden Haltung sich niemals wirklich an sie binden würden. In der eigentlichen Beziehung wird das Körperliche in den Hintergrund gedrängt, damit sie sich im Konkreten nicht einlassen müssen, was dann die baldige Trennung zur Folge hätte, weil ihr Bindungswunsch nach jedem Sich-Einlassen verblaßt. Da sie aufgrund ihrer traumatischen Kindheitserfahrung einen ihnen nahestehenden Menschen nicht in seiner eigentlichen Identität wahrnehmen können, sondern nur mit ihrem subjektiv geprägten Alltagsblick, spiegelt ihr Partner immer nur die eigene enge Perspektive wider. Der Drang zur Flucht repräsentiert die unbewußte Ablehnung, möglicherweise erkennen zu müssen, daß sie im ganz normalen Leben angekommen sind. Für den Menschen mit Wassermann-Aszendent bedeutet das allerdings, daß erst an einer solchen Stelle das Leben beginnt.

Schattenthemen: Dem Menschen mit einem Wassermann-Aszendenten begegnet im Schattenbereich das Urbild des Löwen. Löwe entspricht in der Natur der Zeit des Hochsommers und des blühenden authentischen prallen Lebens. Löwe ist beim Menschen die höchste Potenz der Subjektivität, die in jedem Moment nach außen hin abgegeben wird. Der Mensch mit einem Löwe-Aszendenten – als polares Gegenstück zum Wassermann-Aszendenten – verströmt sich in das Leben und bewertet alles in der Welt nur aus seiner eigenen Sicht. Er kommt gar nicht auf die Idee, daß es parallel zu seiner Betrachtungsform auch noch andere Sichtweisen und Weltanschauungen geben könnte. In dem ständigen Bedürfnis, seine Persönlichkeit dramatisch zu veräußern, bleibt ein Löwe-Aszendent in seiner nicht hinterfragten Potenz völlig unberührt. Genau dieser Teil begegnet dem Menschen mit einem Wassermann-Aszendenten im Schattenbereich, denn er hat diesen von sich abgespalten. Er sieht bei anderen immer den subjektiven, sich nicht hinterfragenden Aspekt, der nur um die eigenen Egobedürfnisse kreist und dabei voll und ganz dem Zauber der irdischen Welt erliegt. Gleichzeitig erinnert ihn dieser Teil daran, wie weit er selber vom eigentlichen Leben entfernt ist. Auch der Wassermann-Aszendent bleibt von jedem Lernimpuls, den das Außen ihm bringt, unberührt, so daß er für vieles «blind» ist, das ihm Wesentliches beibringen könnte. Sein Schatten, den er bei anderen Menschen als egozentriert, in sich ruhend und nichts hinterfragend wahrnimmt, signalisiert ihm, daß er genauso in seiner objektiven Genialität gefangen ist wie sein Gegenpol im subjektiven weltlichen Gerangel. Auch ihn erreichen aus der Welt keine Impulse mehr, da er dem gemeinen Fußvolk keinerlei Achtung und keinerlei Wertschätzung entgegenbringen kann. In seiner Größe ist ihm die Lernfähigkeit für echte Erfahrungen, die seine Person betreffen, abhanden gekommen. Da aber die Genialität bisweilen nur der eigenen Mutmaßung entspringt, ist er – obwohl es sein größtes Bedürfnis ist, frei und ungebunden über den Dingen zu stehen – in seiner Überheblichkeit hoffnungslos gefangen. Er sitzt in seinem Elfenbeinturm und die wichtigsten Lernthemen, an denen er hätte wachsen können, verpuffen ungehört im Raum. Er nickt dennoch wissend, und während er verächtlich schnaubend seine Nase erhebt und seine Augen nach oben schweifen, stellt er seine Ohren auf Durchzug. In dieser ihm eigenen Grundhaltung liegt auch der Motor für die einbrechenden Impulse und Umbrüche in seinem Leben, da nur noch eine größere Instanz außerhalb der menschlichen Niederungen ihn aus seiner Hybris erwecken kann. Denn faßt beispielsweise ein erboster Plutoniker unerbittlich in den Themen nach, die der Besserwisser vorgibt schon zu kennen, stellt man mit Erstaunen fest, daß ein Teil des Wissens nur auf einer Selbsttäuschung basiert und er eigentlich doch ziemlich ahnungslos ist. Was natürlich vom Menschen mit Wassermann-Aszendenten sorgfältigst relativiert wird. Da er das Leben jedoch nur als Außenstehender betrachtet, symbolisiert ihm sein am Leben beteiligter Schatten, wie fremd ihm alles Menschliche und Alltägliche ist. Ihm ist es nur gedanklich möglich nachzuvollziehen, was die Menschen in seinem Schattenbereich mit jeder Faser erfahren und empfinden. In Situationen, in denen er sein Unvermögen wahrnehmen kann, steigen Angst und Ablehnung gleichzeitig in ihm auf. Ihm begegnen z. B. in der Welt Emotionen, und er reagiert auf diese nur mit Kopfarbeit und funktionalen Konzepten, wie man sich ihrer wieder entledigen könnte, um jenen kühlen betrachtenden Zustand in der Psyche wiederherstellen zu können. Für jede Lebenseventualität hält er ein passendes Mittel, eine anschauliche Erklärung, ein Rezept parat, damit er nicht in die Gefahr der menschlichen Betroffenheit geraten kann. Doch gerade in der Betroffenheit würde er sein erstrebtes Heil finden, denn an der Emotionsschwelle findet er jenen Teil, an dem er erfahren kann, wie sehr er mit seinen Konzepten bestrebt ist, der Angst vor den Gefühlen und den Empfindungen zu entrinnen. Er, das erdenferne Wesen, fürchtet aufgrund von weltlichen Kontakten, in den Sog des verschlingenden irdischen Sumpfes zu geraten. Angstvoll rettet er sich in die Höhe seiner geistigen Welten und damit weit in die Ferne von einer echten Befreiungschance.

Zielidee/höhere Einsicht: Der Wassermann-Aszendent hat als Zielidee die *Finalität Schütze* in seinem Geburtsmuster. Das Thema Schütze als Bild der Einsicht und der Weite führt den Wassermann-Aszendenten wieder in jene Bereiche hinein, die ihn erkennend und rückbindend werden lassen. Zwar leben die Nativen oft mit dem Bewußtsein, die Erkenntnisfähigkeit vollendet selber zu verkörpern, doch ist dies für sie eine tragische Täuschung mit folgenschweren Konsequenzen. Denn in ihrem Größenanspruch und ihrem erhabenen Bewußtsein haben sie sich einen essentiellen Zugang selber versperrt – nämlich gerade den zur Erkenntnisfähigkeit. Um ihrer an Autismus grenzenden Abwehrhaltung Einhalt zu gebieten, sollten sie wissen, daß erst nach einer intensiven emotionalen Erfahrung neues Wissen im Menschen Einzug halten kann. Im Sinne der Zielidee lautet der Auftrag, wieder einsichtig zu werden und auf die warme Stimme des Lebens zu hören. Mit diesem Auftrag ist die Notwendigkeit verbunden, wieder an einen gewissen Punkt des Lebens zurückzukehren, den sie nicht mehr bereit waren zu akzeptieren und mit dem sie innerlich schon abgeschlossen hatten. Das Mysterium, das sich dabei stellt, lautet, sich von negativen Einstellungen zur menschlichen Daseinsebene zu lösen; denn ihr Thema ist es, sowohl im Kosmos als auch auf der Erde zu Hause zu sein.

Die Lernaufgabe unter der Finalität Schütze besteht darin, die eigene Distanz zum Leben und die Beziehungslosigkeit zu anderen Menschen zu erkennen. Für sie ist es besonders wichtig, sich in diesem Bereich nichts vorzumachen, denn je mehr ihnen ihr seelisches Bedürfnis nach Lösung von der subjektiven Geborgenheit bewußt ist, desto eher kann in ihrem Leben eine relative Ruhe in jene Prozesse einkehren, die sie ständig aus der Bahn reißen. Sie sollten versuchen zu erkennen, daß sie die Welt als polares Element zwar als profan und bindend empfinden, daß diese Welt aber zugleich den einzigen Bereich repräsentiert, der ihnen den Weg zum Ziel ihrer inneren Sehnsüchte freimachen kann. – Um dies zu erreichen, sollten sie in ihrem Bewußtsein versuchen, die Sinnhaftigkeit, die sie beständig dem Leben aufzwingen wollen, im Leben selbst zu entdekken, um damit wieder wertfrei begegnen zu können. Die Nativen sollten verstehen lernen, daß es wichtig ist, daß ihre Projektionen zusammenbrechen, auch wenn dies für sie schmerzhafte Erfahrungen sind. Die Zusammenbrüche kommen einem Wachwerden in ihrem Leben gleich, damit sie die tatsächliche Umwelt wieder erkennen und akzeptieren. Über solche Manifestationen werden die Vorstellungen entmachtet, und es entsteht eine neue Qualität des Lebens. Nur in der Konfrontation können die alten Wunden, die sich in so vielen Bereichen ihres Lebens in versteckter Form immer wieder schmerzlich melden, geheilt werden.

Die Bereitschaft dazu, sich den Teilen, die ihnen am meisten

Angst einflößen, zu stellen, sollten sie sich im Leben mehr und mehr erarbeiten. Denn im direkten Zugehen auf die Probleme werden diese einen neuen Stellenwert erhalten. Diese Anforderung kommt einem therapeutischen Verfahren gleich, denn auch dort wird der Teil, von dem man annimmt, daß er schädlich sei, gleichsam zum Heilmittel. Gerade der Angstbereich, in dem man sich und sein Ego zu verlieren glaubt, wird zu dem Teil, in dem man das Leben wiederfindet. Hinter dieser schmerzlichen Erfahrung, durch die sich die Nativen immer wieder durcharbeiten müssen, wächst eine neue Qualität heran, welche die Intensität der Lebenswahrnehmung vertieft. So müssen sie sich Schritt für Schritt dem verdrängten Geburtsschmerz und der profanen Stofflichkeit immer wieder erneut aussetzen, um sukzessive die Rückbindung wieder herzustellen. Die Zielidee Schütze beschreibt sehr eindeutig den Sinn, der sich aus der Weltenerfahrung ergeben soll. – Die als Krise erlebte ständige Relativierung aller Werte ist mit dem Symbolgehalt der Wintersonnenwende vergleichbar, die im Jahreslauf zum Ende des Schütze-Abschnitts am 21. 12. liegt. Auch hier kehrt im dunkelsten Winter das Licht zurück. Für den Wassermann-Aszendenten gleicht die Weltenerfahrung dem dunkelsten Winter. Er sollte wissen, daß alles Licht stets in der Dunkelheit geboren wird, was für ihn bedeutet, sich dem «Weltenwinter» zu stellen, damit das Licht wieder in seinem Inneren aufgehen kann.

Der Fische-Aszendent

Das Zeichen Fische schließt als letztes Bild den mundanen Tierkreis ab. Es ist somit die letzte Station der unterschiedlichen Erfahrungsbereiche des Tierkreises, und es beendet zugleich die Lösephase der Subjektivität des vierten Quadranten. Es ist ein wäßriges weibliches Zeichen, dem die Qualität des Planeten Neptun zugeordnet wird. Mit den Fischen wird der in Steinbock begonnene und im Zeichen Wassermann den Höhepunkt erreichende Prozeß der Entsubjektivierung zu seinem Abschluß geführt. In den beiden vorangegangenen Tierkreiszeichen Steinbock und Wassermann wurde das Individuum aus der stofflichen Gebundenheit sowie aus den bewertenden Fixierungen gelöst. Wassermann trägt die paradoxe Erfahrung an den Menschen heran, daß dieser mit dem Gegenteil aller Fixierungen oder Handlungen konfrontiert wird, um mit der Relativität der Dinge und des menschlichen Seins vertraut zu werden. Auch das Zeichen der Fische beinhaltet eine Erfahrung, welche die Bindung an die Subjektivität mindert. Doch im Gegensatz zu den wassermännisch/uranischen Umpolungen verläuft der Löseprozeß mit den Fischethemen schleichend. Handlungen, die mit Nachdruck ein konkretes Ziel anstreben, verfehlen es und verlieren sich im Hintergrund. Auf diese Weise wird jedes subjektive Wollen zugunsten eines Zustandes jenseits aller Polarisierung aufgegeben. Das Fischebild entspricht dem Jenseitigen, dessen Gesetzmäßigkeiten auch auf dem irdischen Bereich ihre Wirkungen zeigen, wenn ein Mensch zu diesem Prinzip eine Resonanz hat. Dies macht die neptunische Erfahrung genauso unsicher wie die uranische. Beide unterscheiden sich darin, daß der uranische Zustand, wie er im Wassermann herrscht, spannungsgeladen und zerrissen, der neptunische wie im Bild der Fische dagegen nebulös, wachsweich und unkonkret ist. In den Fischen lösen sich Polarität und Schuld, die Grundbestandteile der konkreten Welt, auf. Da der Mensch in seiner polaren Welt Entscheidungen treffen muß, damit er sein Leben führen kann, ist die neptunische Lebenserfahrung besonders schwer. Denn jede Entscheidung bindet den Menschen stärker an die polare Welt, da die Einseitigkeit, die sich auf weltliche Bedingungen bezieht, der kosmischen Ganzheit widerspricht. Dem neptunischen Menschen stellt sich die Aufgabe, eine Möglichkeit zu finden, wie er gleichzeitig innerhalb der weltlichen Gesetzmäßigkeiten als auch im Einklang mit den kosmischen Gesetzen zu leben vermag.

Bewußtwerdung: Menschen mit einem Fische-Aszendenten empfinden den Verlauf des Lebens schleichend und zäh, fast als würden sie sich in Zeitlupe unter Wasser bewegen. Das eigene Bedürfnis, zu handeln und nach außen zu wirken, findet bei ihnen keine prägnante Ausdrucksform, vor allem steht es in einem ungleichen Verhältnis zu der harten Intensität der Erfordernisse, die sich ihnen im Außen stellen. Sie erleben dies als einen Konflikt zwischen der inneren feinstofflichen Welt und der harten Ansprache der realen Welt. Für sie scheint das Leben eine Art Zwischenreich zu sein, in dem ihnen nicht so ganz klar ist, wo sie sich nun eigentlich aufhalten sollen. Einerseits leben sie in einer Welt der inneren Bilder und Träume, die ihnen ein hohes Maß an Sicherheit vermitteln und wo sie sich auch am ehesten zu Hause fühlen. Andererseits fordert jedoch das Leben von ihnen, sich den äußeren Bedingungen zu stellen, was sehr häufig den Fluchtmechanismus verstärkt. Dies ist gleichzeitig die größte Herausforderung, die sich Menschen mit Fische-Aszendenten stellt, denn innerlich tragen sie eine Abgeklärtheit in sich, so daß sie von äußerem Glanz und Gloria nicht sonderlich berührt werden. Das Leben erscheint ihnen schal und gespenstisch, und das Interesse an den Dingen, über die sich die ganze Welt freut, scheint ihnen total abhanden gekommen zu sein. Ähnlich wie auch die Steinbock-Aszendenten sind sie im hohen Maße «inkarnationsmüde». Jede Bewegung, die ihnen das Leben abverlangt, kommt ihnen so zäh wie Kleister vor. Aus ihnen selbst entwickelt sich kaum ein Antrieb, dem Fluß des Lebens zu folgen. Sie lassen sich einfach treiben wie ein Floß ohne Besatzung.

Das Ausmaß dieses gleitenden Lebensgefühls läßt sich anhand des Zeichens ablesen, in dem ihre Sonne steht. Da das Zeichen Fische das höchste Prinzip im Tierkreis ist, erhalten die Nativen mit jedem Auftrag, der sich aus der Geburts-Sonne ergibt, die Aufforderung, sich noch einmal Themen zuzuwenden, die in ihren inneren Erfahrungsbereichen schon längst hinter ihnen liegen. Für Menschen mit einem Fische-Aszendenten wird dann der Lebensauftrag – egal welche Geburts-Sonne sie besitzen, zu einer fast unzumutbaren Herausforderung, sich noch einmal Bereichen zu stellen, die ihnen schon bekannt sind. Und doch kommen sie nicht darum herum, da die Lebensthemen eine zwingende Notwendigkeit besitzen, sie mit entsprechenden inhaltlichen Erfahrungen in Kontakt zu bringen.

Aus der Geburt und dem erneut polar gewordenen Zustand entwickelt sich bei den Betroffenen ein ungutes Lebensgefühl, noch einmal in die profane Welt zurückkehren zu müssen. Ähnlich wie beim

Wassermann-Aszendenten empfinden sie zur Welt und den anderen Menschen keine rechte Verbindung. Ängstlich betrachten Menschen mit Fische-Aszendenten das äußere Geschehen immer mit dem Bedürfnis, sich wieder zu entziehen. Sie fühlen sich unbehaglich in Gesellschaft anderer, da diese auf sie meistens roh und unsensibel wirken. Überhaupt machen alle weltlichen Aspekte auf sie einen sehr groben und harten Eindruck, der mit den Sphärenklängen ihrer inneren Welt schwer abzustimmen ist. Nicht, daß sie sich, wie die Wassermann-Aszendenten, der Welt gegenüber erhaben fühlen. Vielmehr fühlen sie sich der Welt nicht gewachsen. Mit großer Müdigkeit blicken sie auf das Leben, und die Welt muß sie schon lange locken, damit sie aus dem Gefüge ihres geistigen Schneckenhauses hinaustreten. Schaut man sich beispielsweise die Symbolik der Geburtsmythen von Kindern mit Fische-Aszendenten an, erkennt man im Geburtsverlauf Aspekte, die sich als Anlage durch das ganze Leben ziehen. Häufig müssen Kinder mit einem Fische-Aszendenten mit fremder Hilfe, also mit einem Kaiserschnitt oder als Zangengeburt, an das Licht der Welt geholt werden. Oder sie sind nach der Entbindung noch so schwach, daß sie in den Brutkasten gelegt werden, um erst einmal die nötige Kraft für das spätere Leben künstlich zu erhalten. Manchmal werden sie von der Mutter getrennt und erfahren schon sehr früh, daß sie in der Welt nicht die Geborgenheit finden können, nach der sie sich sehnen. Oft sind die neptunischen Kinder lange von der Mutter und vom Hautkontakt getrennt, und erste Weltkontakte finden mit einer trennenden Glasscheibe (Neptun) statt.

Die Abneigung gegen das Leben zeigt sich bei den Betroffenen später in Form von Gefühlen, Stimmungen, die aber nicht unmittelbar rational im Verbund mit Begebenheiten erklärt werden können. In ihrem Verhalten äußert sich dies darin, daß sie die klassischen Verweigerer sind, die sofort einen Rückzieher machen, wann immer man beginnt, sie zu fordern oder konkret anzusprechen. Aufgrund ihrer hohen Sensibilität nehmen sie in der Welt alle möglichen Schwingungen und Impulse wahr, die vom Gros der Menschheit wegen mangelnder Feinsinnigkeit nicht erfaßt werden können, da sie nicht in den Bereich des Konkreten gehören. Der Mensch mit einem Fische-Aszendenten nimmt aber unausgesprochene und mental gesendete Dinge genauso – oder sogar besser – wahr wie konkrete Äußerungen. Dies ist eine sehr große Hemmschwelle für ihn, denn er muß ständig gegen seine Wahrnehmungen antreten und trotz des Wissens um unausgesprochene Abneigungen der anderen Menschen ganz normal zum Tagesgeschehen übergehen können. Die Psyche des Menschen mit einem Fische-Aszendenten ist zwischen den Spannungspolen des Jenseitigen und des Diesseitigen aufgespannt. Im Geiste sind die Betroffenen im Jenseitigen angesiedelt, was sich in ihrem Inneren in chaotischer Grenzenlosigkeit ausdrückt. Im Stofflichen werden sie aufgefordert, trotz ihrer Andersartigkeit sich den Bedingungen, die das Leben an sie heranträgt, zu stellen. Ständig schweben sie in der Angst, die Kontrolle über ihr Leben zu verlieren. Denn sie spüren sehr intensiv die Nähe ihres inneren Abgrunds, dem Raum zu geben sie sich fürchten, da er sie sonst in die Tiefe hinunterziehen könnte, was für sie gleichbedeutend wäre mit dem Abtauchen in ein großes Chaos. So ist der wichtigste Schutzmechanimus der Betroffenen, sich zu verschließen und dem sensiblen Teil keine Chance zu geben. Dieser findet dann unbewußt wieder Einlaß, da sie eine starke Resonanz zum Konsum der verschiedensten Drogen haben. Alkohol oder andere Rauschmittel sollen helfen, die Welt durch einen Weichzeichner laufen zu lassen, damit das Leben für kurze Momente wieder erträglich erscheint.

Ähnlich wie die Wassermann-Aszendenten befinden sich auch die Menschen mit Fische-Aszendenten in einer Außenseiterposition. Ihnen bringt die Welt nichts als eine ununterbrochene Auseinandersetzung mit einem Umfeld grenzüberschreitender Härte. Geboren in eine unheimische Situation haben sie nirgends das Gefühl, geborgen und zu Hause zu sein. Egal wo und gleich von wie vielen Menschen umgeben: Sie bleiben einsam, da die anderen nicht ihre Sprache sprechen. Hinzu kommt, daß ihnen die Fähigkeit zur Abgrenzung fehlt. Jeder kleinste Impuls aus der Außenwelt erreicht sie vollkommen ungefiltert, Gedanken oder Gefühle, positive oder negative. Sind sie wieder alleine, brauchen sie oftmals Tage, um sich innerlich von den «geistigen Eindringlingen» zu regenerieren. Dies unterscheidet sie vom Wassermann-Aszendenten, den die Außenwelt nicht berührt. Der Mensch mit dem Fische-Aszendenten wird hingegen von ihr so stark berührt, daß die Betroffenen Mühe haben, den Zugang zu ihren eigenen Bedürfnissen zu finden und diese zu definieren. Denn sie übernehmen von Menschen, denen sie sich kurzfristig geöffnet haben, Bedürfnisse und glauben, es seien die eigenen. Da in den Fischen jede Identifikation aufgelöst ist, haben die Betroffenen Mühe, sich selbst zu finden. Man könnte jetzt leichthin sagen, daß die Nativen sich in allem wiederfinden, nur hört sich das großartiger an, als es sich für die Betroffenen anfühlt. Das Lebensgefühl mit einem Fische-Aszendenten ist geprägt von dem Fluchtinstinkt vor den Härten und Anforderungen der Welt, da die Betroffenen mit jedem Außenkontakt aus ihrem Inneren gedrängt werden. Sie scheuen daher vor Begegnungen zurück und wünschen in vielen Situationen sehnlichst, sich der Welt entziehen zu können. Gerne bleiben sie im Hintergrund und versuchen, kein Aufsehen zu erregen. Als Überkompensation ihrer inneren Feinsinnigkeit schützen sie sich vor Verletzungen, indem sie sich von anderen Menschen distanzieren. Sie argumentieren und handeln mit erschreckender Kälte, sind aber gleichzeitig im Höchstmaß zu Gefühlsregungen fähig, die das absolute Gegenteil darstellen.

Da sich die Nativen in ihrer Grundstimmung einsam und verlassen fühlen, stehen sie große Ängste aus, daß sie möglicherweise von anderen nicht geliebt und angenommen werden. Sie wünschen sich liebevolle Gesten und die Zuneigung anderer Menschen, doch haben sie – wie bei vielen neptunischen Themen – schon im Vorfeld große Ängste, daß ihnen das Gewünschte versagt bleibt. Sie begegnen den anderen daher mit einer so angespannten Erwartung, daß sie geringfügige Anzeichen mangelnder Zuneigung sofort mit harten und den anderen unverständlichen Abfuhren erwidern. Um nicht ständig enttäuscht zu werden, ziehen sie sich immer stärker in sich selbst zurück. Phasen von Alleinsein durchziehen ihr Leben, in denen sie entwurzelt durch die Situationen treiben. Anstatt sich der realen Welt zu stellen, igeln sie sich in Traum- und Phantasiewelten ohne Ecken und Kanten ein. Ähnlich wie Menschen mit Schütze-Aszendenten vermissen auch die Eigner eines Fische-Aszendenten einen verlorenen, nicht benennbaren paradiesischen Zustand, der mit dem realen Weltempfinden nichts gemein hat.

Für sie ist es sehr schwierig, im Alltag zu funktionieren. Immer wieder drohen sie, an den Anforderungen, die die Welt ihnen beschert, zu scheitern und in ein ungeordnetes Chaos abzustürzen. Es gelingt ihnen nur unter großen Mühen, die Probleme des Lebens in den Griff zu bekommen. In vielen Fällen legen die Betroffenen sich mit erheblichem Kraftaufwand ein Schutzverhalten zu, damit ihre wahre Natur nicht zum Vorschein kommt. Nicht selten treiben sie sich damit selbst in den energetischen Bankrott. Die bewußteren Nativen mit einem Fische-Aszendenten stellen sich dem Elend dieser Welt, indem sie soziale und helfende Berufe erwählen, um sich über den Umweg der Außenwelt ihrem inneren Elend zu nähern. So sind sie phasenweise von ihrer eigenen Not befreit, da sie offen dem Teil in die Augen schauen, den sie sonst nicht konfrontieren. In dieser Variante suchen sie ausgesprochen konkrete Betätigungsfelder, um nicht den Boden unter den Füßen zu verlieren. Allerdings nimmt in diesem Fall wieder die Neigung zu, sich zu entziehen und mit Drogen oder über Krankheit dem Alltag zu entfliehen. Das Thema des Subjektivitätsverlustes leben sie in vielen Fällen in der totalen Selbstüberforderung in der Arbeit oder in anderen Betätigungsfeldern. Phasenweise ist die Ablösung von den eigenen Belangen sehr intensiv, so daß sie in den Momenten der Überarbeitung einen Betäubungszustand erleben, der sie vor dem inneren Absturz in das seelische Chaos bewahrt.

Die Weltenablehnung und das Lebensgefühl, nicht so recht zu wissen, wieso und weshalb sie geboren wurden, läßt sie sich dem Leben gegenüber nichts Gutes ahnend verhalten und abwartend begegnen. Selten gelingt es anderen, einen Menschen mit einem Fische-Aszendenten zu einer konkreten Stellungnahme zu bewegen, da diese ihn in eine Verbindlichkeit zwingen würde. Ihre Reaktionen sind sehr undefiniert, und sie lassen sich nicht auf den Punkt bringen oder entziehen sich im letzten Moment. Dies wertet man dann als Unzuverlässigkeit oder auch als Inkonsequenz im Verhalten. Doch man sollte verstehen lernen, daß die Betroffenen in ihrem innersten Keim sehr unstrukturiert sind und jede Fixierung und Festigkeit ihnen seelische Schmerzen verursacht. Auch die Neigung, sich nicht wahrheitsgetreu auszudrücken, hat ihre Wurzeln weniger in der Absicht, andere Menschen zu übervorteilen oder sie hinters Licht zu führen, vielmehr wissen die Menschen mit einem Fische-Aszendenten aufgrund ihrer Sensibilität genau, wie schnell man andere verletzen kann. Ihre Feinfühligkeit führt sie zu einem Verhalten, das von weniger sensiblen Menschen fehlinterpretiert wird. Da sie sich im Leben in einer Art Schwebezustand befinden und auch mit ihren aktiven Impulsen nach außen sehr vorsichtig umgehen, sind es oft die äußeren Umstände, die Dimensionen annehmen, welche die Betroffenen in ganz spezifische Richtungen drängen. Weil sie keinerlei Besitzansprüche mehr an das Leben stellen, fallen ihnen viele Dinge einfach zu, ohne daß sie sich irgendwie bemüht hätten. So hört man beispielsweise, wie sie ohne große Eigendynamik und engagiertes Wollen berufliche Stellungen angeboten bekommen, die sie auf der Karriereleiter emportragen, oder sie werden aufgefordert, altruistische Dienste zu leisten, wodurch sie dann ganz nebenbei eine Popularität erlangen, die sie eigentlich nicht mögen. Denn das Rampenlicht der Welt ist nicht ihr Platz. Sie bleiben lieber im Hintergrund. Sie definieren sich ungern selbst, lieber lassen sie sich von anderen einstufen und an Plätze setzen. Oftmals haben sie auch – ähnlich wie die Wassermann-Aszendenten – die Weichen ihres Lebens in ganz andere Richtungen gestellt, als es dann später tatsächlich verläuft. In ihrer Absichtslosigkeit erfahren sie nicht selten eine Form kosmischer Segnung, die sich andere Menschen vergeblich wünschen.

Durch ihr unbegrenztes Empfinden identifizieren sie sich mit den Ideen und Leitbildern anderer Menschen so sehr, daß sie glauben, es seien ihre eigenen. Um es mit einem Bild zu sagen: Menschen mit Fische-Aszendenten gleichen einem Chamäleon. Sie passen sich in dem Moment, in dem sie einen Lebensraum betreten, farblich ihrer Umgebung an, keinesfalls aus Berechnung, vielmehr mangelt es ihnen an der Fähigkeit, sich in ausreichendem Maße von der Außenwelt abzugrenzen. Im Augenblick der Identifikation empfinden sie sich ganz eins mit dem Angenommenen, so sehr, daß sie nicht entscheiden können, ob der angenomme Lebensraum ihrem eigenen

Bedürfnis entspricht. Um dieser Thematik auf den Grund zu gehen, müssen sie sich intensiv mit sich selbst auseinandersetzen, ein bei ihrer Veranlagung schweres und deswegen gern unterlassenes Unterfangen. Dieses Vermeiden erzeugt in ihnen allerdings eine tiefsitzende Unsicherheit, die sie sehr sensibel auf Verhaltensweisen anderer Menschen reagieren läßt. Negative Äußerungen prägen sich ihrer Psyche so nachhaltig ein, daß sie ihre Betroffenheit kaum verbergen und ihrem Umfeld unbefangen begegnen können.

Ebenso empfindlich reagieren sie auf Stimmungen, die von anderen Menschen ausgehen. Gedanken besitzen für sie die gleiche Wertigkeit wie das gesprochene Wort. Betreten sie z. B. einen Raum mit Menschen, erspüren sie auf Anhieb, ob ihnen Antipathie entgegenschlägt. Stoßen sie auf Ablehnung, dann suchen sie möglichst schnell das Weite; sie ertragen kein angespanntes Klima. Dies gilt auch für große kollektive Stimmungen, häufig empfinden sie intensiv mit, wie die Mehrzahl der Menschen unterschiedlichsten Gefühlsschwankungen unterworfen ist. Auch ihre Träume sind erfüllt mit Bildern und Visionen von Katastrophen, die weiträumig auf dem Globus geschehen, woraus dann Empfindungen entstehen, die so real und intensiv sind, als wären sie selber betroffen.

Alle diese Wahrnehmungen künden in sehr deutlicher Form davon, wie offen und durchlässig die Nativen innerlich sind. Auf einer ganz tiefen Ebene sind sie eins mit allem, denn in ihnen spiegelt sich die universelle Einheit wider.

Kindheitsmythos: Menschen mit einem Fische-Aszendenten erfahren schon sehr früh die Abnabelung von der Mutter. Oft sind sie als Neugeborene zu schwach, um ohne einen längeren Aufenthalt im Brutkasten lebensfähig zu sein. Die durch den Krankenhausaufenthalt bedingte Trennung von der Mutter ist Symbol für das Thema der Ungeborgenheit und zugleich ihre erste weltliche Erfahrung. Glas (Neptun) beraubt das Neugeborene des körperlichen Kontakts, der dabei vermittelten Wärme und Zuneigung, die es in den ersten Tagen seines jungen Lebens so dringend benötigt. Einzig ein distanziertes Winken und ein Lächeln durch die trennenden Glaswände der Quarantänestation erreichen es. Meist ist es kein

Wunschkind und kommt in einer Phase zur Welt, in der die Mutter um ihre eigene Sicherheit ringen muß. Sie weiß selbst nicht, wie sie sich im Leben behaupten soll, sie besitzt keine existenzielle Perspektive oder ist selbst gesundheitlich angeschlagen. In vielen Fällen wünscht sich nur der Vater ein Kind, um einen subjektiven Anspruch zu verwirklichen. Die Mutter wird zur Erfüllungsgehilfin seines Kinderwunsches und ist der Situation einfach ausgeliefert. Bereits das Ungeborene spürt die Abneigung der Mutter, es entwickelt von vorneherein keinen Bezug zu ihr. Diese Beziehungslosigkeit zwischen Mutter und Kind läßt sich später beispielsweise daran ablesen, daß der Nachwuchs bei einer Familienfestivität gelassen auf dem Schoß von fünfzehn verschiedenen Personen sitzt, ohne ein einziges Mal nach der Mutter zu verlangen. Die mangelnde Beziehung zu der Person, die ihm Geborgenheit geben könnte, setzt sich im späteren Leben fort. Häufig wird das Kind von der Mutter, die es als störend oder belastend empfindet, vernachlässsigt, es bekommt weder überschwengliche Liebe noch Körpernähe. Viele Kinder mit Fische-Aszendent wachsen als Schlüsselkinder auf, die Mutter ist berufstätig oder entzieht sich durch Krankheit, Alkoholismus oder Drogen. Da es dem Kind so nicht möglich ist, sich über sein Umfeld zu definieren, wird es sehr empfindlich und unsicher. Es erwartet von anderen Menschen keine Unterstützung. Zugleich wünscht es sich sehnlichst Anerkennung, die ihm die nötige Energie geben könnte, um das Leben zu meistern. Wächst das Kind in geregelten Verhältnissen auf, entwickelt es zu einem Elternteil eine besondere Zuneigung. Es liebt dann entweder den Vater oder die Mutter abgöttisch. Da aber die elterliche Beziehung einen festen Rahmen darstellt, empfindet sich das Kind als Eindringling und fünftes Rad am Wagen. Sehnsüchtig trauert es der unerwiderten Liebe des einen Elternteils nach, da ihm diese nicht alleine gehört.

Sehnsucht spielt eine herausragende Rolle im Leben des Menschen mit Fische-Aszendent. Die Gefühlsintensität, welche die Nativen wahrnehmen können, transponieren sie auf Menschen, zu denen ihnen der Kontakt versagt ist. Diese an eine konkrete Person gebundene Sehnsucht nährt sich aus dem Verlangen, wieder mit dem Ganzen zu verschmelzen, um die kleine Individualität aufzulösen. Auslöser für solche doppelsinnigen Sehnsüchte sind zum Beispiel Trennungs-Situationen, die Heimweh erzeugen wie bei Heimkindern, die stellvertretend eine Geborgenheit im Kollektiv, nicht aber in einem individuellen kleinen Familienrahmen entwickeln. Aus den kindlichen Erfahrungen von Einsamkeit und Verlust versuchen die Nativen, Emotionen und Betroffenheiten durch Distanzierung zu vermeiden. Sie schaffen sich ein Sicherheitsraster, das Enttäuschungen verhindern soll: Sie lassen die Annäherung anderer Menschen erst gar nicht zu und ignorieren selbst deren intensivste Gefühle. Sie lassen die Realität an ihrem Bedürfnis, das Übernatürliche zu erfahren, abprallen. So kommt es, daß ihre Grundstimmung nicht selten die einer abgeklärten Resignation ist, häufig verbunden mit intensivem Konsum von Alkohol oder Drogen oder auch mit der Flucht in religiöse Themen. Da sie ihre eigenen Bedürfnisse kaum kennen, ist es für sie extrem schwierig, ihre Lebensrichtung zu finden. Oft hilft ihnen der Kontakt mit Themen der Sinnsuche, da ihnen für die Schwierigkeiten mit den weltlichen Zusammenhängen durch eine intensive Beschäftigung mit metaphysischen Themen ein ganz anderes Verständnis erwächst.

Partnerschaftsmythos: Innerhalb ihrer Partnerschaften geraten Menschen mit einem Fische-Aszendenten in einen ähnlichen Konflikt zwischen Präsenz und Nichtpräsenz wie der Wassermann-Aszendent. Für die Nativen ist es schwer, die dauerhafte Anwesenheit eines anderen Menschen zu ertragen. Zwar sehnen sie sich nach Nähe und Geborgenheit; sind die Anforderungen, die an sie gestellt werden, jedoch sehr hoch und intensiv, beginnen sie sukzessive, sich zu entziehen. Je unbewußter ihnen diese Tendenz ist, desto stärker wirken die lösenden Aspekte. Sehr häufig entziehen sie sich über Krankheit, sowohl über kurzfristige, mit der sie akuten Belastungen ausweichen, als auch über längerfristige, chronische, auf die sie sich, falls erforderlich, berufen können und die sie für einen längeren Zeitraum in den Hintergrund treten läßt. Unter Menschen mit einem Fische-Aszendenten findet man eine allgemeine Empfindlichkeit und somit auch die latente Anlage zur Hypochondrie. Mit ihren

Krankheiten binden sie den Partner, verschaffen sich aber gleichzeitig eine Legitimation, ihn auf Distanz zu halten.

Eine andere Möglichkeit, private Kontakte auf ein ihnen zuträgliches Maß zu beschränken, ist eine starke berufliche Anspannung, die ihnen wenig Raum für die Belange einer Partnerschaft läßt. Über den Sehnsuchtsaspekt verschaffen sich die Nativen genügend Raum, um nicht konkret werden zu müssen: Sie verlieben sich in Menschen, die räumlich weit von ihnen entfernt oder schon in einer anderen Beziehung gebunden sind. Die widrigen Umstände erlauben es ihnen, in ihrem sehnsüchtigen Schmachten nach dem geliebten Menschen zu verweilen. Unbewußt schaffen sie sich eine Situation, aus der heraus kaum Ansprüche an sie gestellt werden. Deshalb lösen sie sich immer dann von ihrem Traumpartner, wenn dieser für sie verbindlich wird, selbst wenn sie zuvor jahrelang darum gerungen haben, endlich zueinanderzukommen.

Ihre Gefühle für den anderen gelten einer Traumgestalt, nicht so sehr dem realen Menschen. Im Grunde verlieben sie sich in das archetypische Bild, für das das andere Individuum nur der Träger ist. So bleiben dann auch die allerengsten Verbindungen in ihrem Leben in gewisser Weise unpersönlich. In schon länger bestehenden Zweierbeziehungen sind sie zwar körperlich anwesend, führen aber in ihrem Inneren ein ganz anderes Leben. Wie Schlafwandler bewegen sie sich durch die Räume ihres «Zuhauses» und leben doch in ihrer eigenen Welt. Oft halten sie aus Mangel an Selbstbewußtsein an der Beziehung fest, obwohl sie sich gerne von ihrem Partner lösen würden. Vielfach ordnen sie sich einfach unter und verweilen in einer Art Haß-Liebe beim Partner, da sie weder mit noch ohne ihn leben können. Je stärker sie gebunden sind, desto mehr sehnen sie sich nach ihrer Ideal-Liebe, der sie dann, meist unerreichbar in ihrem Umfeld plaziert, hinterherschmachten.

Sexualität ist auch beim Fische-Aszendenten ein Thema, das, vergleichbar mit dem Wassermann-Aszendenten, im Konkreten schwer zu realisieren ist. Bei den Menschen mit einem Fische-Aszendenten verlagert sich der Bereich der Sexualität auf eine subtile Ebene der Phantasie. Je stofflich fordernder der Partner des Menschen mit Fische-Aszendent ist, desto mehr fühlt sich dieser in die

Enge gedrängt, und alle Freude und Unbefangenheit weicht aus diesem Bereich. Die Nativen versuchen sich deshalb der Sexualität zu entziehen. Unbewußt haben sie das Gefühl, daß sie sich um so stärker an die Welt binden, je mehr sie in die Dimension der Sexualität einsteigen. Dies führt dann dazu, daß sie in bestehenden Beziehungen im Laufe der Zeit das Interesse an der Sexualität verlieren, das Triebniveau sinkt auf ein geringes Maß, und der Bereich scheint für sie aus dem Leben geschwunden, bis auf die Momente, in denen sie durch ihren Partner oder die Welt daran erinnert werden. Genauso wie sie kaum zum eigenen Körper Kontakt haben und diesen nicht spüren – weshalb sie auch mit diesem Raubbau treiben –, siedeln sie das Thema der Körperlichkeit und Sinnlichkeit mehr im Reich der Phantasie an, damit sie der rauhen Wirklichkeit entkommen können.

Schattenthemen: Dem Menschen mit einem Fische-Aszendenten begegnet im Schatten das Ur-Bild der Jungfrau. Jungfrau ist im Zeitraum der Natur die Zeit der Ernte und der Sicherung, da man in den Zeiten, in denen es noch keine Hochtechnisierung gab, dafür sorgen mußte, genügend Vorräte einzulagern, um über den bevorstehenden Winter zu kommen. In diesem Zeichen ist der Mensch als Individuum aufgefordert, sich an die Bedingungen, die die Welt an ihn heranträgt, anzupassen. Menschen mit einem Jungfrau-Aszendenten bilden das polare Gegenstück zum Fische-Aszendenten, sie sind im hohen Maße an realen und konkreten Lebensthemen interessiert. Sie versuchen der manifesten Ebene ein großes Maß an Sicherheit abzugewinnen, damit sie nicht in das Chaos der Ungewißheit stürzen. Alles, was nicht definierbar und erklärbar ist, verursacht ihnen eine immense Angst, und sie glauben dann, den Boden unter den Füßen zu verlieren. Dem Menschen mit einem Fische-Aszendenten begegnet in seinem Schattenbereich, symbolisiert durch das Bild der Jungfrau, das Thema der Sicherung und der Anpassung an die Bedingungen der Welt, da er selber konturlos ist.

Für ihn wird das Leben an sich zum Schatten, da sein innerer Zustand einem jenseitigen Zustand gleicht. Dafür lassen sich nun beliebig alle Betätigungsfelder einsetzen, denn die Nativen fühlen sich durch jeden weltlichen Themenbereich ihres inneren Schwebezustandes beraubt. Der Schatten gibt dem Menschen mit dem Fische-Aszendenten jenen Teil, der ihn zur Anpassung zwingt, zurück. Über die Erfahrung mit seinem Schatten lernt er erkennen, daß seine Sensibilität und seine Feinsinnigkeit erst vollkommen zur Entfaltung kommen, wenn er mit der grobstofflichen Welt intensiven Kontakt pflegt. Auf einer übergeordneten Ebene dient er als Träger eines neptunischen Stromes, der sich über ihn ausdrücken kann. Vergleichbar ist diese Mittlerfunktion mit bestimmten Gesetzen, die man auch im Bereich der Mystik wiederfindet. Echte Mystik kann nur auf dem Boden der Realität gedeihen, denn ohne die Realität und eine konkrete Anbindung an die Welt stürzt der Mystiker in den Wahn ab, da er den für seine Arbeit notwendigen Boden der Realität verliert. Der Mystiker muß lernen, auf der Basis des Stoffes die Stärke seines Innenraumes zu verkörpern.

Das gleiche gilt für den Menschen mit einem Fische-Aszendenten, wenn er von der Welt immer wieder eingeladen wird, aktiv am lebendigen Geschehen teilzunehmen. Das Leben signalisiert ihm damit, daß er sich nicht in seine Innenräume oder in das Chaos zurückziehen sollte, sondern daß seine Heilung darin besteht, sich wieder an jene Bereiche anzubinden, von denen er glaubt, sie nicht ertragen zu können. Gerade im Dienst (Jungfrau) an anderen beginnt sich in ihm ein Spektrum zu öffnen, das weit hinter der Vorstellung des Subjektiven liegt. Ist er dazu bereit, karitative Tätigkeiten auszuführen, beginnt er in sich eine Weite zu spüren, die ihm Dimensionen vermittelt, die ihm vorher verschlossen waren.

Native mit einem Fische-Aszendenten sind mit ihrer Geburtsanlage Mittler und Träger von Inhalten zwischen Kosmos und stofflicher Welt. Aus diesem Grund werden sie meist von höherer Warte in Richtungen hineindefiniert, deren Sinnhaftigkeit ihnen verborgen ist. Wählt man einen Vergleich aus der Ritualistik, dann wird der neptunische Mensch von einer höheren Instanz beamtet. Er ist gefordert, in den sich bietenden Wirkungskreisen präsent zu sein, wie ein Priester im Amt, dessen wichtigste Funktion es ist, zwischen oben und unten zu vermitteln. Diese Mittlerfunktion kann allerdings nur dann wirklich stattfinden, wenn der Priester sich mit seinen persönlichen Belangen zurücknimmt und – ganz wie es sein Talar symbolisch darstellt – als Persona vollkommen unter seinem Ritualkleid verschwindet.

Eine vergleichbare Aufforderung ergeht an den Menschen mit einem Fische-Aszendenten. Er soll selbstlos auf bestimmten Ebenen anwesend sein, sich von der Welt ansprechen lassen und seine subtilen Aufträge erfüllen. Manchmal kennt er diese Aufträge nicht einmal, er ist dann nur zur richtigen Zeit am richtigen Ort, und so unglaublich es auch scheinen mag, mitunter genügt seine bloße Anwesenheit, daß sich in anderen Menschen Veränderungen vollziehen. Wo immer er anwesend ist, beginnen sich über ihn Themen und Qualitäten auf einer nonverbalen Ebene auszudrücken, die nicht unbedingt im Zusammenhang mit den vordergründigen Handlungen stehen müssen. Dies könnte z. B. eine Tätigkeit als Visagistin beim Theater sein. Als funktionaler Auftrag der Welt lautet das Thema, andere Menschen in ihrer äußeren Optik zu verändern. Auf einer feinstofflicheren Ebene jedoch übertragen sich aufgrund der äußeren rationalen Vereinbarung des weltlichen Gefüges während der Arbeit auf einer nonverbalen Ebene alle Erfahrungen und bereits durchlebten Potentiale auf die anderen Menschen. Diese Übertragung findet natürlich auch bei jeder anderen Tätigkeit statt, dies kann auch beispielsweise auf der Ebene der Kommunikation oder in Dienstleistungsbereichen vorkommen. Der Kernpunkt dieses nicht zu unterschätzenden Mechanismus ist, daß der Fische-Aszendent den anderen auf einer «Alibi-Ebene» begegnet. Durch ihre Bereitschaft, eine Leistung vom Nativen anzunehmen, öffnen sich die anderen Menschen ihm, und es kommt zum beschriebenen Mechanismus.

Bezogen auf ihr Betätigungsfeld sollten die Menschen mit einem Fische-Aszendenten bereit sein, dem Ruf des Lebens – egal in welche Richtung – selbstlos zu folgen. Dann eröffnet sich ihnen ein übernatürliches Mysterium, an dem sie erleben können, wie es möglich ist, über sich selber hinauszuwachsen. Denn derjenige, der vollkommen damit einverstanden ist, wie sich seine Welt gestaltet und der aufgrund seiner Handlungen dem Leben antwortet, lebt voll im neptunischen Gesetz und schafft damit eine Basis, auf der sich Lebendigkeit in ihrer Echtheit formieren kann. Dies ist der Umkehrpunkt für die Nativen, an diesem beginnen sich Löseprozesse in Wachstumsprozesse zu verwandeln.

Alle Ängste, die aus der Ablehnung von Neuem entstehen, schwinden, und es kehrt Einverständnis ein, da in der Loslösung von der eigenen Subjektivität bereits genügend Auflösung im Sinne des Neptun-Themas besteht. Der Mensch mit einem Fische-Aszendenten soll wieder lernen, im Außen eine Sinnhaftigkeit zu sehen, damit sein Leben wieder einen Inhalt bekommt. Im Sinne seines Musters lebt er besonders stimmig, wenn er sich von der Welt mit ihren Anforderungen wieder ansprechen läßt, ohne sich zu entziehen. Dies gibt ihm jene heilende Kraft zurück, um die er in vielen Situationen seines Lebens ringt, da er glaubt, dem Geschehen nicht gewachsen zu sein. Trotzt er seinem Rückzugsbedürfnis, vermag er Zeuge eines ungeahnten Wachstums zu werden. Dazu ist es erforderlich, sich über Mutmaßungen und Scheinängste hinwegzusetzen, damit er den Weg für strömende Kräfte jenseits der materiellen Schwelle freimacht, für die er eine Brücke bildet, damit diese über ihn mit der Welt in Korrespondenz treten können.

Zielidee/höhere Einsicht: Der Fische-Aszendent hat in seinem Geburtsmuster die Finalität Schütze, die auch bei ihm auf das Erfordernis zur Rückbindung an das Leben hinweist. Primär geht es allerdings nicht wie beim Wassermann-Aszendenten mit *Schütze-Finalität* um die Aufforderung, wieder eine Erkenntnisfähigkeit zu erlangen, sondern darum, im Leben wieder einen Sinn zu sehen. Der Fische-Aszendent ist keineswegs so abgegrenzt und ignorant bezogen auf das Leben wie der Wassermann-Aszendent, vielmehr mangelt es den Nativen an einer Zielrichtung im Leben, da sie zu offen für die äußeren Reize sind und deshalb keine eigene Kontur besitzen. In ihren inneren Welten fühlen sie sich zu Hause, dort können sie sich Zugang zu Bereichen verschaffen, die wesentlich leichter und paradiesischer sind, als sie diese auf der konkreten Ebene antreffen. Das Wissen um leichtere und schönere Bereiche außerhalb der stofflichen Welt läßt sie deshalb in einem statischen inneren Schwebezustand verweilen, den sie nicht gerne verlassen. Doch gerade diese Antriebslosigkeit ist es, die sie überwinden sollten. Trotz des Wissens um die Schwere der äußeren Welt inkarnieren sie auf dieser Ebene, um auf ihr zu agieren.

Denn im Sinne der Lebensnotwendigkeit geht es nicht darum, wie die Nativen das Leben und die damit für sie verbundenen Wahrnehmungen und Gefühle bewerten, sondern primär um den Dienst, den sie durch ihre weltliche Präsenz am Kollektiv leisten.

Menschen mit einem Fische-Aszendenten sollten sich im Sinne einer höheren Einsicht vergegenwärtigen, daß sie zwar konkret und körperlich auf dieser Ebene anwesend sind, aber nicht in dem Maße, wie es für die erforderlichen Erfahrungen notwendig ist. Sie sollten sehen lernen, daß es ihr Bestreben ist, sich dem Konkreten zu entziehen, was erschwerend auf ihr Lebensgefühl wirkt und nur dazu führt, daß die Weltenerfahrung immer erdrückender und konkreter wird. Der neptunische Mechanismus für den Fische-Aszendenten wirkt genau in die entgegengesetzte Richtung, denn je mehr innere Freiheit sie in Anspruch nehmen wollen, desto eher kommt es zu Drucksituationen, und je mehr sie sich freiwillig dem Konkreten mit seinen schweren Erfordernissen stellen, desto mehr gestalten sich auf vielen Ebenen die Lebensverläufe einfacher und flüssiger.

Die Zielidee Schütze symbolisiert im Ergebnis die Wiederaufnahme der Sinnsuche im Leben mit dem Auftrag sich von einseitigen, möglicherweise ideellen Phantasien oder von unkonkreten Traum-Bildern zu befreien, um den Aspekt der Ganzheit in der Welt wiederzuentdecken. Die innere Angst und die gespannte Aufregung, welche die Nativen in den verschiedensten Situationen des Lebens spüren, gehört zu ihrem Leben dazu und gleicht dem Motor einer ganz besonderen Qualität, denn Kräfte, Energien, Erfahrungen mitteln sich über die Nativen mit dem Fische-Aszendenten.

Die ängstliche Spannung, die in Interaktion mit anderen Menschen entsteht, ist als ein Signal ihrer eigenen Egoanteile zu werten, die sich immer dann melden, wenn sie vor Situationen stehen, in denen sich eine geistige Kraft über sie ausdrücken möchte. Vergleichbar ist dieser Mechanismus mit Rednern oder Schauspielern, die vor ihren Auftritten unter großem Lampenfieber leiden, welches im Moment des Auftrittes jedoch sofort verschwindet und einem Zustand weicht, in dem die zuvor noch Ängstlichen über sich selbst hinauswachsen. Dieser Mechanismus gilt auch für die Menschen mit dem Fische-Aszendenten, denn sie vermögen in gleicher Form über sich hinauszuwachsen, wenn sie verstehen, daß der Schlüssel zu diesem Mysterium in der Präsenz verborgen liegt, nämlich dort, wo sie sich dem Leben mit seinen Anforderungen stellen. Die empfundene Angst entspringt nur dem Ruf der Seele mit ihren subjektiven Persönlichkeitsanteilen, die Signale senden, wenn sie von dem überpersönlichen Teil verdrängt werden – jener unbekannten Kraft, die nur über die neptunischen Menschen in den Verbund mit dem Umfeld treten kann. Vergleichen könnte man die zeitweise vorhandene Angst mit dem Geräusch eines Automotors, das immer wahrnehmbar ist, wenn das Fahrzeug gestartet und damit fahrbereit ist. Das Geräusch wächst als Begleiterscheinung mit der zunehmenden Kraftentfaltung des Motors. Genauso signalisieren die innere Unruhe und die angstvolle Gespanntheit der Nativen den vorhandenen Kraftstrom, der sich weiter entfalten möchte.

Betrachtet man diesen Lebensaspekt im Verbund mit der Finalität Schütze, bedeutet dies, daß die Fische-Aszendenten Brückenbauer zu anderen Ebenen sind, doch die Brücke wird erst nutzbar, wenn sie selber den Weg freigeben. Die Angst oder innere Unruhe sollte von ihnen als Signal gewertet werden, gerade dann, wenn sie vorhanden ist, sich den äußeren Erfordernissen zu stellen. Geben sie in solchen Situationen dem Drang nach Rückzug nach, wandelt sich die über sie strömende Kraft in eine auflösende Energie, die sich, da sie nicht entsprechend wirken konnte, gegen die Nativen selber richtet und diese einem Auflösungsstrom ausliefert, der sie immer konturloser und lethargischer werden läßt.

Wenn die Nativen bereit sind, in der Welt den Aspekt der kosmischen Ganzheit zu sehen, sie sich bewußt sind, daß das Paradies auf Erden zwar nicht außen hergestellt werden kann, aber durch ihre Präsenz ein kleiner Abglanz des eigenen Verspürten in das Leben und in die Seelen anderer Menschen einziehen kann – dann vermögen sie mit der Welt und ihren Manifestationen Frieden zu schließen. Dann merken sie, daß sie selber am äußeren Errichtungswerk mitwirken können, auf daß das innerlich Verspürte auch in die Seelen anderer einziehen kann.

TEIL ZWEI

Die zwölf Geburts-Sonnen als Lebensauftrag

NATURSYMBOLIK – AUFTRAG – SYMBOLEBENEN – SYMPTOME – INTEGRATION

Zum Lebensauftrag finden

Nach der Phase der Bewußtwerdung, die sich aus der Konfrontation mit dem Anlagepotential des Gesamtmusters bis hin zur Zielidee ergibt, wird nun der Weg frei, um sich dem Sonnen-Auftrag zuzuwenden. Dieser läßt sich im Horoskop aus dem Sonnenstand im entsprechenden Tierkreiszeichen ablesen. Die Sonne ist ein ganz wesentlicher Baustein im Muster des Menschen, sie ist jene symbolische Zentralfigur im Horoskop, die als Mittelpunktsthematik betrachtet werden kann. Ihr Stand in den speziellen Tierkreiszeichen beschreibt, welche Thematik sich im Leben des Menschen entfalten möchte. Setzt man die mit dem Sonnenstand verbundenen Themen in Bezug zum Anlagepotential, ergibt dies eine tiefe Sinnhaftigkeit. Der Sonnen-Auftrag ist der zentrale Teil des Geburtsmusters, den der Mensch in seinem Leben verwirklichen soll. Er will zum einen nach außen in allen Handlungen und Aktivitäten verkörpert werden, zum anderen will er mit seinen Themen-Inhalten im Bewußtsein des Menschen integriert werden, da er dem wesentlichen Bestandteil entspricht, der dem Menschen fehlt. Die Art der Verinnerlichung der sich aus dem Sonnen-Auftrag ergebenden Lern-Themen kann man analog mit dem natürlichen Lauf der Sonne vergleichen. Diese steigt nach ihrem Aufgang immer weiter in die Sichtbarkeit des Tages hinein, bis sie sich gegen Abend dem Untergang zuneigt. Genauso verhält es sich mit den Lern-Themen, die in jungen Jahren ganz manifest im äußeren Leben auftreten, so lange, bis sie im fortgeschrittenen Alter vom Menschen verinnerlicht werden.

Die Sonne im Horoskop ist die notwendige Ergänzung zum Aszendenten und läßt deutlich werden, welches Thema auf dem Individuationsweg besondere Beachtung erhalten möchte. Auf dem Weg ist sie der Teil, dessen Lern-Inhalte den Schlüssel zum gesamten Geburtsmuster darstellen. Die Umsetzung und die Hinwendung an die entsprechenden Sonnenthemen erschließen dem Menschen auf dem Weg alle weiteren Bereiche seines Musters, die bis zur Verwirklichung der Finalität führen.

Wendet der Mensch sich seinem Sonnenthema zu, erweckt er sein gesamtes Muster zum «Leben» – denn auch die Sonne als Zentralgestirn im All ist der Spender jeglicher Lebensenergie. Erhebt der Mensch die mit dem Sonnenstand seines Musters verbundenen Lern-Themen zum Mittelpunkt der bewußten Annäherung in seinem Leben, beginnen sich die Lebensverläufe konstruktiv zu gestalten, da er seinem Bewußtsein eine Orientierungsrichtung gibt.

Dies läßt sich auch anhand anderer Ebenen im Sinne des hermetischen Weltbildes ableiten. Alle Modelle, die als lebendiger Organismus bezeichnet werden können, weisen einen Mittelpunkt auf, um den alles kreist. Beispielsweise ist in der konkreten Welt die Sonne der Mittelpunkt des Alls, denn um sie kreisen alle Planeten einschließlich Mond und Erde. Sie sendet ihre Strahlen aus, die dazu beitragen, daß sich das im All befindliche Leben entwickeln kann. Genauso ist das Herz der Mittelpunkt und Lebensspender im menschlichen Organismus, es reguliert den Blutkreislauf und erhält damit den Körper am Leben. Die Zelle besitzt einen Kern, der ihr Mittelpunkt und gleichzeitig Träger der Erbanlagen ist, die sich im Laufe des Wachstums ausprägen werden. Das Atommodell besitzt einen Mittelpunkt, um den die Energie kreist. In früheren Kulturen, in denen nicht nur ein funktionales Leben geführt wurde, sondern die noch die notwendige Akzeptanz für die Kräfte hinter der physischen Realität besaßen, stellte die Religio den zentralen Mittelpunkt des Lebens dar. Ihr galt absolute Priorität vor der alltäglichen Lebensverrichtung. Man dokumentierte dies, indem die Tempel oder später auch die Kirchen immer in den Mittelpunkt einer jeden Ansiedlung errichtet wurden. Man wußte damals, daß jede intensive Hinwendung an eine zentrale Thematik zu einem Wachstumsprozeß führt, der dem Leben Kontur verleiht, weil die Hinwendung im Bewußtsein und die dadurch entstehende Resonanz dazu führen, daß die aufbauenden Energien des Kosmos einen gezielten Richtungsverlauf annehmen.

Auf dem persönlichen Individuationsweg des Menschen ist genau jene Sonnenthematik der Teil, dem im besonderen Maße die Hinwendung gelten sollte. Das Leben bedient sich verschiedener Möglichkeiten, die bis zur Erleidensform reichen, um die Aufmerksamkeit zu erzwingen. Mit der Astrosophie ist es möglich, das Sonnenthema bewußt zu erkennen und damit einlösen zu können. Die folgenden Kapitel führen in die Themen hinein, die sich dem Menschen als Auftrag unter dem jeweiligen Sonnenstand stellen. Sie beleuchten anhand der verborgenen Sprache des Schicksals die Notwendigkeit, die sich aus dem jeweiligen Lebensauftrag ergibt. Dies geschieht, um ein sicheres Verständnis für das eigene Geburtsthema zu erhalten, denn die Beschreibungen beleuchten unterschiedliche analoge Lebensebenen, auf denen es möglich ist, gleiche Lern-Inhalte zu sehen, was zu einem tieferen Verständnis des eigenen Musters und des Lebensauftrags führt. Darüber hinaus vermittelt die Erkenntnis gleicher Themenverläufe auf anderen Ebenen eine Sicherheit, da man die Inhalte des eigenen Auftrages dort bestätigt findet. Die analoge Betrachtung von jahreszeitlichem Geschehen, den Lebensabschnitten eines Menschen, von traditionellen Religionsmythen und weltlichen Gesetzmäßigkeiten ermöglichen es, die Themenstellungen aus den Aufträgen bestätigt zu sehen. Je mehr man deren Gleichheit zum eigenen Auftrag entdeckt, um so mehr wächst auch das Verständnis für diesen. Das eigene Verstehen, das aus der Vielzahl der analogen Ebenen entsteht, läßt tiefes Wissen einziehen, gerade weil es so zum eigenen Bestand wird, da man es für sich selbst erkannt hat. Auf diese Weise verwandeln sich Dogmen zur eigenen Erfahrung und werden damit zum unauslöschlichen Bestandteil des Menschen.

Die nachfolgenden Beschreibungen der Sonnen-Aufträge führen zuerst in den Naturmythos, anhand dessen man die mit ihm verknüpften Lern-Themen erkennen kann. Jeder Mensch wird in einen bestimmten Zeitabschnitt geboren, dessen äußere Symbolik eine seelische Notwendigkeit beschreibt, die im Außen offensichtlich wird, wenn man unter diesem Gesichtspunkt schaut. Aus dem Naturmythos werden die Inhalte des Sonnen-Auftrags abgeleitet sowie die jeweilige Sinnhaftigkeit, die hinter den zwölf Aufträgen zu finden ist.

Zur Vertiefung der Bedeutung des Auftrags schaffen die vergleichenden Symbolebenen weitere Möglichkeiten, Inhalte aus dem Muster auf einer anderen Ebene zu betrachten. Es folgen die Beschreibungen zur Symptomebene, auf der sich die Themen in der Erleidensform abzeichnen, so daß man in der Ansprache des Erlittenen den verborgenen Sinn erkennen kann. Aus der mangelnden Bereitschaft und der Unkenntnis, den Lebensauftrag einzulösen, entwickeln sich im Verlauf des Lebens Symptom-Manifestationen, die dem Menschen aus analoger Sicht seines Sonnenthemas genau das ins Leben zurückstellen, was ihm im Bewußtsein fehlt oder was er nicht bereit ist, freiwillig zu leben.

Der abschließende Teil der kontemplativen Integration rundet die Notwendigkeit des Sonnen-Auftrags ab und ermöglicht es, für jeden erfahrbar auf einer tieferen Schicht jenseits des rationalen Verstandes mit den entsprechenden Inhalten der Sonnen-Aufträge, in Verbindung zu treten.

Der Sonnen-Auftrag Widder

Der Tierkreis beginnt mit dem Ur-Bild des Widders. Alljährlich durchläuft die Sonne vom 21. März bis zum 20. April das Zeichen des Widders. Widder ist ein feuriges männliches Ur-Bild, dessen Inhalte den marsischen Energien entsprechen. Es ist der Frühlingsbeginn, in der nördlichen Hemisphäre erwacht die Natur aus ihrem Winterschlaf – das neue Jahr beginnt.

Natursymbolik: Am Punkt der Tagundnachtgleiche im Frühling kreuzt in den nördlichen Breitengraden die Sonne mit ihrer ekliptischen Höchstbahn den Himmelsäquator. Ab diesem Zeitpunkt nehmen die Tagkräfte zu, und die Nachtkräfte werden immer weiter verdrängt. Was sich in diesem Zeitraum ab dem 21. März vollzieht, entspricht der Symbolik der im Widderprinzip vorhandenen Inhalte. Der Geburtsakt in der Natur ist ein Vorgang von unerhörter Kräfteballung. Würde man die Geburtsprozesse in der Natur mit einer Stimme versehen, dann würde ein ungeheurer marsischer «ICH WILL-Schrei» erklingen, der die Bemühung der Naturkräfte ausdrückt, sich in die Form durchzukämpfen.

Das neue Leben muß in allen Bereichen, sei es im Naturreich, im

Tierreich oder auf der menschlichen Ebene, seine ganze Kraft sammeln für diesen einen Prozeß, nämlich in die Sichtbarkeit, ins Leben zu treten. Dieser rücksichtslose Kampf der «Ich»-Behauptung in die Sichtbarkeit hinein kennt nur das eine Gesetz: «LEBEN»! Nötigenfalls geht dieses über Leichen, so daß Altes sterben muß, damit Neues leben kann. Die Pflanzentriebe brechen aus den Knospenhüllen, die Natur beginnt sich mit zunehmender Geschwindigkeit grün zu färben. Beobachtet man die Keimlinge in der Erde, die in der Lage sind, den Asphalt zu durchbohren und Steine zu heben, welche das tausendfache Gewicht der winzigen Pflanzen haben, erahnt man die ungeheuren Kräfte, die im Widderzeichen walten. Die kosmische Lebensenergie kehrt in diesem Zeitraum in die Natur zurück, was durch die beginnenden Wachstumsprozese deutlich wird. Damit vollzieht sich ein besonderes Mysterium, denn Energie schien in dem zurückliegenden Winter nicht mehr vorhanden zu sein. Plötzlich fühlen sich in diesem Zeitraum auch die Menschen energetischer, optimistischer als in den melancholischen, depressiven Monaten vor dem Frühlingsbeginn, die den jenseitigen Bereichen entsprechen. Im Tierkreis liegen das Fischezeichen und das Widderzeichen direkt hintereinander. Die Fische schließen den Tierkreis ab, sie symbolisieren quasi das unsichtbare kosmische Prinzip, welches man als die Wirklichkeit bezeichnet, weil es aus dem Numinosen in das Reale (die Materie) hineinwirkt. Unsichtbares und Sichtbares, Ende und Anfang oder Jenseits und Diesseits liegen also direkt beieinander. Würde man versuchen, den Schöpfungsprozeß zu beschreiben, verliert sich im selben Moment des Neubeginns, in dem die Materie den Geist aufnimmt, die kosmische Energie im Konkreten. Die kosmische Herkunft geht mit der Inkorporation in den Stoff verloren, ein Prozeß den Platon als «das Hineinsterben des göttlichen Geistes in die Materie» bezeichnete, da der vorher allesumfassende Geist sich in das Grab der vergänglichen Materie hineinbewegt. Dort beginnt er nun zu wirken. Zwar vollkommen ihrer Herkunft entbunden, treibt die Geistenergie in der materiellen Welt Manifestationen, die letztlich Abdruck des kosmischen Ganzen sind. Sieht man die Prozesse in der Natur aus jenseitiger Sicht an, sind sie ein vollkommenes Neuwerden, der alte Zustand der Einheit ist aufgehoben, es beginnt das polare Leben. Was bedeutet Polarität? Polarität existiert aus einer Zweipoligkeit, der Spaltung eines geeinten Themas, das, durch ein Zerwürfnis getrennt, wahrnehmbar und damit unterscheidbar wird. Auf einer konkreten Ebene heißt dies, daß ein harmonischer im Gleich- oder Einklang befindlicher Zustand aufgehoben ist und sich im Zerwürfnis befindet. Dies bedeutet aber auch, daß der Neuwerdungsprozeß einem kampfähnlichen Zustand gleicht, der jede vorherige Stagnation beseitigt. Die marsische Energie ist immer kämpferisch, sie setzt Impulse, um Stagnierendes in Lebendiges zu verwandeln. In der Astrosophie vertritt der Mars auf der persönlichen Ebene das aggressive Ur-Prinzip, welches die Durchsetzungs- und Kampfinstinkte des «Ichs» versinnbildlicht. Mars ist der Feind jeglicher Blockade und Hemmung. Unternehmungslust, Kampfbereitschaft, Freude am Risiko und sexuelle Triebhaftigkeit sind seine Merkmale. Hindernisse werden von ihm immer auf direktem Wege angesteuert. Sollte es einmal nicht schnell genug gehen, werden die Hindernisse mit brachialer Gewalt aus dem Wege geräumt. Die Denk- und Reflektionsvorgänge schalten sich erst nach vollbrachter Tat ein. Das Prinzip lebt aus der ungeduldigen Spannung des Augenblicks und spaltet die Einheit kosmischer Harmonie in die Teile, in denen Zwist und Hader regieren. Als analoge Symbol-Repräsentanten stehen für das Widder-Prinzip beispielsweise:

Der Streiter, der Eroberer, der Krieg, der Willensmensch, Kriegs- und Nomadenvölker, Militär- und Polizeidiktaturen, Rittertum, Kampfeslust, Jähzorn, Kraft, Mut, Kopf, Zähne, Nägel, Penis, Blut, Trieb, Entzündungen, Schmerzen, Leidenschaftlichkeit, Willenskraft, Dynamik, Kampf, Impulsivität, Eigensinn, Enthusiasmus, Scharfsinn, Rivalität, Aggression, die Farbe Rot, Verletzungen etc.

Löst man sich von den negativen Reizbildern des Mars-Prinzips und des Widderthemas und betrachtet die mit ihm verbundenen Inhalte aus einer wertfreien Perspektive, erkennt man an seinen spezifischen Merkmalen, daß es sich hier einerseits um ein sehr lebendiges, andererseits aber auch um ein zerstörerisches Prinzip handelt, dessen Ziel ist, Neues zu schaffen. Nur das menschliche Werten hat auch hier dazu geführt, daß man im Mars nur den vernichtenden

Aspekt sieht und nicht seine gebärende Kraft. Denn mit der Zerstörung eines alten Zustandes beginnt gleichzeitig ein neuer Zustand.

Der Auftrag: Mit dem Auftrag der Neuwerdung stellt sich die Frage, warum ein Mensch in den marsischen Frühlingszeitraum geboren wird. Es gilt für die Nativen zu ergründen, welches die fehlenden Aspekte in ihrem Seelenraster sind, die es nötig machen, sie mit dem Auftrag des Widders in Verbindung zu bringen. Der Zeitraum, in den man hineingeboren wird, gibt dem Menschen genau das, was ihm im Keim als Seelenpotenz fehlt, dies ist beim Auftrag der Widder-Sonne in erster Linie die Qualität spontaner impulsiver Kräfte, die außerhalb jeder Vorstellungsebene angesiedelt sind. Der Geburtsauftrag lautet, in die Dynamik des Neubeginns hineinzuwachsen, sich dem Kampf des Lebens zu stellen, Impulse zu setzen und sich vor allem der seelischen Notwendigkeit des Geburtsthemas mit aller Bewußtheit klarzuwerden. Widder bedeutet, genau wie es der Naturmythos beschreibt, sich zu behaupten und in jedem Moment den nötigen Raum zu ergreifen, um sich mit den essentiellen Belangen durchzusetzen. Es ist ein kämpferisches Prinzip, das aus dem Impuls lebt, die eigenen Ich-Kräfte zu mobilisieren, um sie einzig für die Selbstbehauptung zu nutzen. Dazu ist es wichtig, dem Leben mit dem nötigen Mut und einer gewissen Portion aggressiver Bereitschaft zu begegnen, sich auch in möglichen Konkurrenzsituationen zu behaupten. Dies erfordert auch die Bereitschaft, Konfliktsituationen zu erleben, in denen man sich von den anderen ausgestoßen fühlt, weil man sich zu sehr selbst behauptet hat. Dies ist eine ganz wichtige Erfahrung, welche die Nativen unbedingt machen müssen!

Widder ist der erste Impuls in die materielle Form, das bedeutet analog für den Menschen mit dem Sonnen-Auftrag Widder, daß auch er lernen muß, sich ständig neue Räume zu erkämpfen. Er ist gefordert, sich im Leben Neuland zu erringen, die Harmonie Geborgenheit schenkender, überlieferter Zustände zu verlassen, um sich wie ein Eroberer unbekanntes Terrain zu erkämpfen. Hinter jedem Neuwerdungsakt warten immer die Ungewißheit und die Unsicherheit, was aus der begonnenen Situation entstehen wird. Beim Betreten von Neuland liegen keine Erfahrungen vor, da diese selber erst noch gemacht werden müssen. Darauf kommt es aber gerade beim Widder-Auftrag an, denn dieses Prinzip ist einer der fehlenden Bausteine im Muster der in diesem Zeitraum geborenen Menschen. Die Nativen lernen mit ihrem Auftrag, immer wieder über ihre Ängste hinauszugehen mit der Bereitschaft, Erlebnisse außerhalb aller Erfahrungswerte zu machen. Ergründet man, welches Seelenpotential einen solchen Auftrag nötig macht, dann sind es häufig Menschen, die besonders vorstellungsgebunden sind und denen die Bereitschaft fehlt, sich spontan mit Themen oder Erlebensbereichen auseinanderzusetzen. Den Nativen fehlt die entsprechende Lebendigkeit, weshalb auch ihr Geburtsauftrag lautet:

«Werde wieder lebendig – lerne in deinem Leben immer wieder neu zu werden!»

Das Fehlen der Lebendigkeit läßt auch darauf schließen, daß sie von ihrer Grundanlage her der Welt schon sehr weit entrückt sind, so daß eine tiefe Abneigung gegen das Leben vorliegt, wie es beispielsweise besonders bei Menschen mit Wassermann- oder auch mit Fische-Aszendenten der Fall ist. Für Native mit einem solchen Anlagepotential ist der Sonnen-Auftrag Widder besonders weit von den ursprünglichen Anlagen entfernt, so daß der Prozeß, wieder auf die Welt einzugehen, ermüdend auf die Betroffenen wirkt. In solchen Fällen wird den Menschen nichts geschenkt, und sie müssen sich unter erheblichem Kraftaufwand um jede Kleinigkeit im Leben besonders mühen. Aus der Sicht der Astrosophie sind die Erkenntnisschritte zum Thema des Sonnen-Auftrages von höchster Bedeutung, denn der Lernauftrag wurde von der Seele selbst gewählt. Diese seelische «Verpflichtung» gilt verbindlich und fordert nach der Einkörperung ihre Erfüllung. Bezogen auf das Urbild Widder gilt die Erfüllung einem hoch dynamischen, ins Leben strebenden Potential, das darauf drängt, konkret zu werden. Um die Inhalte des Auftrages verstehen zu können, ist es hilfreich, auf anderen Ebenen anschauliche Darstellungen zum Thema des Sonnen-Auftrages Widder zu betrachten.

Vergleichende Symbolebene: Besonders auffällig sind die Kraftaufwendungen vergleichbar mit Kampfsituationen, die beim Widder-Auftrag für die Phasen eines jeden Neubeginns oder eines Durchsetzungsprozesses erforderlich sind. Betrachtet man andere Begebenheiten, die dem marsischen Widderthema entsprechen, wird dieses Erfordernis zum Kampf besonders deutlich. Der sich durch eine marsische Situation verursacht einstellende Schmerz, sei es nun ein direkt körperlich empfundener oder ein seelischer Schmerz, ist vergleichbar mit dem Schmerz einer Geburt, welche ebenso im höchsten Maße ein marsischer Akt ist.

Auch im Leben sind Phasen des Neubeginns oftmals mit Schmerzen verbunden, einmal wegen des Verlustes des alten Zustandes, zum anderen aber wegen der Konflikte, die im Durchsetzungskampf entstehen. Bei der Geburt durchstößt das Neugeborene, unter den Schmerzensschreien der Mutter, die Fruchtblase und erblickt nach dem Geburtsvorgang schreiend und mit Blut verschmiert auf diesem Schlachtfeld das Licht der Welt. Diesen Mythos kann man getrost zum sinnbildlichen Vergleich für alle dem Widderthema zugeordneten Prozesse nehmen. Natürlich ist diese Prozedur für beide, die Mutter und das Kind, sehr schmerzhaft, für die Mutter, da sie einer konkreten körperlichen Tortur ausgesetzt ist, und für das Kind, da es noch dazu die Geborgenheit des Mutterleibes verlassen muß – doch aus diesem Vorgang entsteht ganz konkretes Leben. Diese Tatsache sollte man sich stets vor Augen halten, wenn man über die Bedeutung des Sonnen-Auftrages Widder nachdenkt. Mit der Geburt erfahren Mutter und Kind einen Neubeginn: die Gebärende in ihrer neuen Mutterrolle und das Neugeborene auf der für es neuen Ebene der polaren Welt. Die zuerst gemeinsam als schmerzhaft empfundene Situation wandelt sich rasch, und aus ihr erwächst ein Band, das beide ein Leben lang verbindet.

Der Geburtsvorgang ist ein großer Kraftakt, wobei sich das Neugeborene durch die Muskelbänder des Mutterschoßes hinauskämpfen muß. Der Kopf ist der erste Teil der bei der Geburt eines Kindes sichtbar wird, so ist auch der Kopf der Körperteil, welcher dem Widder-Prinzip zugeordnet wird. Deshalb heißt es auch im Volksmund, «Da wollte jemand seinen Kopf durchsetzen» oder «Sie mußte mal wieder mit dem Kopf durch die Wand». Diese Redensarten beschreiben sehr deutlich, wie es um die Stimmung im Inneren des Menschen mit dem Sonnen-Auftrag Widder bestellt ist. Es ist es für ihn besonders wichtig, adäquate Ausdrucksformen zu finden und seine Impulse nicht zu verdrängen.

Die Entwicklungsstadien eines menschlichen Lebens, die in ganz konkrete Abschnitte aufgeteilt sind, lassen sich vergleichend den Entsprechungen der Tierkreisthemen zuordnen. Teilt man die Wachstumsabschnitte des Menschen in zwölf Zyklen ein (Anzahl der Tierkreiszeichen) mit der Dauer von jeweils sieben Jahren (Sieben entspricht der Schöpfungszahl – die Woche hat sieben Tage, im Altertum kannte man sieben klassische Ur-Prinzipien), lassen sich in diesen zwölf Abschnitten zu sieben Jahren die gleichen Inhalte erkennen, wie man sie in den Stimmungen der zwölf Monate des Jahreslaufes wiederfindet. Der Lebensabschnitt vom ersten bis zum siebten Lebensjahr entspricht dem Widder-Prinzip, vom siebten bis zum vierzehnten dem Stier-Prinzip, vom vierzehnten bis zum einundzwanzigsten dem Zwillings-Prinzip usw. Geht man in die Details der Lebensabschnitte, entdeckt man sehr genau analoge Merkmale, die auch in den Tierkreisbildern enthalten sind.

Im Zeitraum vom ersten bis zum siebten Lebensjahr, welcher dem Widderthema entspricht, ist das Wesen eines Kindes analog dem Widderthema noch ganz unverblümt und ehrlich. Es ist noch nicht durch neurotische Verhaltensmaßregeln geprägt und zeigt durch seine spontane Offenheit und Direktheit marsische Eigenarten, die der Mensch mit dem Widder-Auftrag in sich entdecken und ausprägen soll. Im selben Moment des Neubeginns mit der Geburt, bei der das Fleisch sich um das Selbst kleidet, vergißt das Selbst bei der Verbindung mit dem Körper seine kosmische Herkunft. Durch dieses von Platon beschriebene «Hineinsterben in den Stoff» verliert der Geist sowohl kosmisches als auch irdisches Wissen. Da das Wesen von allen Erfahrungen entbunden ist, empfindet es sich als Mittelpunkt der ganzen Welt, wobei sein gesamtes Streben auf sich selbst gerichtet ist. In diesem Stadium beginnt beim Kind die Phase der Ich-Entwicklung, die auch beim Widder-Auftrag von großer Bedeutung ist.

Das Kind begehrt die ganze Welt und drückt dies aus, indem es alles in sich aufnehmen möchte, was es zu greifen bekommt. Schenkt man dem Kind nicht die nötige Beachtung und nimmt keine Notiz von ihm, schreit es und fordert sein gesamtes Umfeld auf, ihm zu dienen. Auch wenn es etwas nicht sofort bekommt, was es begehrt, rebelliert es und drückt seine ganze Person in unbändigen Wut- und Terrorausbrüchen aus. So herrscht es, wohlbemerkt, ihm selber nicht bewußt, als rücksichtsloser Tyrann in seiner Umwelt. Seine einzige Daseinsparole lautet: ICH, ICH, ICH! Es lebt in einem völlig ichbezogenen Wahrnehmungszustand und kennt keine anderen Gesetze als die Selbstbehauptung. Diese bedingungslose Selbstbehauptung ist sein gutes Recht, und das ist gleichzeitig das heimliche Gesetz allen Lebens in seiner ersten Phase, das den Namen Widder trägt.

Widder und Waage bilden im Tierkreis eine Achse, und so bedingen sich die den Tierkreisbildern zuzuordnenden Themen gegenseitig wie Streit und Liebe, Schmerz und Harmonie, Abstoßung und Anziehung, Spaltung und Verbindung. In diesem ständigen paradoxen Prozeß von Kampf und Harmonie, wurzelt in Wahrheit die Liebe – und aus ihr entsteht neues Leben! Wer liebt, muß auch gleichzeitig den Schmerz ertragen können. Am Symbol des Geschlechtsaktes erkennt man, wie nahe Schmerz und Harmonie beieinander liegen, auch aus ihm geht menschliches Leben hervor. Dem Menschen mit der Widder-Sonne fehlt die konkrete Dynamik, wie man sie beim Menschen mit dem Widder-Aszendenten besonders findet.

Der Mensch mit dem Widder-Aszendenten hat immer die meiste Achtung vor dem, der ihm die Stirn bietet und der mit ihm kämpft. Die Filmindustrie drückt diesen Widdermythos in ihren Action-Filmen aus, die oft aus Keilereien entstandene Freundschaften beschreiben. Für den Menschen mit dem Sonnen-Auftrag Widder sind solche Darstellungen häufig unverständlich. Beispielsweise haben sich im Film zwei Helden stundenlang die Köpfe eingeschlagen und liegen blutverschmiert am Boden, plötzlich rafft sich einer von ihnen auf und hilft dem anderen auf die Beine. Beide fallen sich lachend in die Arme, und der Grundstein einer langen Freundschaft ist gelegt.

Die Mehrzahl der Menschen empfindet Situationen, in denen die Welt ihnen einen Neubeginn aufzwingt, bedrohlich. Jeder Krieg beispielsweise zerstört Gegebenheiten der Einheit und der Geborgenheit. Doch auch wenn man es durch das erfahrene Leid und allen damit verbundenen bestialischen Erlebnissen auf den ersten Blick nicht sehen kann, entstehen aus dem Krieg neue Situationen, indem überkommene Strukturen zerstört werden und sich das Leben neu formieren kann. Das Blut, das gleichermaßen dem Widder-Prinzip zugeordnet wird, ist der Träger aller körperlichen Lebensfunktionen, man bezeichnet es als den Saft des Lebens. So sind denn alle marsischen Prozesse aus einer übergeordneten, nicht subjektiven Sicht, jene Situationen, welche Lebendigkeit schaffen. Denn statische Zustände sind nicht lebendig. Im Sinne des Mars-Prinzips muten sie an wie ein Siechtum und schreien nach Veränderung, also nach dem Leben.

Das menschliche Bedürfnis nach Harmonie und Frieden ist ganz normal und verständlich, aber auch immer gleichzeitig der unbewußte Ausdruck, sich nicht verändern zu wollen. Der Anspruch auf ein unbewegtes Leben reduziert die Kräfte auf ein Minimum an Handlungsbereitschaft, denn wer nicht agiert, braucht Reaktionen nicht zu fürchten, er bleibt vor den möglichen Konsequenzen verschont. Doch gerade die Nativen mit dem Sonnen-Auftrag Widder sollen sich mit den Konsequenzen ihrer Handlungen auseinandersetzen. Viel zu weit sind sie der Welt entrückt und möchten unbewußt in jenem unschuldigen Einheitzustand verweilen, den sie aus ihrer Anlage mitbringen.

Die übersteigerte Verweigerung aller Handlungen, die den Menschen «schuldig» machen könnten (dabei ist der Schuldbegriff, nicht im menschlich-moralischen Sinne zu verstehen, sondern als ein durch Handlungen, egal welcher Art, sich erneut in der Welt zu verstricken und damit zu binden), da aus ihnen Konsequenzen – also auch weltliche Bindungen – entstehen, findet man beispielsweise in der fernöstlichen Kultur im «Weisen», der nicht mehr laufen möchte. Die indischen Sadhus wollen sich auf diese Art der karmischen Verantwortung entziehen, indem sie vermeiden, durch ihr Auftreten mit dem Fuß andere Wesen zu töten, was sie im Sinne des

Ausgleichs weiter an die Materie binden würde. Eine etwas weniger extreme Form drückt sich im Vegetarier aus, der es ablehnt, Tiere zu töten, um sie zu verzehren. Befragt man einen Vegetarier genauer, wo seine konkrete Ablehnung gegen das Fleisch herrührt, so erhält man die häufige Antwort, daß hauptsächlich das Blut als ekelhaft empfunden wird, und wenn man einmal außerhalb der Gewohnheit ein Stück Fleisch verzehre, dann müsse es Fisch oder zumindest ganz weißes Fleisch sein, wie man es beim Geflügel findet. Das Blut, welches so sehr abgelehnt wird, entspricht dem Mars-Prinzip und hat natürlich direkt etwas mit der Tat, also mit dem Schlachten und dem Töten, zu tun. Betrachtet man die Symbolik, verbirgt sich in der Ablehnung des Vegetariers die Angst, im Leben schuldig zu werden, also die Furcht vor der aktiven Handlung, da das Schlachten etwas mit konkretem Schuldigwerden zu tun hat. Er möchte den Einheitszustand bereits wieder in der Welt herstellen, was aber niemals möglich ist, denn die Welt selbst ist eine Existenzform, die ihre Spannung aus dem polaren Zerwürfnis bezieht. Gerade aber die Tat und die Aktion sind notwendig, will man ganz bewußt und verantwortungsvoll einen Individuationsweg gehen. Sich voll mit der Schuld, die durch jede Handlung entsteht, zu konfrontieren, ist dabei erforderlich. Damit ist jene Schuld gemeint, die automatisch entsteht, da der Mensch sich immer nur für eine Sache entscheiden kann.

Jede Entscheidung führt immer zu Konsequenzen, die erneut Handlungen notwendig machen. Das Resultat ist die Notwendigkeit einer höheren Bereitschaft zur Verantwortungsübernahme für das eigene Schicksal, denn man erntet dann bereitwillig die selbst gesäten Früchte. Wenn man an diesen Punkt gelangt, unterläßt man es, Schuldzuweisungen an andere Menschen, das Schicksal oder die jeweiligen Umstände zu machen. Dies bedeutet, daß man erwachsen wird, da man beginnt, mit dem Ich für die Konsequenzen zu haften. Aus dem Sonnen-Auftrag Widder ergibt sich die Notwendigkeit zu einer intensiven Ich-Entwicklung. Die Nativen sollen gerade jene Qualität entwickeln, die es möglich macht, ins Leben hineinzuwachsen, um sich dort in ihrem Menschsein durchzusetzen.

Dieses Menschsein erfordert, zuerst sein «Ichsein» zu akzeptieren und es gegen das «Sosein» der Masse abzugrenzen und zu verteidigen. Nur über diese Auseinandersetzung mit dem Außen kann die eigene Entwicklung vollzogen werden. Für das Individuum bedeutet das natürlich permanenten Kampf. Diese Notwendigkeit, sich etwas zu erkämpfen, kann nur der bedauern, der nicht versteht, daß der Individuationsweg ein Weg ist, der immer mit der Loslösung des einzelnen von der trägen Masse Mensch beginnt. Die Masse empfindet natürlich jede individuelle Selbstbehauptung eines Menschen als eine Verletzung ihres paradiesischen Zustandes. Das trifft für jede Gruppierung mit ihrer entsprechenden Intention zu. Die Schuld ist also immer das Unterpfand für die Freiheit, für den Weg zurück aus dem Scheinparadies Erde in die Einheit des großen Ganzen. Dieser Weg zurück ist gepflastert mit den Kämpfen um die eigenen verlorenen Bewußtseinsinhalte, die nicht in einem selbst, sondern im Außen erlebt werden.

Symptomatik: Gelingt dem Betroffenen die Umsetzung oder Bewußtmachung der schon vorher beschriebenen Prinzipien nicht, dann kleiden sich die Themen in ihre unerlösten Formen, was bedeutet, daß sie vom Menschen als Ausgeliefertheit an leidhafte Situationen erfahren werden. Durch seinen Protest gegen die Auseinandersetzung zwischen sich und der Welt richtet der Mensch sich gegen sich selbst. Denn Mensch und «Kampf» sind eins. Selbst in seiner friedlichsten Form kompensiert der Mensch seinen äußeren verdrängten aggressiven Revier- und Machtanspruch mit der Durchsetzung seines Egos. Der «Weise», der nicht mehr laufen will, schafft es, daß das gemeine Fußvolk ihm sogar noch Bewunderung zollt für seine einzigartigen Erleuchtungen, während sich täglich mehrere Träger für ihn hetzen und ihm das besorgen, was er zum Leben braucht. Oder der «friedfertige» Vegetarier hält mit seiner lautstarken Empörung die Crew eines ganzen Restaurants auf Trab, weil sich in seinem Semmelknödel ein Stückchen Speck befindet. Wer in diesem hintergründigen Ego-Anspruch den gleichen Tenor einer offenen Aggressivität zu entdecken vermag, der darf versuchen in den ehrlichen und offenen Kampfaspekten die Schöpferkraft zu entdecken, die einen auffordert, sich seinen Weg zu erobern und über die Tat zur Einsicht zu gelangen, um dann mit Heraklit sagen zu können: «Streit ist der Vater aller Dinge.»

Wo immer also der Mensch mit dem Widder-Auftrag seine innersten Anlagen verdrängt, wird er in seinem Leben mit Kampf und Auseinandersetzung konfrontiert. Oder er selbst wird stets Auslöser für Zwist und Hader in seinem Umfeld sein. Oft fällt ihm gar nicht auf, daß er mit Worten oder Handlungen in vielen Situationen zum Zerwürfnis beiträgt, und ist zutiefst erstaunt, wenn man ihn auf die Zerstörungen, die er im Kontakt mit anderen bewirkt, hinweist. Sollte er keinen Zugang zu seinem seelischen Drang haben, seinen Auftrag zu verwirklichen, dann überantwortet er symbolisch sein Aggressionspotential seinem Körper. Dieser führt dann «völlig wertfrei» Kriege, indem er mit Allergien reagiert. Der Körper übernimmt die Aggression und rebelliert nun gegen alle Stoffe, die ihm nicht mehr passen.

Je weniger Konflikte also angenommen werden, desto näher rükken sie an den Menschen heran, bis er sich ihnen nicht mehr entziehen kann. Nun muß der Mensch, ob er will oder nicht, mit dem Konfliktthema in allernächster Nähe leben. Krankheitsverläufe, die aus der Verdrängung elementarer Bedürfnisse herrühren, nehmen unter dem Widder-Auftrag extreme Verläufe an. Dabei muß man differenzieren zwischen den Symptomen, die sich auf der psychischen und denen, die sich auf der physischen Ebene ausdrücken.

Entzündliches Geschehen steht ganz im Vordergrund der Thematik, da die marsische Komponente des Widder-Auftrages die nicht gelebte Energie und Durchsetzung in entzündliche Prozesse verwandelt. Dies können insbesondere Nieren-, Blasen- oder Harnröhrenentzündungen sein, welche die nicht gelebte Leidenschaft oder Aggression in der Begegnung oder Beziehung symbolisieren. Akne oder blutigschorfige Ausschläge weisen auf eine Dynamik hin, die keinen Ausdruck findet und sich mit der Entzündung über die Haut in die Sichtbarkeit bewegt. Herpesinfektionen zeigen ein ähnliches Geschehen auf wie die Akne, auch mit der Hautveränderung der Herpesblasen und den folgenden blutigen Krusten tritt die untergründige Leidenschaft meist über die Lippen (Venus = Sinnlichkeit) in die Sichtbarkeit. Denn das Widderthema ist ein stark leidenschaftliches sexuell orientiertes Prinzip, das seine Einlösung fordert.

Je tiefer die Energie verschüttet ist, desto mehr spielt sich diese auch auf der körperlichen Ebene im dunklen ab. Der Darm wird dem Bereich des Unbewußten zugeordnet, da wichtige körperliche Verarbeitungsprozeß unter Ausschluß der Öffentlichkeit stattfinden. Darmentzündungen symbolisieren einen schwelenden Konflikt im Unbewußten. Häufig werden solche entzündlichen Prozesse chronisch oder sie wechseln nach langjähriger Manifestation in ein aggressives Krebsgeschehen um. Das Gefährliche liegt in solchen Fällen darin, daß die Nativen die Energien, die mit dem Auftrag verbunden sind, nicht wahrnehmen und diese sich gegen sie selber richten, damit das Thema in irgendeiner Form eine Einlösung flndet.

Die nicht umgesetzten einschneidenden Verwandlungen oder Impulse vermögen sich in eine solche Richtung zu verändern, daß die Nativen Einschneidendes am eigenen Leibe zu spüren bekommen, wie z. B. ganz konkrete Verletzungen oder Schnitte durch Operationen. Ebenso kann sich die Aggression auf der körperlichen Ebene in Hitzewallungen, häufigem Erröten oder einer permanent erhöhten Temperatur manifestieren. Fiebrige Prozesse und Entzündungen signalisieren, daß die Dynamik und Impulssetzung des Widders weder wahrgenommen noch nach außen abgegeben werden, sondern sich ausschließlich gegen den Menschen selber richten. Diese Vielzahl der unerlösten Inhalte des Widder-Auftrages fordern allemal dazu auf, dem Sonnen-Auftrag in einer bewußteren Form zu begegnen.

Der Mensch ist als einziges Wesen mit Bewußtsein ausgestattet, er hat dadurch als einziges Wesen die Chance, die Erlebensform seines Musters bzw. seines Lebens zu verändern. Er trägt die Möglichkeit der freien Entscheidung in sich, in aller Konsequenz seine Ganzheit zu erfassen und sich dadurch ehrlich auszuleben oder aber sich willenlos von den Kräften des Schicksals drängen lassen.

Kontemplative Integration: Über die als aggressiv wahrgenommenen Impulse aus der Außenwelt entwickeln die Nativen mit dem Sonnen-Auftrag Widder eine starke Abwehrbereitschaft, im Sinne des Leitsatzes «Angriff ist die beste Verteidigung». Ihre Psyche befindet sich in einem angespannten Zustand, aufgrund der erhöhten Wachbereitschaft vor den vermeintlichen Angriffen des Umfeldes. Dies schafft einen Extremzustand, wie ihn andere Menschen nur aus Gefahrensituationen kennen. Für die Betroffenen ist dieser Zustand nicht angenehm, doch gleichzeitig stellt er die höchste Form der Lebendigkeit dar, die sie als Auftrag erfahren sollen. Die Nativen mit dem Widder-Auftrag sollten sich deshalb bewußtmachen, daß die Energien der Selbstbehauptung in einer unerlösten Erleidensform in ihrem Leben über sie Oberhand gewonnen haben und dadurch die Thematik des Auftrages erweckt wurde, nämlich der Drang sich zu behaupten.

Aus diesem Grund ist es nicht förderlich, wenn sie sich über ihre egozentrierten Ansprüche Illusionen hingeben. Dies führt nur dazu, daß sie sich vermehrt im Leben Situationen ausgesetzt sehen, die sie solange Einengung und Ausgeliefertheit erfahren lassen, bis sie beginnen, sich endlich in einem großen Befreiungsakt ihren Raum zu erobern. Deshalb erleben viele Menschen mit dem Widder-Auftrag während ihres Lebens immer wieder Situationen des Angriffs, damit sie lernen, sich alleine gegen die gesamte Welt zu behaupten. Darüber hinaus sollten sie erkennen lernen, daß der Behauptungswunsch Keim ihres Auftrages ist, der nur darauf wartet gelebt zu werden.

Um ein Gespür dafür zu bekommen, mit welchen Themen sie sich selbst behindern, sollten die Nativen gedanklich alle Situationen durchgehen, in denen sie anders gehandelt haben, als es ihrem innersten Bedürfnis entsprach. Dazu kann es hilfreich sein, die Situationen oder die Erkenntnisse bewußt schriftlich zu skizzieren, um sich, wenn es einmal wieder erforderlich ist, daran erinnern zu können.

Vielleicht gibt es ganz prägnante Situationen, in denen sie gegen ihren Willen oder auch gar nicht gehandelt haben. Dabei ist es besonders wichtig zu ergründen, ob sich nach Erlebnissen, in denen sie keinen Ausdruck für ihre Ich-Kräfte gefunden haben, im nachhinein auf der weltlichen oder der körperlichen Ebene Symptome einstellten. Dies könnten auf der weltlichen Ebene Situationen mit aggressiven Inhalten gewesen sein, ein möglicher Unfall oder Verletzungen. Auf der körperlichen Ebene können dies Symptome aus der beschriebenen Widder-Analogie sein, also Schmerzen, Entzündungen usw. Besonders förderlich für den Erkenntnisprozeß ist es, wenn zwischen dem Unvermögen des Ausdrucks und den sich einstellenden Symptomen Zusammenhänge erkannt werden. Schritt für Schritt sollte auf diesem Weg eine Aufarbeitung des nicht gelebten Themas folgen – beispielsweise endlich einmal Dinge auszusprechen, die schon lange auf der Seele brennen und gesagt werden wollen, oder sich beispielsweise aus Situationen zu befreien, die einen einengen. Nach jedem vollzogenen Schritt, sich selbst zu behaupten, werden die Nativen spüren, wie in ihnen Kraft frei wird, die vorher gebunden war und dadurch zu einem «Energienotstand» führte, so daß ihnen für viele Dinge im Leben die notwendige Dynamik fehlte. Je mehr die Nativen ihren Impulsen folgen und diese sofort umsetzen, um so mehr werden sie spüren, wie sie in ihrem Leben neu geboren werden.

Der Sonnen-Auftrag Stier

Das Tierkreiszeichen Stier ist ein weibliches Erdzeichen, dessen Herrscherplanet die Venus ist. Es ist das zweite Ur-Bild im mundanen Tierkreis, angesiedelt im Zeitraum vom 21. April bis 21. Mai eines jeden Jahres.

Natursymbolik: Mit dem einsetzenden Frühling, nachdem im Pflanzenreich der große Startimpuls mit der Widderphase erfolgte, beginnen die Pflanzen und Keimlinge sich tief in der Erde zu verwurzeln. Mit der begonnen Verwurzelung entsteht ein Wachstumsprozeß, der dazu führt, daß alle Gräser, Pflanzen und Bäume immer mehr an Fülle zunehmen, das Grün der Blätter färbt sich von Hell zu Dunkel und nimmt eine erstaunliche Dichte an. Überall fängt es an zu blühen und zu sprießen, die Natur verwandelt sich in eine vorsommerliche Farbenpracht. Stier ist das erste Erdzeichen im Tierkreis und entspricht der sichtbaren Manifestation der Stofflichkeit. Stier gleicht in der Schöpfungsmythologie der konkreten Form, die den ersten Funken der Initialzündung des Widders aufnimmt und in sich birgt. Dieses Aufnehmen des ersten Funkens des Neubeginns setzt sich im Konkreten in der Verwurzelung der Pflanzen und dem folgenden Wachstum fort. Der sich in der Natur vollziehende Prozeß ist für das Verständnis des Stier-Themas von ganz besonderer Bedeutung – denn mit den Wurzeln, die sich immer tiefer ins Erdreich eingraben und dort eine feste Ankerung bilden, entziehen die Pflanzen dem Boden die entsprechenden Nährstoffe, die sie zu ihrem Wachstum brauchen. Sie nähren sich also am Mineralischen und binden sich gleichzeitig am materiellen Urgrund. Die Keimlinge vollbringen dabei die erstaunlichsten alchimistischen Verwandlungsprozesse, indem sie aus den Mineralstoffen des Nährbodens in Verbindung mit der Sonne (Feuer), der Luft und dem Element Wasser jenen pflanzlichen, mit Mineralstoffen und Nährsalzen beladenen Lebens- und Wachstumssaft entwickeln, der sich bei Mensch und Tier Blut nennt.

Die Pflanze demonstriert mit ihren Fähigkeiten auf ihrer Ebene sehr anschaulich, daß sie entsprechend dem Stier-Prinzip in der Lage ist, dem Stoff der Materie das Lebensnotwendige zu entziehen – sie nährt sich vom Stoff. Stier ist die konsequente Antwort auf den vorausgehenden Widder, der für die Phase eines jeden Neubeginns steht. Nach jedem Impuls des Neubeginns entsteht die Notwendigkeit, das Begonnene zu verfestigen und das frisch Erschaffene zu sichern.

Die Energie im Zeichen Stier gleicht der Beharrlichkeit des in sich ruhenden Urstoffes, der weiblichen Form, dem Symbol des Lebens, das in der Form weitergetragen wird, da der fruchtbare Boden die empfangenen Keime in sich aufnimmt und sie mit Geduld, Ausdauer und Hingabe weiterentwickelt.

Auf der Ebene des Stieres (Erd-Zeichen) löst sich der Vollkommenheitsdrang im Konkreten ein. Hier findet man das Wesen mit dem Wunsch nach Integration im Bereich der Sinnlichkeit, Sexualität, Gruppenbewußtsein, Nahrungsaufnahme, Anhäufung von materiellen Werten und das Festhalten an diesen. Im Urbild Stier wurzelt die Freude am Sein und die Selbstfindung über den Stoff, da das Seelische sich noch nicht entwickelt hat. Je konkreter die Anbindung an den Stoff, desto tiefer und beharrlicher wächst die Sicherheit als innerster Verwurzelungswunsch heran. Die Venus ist dem Ur-Bild Stier zugeordnet. Zu ihren Eigenschaften gehört die Integration, verbunden mit dem tiefen Urwunsch nach Ausgleich und Versöhnung der Gegensätze. Das Prinzip der Venus läßt einerseits die Seele des Menschen darauf abzielen, sich selbst über konkrete stoffliche Dinge wie Nahrungsaufnahme, Anhäufen von Besitztümern usw. wertvoll zu fühlen. Andererseits findet die Venus im zwischenmenschlichen Kontakt ihre Einlösung darin, daß der Mensch auf der Suche nach Ergänzung mit anderen Menschen und damit mit fremden Seelenpotentialen in Kontakt tritt, da er unterbewußt spürt, daß die anderen etwas tragen, was ihm in seiner Persönlichkeit fehlt. Über den zwischenmenschlichen Kontakt sowie über die Sexualität versucht der Mensch, jene Brücke zu den ihm fehlenden Anteilen zu schlagen, um sich innerlich mit dem Fremden anzureichern. Das Venus-Prinzip versinnbildlicht somit eine Eigenschaft, die auf zwei unterschiedlichen Ebenen eingelöst wird. Ihre stoffliche Variante findet man in den Themeninhalten des Ur-Bildes Stier und die seelische im Ur-Bild der Waage. Die Venus trägt in beiden Bildern dazu bei, daß das Leben erhalten wird – im Stier durch das Wachsen und Gedeihen von Natur und Mensch sowie den entstehenden Nahrungskreislauf und in der Waage durch die Sexualität, die im Ergebnis, aufgrund der entstehenden Nachkommenschaft, das Leben konkret weiterträgt. Somit unterstehen ihr alle welt- und existenzerhaltenden Bedürfnisse mit dem Drang, immer weiter und dichter den Stoff zu bewahren und an ihm zu ankern. Als Symbolrepräsentanten gelten beispielsweise:

Gastronomie, das Bauerntum, der Materialist, Sinnlichkeit, das Ernährungsnaturell, Dorfgemeinschaften, Gruppengefüge, Körperlichkeit, Besitzgier, Maßlosigkeit, Gefräßigkeit, Neid, Verpflichtungstreue, Gruppenbewußtheit, Bereicherung, Befriedigung, Genuß, Geschmack, weibliche Sexualität, natürliche Farben, Bequemlichkeit, Solidität, Naturverbunden-

heit, Geselligkeit, Materialismus, Sturheit, Sachlichkeit, Instinkt, Treue, Naturverbundenheit, Anhänglichkeit, Sinnlichkeit, Hals-Nacken-Region, Kehlkopf, Stimmbänder, Speiseröhre, Mandeln, Schilddrüse, Speicheldrüse, Halswirbel, Haut, Bauchiges, Stämmiges, Untersetztheit, Festes, Pralles, Herzhaftes, Deftiges, Erdiges, Angenehmes, Äcker, Wiesen, Weiden, lehmige Erde usw.

Das Tierkreiszeichen Stier birgt den ersten Impuls des Widders in sich und hat ihn zur Ruhe gebracht. Die Materie hält den Geist, den Lebenskeim umschlossen und trägt ihn in sich. Alle Dynamik weicht und fängt die existierende Kraft auf, denn in der Stierphase des Jahreslaufes nehmen die Geschehnisse einen ruhigen gemächlichen Verlauf an. Die Dynamik, die im Vormonat noch zu finden war, weicht einem alles überdeckenden Phlegma.

Der Auftrag: Wenn ein Mensch den Sonnen-Auftrag Stier mit seiner Geburt in die Phase vom 21. April bis 21. Mai erhält, so kann man voraussetzen, daß ihm die Fähigkeit zur Verwurzelung fehlt, so daß es für ihn bedeutsam ist, im Stoff, also in den ganz konkreten materiellen weltlichen Belangen, anzukommen.

Mit dem Stier-Auftrag verbindet sich die Aufforderung, sich den Bedingungen, welche die Materie an den Menschen richtet, zu stellen. Der erdige Auftrag lautet, sich zu verwurzeln und sich an die Form zu binden, auch wenn konservative Formgebundenheit nicht dem progressiven Zeitgeist entspricht. Jene in diesem Zeitraum existierende materielle Verbindung, getragen von der Freude am Sein, die den Blick mehr auf das richtet, was konkret ist, gilt es mit dem Stier-Auftrag zu entwickeln. Dies sollte genauso wertfrei geschehen wie in der Natur, die sich bedingungslos an den Urgrund bindet aus der Notwendigkeit des Wachstums und dem Erhalt des Lebens – auf daß der Fortbestand der Welt gesichert sei.

Beim Sonnen-Auftrag Stier stehen die subjektiven Belange im Vordergrund, denn es geht unter diesem Auftrag nicht darum, einem aktuellen gesellschaftlichen Ideal zu entsprechen, sondern um die Notwendigkeit, das Muster zu erfüllen. Der im Widder begonnene Prozeß der Ich-Entwicklung wird im Stier weiter fortgeführt. Dieser wandelt sich von der Ich-Entwicklung (Widder) zur

Ich-Definition (Stier). Da im Tierkreiszeichen Stier die seelisch/geistige Ebene noch nicht entwickelt ist, führt das zu einem Wertemangel, den der Mensch mit der Stier-Sonne innerlich empfindet. Aufgrund des inneren Leeregefühls knüpfen die Nativen ihr Wertempfinden an Bedingungen und Themen und machen sich von diesen abhängig. Erst in dieser symbiotischen Verbindung gelingt es ihnen, sich selbst wahrzunehmen. Das Fehlen der Definitionsfähigkeit ist ein «kosmischer Kunstgriff», denn über diesen werden die Nativen mit dem Stier-Auftrag förmlich in die Verwurzelung hineingezwungen, da sie sich, um die Leere nicht spüren zu müssen, im vermehrten Maße um symbiotisch werterhöhende Verbindungen bemühen und sich damit gleichzeitig an den Stoff binden.

Jede Inkarnation birgt ihren ganz bestimmten sinnhaften Auftrag, welcher darin besteht, den Menschen im Laufe seines Erdendaseins mit den für ihn notwendigen Themeninhalten zu konfrontieren. Also werden jedem Individuum zeitlebens die nötigen Auseinandersetzungsimpulse vermittelt, die ihn auf seinem Weg zur Ganzheit fehlen. Im Zeichen Stier geht es primär um stoffverbundene Themen wie beispielsweise Sicherheit, persönliches Wertgefühl, körperliche Sinnlichkeit, konkrete Bindung an den Stoff, Nahrungsaufnahme, Abgrenzung, Gruppengefüge und -zugehörigkeit. Natürlich ist jeder Aspekt des Lebens, solange er sich nur auf einen Teilbereich bezieht, immer nur eine Facette der Wahrheit und der Ganzheit. Er stellt nur immer einen Teil dar, der für die Betroffenen in ihrem Leben eine zu lernende individuelle Notwendigkeit ergibt, jedoch nicht für die Allgemeinheit. Gerade hierin liegt oft die Schwierigkeit, besonders dann, wenn es zu Abweichungen zu den Themen des allgemeinen Zeitgeistes kommt, so daß sich der Betroffene in einer Außenseiterrolle wiederfindet. Trotz allem ist der individuelle Auftrag wichtiger als ein kollektiver. Mit der Differenz zwischen Individualität und Kollektivbewußtsein muß der Mensch leben, will er einen Weg gehen. Denn es ist schwieriger, sich selbst zu finden und sich zu seinem Sosein zu bekennen, als einem gesellschaftlichen Ideal zu entsprechen. Deshalb sollte man die jeweiligen individuellen Einlösungsformen, die der Mensch für sein Muster geschaffen hat und die ihm helfen, sich individuell zu verwirklichen, nicht nach ihren Themen bewerten, sondern vielmehr verstehen lernen, daß jeder seine Einlösungen benötigt, um sein Muster leben zu können.

Entscheidend ist jedoch nicht, welche Themen der Mensch umsetzt, sondern mit welcher Bewußtheit die individuellen Themen gelebt werden. Deshalb gilt es die Sinnhaftigkeit zu erfassen, aus der ein Geburtsmuster gewoben ist, dann schließt sich einem das gesamte Muster mit seiner Stimmung und seiner tiefen Bedeutung auf. Sieht man nur einen einzelnen Aspekt getrennt vom ganzen Geburtsmuster, erkennt man nicht die Tragweite eines Themas.

Aus der Sichtweise, daß jeder Mensch darum ringt, Baustein für Baustein auf seinem Weg zur Ganzheit einzubringen, entwickelt sich ein liebevolles Verständnis für das Sosein anderer Menschen, denn es gibt an ihnen nichts mehr zu verurteilen, da jeder Mensch auf seine Weise an seinen Geburtsthemen wirkt.

Mit dem Stier-Auftrag, wieder konkret im Stoff zu ankern und in der materiellen Welt Platz einzunehmen, erhält man unter einer solchen Betrachtungsweise für die Nativen ein ganz anderes Verständnis. Denn je stofflicher der Sonnen-Auftrag ist, desto weiter entrückt muß die Anlage der Nativen sein. Ähnlich wie beim Widder-Auftrag läßt sich mit dem Stier-Auftrag bei der Frage nach der Notwendigkeit des Lernthemas erkennen, daß der Auftrag ganz konkret zu werden darin gründet, daß die mitgebrachte Geburtsanlage weit von der Anbindung an das konkrete Leben entfernt ist. Möglicherweise liegt auch hier ein stark ideenbetontes Anlagematerial vor oder das Bedürfnis, sich in euphorische Höhenflüge zu begeben, die einmal eine ganz konkrete Wertigkeit und einen Bestand im Leben erhalten müssen.

Je weiter die Anlage entrückt ist, desto eher wird der Auftrag als eine Schwereerfahrung empfunden, da alles andere innerlich viel feinstofflicher gewoben ist. Für die Betroffenen fühlt sich das oft so an, als würden sie im Leben neben sich stehen und mit ansehen müssen, wie ein Teil von ihnen etwas anderes empfindet, als es der andere Teil konkret lebt. So als würden zwei Züge auf unterschiedlichen Gleisen nebeneinander herfahren, die sich langsam auseinanderbewegen. Beispielsweise ein Fische-Aszendent, der mit seiner mitgebrachten Anlage kaum Anteil am realen Leben nimmt und oft nicht weiß, was er eigentlich auf der Welt soll, würde mit der Stier-Sonne einen Anker erhalten, durch den er geerdet wird und der ihm gleichzeitig die Lebensrichtung weist. Für ihn lautet dann der Auftrag, wieder sinnlich zu werden, genießen zu lernen, sich in eine Gruppe einzufügen und aufgrund der Integration in dieser sich auch mit dem Wertgefühl auseinandersetzen zu müssen. Anhand der Kombinationen von Aszendent zum Sonnen-Auftrag wird sichtbar, daß in den Verbindungen Sinnhaftigkeit liegt. Ganz gleich, mit welchen Anlagen-Themen eine Stier-Sonne verbunden ist, lautet für die Nativen der Auftrag:

«Werde stofflich, verwurzele dich!»

Der Mangel an konkreter Weltenempfindung macht es nötig, wieder anzukommen, um sich erneut zu erden. Würde man versuchen, der Sinnhaftigkeit des Geborenwerdens nachzugehen, führte dies in endlose Mutmaßungen hinein, und diese blieben letzlich auch immer ein Rätsel, denn bis heute hat kein Philosoph die Frage nach dem Warum der Schöpfung vollends ergründen können. Um aber das Verständnis für den Sonnen-Auftrag Stier zu erleichtern, lassen sich auf anderen Ebenen ähnliche Gesetzmäßigkeiten beobachten. Ganz im Sinne des hermetischen Leitsatzes «Das Ganze ist im Kleinsten enthalten», findet man in den unterschiedlichsten Seinsbereichen ähnliche Eigenschaften, die, analog umgedeutet, der psychischen Struktur des Stier-Auftrags entsprechen.

Vergleichende Symbolebene: Alle Macht und Kraft auf der Erde beruhen auf dem chemischen Wirken der Pflanzen und ihres Chlorophylls, dessen Zusammensetzung fast identisch ist mit dem der roten Blutkörperchen des menschlichen oder tierischen Blutes. Das Chlorophyll in den Blättern der Pflanzen und Bäume nimmt die Sonnenenergie auf, sie wird fixiert und, ganz wie es dem Stier-Prinzip entspricht, zum Bestand gemacht. Damit sind die Pflanzen und Früchte Träger von kosmischen Energien, die wiederum mit ihren gehaltvollen Stoffen unbedingt für die Gesundheit und das Wachstum eines Lebewesen erforderlich sind. Mit den Pflanzen entsteht gleichzeitig Nahrung (Stier), die je nach Art und Zusammensetzung von Mensch und Tier verspeist werden kann. Somit entsteht die lebenserhaltende Nahrungskette, die bezeichnend ist für das Stierthema.

Die Bäume kondensieren die Feuchtigkeit der Luft und tragen mit diesem Werk dazu bei, daß der Regen fällt, der dann wiederum die Landschaft befruchtet. Flüsse und Wasserfälle entstehen, die zu weiterer Energie nutzbar gemacht werden und auch das Land wieder bewässern können. Ein kompletter Kreislauf bildet sich aus, der die Erde fruchtbar und damit auch für den Menschen bewohnbar macht.

Als weitere direkte Analogie zum Stier-Prinzip ist besonders der Mutterboden oder die Erde als Material zu betrachten. Untersucht man die Eigenschaften des erdigen Materials, eröffnen sich schöne Analogien zu den Stierthemen. Erde ist schwer. Erde ist dauerhaft, genau wie ein Stein verändert sie von selbst niemals ihre Form. Erst durch äußere Einwirkung entsteht eine Veränderung, die aber immer an die Heftigkeit des Impulses gebunden ist. Kommt es einmal zu einer Veränderung, ist der alte Zustand nicht mehr in seiner vorherigen Form herstellbar. Erde ist greifbar und fest abgegrenzt. Sie dient als äußerer Schutz und Barriere, sie gibt Halt und einen festen Boden unter den Füßen. In der Erde graben sich Spuren und Abdrücke der Zeit ein, und werden dort sichtbar. Betritt man ein frisch gepflügtes Feld, hinterläßt man sichtbare Spuren. Erde ist meßbar und unterliegt ganz bestimmten Gesetzmäßigkeiten, die an den Raum- und damit auch an den Zeitbegriff gebunden sind. Damit wird der an das Konkrete gebundene seelische Aspekt im Stierbild deutlich, denn alles bezieht sich nur auf die Bereiche des Realen. Untersucht man die spezifischen Eigenschaften von Mutterboden unter symbolischen Gesichtspunkten, lassen sich die Erfordernisse, welche im Auftrag zu finden sind, gut erfassen. Denn alle Eindrücke über das Konkrete sollen in gleicher Form vom Menschen unter diesem Auftrag erfahren werden. Er soll lernen, sich an die konkreten Bedingungen zu halten, sich den Gesetzen des Stoffes mit all seiner Schwere zu unterstellen.

In der Lebensphase vom siebten bis zum vierzehnten Lebensjahr findet man der Stierthematik vergleichbare Merkmale. In dieser Zeit ist der Mensch sowohl auf der körperlichen als auch auf der geistigen Ebene dem Wachstumsprinzip unterworfen. Wer Kinder hat, der weiß sehr wohl, welche Unmengen an Nahrung in diesen Jahren von ihnen verschlungen werden. Der jugendliche Körper braucht für sein rasendes Wachstum jede Menge an Nährstoffen. Die Lernfähigkeit in dieser Zeit ist besonders hoch, und die Kinder nehmen begierig ebensoviel geistige als auch konkrete Nahrung auf. In keinem Alter ist die menschliche Merk- und Aufnahmefähigkeit so hoch wie in diesem Lebensabschnitt. Wissen wird zum Bestand gemacht, wird festgehalten (Stier), da es auch dazu dient, den Wert (Stier) der Persönlichkeit zu erhöhen, um sich später im Leben zurechtzufinden. Mit der Symbolik dieser Lebensphase tritt die dem Stier-Bild zu eigene Integrationsfähigkeit hervor.

Im Zeitraum des Stierzeitalters (4000 bis 2000 v. Chr.) als der Frühlingspunkt im Stier angesiedelt war, lebten die Menschen überwiegend als Bauern und Tierzüchter. Der damalige Ausdruck von materiellem Reichtum waren großzüge Viehherden, die als Nahrungs- und gleichzeitig als Zahlungsmittel dienten. Auch die kosmischen und geistigen Gesetzmäßigkeiten versuchte man damals im Stoff zu verewigen. In keinem Zeitraum wurden die geistigen Prinzipien und Gesetzmäßigkeiten so intensiv erhalten und manifest gemacht wie in diesem. Prachtvoller Ausdruck dessen sind die bis heute erhaltenen Überreste der ägyptischen Kultur, die den Abdruck des Geistes in der Form konkretisierte, und zwar so nachhaltig, daß die Reste teilweise noch nach 6000 Jahren zu finden sind. Die Unveränderbarkeit und die seelische Nachhaltigkeit des Stierthemas sowie das Bedürfnis, Konkretes zu erschaffen, wird über diesen Aspekt besonders deutlich.

Symptomatik: Der Mensch mit dem Sonnen-Auftrag Stier erfährt wie alle anderen Sonnen-Aufträge auch jene Themen in der Erleidensform, die ihm im Bewußtsein fehlen. Das Leben reagiert mit den unterschiedlichsten Manifestationen, die dazu führen, daß jeder schließlich in die Nähe seines individuellen Musters geführt wird. Entscheidend ist vor allem, ob der Mensch innerlich bewußt mitgehen kann oder ob seine innere Haltung auf Widerstand ausgerichtet ist. Letztlich ist der Mensch immer die schwächere Instanz, so daß er sich bei noch so großem Widerstand eines Tages den immerwährend in die Präsenz drängenden Themen seines Geburtsauftrages fügen muß. Beispielsweise führen materielle Mangelsituationen beim Sonnen-Auftrag Stier dazu, daß sich der Betroffene besonders um sein konkretes Wohlergehen sorgen muß. Der Mangel läßt eine Sehnsucht entstehen, das Fehlende zu erlangen. Auch der Mangel an Selbstwert führt zum Umkreisen von Wertethemen.

Aus der Sicht der kosmischer Gesetzmäßigkeiten gibt es keine moralischen Bewertungen, es ist gleich, wie ein Mensch in sein Muster kommt, da die Unterscheidungsfähigkeit allein eine menschliche Eigenschaft ist, die dem polaren Bewußtsein entspringt. Das allgemeine menschliche Selbstverständnis ist so geartet, daß man sich über die Themen definiert, die man als eigene Wahrheit für sich zu empfinden glaubt. Deshalb ist beispielsweise der Mensch, der einen Sonnen-Auftrag Stier hat und sich in einer Mangelsituation gezwungenerweise um Materie kümmern muß, ebenso ein Materialist wie derjenige, der sich freiwillig dem Thema widmet. Die subjektive Ablehnung eines Menschen zeichnet den Betroffenen nicht mit dem Gegenteil aus, denn sie ist nicht Zeugnis eines anderen Inhalts, sondern nur eines menschlichen Widerstandes.

Der materiell Bedürftige ist Materialist, da er sich tagaus, tagein, mit seiner Mangelsituation auseinandersetzen muß, er befindet sich nur auf dem Minuspol einer Achse, die man Materialismus nennt. Aus der Sicht der Ur-Prinzipien gibt es keine Trennung zwischen Menschen, die auf der Mangelseite das Thema bearbeiten, und denen, die auf der Überflußseite im Thema angelangt sind. Beide konzentieren sich im Endeffekt auf die Materie. Der eine ist mit der Aufgabe ganz einverstanden, der andere wird im vermehrten Maße durch die Bedingungen aufgefordert, sich zu stellen. Die Unterschiede bestehen nur in der Form, nicht jedoch in den Inhalten.

Die Körperlichkeit und somit auch die Sinnlichkeit haben im Stierbereich eine hohe Bedeutung. Lehnt der Mensch unter seinem Stier-Auftrag das Thema der Sinnlichkeit ab, wird er vergleichbare

Erfahrungen mit seinem Körper machen, wie sie sich auch bei der Ablehnung von weltlichem Wohlleben einstellen. Der Körper lenkt mit Erkrankungen die Aufmerksamkeit auf sich.

Da die Haut dem Stier-Prinzip zugeordnet ist, findet man in diesem Bereich sehr oft entsprechende Symptome. Dabei zielt die Symbolik der Symptome weniger auf das Thema der Öffnung ab, welches durch konkrete Hautöffnungen deutlich wird, sondern auf die sinnliche Zuwendung, welche die Haut benötigt. Spürbar wird dies dadurch, daß die Symptome ihre Aufmerksamkeit in besonderer Dominanz einfordern; die Haut juckt, weil sie zu trocken ist oder gerötet und leicht angeschwollen. Über diesen Umweg müssen die Betroffenen gezwungenermaßen mit dem sinnlichsten Organ Kontakt aufnehmen. Anstatt in wohligen sinnlichen Genüssen zu schwelgen, werden sie gezwungen, sich über die Erkrankung mit dem Einreiben von Salbe auf die betroffenen Hautpartien dem Thema des Körpers anzunähern: Der Mensch lebt über diese Schiene seine abgelehnte Sinnlichkeit.

Der Ernährungsbereich gehört zum Stierthema, da die Nahrung dem reinen Stier-Prinzip entspricht. Die Nahrung ist Symbol für das Leben, denn sie erhält den Organismus. Auch über diese Erlebensebene können die Nativen an ihr Thema herangeführt werden, denn je weniger man sich um die Lebenserhaltung, also das gesunde Leben kümmert, um so mehr kann über Stoffwechsel oder Drüsenfunktionen die Aufmerksamkeit des Menschen auf den Ernährungbereich gerichtet werden. Die Ablehnung von Gaumenfreuden mit der Ansicht, Essen sei eine üble Notwendigkeit, führt unter dieser Signatur zu Disregulationen und Unverträglichkeiten. Die Betroffenen sind aufgrund der auftretenden Störungen gezwungen, sich über eine vom Arzt verordnete Diät mit Nahrung auseinanderzusetzen. Der Mensch mit dem Stier-Auftrag muß nun selektieren, über seine Ernährung nachdenken, sich um bestimmte Nahrungsmittel kümmern. Er fängt an, sein Essen zu wiegen, zu berechnen, stellt fest, daß durch den vorgegebenen medizinischen Rahmen seine Ernährung einseitig und begrenzt geworden ist. Möglicherweise kauft er sich spezielle Kochbücher, beginnt neue Eßvarianten auszuprobieren und wird über diesen Umweg zum echten Ernährungsnaturell.

Eine kaum zu regulierende Übergewichtigkeit deutet im Falle des Stier-Themas darauf hin, daß der Körper stellvertretend für das Bewußtsein des Menschen Stoff speichert und sich auf diesem Weg aufgrund der entstehenden körperlichen Schwere der materiellen Erfahrung aussetzt, was natürlich zu Konflikten mit dem Ego der Betroffenen führt. Die Verdauungs- und Stoffwechselsymptome verdeutlichen, daß auf einer inneren Ebene das Thema der Verwertung von lebensnotwendigen Stoffen nicht ausgeschöpft wird, da die Umsetzung auf konkrete Lebensbedingungen fehlt. Ein Problem mit der Ernährung symbolisiert einen Konflikt mit dem Leben. Dabei nützt es wenig, die Nahrung zu reduzieren, denn der Körper kompensiert nur den fehlenden Inhalt im menschlichen Bewußtsein, nämlich sich mit dem Stierthema auseinanderzusetzen. Jede bewußte Zuwendung an die sinnlich / stofflichen Lebensbereiche führt zu größeren Erfolgen als das ständige Ausprobieren neuer Diäten.

Die Betroffenen leiden sehr an ihrem Ungleichgewicht zwischen Unbeherrschtheit und Reduktion, denn bei dem Bedürfnis, die Nahrung zu reduzieren, kommt es zu ungesunden Phasen der Eßverweigerung und andererseits zu dem Zwang, erhebliche Mengen an Nahrung aufnehmen zu müssen. Oftmals erleiden die Nativen regelrechte Freßanfälle, bei denen sie dann Schokolade, Plätzchen, aber auch herzhafte Speisen im wilden Durcheinander aufnehmen müssen, da sie das innere Leeregefühl nicht anders befriedigen können.

In manchen Fällen der Verdrängung des Stier-Auftrags liegt eine latente Neigung zur Bulimie vor. Die Betroffenen spüren einen übersteigerten Hunger, doch nach der Nahrungsaufnahme entsteht eine starke Abneigung gegen das Aufgenommene, so daß sie einen Brechreiz auslösen, der die Nahrung unmittelbar wieder hinausbefördert. Die zwanghafte Nahrungsaufnahme und das wiederholte Erbrechen können exzessive Formen annehmen, die dann therapeutische Hilfe benötigen, da die Betroffenen alleine kaum mehr in der Lage sind, diesem Teufelskreis zu entkommen. In dieser Symptomatik verbirgt sich die starke Diskrepanz zwischen dem zwanghaften Bedürfnis zur Nahrungsaufnahme, das aus dem Stier-Auftrag resultiert, dem die Betroffenen unterliegen, und dem unweigerlichen Bedürfnis, dem abgelehnten Thema keinen Raum zu geben.

In einem solchen extremen Themenbereich verbirgt sich der Konflikt zwischen der mitgebrachten Anlage und dem Auftrag. Bei allen Symptomen liegt die Chance darin, hinter der Erleidenssituation die zwingende Notwendigkeit zur Bewußtwerdung zu sehen.

Es ist also nur möglich, das erforderliche Thema dadurch zu erlösen, indem man ihm entgegengeht und sich damit unter das Gesetz des Geburtsauftrags stellt. Dies macht den Menschen frei von den zwanghaften Formen, die ihn unerbittlich zur Konfrontation auffordern.

Kontemplative Integration: Für den erdigen Menschen lautet der Auftrag, sich den konkreten Bedingungen des Außen zu widmen. Je mehr er versucht, dem Thema zu entgehen oder in flexiblere Bereiche zu fliehen, desto schneller wird er sich wieder in die Erdenschwere zurückgedrängt fühlen mit ganz ähnlichen Situationen, denen er doch zu entfliehen versuchte.

Die Ebene des Stoffes entläßt den Menschen aus der notwendigen Erleidenssituation, wenn er bis ins letzte Detail in die fehlenden Themenbereiche vorgedrungen ist. So ist jegliche Ausgeliefertheit an materielle Bedingungen dahingehend zu bewerten, daß die Materie über den Menschen Oberhand gewonnen hat und er zu ihrem Spielball geworden ist, selbst dann, wenn er sich in seiner Identifikation frei und unabhängig empfindet. Dies gilt besonders, wenn er sich um eine Mangelsituation kümmern muß. Um für diese Zusammenhänge ein Gespür zu bekommen, sollten die betroffenen Nativen mit dem Stier-Auftrag ihr Leben, bezogen auf die beschriebenen Symptombereiche, Revue passieren lassen. Sie sollten mögliche materielle Mangelsituationen oder körperliche Erleidensformen, die sie erfahren haben, unter dem Gesichtspunkt einer übersteigerten Ablehnung überprüfen. Hilfreich ist es, wenn sie versuchen, einen Zusammenhang zwischen ihrem damaligen Bewußtsein, was die Ablehnung bestimmter Themen anbetrifft, und der gleichzeitigen Intensität ihrer Symptome während der Erleidensphase herzustellen. Je mehr ihnen dies gelingt, um so eher gelangen sie in die Nähe der Erkenntnis der Grundthematik. Gleichzeitig führt sie das in die Nähe der Lösung ihrer Kernproblematik.

Sie sollten sich ihre Ablehnung zu bestimmten Reizthemen, die dem angesprochenen Bereich des Stier-Auftrages entsprechen, vergegenwärtigen und einmal anders in der Betrachtung vorgehen. Besonders effektiv ist es dabei, Situationen, die man sonst niemals zulassen würde, ganz konkret in der Phantasie zu durchlaufen, um sie möglicherweise später bewußt im konkreten Leben aufzusuchen und so die Intensität der Erfahrung zu erhöhen. Der Kreativität ist dabei keine Grenze gesetzt, der Motor für die Konfrontation sollte vor allem die Ablehnung bestimmter Themenbereiche sein, die allmählich aufgesucht werden, um dabei immer wieder eine innere Anbindung herzustellen.

Auf diesem Weg vom Betrachten zum Lösen der inneren Blockaden bis zum Erleben der verdrängten Bereiche übernimmt der Mensch jene Verantwortung für den eigenen Auftrag, der sich in sein Bewußtsein zu gelangen bemühte.

Der Sonnen-Auftrag Zwillinge

Das Tierkreiszeichen Zwillinge ist ein männliches Luftzeichen und Symbolträger für das Geschehen im Zeitraum vom 22. Mai bis zum 21. Juni eines jeden Jahres. Der Herrscherplanet des Zeichens Zwillinge ist der Merkur.

Natursymbolik: Nachdem im Widder der Impuls für den Neubeginn erfolgte, sich in der zweiten Phase das Neubegonnene in Stier verfestigte und seine Verwurzelung fand, bedingt es ein weiteres Prinzip im Schöpfungsmythos, das für den Fortbestand des äußeren Lebens von Bedeutung ist. Dieses dritte Prinzip entsteht im auf den Stier folgenden Abschnitt mit dem Tierkreiszeichen Zwillinge. Mit dem luftigen Zeichen Zwillinge wächst das Bedürfnis, über die vom Stier errichtete Abgrenzung hinauszuschauen und mit der Welt in Kontakt zu treten. Das bisher Geschöpfte befindet sich in einem statischen Zustand, da im Stier alles zur Ruhe gekommen ist, so daß nach diesem Zeitabschnitt, wenn nichts Entscheidendes mehr geschehen würde, das für Bewegung und Austausch sorgt, alles verkommen und stagnieren müßte, da der Atem des Lebens weder ein- noch ausfließt.

Der Inhalt des Ur-Bildes Zwillinge ist mit dem Auftrag der Lebendigkeit und der Bewegung eng verknüpft. Das Zeichen Zwillinge schließt in der Reihenfolge des Tierkreises an das Zeichen Stier an, welches sich im Stoff fest verwurzelt hat. Damit weiterhin Lebendigkeit im gerade Errichteten gewährleistet ist, ist es unabdingbar nötig, nach jedem Niederlassen für Bewegung und Austausch zu sorgen. Dies ist die Aufgabe des Zwillings-Prinzipes. Im natürlichen Verlauf des Jahres liegt die Zwillingsphase in der Zeit des Frühlings, in der die Pflanzen, die Tiere, die Menschen beginnen, sich in der Aufbruchstimmung zu paaren und zu befruchten, um das Leben weiterzugeben und erneute Lebendigkeit entstehen zu lassen. Überall finden Austausch, Kontakt und Polaritäts-Zusammenführung statt, damit der große Organismus der Natur erhalten bleibt. Die Natur befindet sich im letzten Drittel des Frühlings. Alles steht in voller Blüte und mit diesem nach außen gekehrten Zustand signalisiert die Natur ihre Geschlechtsreife. In dieser Phase ist sie von Kopf bis Fuß auf Austausch und Begattung eingestellt. Die Luft und die teilweise durch die Schwankungen (Zwillinge) der Temperatur bedingten Winde sorgen für regen Pollenflug, der zur gegenseitigen Befruchtung der Pflanzen führt. Was der Wind nicht vollends besorgen kann, wird von den Insekten, wie z. B. Fliegen, Bienen und Faltern, nachgeholt. Überall summt, sirrt und schwirrt es in der Natur, und jeder spürt, hier ist «mächtig was los».

Der herrschende Planet des Zeichen Zwillinge ist der Merkur, der darüber hinaus auch Herrscherplanet im Zeichen Jungfrau ist. Die archetypische Struktur des Zeichens Zwillinge ist luftig, was dem reinen Merkur-Prinzip entspricht. Der luftige Merkur ist vergleichbar dem kindlichen Staunen und Entdecken der äußeren Welt und der Freude an allem Neuen, der Faszination an der Bewegung und an der Technik, der nicht endenden kausalen Fragen, die sich stellen, wenn man als Kind die Welt entdeckt und den vielfältigen Dingen einen Namen geben möchte. Der Jungfrau-Merkur entspricht einer erdigen Qualität, wobei im Gegensatz zur Leichtigkeit des vorher beschriebenen luftigen Prinzipes sich eine gewisse irdische

Schwere einstellt. Hier richtet sich die Merkurintention zwar auf äußerliche kausale Themen, die aber in sich schon vernünftiger sind und eher einen analytischen Charakter haben. Die luftige Freude weicht gegenüber einem vorsichtig mißtrauischen Angstprinzip, welches den Dingen auf den Grund geht, vor Gefahren warnt und kausale Schuldzuweisungen macht, da es in allen Aspekten der Welt eine Gefahr wittert. Zwillinge ist das erste Luftzeichen im Tierkreis, es entspricht der Eigenschaft der Neutralität. Zwillinge ist das Zeichen, das den Verfestigungszustand des Stieres auflöst. Nach der Verstofflichung entwickelt sich langsam die erste Bewußtheit, die Welt des Ich wächst in der ständigen Berührung mit der Umwelt. Ein Eroberungs- und Entdeckungsdrang entsteht, mit dem Willen, den Zweck aller Intentionen zu erfassen, wobei der Verstand als Intellekt ein hilfsbereiter Diener des individuellen Lebenswillens wird. Unter seinem Anreiz erfolgt die Ausbildung des Denkinstrumentes und der Sinneswahrnehmung sowie der Fähigkeit zum Austausch und der Kommunikation. Als Symbolrepräsentanten gelten beispielsweise:

Der Intellektuelle, der Vermittler, Handelsgesellschaften, vernetzte verkehrsreiche Zonen, Knotenpunkte, Straßen, Städte, Kommunikationszentren, Vermittlungsgabe, Neutralität, Beweglichkeit, Aufgeschlossenheit, Atmungsorgane, Hände, die Sinnesorgane, das Sprachzentrum, die Lunge, die Bronchien, die Luftröhre, die Nerven, nicht allzu intensive frische fruchtige Farben usw.

Mit dem Bild der Zwillinge wird der erste Quadrant, welcher der sichtbaren Welt zugeordnet ist, abgeschlossen. Jedes Zeichen im Tierkreis, das einen Themenbereich abschließt, überführt das zuvor Entstandene in den nächsten Zustand. Zwillinge bringt Bewegung und Leben in die auferstandene Natur, denn nur der lebendige Kontakt mit der Realität des Erdelementes bewahrt die Existenz vor ihrem Zerfall. Die Ruhe des Vormonats löst sich mit der Zwillingsphase auf, und es entsteht die lebensnotwendige Bewegung.

Der Auftrag: Erhält ein Mensch den Sonnen-Auftrag Zwillinge mit seiner Geburt in den Zeitraum vom 21. Mai bis zum 21. Juni, lautet damit die Aufgabe für den Nativen, flexibler, leichter und neutraler zu werden. Für die Nativen mit dem Zwillings-Auftrag gilt es analog zur Natur, eine ähnliche Dynamik und Aktivität zu verwirklichen. Denn im Außen ist alles in Aktion, die Insekten und Vögel schwirren durch die Luft, es ist angenehm warm und schön, so daß es Spaß macht, sich draußen in der Natur aufzuhalten. Man kann atmen, ohne das Gefühl zu haben, vor Hitze und Schwüle ersticken zu müssen. Die Psyche der Menschen ist aufgehellt, alles strebt erleichtert nach außen, da es endlich möglich ist, sich im Freien zu bewegen. Vieles geschieht in diesem Zeitraum aus Spaß am Leben, die Menschen spielen in der Natur, fahren Rad, machen Touren, man geht auf Entdeckungsreisen und pilgert scharenweise zu Sehenswürdigkeiten. Alle diese Aktionen verdeutlichen die reine Freude am Sein mit einer gewissen Unbeschwertheit, die als Ausgleich für die dunkle Jahreszeit zu werten ist, denn die Menschen sind froh, sich wieder dem äußeren Leben zuwenden zu können. Existiert in einem Zeitraum des Jahres eine solche Heiterkeit und Leichtigkeit, dann muß für einen Menschen, der in diese Zeit hineingeboren wird, die Notwendigkeit, ähnliches in sich zu erfahren, besonders groß sein.

Gerade unter diesem Geburts-Auftrag mangelt es den Nativen an entsprechender Leichtigkeit und der Freude am Sein. Sie sollen wieder lernen, mit Neugier und Begeisterung dem Leben zu begegnen, Kontakt mit anderen Menschen aufzunehmen und über die Kommunikation etwas über die Vielfalt des Lebens zu lernen. Das Besondere an diesem Prinzip ist die Wertfreiheit, die von den Nativen gelernt werden will. Denn mit Zwillinge lautet der Auftrag, genauso neutral und wertfrei den Dingen des Lebens gegenüber zu werden wie die Atmung, die dem Zwillings-Prinzip zugeordnet wird. Diese funktioniert beim Menschen seit Anbeginn des ersten Atemzugs vollkommen unhinterfragt und reibungslos, unaufhörlich in jedem Moment des Lebens. Der Atem gleicht einem großen Lebensrad, das in Bewegung bleibt, weil Bewegung Leben ist. Dabei erübrigt sich die Frage für den Menschen mit dem Zwillings-Auftrag, ob hinter der Lebensbewegung oder dem, was zur Erhaltung führt, ein tieferer Sinn liegt. Es gibt Dinge, die getan werden müssen, weil sie getan werden müssen. Die Nativen mit dem Zwillings-Auftrag ringen im Leben im besonderen Maße um ihre Bedeutung und die Bedeutsamkeit dessen, was sie im Leben vollbringen. Alles soll einen tieferen Sinn haben oder von Besonderheit geprägt sein. Man möchte im Leben eine möglichst nachhaltige und tiefe Spur hinterlassen, auf daß die Nachwelt noch lange von den Taten und Aktionen der Nativen Kunde erhält. Sehr oft liegt unter dem Zwillings-Auftrag eine Verweigerung vor, sich Dingen zuzuwenden, die nicht als sinnvoll erachtet werden. Diese Verweigerung richtet sich gegen die kleinen Belange und anfallenden Funktionen des Alltags: Telefonate, die geführt werden wollen, Termine, die gemacht werden müssen, man muß Rechnungen schreiben oder Geld überweisen, Buchhaltung führen, Einkaufszettel schreiben etc., alles Aktionen, die von den Nativen mit Zwillings-Sonne als erhebliche Belastung empfunden werden, weil sie mit diesen an die unwichtigen Kleinigkeiten des Lebens gebunden sind, denn niemand nimmt ihnen die notwendigen Erledigungen ab. Für sie scheint es, daß die Vielfalt der Erfordernisse ihnen die Kraft und die Möglichkeit nimmt, sich auf die wirklich wichtigen Themen des Lebens zu konzentrieren. So wirken die kleinen Belange, die oftmals spontan und nicht berechenbar auftreten, wie Störenfriede, die in ihrem Leben ein Zerstückelungswerk ausführen, so daß es ihnen schwer gelingt, sich auf die von ihnen geschätzten Erfordernisse richtig zu konzentrieren. Immer wieder tauchen Themen auf, die ihre Aufmerksamkeit abziehen, die sie wie ein Brennglas zielgerichtet auf eine Sache richten möchten. Sie sehnen sich nach einem steuerbaren Verlauf des Lebens, in dem alles seinen geraden seriösen Weg nehmen soll, damit es ihnen möglich ist, die Aufgaben oder Interessengebiete, die sie einmal begonnen haben, auch zu Ende führen zu können. Sie leben mit dem Bedürfnis, endlich einmal die ersehnte Ruhe genießen zu können.

Der Sinn im Geburtsthema besteht aber gerade darin, die Nativen in die Bereiche der Flexibilität und der Bewegung hineinzuführen, da sie zuwenig Interesse für die weltlichen Belange haben. Die Nativen mit dem Geburtsauftrag Zwillinge sind in vielen Fällen am Leben nicht interessiert und besitzen wenig Bereitschaft, sich weltlichen Bedingungen zu stellen. Gerade dies ist das Manko in ihrem

Geburtsmuster, denn sie sollen lernen, sich dem Außen zu überantworten, um die Freude und Begeisterung an den vielfältigen Dingen und Funktionen des Lebens zu entdecken. Die Nativen sind innerlich zu sehr zur Ruhe gekommen, so daß ihre Seele einem muffigen kalten und feuchten Zimmer gleicht, das schon lange nicht mehr gelüftet worden ist. So ist es erforderlich, daß ihr eigener Innenraum gelüftet wird, damit das Zimmer wieder mit Licht und lebensspendendem Sauerstoff erfüllt wird.

Dieses Erfordernis des Auftrages deckt sich natürlich nicht mit den subjektiven Belangen der Nativen, die sich nur den Aspekten des Seins zuwenden möchten, die sie persönlich interessieren, zumal sie nicht verstehen können, wieso profanes Leben überhaupt eine Existenzberechtigung besitzt. Ihre innere Unbeweglichkeit und Weltabgeschiedenheit führen zu der zwingenden Notwendigkeit des Auftrages, sich dem Leben wieder zu stellen. Wann immer ein Geburtsauftrag aus dem ersten Quadranten an einen Menschen ergeht, läßt sich damit unterstellen, daß er sich von den Erfordernissen des Lebens und der damit verbundenen Bewältigung zu weit entfernt hat. Seine seelische Intention zielt in ganz andere Bereiche, so daß jeglicher Weltenkontakt als störend empfunden wird. Doch die Nativen sollen mit ihrem Auftrag die Notwendigkeit erkennen lernen, daß wirkliches Leben und alles andere darauf basiert, daß ein Austausch stattfindet. Wissen erhält beispielsweise erst seine Bedeutsamkeit und seinen Sinn, wenn es weitergegeben wird und andere Menschen im Austausch geistig befruchtet werden. Jegliches Abschotten, sei es um Wissen, Gefühle, Themen nicht preiszugeben, führt zu Stagnation und damit zur Verödung des Lebens. Wenn die Nativen bereit sind, sich dem Außen mit all seinen Kleinigkeiten und seiner Lebendigkeit zu stellen, besteht die große Chance, daß gerade dann jene Sinnhaftigkeit entsteht, weil die Themen in ihnen wieder in Bewegung geraten. Der Geburtsauftrag und damit der Schlüssel zum Sonnen-Auftrag Zwillinge lautet deshalb auch:

«Nimms' leicht, lerne die Unterscheidung,
und tausche dich mit der dich umgebenden Umwelt aus!»

Das fehlende Bedürfnis nach Austausch und Bewegung macht es nötig, daß die Nativen lernen, in der Welt und im Leben an sich wieder einen Sinn zu sehen. Ihnen sind die Neugierde und die wertfreie Freude am Sein abhanden gekommen.

Vergleichende Symbolebene: Die Eigenschaften der Luft als konkret vorhandenes Element verdeutlichen sehr prägnant, was die Nativen im Bewußtsein verwirklichen sollen. Das Luftelement entspricht in seiner mystischen Symbolik der männlichen Form des Urgeistes, der alles untereinander in Verbindung setzt und mit zunehmender Durchgeistigung alles mit Bewußtheit erfüllt. Das geeignete Stichwort für das Luftelement lautet – Leben. Das Wesen des Luftelementes ist besonders aktiv, neutral und verbindend. Luft hat keinen direkten Polbezug und ist, was die Bewegung anbelangt, vom Feuerelement und der von ihm ausgehenden Erwärmung abhängig. Luft ist ein «Erlösungselement». Sie ist in allem enthalten, ringt sich aber aufgrund ihres Wirbels aus allem Festen heraus und sorgt für Auflockerung in jeder Statik. Durch ihr In-Verbindung-Treten mit allen Zuständen und Gegebenheiten, ihr Untertauchen und ihr Durchdringen sämtlicher Zellen nimmt sie aus diesen das Beste, lokkert deren inneren Bestandteil auf und führt diesen weiter in einen neuen Zustand. In Analogie zu den Merkmalen der Luft in der äußeren Manifestationsform lassen sich die zu lernenden Eigenarten des Zwillings-Auftrages folgendermaßen beschreiben: Luft strebt nach keiner direkten Zielrichtung, sie hält sich neutral in der Mitte. Luft ist leicht und beweglich, sie ist nicht faßbar, nicht berührbar und nicht konkret. Luft bietet keinen Widerstand, es sei denn, man versetzt sie in einen komprimierten Zustand unter Druck. Dieser läßt sich aber nur bis zu einem gewissen Grad herstellen, bis aufgrund des entstehenden Luftpuffers der Gegenpol einsetzt, der aber keinen aktiven Widerstand leistet, sondern lediglich eine weitere Vorwärtsbewegung unmöglich macht. Luft ist zwischen den Dingen, sie ist beschwingt und leicht, der Mensch atmet sie ein und atmet sie aus. Luft überträgt Schallwellen, Geräusche, und damit trägt sie die Kommunikation, stellt Verbindungen untereinander her.

Diese Analogien zur Luft gelten natürlich für jene Menschen, deren Geburtsauftrag lautet, sich in das Zwillingsthema hineinzufinden. Das luftige Zwillingszeichen ist das Bild im Tierkreis, welches den anderen Elementen den Geist und damit das Leben einhaucht. Die Hermetik beschreibt den Zwilling als Mittler (Hermes = Götterbote) zwischen allen Ebenen. Er stellt den Kontakt zwischen dem Oben und Unten, zwischen den Göttern und den Menschen sowie der Unterwelt her. Bei der Geburt ist die erste menschliche Polaritätserfahrung das Einsetzen des Atems, also das In-Verbindung-Treten mit der Welt über die Luft. Genau wie der menschliche Atem der Urgrund der Lebensfunktion ist, benötigt auch die Welt den Austausch, damit das Leben in ihr floriert. Denn Atem (= Austausch) ist Leben! Alle Lebewesen sind über die Atemluft miteinander verbunden und atmen aus dem riesigen Pool des Sauerstoffs die gleiche Luft. Auch wenn man gegen bestimmte Menschen Aversionen hegt, so ist man trotzdem über die Luft mit den anderen verbunden. Diese Analogien veranschaulichen sehr gut, daß alle Funktionen, die dem Zwillingsthema entsprechen, zur Lebenserhaltung beitragen. Nur durch die gemeinsame Verbindung ist Verständigung möglich, die Kontakte schafft und untereinander für ununterschiedene Verbindung sorgt.

Die menschliche Lebensphase in der Zeit von 14 bis 21 Jahren entspricht in ihrer inhaltlichen Symbolik der Thematik des Zeichens Zwillinge. Die Jugendlichen erleben in diesem Lebensabschnitt eine aufregende Zeit, sie durchleben die Pubertät und machen erstmalig bewußt die Erfahrung der Unterschiedlichkeit der Geschlechter. Die Auseinandersetzung mit Gegenpolen und der Konflikt mit der noch vorherrschenden Neutralität stehen im Vordergrund des Geschehens. In der Pubertät spielen die Abnabelung und die Auseinandersetzung mit dem Elternhaus eine ganz zentrale Rolle. Der junge Mensch entwickelt ein besonderes Bedürfnis nach eigenständiger Handlungsfreiheit, die ihm die ersten Funktionen des eigenen Lebens ermöglicht. Er flieht in diesem Zeitabschnitt vor der Subjektivität eines übergreifenden, mit Geborgenheit drohenden Familienverbandes. Dieser stellt für das Seelenheil des Menschen in diesem Alter eine echte Gefahr dar, ebenso läßt bei ihm jede Konfrontation mit dem Sumpf herabziehender Gefühle die Alarmglocken schrillen.

Dieser Lebensabschnitt ist angefüllt mit den mannigfachsten Erfahrungen, die der Mensch für sein späteres Leben benötigt. Dies sind erste sexuelle Kontakte, die in ihrer Anzahl oft reichlich ausfallen (es geht ja um die Unterscheidung). Auch das Erlernen oder Studieren verschiedenster Kenntnisse für einen späteren Beruf entspricht dem wissensdurstigen Zwillings-Prinzip. Ganz im Sinne des Themas «Interesse» wird Faktenwissen gesammelt, welches erst einmal ohne die nötige Erfahrung im Gedächnis abgespeichert wird. Trotzdem wird manch ein jugendlicher «Wissenschaftler» mit Stolz erfüllt und betreibt dann mit dem kurz Erworbenen eifrig Selbstdarstellung, die einer unerlösten Form des Zwillings-Prinzipes entspricht. Als vergleichende Variante zum Zwillings-Auftrag ist dieser Zeitabschnitt im menschlichen Leben eine Phase, die sehr deutlich an den von Nähe und Geborgenheit losgelösten Zustand, wie er dem Zwillings-Prinzip entspricht, erinnert, da es mit dem Zwillings-Auftrag um die Entwicklung von Intellekt und Unverbindlichkeit geht, also merkuriale Eigenschaften, die mit subjektiven Familien- und Gefühlsbelangen keine synthetischen Verbindungen eingehen. Auch die erlernten und noch nicht verinnerlichten Themen beschreiben die wertfreie unverarbeitete Aufnahme von Wissen, welches «unverdaut» weitergegeben wird. Alle diese Themen zeugen von der Unbeschwertheit, die es auf einer tieferen Ebene für die Nativen unter diesem Sonnen-Auftrag zu erfahren gilt. Denn es heißt in dieser Phase wie auch beim Geburtsauftrag Zwillinge, eine Vielzahl von Wissen und Fakten zu sammeln, da die Nativen aus der Intention ihrer Grundanlage sich allein auf die ihnen bekannten Bereiche fixieren. So wie Schüler und Studenten ihr Lernpensum integrieren, sind auch die Nativen mit dem Sonnen-Auftrag Zwillinge gefordert, mit der Vielfalt der Welt in Verbindung zu treten, um dem Studienpensum des Lebens gerecht zu werden.

In den Kulturepochen verschiedener Völker leitete man den Zeitabschnitt der Zwillinge vom 21. Mai bis 21. Juni mit ganz bestimmten Ritualen ein. Der primäre Tenor dieser Zeremonien galt der Auseinandersetzung mit dem Thema der Polarität, symbolisch durch die Unterschiede der Geschlechter dargestellt. In nördlichen Breiten ist noch besonders in den ländlichen Gebieten das Errichten eines Mai-Baumes ein alter Brauch. Dieser Mai-Baum, häufig eine Birke, sollte sinnbildlich einen erigierten Phallus darstellen. Dieser Phallus wurde von den pubertierenden Jungen errichtet, und die Mädchen hängten um seine Spitze einen mit Schleifen geschmückten Kranz, der das den Phallus umschließende, weibliche Geschlecht darstellte. Gelang es einem Jüngling, mit den bloßen Händen den Mai-Baum zu erklettern und den Kranz zu berühren, durfte dieser sich in die Gruppe der heiratsreifen Jünglinge einreihen und beliebig die Mädchen des Ortes freien. Dieser Brauch sollte darstellen, daß der Starke, dem es gelang, den Baum zu erklimmen, in der Lage und dazu befähigt war, das Leben weiterzutragen. Durch die in der Prüfung erforderliche Geschicklichkeit sollte der Jugendliche seinen Umgang mit den Funktionen der Welt, also die Fähigkeit, sich mit Polarität auseinanderzusetzen, beweisen. Dadurch erwarb er die Legitimation, durch die ihm zugestandene Heiratsfähigkeit Leben weitergeben zu dürfen. Ein Fakt der dem Zwillings-Auftrag entspricht, mit dem die Nativen aufgefordert sind, das Lebensrad weiter zu drehen, damit die Welt mit all ihren Funktionen erhalten bleibt. Mit dem Zeugen von Leben entstehen wieder neue Bindungen und Verpflichtungen, mit denen der Mensch in die Notwendigkeit vieler Funktionen hineingeschleust wird. Diese sind allemal notwendig und wollen ausgeführt werden, um das Leben selbst am Leben zu erhalten.

Symptomatik: Ist der Mensch mit dem Sonnen-Auftrag Zwillinge nicht bereit, sich den Inhalten seines Geburtsauftrages zu widmen, erfährt er über die unterschiedlichsten Ebenen des Lebens Situationen, die ihn in der Erleidensform an sein Muster heranführen. Je weniger er bereit ist, sich dem Sonnen-Auftrag Zwillinge mit den dazugehörigen Inhalten zu stellen, desto mehr erfährt er in seinem Leben ständige Umpolungen, Unruhe und hektische Dynamik. Oft bemüht er sich darum, endlich einmal anzukommen, um etwas Konkretes zu erschaffen – einen Abdruck im Leben zu hinterlassen wie andere Menschen auch. Er leidet darunter, daß er tausend Ideen hat und es ihm selten gelingt, diese zu realisieren. Endlich einmal eine Sache zu Ende zu bringen lautet der sehnliche Wunsch des

Nativen, einmal in ruhiger Kontinuität jenseits von Zerrissenheit und Hektik die Dinge des Lebens bewältigen. Doch es scheint, je mehr er sich nach der Ruhe sehnt und glaubt, endlich angekommen zu sein, desto mehr beschleunigen sich die Prozesse und die Veränderungen in seinem Leben. Nichts verläuft so, wie er es sich vorgestellt hat, ständig lauert eine Umpolung auf ihn, bis er gelernt hat, sich neutral den Bedingungen des Lebens zu stellen. Solange er gegen den wirbelnden Strom der Bedingungen ankämpft, wird er Unruhe und Relativierung erleben.

Der Sonnen-Auftrag Zwillinge führt sowohl den Mann als auch die Frau in ein neutrales Thema hinein. Beiden ist es aufgrund des erhaltenen Geburtsthemas nicht möglich, besonders geschlechtsspezifische Merkmale auszubilden. Obwohl sie sich insgeheim sehnlichst wünschen, mit ihren Signalen und ihrem Verhalten besonders prägnant nach außen zu wirken, gelingt es ihnen nicht, denn sie werden von ihrem Umfeld vielmehr androgyn wahrgenommen. Trotz vielfacher Bemühungen entsprechen Männer unter diesem Geburtsauftrag nicht dem typischen kernigen Naturell, und auch Frauen gleichen nicht der typischen urweiblichen Eva, sondern wirken als Pendant zum Zwillingsmann knabenhaft und neutral. In Gesprächen mit anderen versuchen die Nativen als Ausgleich Prägnanz durch Kritik zu entwickeln, wobei es ihnen weniger um die Sache selbst geht als darum, als Person mit ihrer Aussagefähigkeit ernst genommen zu werden. Aus dieser Diskrepanz erleben sie Situationen, in denen sie wie ein Spielball hin- und hergeworfen werden, und es gelingt ihnen nicht, eine klare Linie oder einen Standpunkt zu entwickeln. Am Ende ist meist alles zerredet und ein Resümee kaum möglich. Der innere Widerstand, der dem seelischen Bedürfnis entspringt, gegen den Geburtsauftrag gerichtete Verhaltensweisen zu entwickeln, führt dazu, daß es den Nativen kaum möglich ist, die Verläufe im Leben zu steuern. In solchen Situationen möchten sich die Betroffenen am liebsten ganz zurückziehen, um nicht kommunizieren und funktionieren zu müssen. Doch auch wenn sie sich auf den Gegenpol ihres Geburtsmusters bewegen, erleben sie die inhaltliche Ansprache zu den Geburtsthemen über die umgekehrte Form.

Ein Umfeld mit mangelnder Kommunikationsmöglichkeit, beispielsweise durch einen Umzug ins Ausland, könnte die Kontaktarmut so übersteigern, daß sie beginnen, förmlich um jeden Austausch zu ringen. Die Situation erzeugt eine Sehnsucht nach Verbindung und Kommunikation mit anderen Menschen und führt damit wiederum in das Auftragsthema hinein. Permanenter ungewollter Wechsel von Arbeitssituationen oder Betätigungsfeldern bewirkt bei den Nativen ein größeres Maß an Flexibilität. Mit dem Erfordernis, sich aufgrund der ständig neuen Situationen neue Arbeitsbereiche und Aufgabenfelder erschließen zu müssen, werden die Betroffenen in die dem Prinzip entsprechenden Lernthemen geführt, weil sie aus sich selbst keine Neugierde für neue Themenbereiche entwickeln. Kommt es im Leben der Nativen soweit, dann wurden viele Chancen, mit der Welt und deren Vielfalt in Verbindung zu treten, ausgeschlagen und nicht wahrgenommen. Die Nativen sollten deshalb versuchen, Zugang zu ihrer leichten und lockeren Mentalität zu finden, um diese ohne Scheu zur Geltung zu bringen, weil sie ihnen ermöglicht, wesentlich unberührter durch die ständig neuen Erfordernisse hindurchzugehen, was die Lernfähigkeit erhöht. Je schwerer es in ihrem Umfeld wird, desto mehr neigen sie dazu, sich aufzuschwingen und weit über den Dingen zu schweben. Auf diesem Weg wird der Ballast zum Motor, der sie befreit. Endlich einmal schwerelos davonfliegen!

Sind die luftigen Menschen nicht bereit, sich dem Auftrag der Relativität und der Neutralität zu stellen, oder sind sie gar zu sehr an konkrete Dinge gebunden, dann halten auf der körperlichen Ebene Symptome Einzug, die sie in jene nervöse Stimmung bringen, die dem luftigen Zwillings-Prinzip zugeordnet ist. Alle Nervenleiden und nervösen Störungen weisen darauf hin, daß der Mensch keine Einlösung für seine ihm zugrundeliegende luftige Natur findet. Unaufhörlich jagen Gedanken durch das Hirn, was sich als innere Unruhe und Fahrigkeit auswirkt, welche die Betroffenen immer weiter treibt, da sie nicht wissen, aus welchem Grund sie ihrer Unruhe ausgesetzt sind und wie sie dieser Herr werden können. Sie haben das dringende Bedürfnis, endlich aus dem Teufelskreis der Gedanken auszusteigen. Die Ablehnung läßt innere Kräfte frei werden, denen der Mensch ausgeliefert ist, da sie in seinem Bewußtsein keine freiwillige Umsetzung finden.

Nervöse Zuckungen oder Zittern deuten an, daß der Mensch aus bestimmten Situationen aussteigen oder die Kontinuität bestimmter Zustände auflösen möchte. Auf der körperlichen Ebene entsprechen vor allem die Atmung, die Sinnesorgane sowie die Hände dem Prinzip der Zwillinge, die dann bei der Ablehnung des Geburtsauftrages die entsprechenden Symptome aufweisen können. Atemfunktionsstörungen signalisieren beispielsweise, daß etwas mit der seelischen Austauschqualität nicht in Ordnung ist, daß man sich entweder dem Umfeld nicht mitteilen oder aber die Impulse des Umfeldes nicht aufnehmen möchte. Beim Asthma weist das Symptom der Blockade der Ausatemfunktion daraufhin, daß der Mensch innerlich nicht bereit ist, in den Kontakt mit seinem Umfeld zu treten. Umgekehrt hingegen weist eine Beklemmung beim Einatmen auf die Angst hin, das Neue, das Unbekannte, welches mit der Welt an den Menschen herantritt, hineinzulassen.

Die Ausgeliefertheit an die zwanghafte Einlösung des Geburtsauftrages läßt die Notwendigkeit einer Bewußtwerdung deutlich werden. Die Bearbeitung der körperlichen Symptome innerhalb einer therapeutischen Auseinandersetzung führt auf einem Umweg dazu, daß der Mensch sich dem an den Geburtsauftrag Zwillinge gebundenen Thema des Polaritätsaustauschs stellt. Auch die Einschränkung seiner Wahrnehmungen dadurch, daß sich verschiedene Sinnesorgane zurückbilden oder ihren Dienst versagen, zeigen dem Menschen mit dem Zwillings-Auftrag, daß ihm die Bereitschaft fehlt, die Signale der Außenwelt so aufzunehmen, wie es sich unter seinem Auftrag gehört. Durch die immer wieder entstehenden Mangelsituationen wird das Bewußtsein auf die erforderlichen Bereiche gelenkt.

Bei der analogen Zuordnung körperlicher Gliedmaßen entsprechen die Hände dem Zwillings-Prinzip, man denke beispielsweise an die Aussage «Man will etwas begreifen», wenn es um eine intellektuelle Verarbeitung geht. Die gestörte Funktion einer Hand, sei es ein zeitweiliges Symptom oder ein immerwährendes, erfordert es, daß man schrittweise wieder lernen muß, dic Funktionen neu auszuführen, um Gegenstände und Dinge wieder erfassen oder begreifen zu können. Da der gesamte Bereich der Kommunikation sowie die Sprache dem Prinzip der Zwillinge entsprechen, führt gleichermaßen eine Hemmung oder Behinderung der Sprachfähigkeit dazu, daß auch hier über die erzeugte Mangelsituation dem Thema des Sonnen-Auftrages durch das erforderliche Umkreisen des Problems Beachtung geschenkt wird. Menschen mit dem Zwillings-Auftrag sollten in den Lebenskonflikten erkennen lernen, daß sie mit ihrer übersteigerten Sehnsucht, sich der Außenwelt mit all ihren neuen und aufregenden Impulsen zu entziehen, immer nur stärkere Stürme entfachen, welche die Unruhe im Leben immer zwanghafter und unerfreulicher anwachsen läßt. Je stärker das Bedürfnis nach Rückzug und Ruhe ist, desto heftigere Konflikte müssen in ihr Leben hineintreten, die sie neue Erlebensformen zwanghaft erfahren lassen, damit sie lernen, wieder lebendig auf die tatsächlichen Erfordernisse einzugehen.

Kontemplative Integration: Der seelische Zustand der Nativen mit dem Sonnen-Auftrag Zwillinge ist schal und unbewegt, deshalb sollen sie ihre innere Abgestorbenheit erkennen und überwinden lernen, denn ihrer Seele fehlt die frische belebende Luft des Zwillings-Prinzipes. Die Welt versucht mit den Situationen, an die sich die Nativen ausgeliefert fühlen, lediglich die Fenster zum Leben wieder zu öffnen, damit sie lernen, den wirklichen Erfordernissen der Außenwelt wieder zu begegnen: nämlich der Notwendigkeit, sich in den unabdingbaren Funktionen der Welt zu verwandeln, um wieder in Bewegung und somit ins Leben hineinzukommen. Der Weg in die ersehnte Ruhe entsteht erst durch das innerliche Neutralwerden über den erlebten Ist-Zustand, der ständig an die Betroffenen herantritt. Die Bereitschaft, selber am Rad des Lebens zu drehen, um damit die Dynamik des Lebens freiwillig zu steuern, wird die Unruhe sich auflösen und in den Hintergrund treten lassen, da die Nativen sich freiwillig dem eigenen Prinzipes stellen. Die Übersteigerung des jeweiligen individuellen Auftrages «sättigt» den bestehenden Bedarf bzw. das Manko eines Geburtsmusters.

Der Sonnen-Auftrag Zwillinge kann nur dadurch bewältigt werden, daß die Nativen sich ohne Widerstände in die polaren Situationen hineinbewegen und sich damit im besonderen Maße an das Rad des Lebens anschließen. Wenn sie lernen, flexibel mit den Erfordernissen des Lebens mitzuschwingen – vergleichbar mit dem unaufhörlichen Ein und Aus des Atemstroms –, vermögen sie sich zu ungeahnten Höhenflügen zu erheben und können so allen Ballast von sich werfen. Um die Dynamik, die in der Erleidensform zu den Inhalten des Auftrages führen soll, zu verstehen, sollten sich die Nativen die verschiedenen Situationen des Lebens vor Augen führen, in denen sie nicht bereit waren, auf die Erfordernisse des Außen einzugehen. Sie sollten ihre innere Verweigerung gegenüber der Funktion erkennen lernen und sich darüber hinaus vergegenwärtigen, wie sehr sie, da ihnen manche Situationen im Leben zu profan und hemdsärmelig scheinen, sich diesen gegenüber verschließen, nur um etwas zu leben, was ihnen eigentlich nicht entspricht. Daraus resultiert natürlich auch die innere Verkrampfung, die aus der Haltung entsteht, mehr scheinen zu wollen, als man tatsächlich ist. Dieses ständige Bemühen um Bedeutung verursacht Streß, da man ständig etwas tun muß, um diesen Anspruch, etwas Besonderes zu sein, erfüllen zu können. Die Nativen sollten versuchen, aus diesem vertrackten Teufelskreis auszusteigen. Sie gelangen sonst in immer größere Konflikte.

Gerade wegen dieser selbstauferlegten permanenten Überlastung verlieren die Nativen besonders viel Energie und fühlen sich dem Leben nicht gewachsen. An der Stelle, wo sie sich allein um ihre Bedeutung bemühen, verlieren sie genau die Energie, die sie zur Bewältigung der Lebensfunktionen benötigen. Um dies besser verstehen zu können, sollten die betroffenen Nativen gedanklich einmal alle Situationen durchgehen, in denen sie bemüht waren, eine Wirkung zu erzielen, oder in denen sie bei ihrem Umfeld einen besonderen Eindruck hinterlassen wollten.

Sie sollten dabei die Aufmerksamkeit darauf richten, woran sie ihre auf Bedeutsamkeit zielende Haltung eigentlich hinderte. Es ist für sie wichtig zu ergründen, ob aus den Situationen neue Zwänge oder Unfreiheiten entstanden oder ob das Leben statisch und unbewegt oder möglicherweise langweilig und deprimierend wurde?

Auch die Nativen, die nicht versuchen etwas zu leben, was nicht dem Muster entspricht, sondern die zu den introvertierten Trägern eines Zwillings-Auftrages gehören, die aufgrund ihrer Verschlossenheit nicht in die Begegnung gehen oder das Spiel des Lebens mitspielen, sollten erkennen, daß sie dem Leben mit Distanz begegnen, um von der Außenwelt nicht aus der Bahn geworfen zu werden. Möglicherweise würden sie in den sorgfältig vermiedenen Außenkontakten eine andere Seite von sich kennenlernen, die nur im Verbund mit anderen Menschen sichtbar wird.

Werden solche Situationen deutlich, dann sollten sich die Nativen bewußt machen, welche Ebenen ihnen aufgrund ihrer inneren Haltung verschlossen bleiben. Um die Diskrepanz für sich deutlich erfahrbar zu machen, ist es sinnvoll, ganz bewußt Situationen aufzusuchen, die zu vermeiden sie sich bemühten. Auch ist es von Bedeutung, der inneren Veränderung Beachtung zu schenken, indem sie das Gefühl beobachten, das entsteht, wenn sie über die selbst gesteckten Grenzen schreiten und wieder in Bewegung geraten. Sie sollten beobachten, ob Betroffenheit oder Leichtigkeit entsteht, wenn sie auf allen Schein verzichten und ganz unbefangen der Welt begegnen. Stellt sich Betroffenheit ein, ist es für sie wichtig, weiter zu ergründen, was der eigentliche Grund der Betroffenheit ist. Stellt sich ein Gefühl der Leichtigkeit ein, kann man erkennen, wie man sich innerlich befreit, wenn man in ähnlicher Form auch mit anderen Bereichen des Lebens umgeht. Vor allem das Wissen darum, daß man es sich es gestatten darf, aufgrund des luftigen Auftrages die Dinge bewußt etwas leichter zu nehmen, sich vom inneren Formzwang zu befreien, führt zu einem enormen inneren Befreiungsgefühl.

Der Sonnen-Auftrag Krebs

Das Tierkreiszeichen Krebs ist ein weibliches Wasserzeichen und symbolischer Träger für die kosmische Wesensessenz des Zeitraumes vom 22. Juni bis zum 22. Juli. Der im Zeichen Krebs herrschende Planet ist der Mond.

Natursymbolik: Mit dem Zeichen Krebs beginnt innerhalb des mundanen Tierkreises ein neuer Abschnitt; es eröffnet den zweiten Quadranten. Mit diesem ergibt sich eine ganz neue Themenstellung. Im ersten Quadranten waren alle Themen der stofflich-dinglichen Welt enthalten, zu denen man die Welt der Erscheinungen mit ihren konkreten und funktionalen Bereichen zählt. Der erste Quadrant kann somit als Quadrant des Körpers bezeichnet werden, wohingegen der zweite Quadrant dem Bereich des Seelischen zugeordnet wird. Mit ihm richtet sich die Konzentration, die vorher dem Außen galt, nun auf das Innere. Im zweiten Quadranten findet man alle subjektiven Empfindungen, Gefühle, Emotionen und die Bereiche der subjektiven Absicherung, was die seelischen Urängste anbetrifft.

Auf der Wanderung durch den im Widder beginnenden Tierkreis stellt das Zeichen Krebs eine erste Station im Jahreslauf dar, an der sich im kosmischen Gesamtgefüge ein Wandel vollzieht. Diese Station der Veränderung wird im Außen durch die Sommersonnenwende erreicht, die einen Höhepunkt im zyklischen Verlauf des Jahres bildet. Die Tage sind am längsten und die Nächte am kürzesten. Alle Konzentration richtet sich auf das äußere Leben. Mit der Sonnenwende findet ein polares Wechselspiel statt, da die Tagkräfte ihren höchsten Stand erreicht haben und nun von der matriarchalischen Macht der Nachtkräfte zurückgedrängt werden. So ist der höchste Stand der Sonne am Himmel zugleich die Einnistung des Niederganges, da die Tagkräfte (Ego) durch die Abnahme der Sonnenkräfte von nun an geringer werden. Setzt man die Tagkräfte mit dem Ego gleich, dann ist der weitere Verlauf des Jahres und damit der folgenden Geburtsaufträge als ein Prozeß der Entsubjektivierung zu sehen, da es nicht mehr darum geht, ein äußeres Wachstum zu erreichen, sondern um ein inneres Wachsen.

So wie im Zeichen Stier der erste Impuls des Widders seine Verwurzelung erhält und über Zwillinge durch das Herstellen einer Verbindung zum Außen weiterbestehen kann, erfährt im Zeichen Krebs der nach außen gekehrte luftige Impuls seine Grenze. Dieses Erreichen eines Grenzpunktes ist notwendig, damit sich im Zeichen Krebs die Lebensenergien nach innen auf einen sich ausprägenden und bewahrenden Mittelpunkt konzentrieren können. Die Grenzen der äußeren Ausrichtung sind erreicht und lenken das Bewußtsein zur Hingabe an den eigenen Innenraum. Je tiefer man sich in die Symbolik des Jahreslaufes hineinfühlt, desto leichter findet man Zugang zu dem Verständnis der seelischen Grundveranlagung des jeweiligen Tierkreiszeichens. Die Sonnenstrahlen sind in der Zeit nach der Sommersonnenwende von sengender Stärke und führen durch die entstehende Trockenheit zum ersten Absterben und Gelbwerden der Blätter an den Bäumen und Pflanzen. Mit diesem Vertrocknungsprozeß zeigt sich das erste Anzeichen für das Weichen der äußeren Lebendigkeit zugunsten einer immer weiter fortschreitenden Verinnerlichung. Allein die immer drückender werdende Hitze bewirkt, daß die Geschwindigkeit des Lebens, bedingt durch den äußeren Zustand, sich verlangsamt. Die Befruchtung und der Austausch in der Natur haben bereits im Zeichen Zwillinge stattgefunden und es beginnt nun die Phase der Schwangerschaft (Krebs). Der aktive Austragungsakt der Nachkommenschaft vollzieht sich auf der Ebene der Pflanzen und ebenso im Reich der Tiere.

Das Mysterium des Blühens der Pflanzen besteht aus der Teilung der Einheit in die Zweiheit, was dann zum Ausreifen der Frucht führt. Gleichzeitig ist der mikrokosmische Schöpfungsablauf im Kleinen immer der Abdruck des einen großen makrokosmischen Geschehens, denn in allen überlieferten Schöpfungsmythen findet man den gleichen Verlauf, nach dem sich Schöpfung vollzieht. Symbolisch entsteht aus der Einheit, die man mit der Zahl Eins gleichsetzen kann, die Zahl Zwei, das kommt der Teilung der Eins gleich, denn beim Schöpfungsakt spaltet die Einheit einen Teil von sich ab. Mit der Zwei entsteht Polarität. Die Polarität benötigt eine dritte Ebene, eine Manifestationsebene, auf der die Polarität erkennbar wird. Mit dem dritten Schritt, repräsentiert durch die Zahl Drei, ist eine Trinität entstanden, die einer Offenbarungsebene gleichkommt. Im symbolischen Sinne des Krebs-Prinzipes drückt sich in diesem verkürzt dargestellten Schöpfungsverlauf die passive Hingabe an einen aktiven Pol aus, die zur Aufgabe der Individualität zugunsten der Zweiheit führt und die sich im Ergebnis, quasi im dritten Punkt, als ein neues Wesen manifestiert. Die Symbolik des

Opferns der aktiven Eigenmächtigkeit zugunsten eines anderen Wesens stellt den bedeutsamsten Anteil im Krebs-Mythos dar. Als Symbolrepräsentanten des Krebsthemas gelten beispielsweise:

Frauen, Mütter, Kinder, die Familie, das Volk, das Zuhause, feuchte Wälder, Sumpfwiesen, Reflektion, Spiegelung, Widerschein, Reaktion, Aufnahme, Seele, Gefühl, das Unbewußte, Hingabe, Anpassung, Passivität, Kindlichkeit, Empfänglichkeit, Instinkt, Phantasie, Magen, Lymphe, Gehirn, Flüssigkeit, Sekrete, weibl. Reproduktionsorgane, (Ei-)Zelle usw.

Der im Jahreslauf entstandene Zustand der Passivität führt mit der Krebs-Phase nach innen. Dort beginnt etwas heranzureifen, was im späteren Verlauf des Jahres in die Sichtbarkeit tritt. In der Natur sind es die Früchte, die heranreifen, beim Menschen entspricht der Embryo, der sich während der Schwangerschaft ausprägt, dem konkreten inneren Wachstum, und auf einer geistigen Ebene gleicht die Kontaktaufnahme zu dem eigenen Unbewußten dem inneren Wachstum, mit dem Ergebnis von Bewußtheit.

Der Auftrag: Die Sommersonnenwende wird im Naturgeschehen in den stetig abnehmenden Tagkräften deutlich, die somit das Zurücktreten der aktiven Durchsetzung zugunsten einer Passivität andeuten. Insofern symbolisiert sie das Hauptmerkmal des Lernauftrages des Zeitraumes vom 22. Juni bis zum 22. Juli, der an einen Menschen ergeht, der in diesen geboren ist. Symbolisch umgesetzt, bedeutet das Sonnenwendmysterium für die Nativen, daß es in ihrem Leben nötig ist, erste Erfahrungen im Innenraum der Seele zu machen, indem sie sich von den subjektiven Behauptungsansprüchen loslösen. Der Mythos der Sonnenwende besagt: «Ich» = Sonne (Subjekt) muß mich am Höhepunkt des äußeren Lebens (21. Juni = Sonnenwende) von der Außenausrichtung abwenden, damit ich zugunsten des inneren Lebens das Mysterium des wirklichen Lebens erfahren kann, um in diesem wieder neu geboren zu werden. Gemeint ist damit, daß mitten im gerade heranwachsenden kraftvollen Leben der Wendepunkt in Richtung Niedergang schon enthalten ist, da der Zenit überschritten wurde und gleichzeitig tief im Schoß der totalen Abödung sich bereits die Lebenswurzel zu regen beginnt. Auf beiden Seiten läßt sich erkennen, daß in jedem Höhepunkt sowie in jedem Talpunkt schon die Gegenbewegung enthalten ist. Symbolisch wird in dem beschriebenen Verlauf vom Anfang bis zum Ende jene Thematik deutlich, die für einen Menschen mit dem Sonnen-Auftrag Krebs von Bedeutung ist. Vergleichbar sollen die Nativen lernen, zugunsten der Hingabe an bestimmte Themen oder Erfordernisse des Lebens die eigenen Belange in den Hintergrund zu stellen. Das Thema der Passivität spielt in ihrem Auftrag eine gravierende Rolle. Passiv sein bedeutet, sich vom Außen ansprechen zu lassen, um auf die Gegebenheiten und Erfordernisse zu reagieren. Dieses Reagieren entspricht einem Zustand, der sich von innen nach außen bewegt. Dies heißt aber auch, eine abwartende Position einzunehmen, was bedeutet, die Ansprache des Lebens anzunehmen und die aufgenommenen Impulse weiterzuleiten. An diesem Bewußtsein, sich dem Leben gegenüber abwartend zu verhalten, mangelt es den Nativen.

Hinterfragt man die Notwendigkeit des Auftrages, so sind die Nativen mit einem zu hohen Handlungswillen ausgestattet. Ihre dominante Ich-Qualität weist ein zu starkes Bedürfnis auf, alles im Leben manipulieren und dirigieren zu wollen. Der Sinn des Auftrages ist es, die Nativen wieder in eine Passivitätserfahrung hineinzuschleusen. Sie sind gefordert, sich in Abhängigkeiten bestimmter Umstände hineinzubegeben, damit sie lernen, sich hingebungsvoll anzupassen. Es liegt somit im Zeichen Krebs eine unbedingte Notwendigkeit vor, etwas über das Thema der Passivität zu erfahren. Häufig mangelt es den Nativen an Hingabe, und sie besitzten einen gewaltigen Machtanspruch. Dieser wird dann schrittweise über die Ausgeliefertheit an das äußere Schicksal aufgeweicht. Primär geht es bei dem Geburtsauftrag der Krebs-Sonne darum, sich anderen Menschen oder Situationen und dem jeweiligen Geschehen anheimzugeben. Möglicherweise müssen die Betroffenen dabei die Erfahrung des «unentbehrlichen Zweiten» machen, anstatt in der ersten Riege agieren zu können. Für die Nativen, gleichgültig welchen Geschlechts, ist es wichtig, das Thema der weiblichen Passivität zu leben, in den Fluß des Lebens einzutauchen und sich führen zu lassen – ganz im Sinne der Erkenntnis, daß auch das Element Wasser in der Natur immer eine vorgegebene äußere Form benötigt, um sich dieser anzupassen.

Um dem Fluß des Lebens zu folgen, erfahren die Nativen mit dem Sonnen-Auftrag Krebs immer wieder Impulse durch die Welt, die zu Richtungsänderungen führen, bis sie im Bewußtsein eine andere Kontur annehmen.

Native mit einer Krebs-Sonne empfinden die Welt als hart und rauh, was dazu führt, daß sie sich zurückziehen, um nicht ständig den harten Anforderungen und damit auch den Verletzungen der Außenwelt ausgeliefert zu sein. Das Reich der Phantasie bildet für sie eine entsprechende Sicherheit und Zufluchtsstätte, in die sie sich gerne zurückziehen, um von der Realität nicht gestört zu werden. Ihr Schutzmechanismus führt sie nach innen, denn eine andere bedeutsame Thematik des Auftrages ist, daß sie erste Erfahrungen in ihren seelischen Innenräumen machen. Dort sollen sie in die Welt der Gefühle eintauchen, um sich von ihnen bewegen zu lassen. Die Entwicklung, sowie die ersten Erfahrungen, entsprechen ihrem inneren Lern-Auftrag. Deswegen halten sich die Nativen gerne in einem Klima von freundschaftlicher Eintracht auf, in dem sie vor möglichen Verletzungen sicher sind. Dies ist auch der Grund für den ausgeprägten Familiensinn unter einer solchen Signatur, da der Verband der heimischen Familie, genau wie der eigene Innenraum, ein relativ hohes Maß an Sicherheit darstellt. In einem solchen Umfeld werden sie getragen und vor den äußeren Unwägbarkeiten geschützt. Dieses Verhalten entspricht aber mehr einem Bedürfnis, sich in Sicherheit zu wiegen, denn die Nativen versuchen zu vermeiden, sich in unberechenbaren Situationen ihren Gefühlen auszusetzen. Da das Klima unter dem Geburtsauftrag Krebs aber einem passiven Zustand gleichkommt, der es nicht möglich macht, die Richtung selber zu beeinflussen, werden die Nativen die nötigen Erfahrungen in der Welt nicht aussparen können.

Der Mythos des sich vollziehenden Jahreslaufes beschreibt mit den sich ab der Sonnenwende zurückziehenden Tagkräften sehr klar und direkt den Lernauftrag, der von dem Tierkreiszeichen Krebs symbolisiert wird und den man wie folgt formulieren kann:

«Gib dich dem Lauf des Geschehens hin,
lerne, dich passiv an das Leben auszuliefern!«

Mit dem Auftrag, Anpassung und Hingabe zu üben, sollen die Nativen lernen, nicht die erste Geige spielen zu wollen, sondern sich dem Außen als guter Zweiter anzupassen. Auch geht es nicht darum, selber befruchtend sein Umfeld mit Impulsen zu verändern, sondern die Impulse des Außen in sich zu bergen und heranreifen zu lassen, um sie daraufhin im Verbund mit dem Außen in die Umsetzung zu bringen. Lehnt ein Mensch den wäßrigen Auftrag in seinem Leben ab, erfährt er diesen über den Gegenpol zur Hingabe, nämlich der Ohnmacht. Ohnmacht ist ein Zustand, in dem der Mensch jedwede Handlungfähigkeit verloren hat (ohne Macht). Dies geschieht immer dann, wenn die Nativen versuchen, die Dinge im Leben aktiv regeln zu wollen, denn bezogen auf den Geburtsauftrag müßte man die Frage stellen, weshalb jemand einen Auftrag zur Passivität erhalten hat. Dieser wird besonders dann ergeben, wenn ein großer Dominanz- und Machtanspruch im Wesen vorhanden ist. Auch Menschen mit besonders starren Anlagen, die nicht bereit sind nachzugeben und kein Bedürfnis haben, sich in andere Menschen oder Situationen einzufühlen, erhalten einen Sonnen-Auftrag Krebs. Nun lautet der Lebenstenor, sich in Abhängigkeit zu begeben, sich anzupassen, geduldig zu sein und sich in Hingabe zu üben.

Unter dem wäßrigen Element bedeutet der Auftrag sowohl für einen Mann als auch für eine Frau, passiv – also weiblich zu werden, was sich auf die innere Haltung, dem Leben zu begegnen, bezieht. Sicher ist der Auftrag für einen Mann schwerer umzusetzen, da in der Welt die männliche Domäne Aktivität und Revierkampf erfordert, so daß die Ohnmachtserfahrung für ihn besonders heftig werden kann. Auch für manche Frau ist es schwer, sich mit dem Sonnen-Auftrag Krebs in Hingabe zu üben. Denn wenn Frauen eine Krebs-Sonne haben, kann man voraussetzen, daß im innersten Keim der Seele ein männlicher aktiver Anspruch besteht, mit dem sie dem Leben begegnen. Unter ihnen findet man besonders heftige Vertreterinnen emanzipatorischer Bewegungen, jedoch besteht die wahre Stärke der Frau mit einem Sonnen-Auftrag Krebs nicht in der Überkompensation eines männlichen Themas, sondern im Erfüllen des weiblichen Auftrages.

Vergleichende Symbolebene: Das Wasserelement entspricht dem passiven weiblichen bergenden Urgrund, in ihm ist die Nachtseite des Lebens verborgen. Will man ein bezeichnendes Stichwort für das Element Wasser prägen, dann lautet dieses – Seele. Im Vergleich zum passiven Erdelement ist sein Wesen bergend und bewahrend. Das Wasser entspricht jenem ausgleichenden, halb gelösten Zustand der Atome, durch den diese sich gegenseitig zu assimilieren suchen, zwecks Umwandlung in eine andere Bindeform. Das Wasserelement stellt den Zustand der Gemeinschaftlichkeit und des Ausgleiches dar. Setzt man das konkrete materielle wäßrige Prinzip in einen Bezug zum Seelischen und damit zum Krebs-Thema, dann lassen sich seine Eigenschaften folgendermaßen beschreiben: Wasser fließt stets nach unten, denn es ist passiv und findet seinen Polbezug unten. Wasser paßt sich den vorgegebenen Bedingungen an. Es dringt in andere Stoffe ein und weicht diese auf. Wasser besitzt keine Eigendynamik, sondern benötigt einen äußeren Impuls zur Verwandlung.

Wasser dringt in die Erde ein und macht sie weich. Es geht mit der Erde eine Zweckverbindung ein, denn diese gibt dem Wasser Halt. Wasser besitzt die größte Kraft auf der materiellen Ebene, es höhlt Felsen aus (Steter Tropfen höhlt den Stein) und frißt sich ins Land hinein. Es löscht Feuer und läßt sich von diesem erhitzen und in Dampf verwandeln, so daß es wieder aufsteigt. Die Sonne läßt Wasser verdunsten, es steigt auf, bildet Wolken, um wieder abzuregnen. Wasser ist kalt, in der Natur wird es nur durch die Sonne erhitzt; je tiefer man in das Wasser eindringt, desto kälter wird es, und der Druck auf den jeweiligen absinkenden Körper wird immer stärker, bis zur Unerträglichkeit. Diese Analogien lassen im besonderen Maße die Passivität des Wassers deutlich werden, das seine Entsprechungen in den Lern-Inhalten des Sonnen-Auftrags Krebs hat.

Da der Mond als Regent im Tierkreiszeichen Krebs herrscht und aufgrund seiner Nähe zur Erde vom Menschen noch konkret wahrgenommen werden kann, lassen sich auch seine beschriebenen Eigenschaften analog zum Sonnen-Auftrag Krebs deuten. Der Mond symbolisiert das aufnehmende Prinzip, in ihm zeigt sich die Entsprechung der weiblichen Seite des Lebens, nämlich das weiche, passive, anlehnungsbedürftige Prinzip. Der Mond reflektiert das Licht der Sonne, die ihn bescheint, da ihm die eigene Strahlkraft fehlt. Der Vollmond übt auf viele Menschen eine gewisse Faszination aus. Für die einen beruht seine Anziehung allein auf dem rein optischen Vergnügen, der Bewunderung für dieses überdimensional leuchtende Gestirn. Angesichts seiner Helligkeit ist es kaum vorstellbar, daß der Mond aus sich heraus keine eigene Strahlkraft besitzt, sondern nur durch die Sonne beschienen wird. Der Vollmond stellt nicht nur ein visuelles Ereignis dar, er wirkt sich auch intensiv auf der psychischen Ebene der Menschen aus, indem sie sich zu Zeiten des Vollmondes von ihren Gefühlen und unbewußten Trieben überwältigt sehen. Dies kann sich einerseits in einem ungewohnt gesteigerten sexuellen Verlangen ausdrücken oder andererseits in einer Gereiztheit, die unmotiviertes emotionales Verhalten verursacht. Einige sehen sich mit Gefühlen von Trauer und Niedergeschlagenheit konfrontiert, was bei ihnen ein ständiges Sinnieren über die möglichen Gründe auslöst. Oftmals bringt der nächtliche Blick aus dem Fenster oder in den Kalender die ersehnte kausale Begründung: «Es ist wieder Vollmond!» Nach einer geduldigen Wartezeit von zwei bis drei Tagen löst sich der seltsame Spuk im Nichts auf. Was Menschen, die sensibel auf den Vollmond reagieren, zyklisch erleben, wird für Native mit dem Sonnen-Auftrag Krebs zur ständigen Erfahrung.

Denn unter diesem Auftrag soll vor allem ein Kontakt mit den Gefühlen und der daraus resultierenden Betroffenheit im Leben erfahren werden. Das Leben wird dabei zur Instanz, die eine hohe Emotionalität bewirkt. Das ist vergleichbar damit, wie der Mond das Licht der Sonnenstrahlen aufnimmt und reflektiert. In der gleichen Form werden Menschen mit dem Auftrag Krebs von ihrer Außenwelt angerührt bzw. betroffen gemacht. Alles, was sie in der Außenwelt erleben oder erfahren, hinterläßt tiefe Spuren in ihrer Seele, da sie keine Möglichkeit mehr besitzen, sich von der Ansprache des Außen zu isolieren. Sie sehen sich der Macht der Gefühle ausgeliefert, da ihr hohes Maß an Berührbarkeit und Empfindsamkeit bei ihnen sehr oft Betroffenheit auslöst. Auf alle Mißhelligkeiten in ihrem Umfeld reagieren sie sensibel wie ein Seismograph auf die geringste Erschütterung im Inneren der Erde. Sie antworten auf alle Stimmungs- und Sympathiebewegungen ihres Umfeldes sofort mit der entsprechenden Gemütsreaktion, und häufig wird ihre Betroffenheit von den Mitmenschen als Launenhaftigkeit empfunden.

Auf einer analogen Ebene entspricht das Thema der Schwangerschaft in seiner Symbolik dem Kern der Krebs-Thematik. Die Mutter stellt während der Schwangerschaft ihren Körper einem anderen Wesen zur Verfügung. Dieses zehrt in dem ca. 40 Wochen dauernden Zeitraum der Schwangerschaft von der Lebensenergie der Mutter, so daß sich aufgrund des stetigen Wachstums des Kindes die gesamte Struktur des mütterlichen Organismus verändert. Auch für die Zeit nach der Entbindung tritt das persönliche Leben der Mutter in den Hintergrund zugunsten der Erziehung und der Belange des heranwachsenden Kindes. Deutet man den Mythos der Schwangerschaft in seiner Symbolik bezogen auf die Thematik des Individuationsweges, wird man an den Bereich herangeführt, in dem es um die Ausprägung und das bewußte Zutagefördern der Subjektivität geht. Um diese Bedeutung auf einer vielschichtigeren Ebene zu verstehen, muß man sich aus dem gewohnten kleinen Blickwinkel der Betrachtung auf eine übergeordnete Ebene begeben. – Jedes Kind ist die Manifestation des Schattens sowohl der Mutter als auch des Vaters. Es ist der Teil, der die Synthese der Beziehung sichtbar werden läßt. Wächst also ein Kind im Mutterleib heran, dann stellt dies metaphorisch auf einer anderen Ebene dar, daß der Schatten oder auch das Unbewußte beginnt, im Menschen heranzuwachsen, um nach einer gewissen Zeit in die Welt hineingeboren zu werden. Durch die Liebe, die zwischen den Eltern und dem Kind entsteht, kann der Schatten integriert werden, denn die Liebe ist jenes einzige verbindende brückenschlagende Element, das es möglich macht, sich mit der Gegensätzlichkeit zu verbinden, um sie zu überwinden. Bezogen auf den Individuationsweg, stellt jenes Prinzip der Elternschaft die stoffliche Variante der Schattenintegration dar, die von jedem, der einen Weg geht, im Sinne einer intensiven Auseinandersetzung und Integration des Unbewußten unbedingt vollzogen werden muß. Wenn diese Arbeit versäumt wird, wenn man sich nicht mit den unbewußten Schichten der eigenen Person auseinandersetzt, treibt der Schatten besondere Früchte, die irgendwann einmal auf dem Weg zum Stolperstein werden. Je bewußter der Mensch wird und Verantwortung für alle Bereiche seiner Person übernimmt, desto mehr wächst er in einen Zustand des Erwachsenseins hinein.

Dieser Erwachsenwerdungsprozeß gehört unmittelbar zum Thema des Zeichens Krebs, denn dieses besitzt zwei Manifestationen. Einerseits wird ihm der Status des Kindes (Unbewußtes) zugeordnet, andererseits auch der des Erwachsenen, denn die Mutter verkörpert die erwachsene Seite des Mondprinzipes. Sie hat den Schatten (Kind) zur Welt gebracht und ihn sichtbar gemacht.

Der erwachsene Mensch löst sich mit seiner Suche in den unbewußten Tiefen seiner Seele aus dem Kinderzustand heraus und erlangt auf diesem Weg die seelische Reife, mit der er sich auf eine andere Ebene bewegt. Wann immer der Mensch bereit ist, diesen Schritt zu leisten – denn es hat etwas mit Demut und Passivität zu tun, sich aus den täuschenden Selbstbildern zu lösen, um sich den verborgenen Bildern des Unbewußten zu stellen –, erlangt er auf seinem Weg eine weiterführende Dynamik, so daß neue und andere Erfahrungen gemacht werden können.

Ist er nicht dazu bereit, wird er in jenen fehlenden Anteil gezwungen. Das erfahren Menschen mit einer Krebs-Sonne, wenn sie nicht bereit sind, sich den notwendigen Aspekten des Seins zu stellen, denn sie sollen lernen, sich dem Geschehen auszuliefern, um etwas über das Thema der Passivität zu lernen. Hinter den vielen Erfahrungen, die die Betroffenen aufgrund ihres Musters machen, begegnen ihnen die zwei Aspekte ihres Auftrages, einerseits die Aufforderung zur Hingabebereitschaft und andererseits der verantwortungsvolle sorgende Erwachsenenstatus, der daraus entsteht, daß die Nativen keine Chance mehr erhalten, vom Außen getragen zu werden. Damit wechselt der Mensch vom Kinder- zum Erwachsenenstatus.

In der Lebensphase von 21 bis 28 Jahren findet man die analogen Entsprechungen zum Krebs-Auftrag. Früher wurden bis zum vollendeten 21. Lebensjahr junge Männer zum Wehrdienst herangezogen, welcher ursprünglich einmal das Land, das eigene Volk und die darin integrierte Familie schützen sollte. Das Vermitteln von schützender Geborgenheit ist in der äußeren Form ein wesentliches Element des Krebszeichens. Das Leben konfrontiert den Menschen in dieser Phase mit der Anforderung, Geborgenheit im Kollektiv herzustellen und einen möglicherweise von außen herannahenden Schaden abzuwenden. Er übernimmt damit für das Kollektiv eine schützende Funktion, vorausgesetzt es bleibt bei der wörtlichen Ausführung des Wehr-Dienstes, der lediglich auf aggressive Angriffe von außen reagiert. Bezogen auf die Krebsthematik schließt das jede aggressive Kampf- und Eroberungsaktion aus. Lehnt der Wehrpflichtige den Dienst mit der Waffe ab, kommt er allerdings an dem ihm abverlangten «Krebs-Thema» nicht vorbei; dem Verweigerer droht eine andere Form von «Krebs-Dienst». Hier darf er sich dann als Zivildienstleistender in der Pflege und Hingabe an Alte und Bedürftige üben, was den aktiven Teil der umsorgenden Verantwortungsübernahme darstellt.

Heute schließen sich in dieser Zeit junge Erwachsene zusammen, gründen Familien und sorgen für Nachkommenschaft. Damit wird das Leben weitergegeben, was natürlich immer mit dem Verzicht auf die eigenen Ansprüche verbunden ist. Alles konzentriert sich auf das Lebensziel, einen Familienstand zu gründen, wobei die Sorgfalt der Wohnung, dem Haus und dem damit verbundenen Nestbau gilt. Damit richtet sich die gesamte Intention auf eine intensive Anbindung an die Welt. Denn die Bereitschaft, Leben im Konkreten weiterzugeben, trägt zur Erhaltung des Weltenwerkes bei. Demütig stellt der Mensch seine persönlichen Belange zurück, um, dem Naturinstinkt folgend, den Fortbestand des Erdenplanes zu sichern. Aus übergeordneter kosmischer Sicht ist das volle Aufgehen sowie die Verstrickung in weltliche Belange der tiefste geistige Winter, denn die gesamte Intention liegt auf der Erhaltung des äußeren Lebens. Sieht man diesen Teil als eine Station des Weges an, so besitzt er eine enorme Wichtigkeit, denn das Mondenwerk steht, wie auch beim Weg des Alchemisten bekannt, immer vor dem großen erhabenen solaren Werk, mit dem der Suchende nach höheren Welten strebt. Der Mensch kann erst dann ein höheres Ziel des Weges erreichen, wenn er zuvor die Leistung erbracht hat, das Weltenwerk am Leben zu erhalten. Damit zeigt er die Bereitschaft an, sich den Bedingungen der Welt zu beugen. Auf dem Weg schließt das die demütige Bereitschaft mit ein, die eigene Entwicklung zugunsten des Dienstes am anderen für eine gewisse Zeit zurückzustellen, wenn das Leben dies erfordert. Ist dieses Erfordernis vollends erfüllt, wird der Mensch entlassen und erhält einen neuen individuellen Freiraum.

An dieser Stelle muß man unterscheiden können zwischen der bewußten Entscheidung, innerhalb des Weges einen weltlichen, für das Weiterkommen notwendigerweise zu leistenden Teil anzunehmen, und dem unbewußten Aspekt, in dem der Mensch im Weltenwerk verhaftet bleibt, da er keinerlei Dynamik mehr entwickelt, um sich aus der Welt zu erheben. Diese beiden Varianten werden durch einen schmalen Differenzierungsgrad getrennt, wobei man sich vergegenwärtigen sollte, daß ein gravierender Unterschied zwischen einer bewußten Entscheidung und einem unreflektierten Zustand besteht.

Drei Tage nach dem 21. Juni feiert man in der christlichen Tradition das Jahresfest Johanni, welches Johannes dem Täufer gewidmet ist. Mit den symbolischen Worten aus dem Johannesevangelium, «Er muß wachsen, ich dagegen muß abnehmen», wiederholt die Bibel analog zum Sonnenlauf die sich nun einstellende Thematik, welche dem Krebszeichen zugeordnet ist. Dieser Feiertag am 24. Juni liegt im Tierkreis dem 24. Dezember, dem Datum der Geburt Christi, polar gegenüber, in der Astrosophie durch die Achse Krebs–Steinbock dargestellt. Biblisch ist Johannes der Täufer der erste Verkünder Christi, der durch sein Amt die Menschen in ein tiefes Mysterium eingeweiht hat. Die Taufe im Wasser stellt das Eintauchen in das Unbewußte dar, ebenso die Konfrontation mit der Kraft verwandelnder Gefühle. Im Leben erfährt dies der krebsbetonte Mensch häufig durch seelische Schmerzen und Betroffenheit. Der Kontakt mit der Welt schleudert ihn immer wieder in den Abyssos der tiefen Gefühle. So erlebt er die Vorbereitung für das Mysterium der Initiation, die ihn lehrt, in der Dunkelheit das innere Licht zu erschauen. Denn mit dem erfahrenen Gefühl wächst die Fähigkeit zur Reflektion, was dem seelischen Wachstum ab der Krebsphase entspricht. Das Leid läßt den Menschen deshalb wachsen, weil mit den aufkommenden Gefühlen jede Verhärtung und Fixierung aufgelöst und hinweg gespült werden. Das führt dazu, daß in der Seele des

Menschen wieder Raum frei wird für neue Erfahrungen, so daß sich ein immerwährender Fluß ergibt, vergleichbar mit den Wellen, die tagein, tagaus den Meeresstrand umspülen. Diese immerwahrende Bewegung wird in den folgenden Beschreibungen der Symptome des Sonnen-Auftrages Krebs deutlich.

Symptomatik: Leben die Nativen gegen die Gesetzmäßigkeiten des eigenen Musters, indem sie sich strikt gegen jede Form der Anpassung oder Hingabe wehren, die in vielen Situationen von ihnen gefordert wird, so erhalten sie ihre Initiation, bezogen auf den Geburtsauftrag über äußere Erfahrungsbereiche. Je mehr die innere Anstrengung im Leben darauf abzielt, nichts von der Eigenständigkeit abzugeben, weil die Nativen versuchen, alle Macht zu behalten, desto mehr wird das Leben mit Situationen des Ausgeliefertseins, also der Ohnmacht, aufwarten. Ein zu großes Unabhängigkeitsbedürfnis mit dem Wunsch, sich in vielen Situationen Freiheiten herauszunehmen, wirkt beim Sonnen-Auftrag Krebs fast, als würde man Benzin auf ein Feuer schütten. Die plötzlichen Einschränkungen und Ausgeliefertheiten tauchen so spontan und schnell auf, wie das Feuer auf das flüssige Brennmaterial reagiert. Plötzlich findet sich der scheinbar selbständig handelnde Mensch mit dem Sonnen-Auftrag Krebs in lauter Abhängigkeiten wieder, beispielsweise dadurch, daß er diversen Banken oder der Familie, von denen er sich Geld lieh, um seine «Freiheit» zu finanzieren, Rechenschaft über jede finanzielle Transaktion ablegen muß. Leider hatte er vollkommen unbedacht, angeheizt aus dem kindlichen Freudentaumel, über eine erhebliche Summe Geld verfügen zu können, die Hälfte der Finanzen für private Bedürfnisse ausgegeben. Auf diesem Weg gerät er wieder in die Kinderrolle zurück, da er nun den verantwortlichen Eltern (Bank) belegen muß, ob er mit dem erhaltenen «Taschengeld» auch sorfältig umgehen kann, womit er in peinlich brisante Erklärungszwänge gerät.

Viele Unternehmungen, die er versucht, dynamisch ins Leben zu rufen, enden im Mißerfolg, und es ist schwer für die Nativen zu verstehen, weshalb andere Menschen mit ähnlichen Aktivitäten Erfolg haben und sie nicht. Der häufige Mißerfolg resultiert in ihrem Leben nicht daraus, daß sie schlechtere Leistungen als andere vollbringen, sondern weil sie ständig versuchen, dem Leben einen eigenen Stempel aufzudrücken. Ihnen fehlt die Geduld, auf entstehende Situationen im Leben zu warten. Ebenso führen Nachlässigkeit im Denken und Planen, was einem kindlichen Wesenszug gleichkommt, zu unfreiwilligen Miseren, denen sich die Betroffenen ausgeliefert sehen, da sie die Früchte ihres unreflektierten Verhaltens ernten müssen. Auch wenn sie innerlich mit den Themen ihres Geburts-Auftrages nicht im Einklang sind, zeichnen sich in ihrem Verhalten Wesenszüge ab, die dem Krebs-Prinzip entsprechen.

Das Thema der helfenden Zuwendung spielt in ihrem Geburtsauftrag eine große Rolle. Helfen bedeutet, sich mit Hingabe einem anderen zuzuwenden und dabei auf die eigenen Belange zu verzichten, indem sie in den Hintergrund gestellt werden. Der Dienst am Nächsten ist unter dem Sonnen-Auftrag Krebs ein Thema, das stark abgelehnt wird, da die angesprochenen Nativen sich durch die Anforderungen begrenzt fühlen. Trotzdem führt kein Weg an der Einlösung des Themas vorbei. Sie könnten dergestalt durch das Leben aufgefordert werden, daß vielleicht der Mutter der dringend benötigte Altenheimplatz versagt wird und die Pflicht an ihnen hängen bleibt. Für sie heißt es dann: «Mama ankleiden, Mama auskleiden, Mama füttern und ins Bett bringen etc.» Dabei spielt es keine Rolle, ob man ein Kind oder einen alten Menschen hingebungsvoll umsorgt, so daß auch dieser Umweg eine Einlösung des Geburtsthemas bedeuten würde.

Auf der direkten Symptomebene sind die Signale des Unbewußten immer eindeutig auf die Bereiche gerichtet, die im konkreten Bewußtsein nicht angenommen werden. Mangelt es beispielsweise an Hingabe, findet das wäßrige Thema seine Einlösung darüber, daß der Körper stellvertretend für den Mangel im Bewußtsein des Menschen Wasser speichert. Die Wäßrigkeit und Weichheit finden ihren Ausdruck über den Körper, so daß der Mensch sich auf dieser stofflichen Ebene mit ihnen auseinandersetzen muß. Der häufig unter Mühen und Entbehrung antrainierte knabenhafte Körper gäbe durch seine Optik seine wahrhaftig weiche Zartheit preis, die dann auf keinen Fall mehr zu verbergen wäre.

Der Magen als aufnehmendes Organ des Körpers und somit dem Tierkreisthema Krebs zugeordnet vermag mit latenten Schmerzen zu signalisieren, daß die Betroffenen unter Schmerzen nicht bereit sind, sich den erforderlichen Themen des Außen zu stellen. Zusätzlich nehmen die Nativen über den Schmerz die eigene nicht gewollte Empfindlichkeit wahr, so daß das dem Tierkreisprinzip Krebs zugeordnete Organ auf diesem Weg die notwendige Hinwendung erhält. Ist der Anspruch dem Leben gegenüber zu dynamisch, indem die Nativen sich überwiegend in der Aktion und nicht in der Reaktion befinden, vermag sie auch der Körper in eine höhere Passivität hineinzuzwingen. Viele Native mit dem Sonnen-Auftrag Krebs leiden deshalb unter zu niedrigem Blutdruck oder Kreislaufbeschwerden. Der im Selbstverständnis vorherrschende aktive Pol läßt den Körper mit der Verlangsamung des Lebenstempos gegensteuern. Sicher werden die Betroffenen mit reichlich Kaffee oder Tee versuchen, das Manko auszugleichen, was aber nur zu einer Verschiebung der Passivitätsanforderung und im Ergebnis zu einem immer stärker ansteigenden Kräfteverlust führt. Die Nativen mit dem Sonnen-Auftrag Krebs sollen erkennen lernen, daß sie mit den Ausgeliefertheits- und Ohnmachtssituationen nicht einer Willkür des Schicksals unterliegen, sondern daß die eigenen Gegenbewegungen die Wellen des Lebens immer höher schlagen lassen. Die erfahrenen Schwächesituationen sind nur Ergebnis der Ablehnung der an den Geburts-Auftrag gebundenen Inhalte. Für sie ist es deshalb wichtig zu erkennen, daß ihre Stärke nicht in der Gegenwehr besteht, sondern in Annahme und Hingabe.

Kontemplative Integration: Menschen mit dem Sonnen-Auftrag Krebs haben die Lernaufgabe erhalten, sich mit dem Thema der Passivität auseinanderzusetzen. Aufgrund einer inneren Dominanz, die sich in ihren Handlungsweisen deutlich ausdrückt, ist es für sie wichtig, dem weiblichen anpassungsfähigen Prinzip zu begegnen. Innerlich sind sie in ihren individuellen Themenbereichen versteinert, so daß sie mit diesen eine beharrende Position einnehmen. Diese innere Beharrlichkeit gleicht einem Verschluß, den sie nicht bereit sind zu lösen, aus Angst, von ihren Fixierungen abrücken zu müssen, um sich möglicherweise einer Veränderung anzupassen. Müssen sie von ihren subjektiven Ansprüchen abrücken, empfinden sie das als Schwäche, so wie sie jede Richtungsänderung eines einmal eingeschlagenen Weges als kaum ertragbares Übel ansehen.

Wann immer sie in ihren subjektiven Standpunkten verharren, nähren sie damit jene Dynamik, die es erfordert, sie über Erfahrungen an ihr Geburtsthema heranzuführen, die nicht ihren vordergründigen Ideen entsprechen.

Die Themen ihrer Anspruchshaltung spielen dabei keine Rolle, sondern alleine die innere Fixierung, von der es eine Fülle von Nuancierungen gibt, die von hehren Ideen und Weltveränderungskonzepten bis zur kleinen Vorstellung der individuellen Lebensverwirklichung reichen. Diese Fixierungen machen die Nativen mit dem Sonnen-Auftrag Krebs auf ihre Art und Weise unerbittlich, da sie eigensinnig und verschlossen keine Veränderung zulassen. Doch lösen sie mit ihrem Eigensinn gleichzeitig den Mechanismus aus, der sie wieder mit dem verbindet, was sie bestrebt waren, aus dem Leben zu schaffen. Die Lösung und Unabhängigkeit von immer wiederkehrenden Themen, nach der viele Menschen suchen, besteht nicht in der Flucht vor den Erfordernissen, sondern in der bewußten Konfrontation mit dem Gemiedenen. Es ist für die Betroffenen wichtig, sich bewußt dem Fluß des Geschehens hinzugeben und sich tragen und führen zu lassen. Hierbei ist das Vertrauen notwendig, sich ohne Angst vor einer seelischen Verletzung dem Verlauf des Geschehens auszuliefern. Betroffenheit ist jener Teil, der im Leben der Nativen dazugehört, an dem sie innerlich wachsen, da sie sich mit dem ständigen Angerührt-Werden dem Grundthema des Fühlens annähern. Sind sie angstvoll bestrebt, diesen Teil auszuschließen, erfahren sie zwanghaft immer wieder Situationen, die Betroffenheit erzeugen müssen. Diese Erfahrung ist für ihren Geburtsauftrag notwendig, denn im Fühlen entwickelt sich die Fähigkeit der Reflektion und damit der Selbsterkenntnis.

Die Nativen sollten sich, um sich mit dem Mechanismus ihres Sonnen-Auftrages vertraut zu machen, die besonderen Situationen des Lebens vor Augen führen, in denen sie Ohnmacht, Ausgeliefertheit und Leid erfahren haben. Gelingt es ihnen, den inneren Zusammenhang zwischen der eigenen unerbittlichen Haltung und den Ergebnissen der leidhaften Erfahrungen zu sehen, ist dies für die Erkenntnis und gleichzeitig das In Fluß-Kommen ins eigene Muster besonders wichtig. Dabei ist es erforderlich, die Kluft zwischen dem, wohin sie das Schicksal befördert hat, und dem eigenen Wollen in aller Deutlichkeit zu sehen. Wenn es ihnen gelingt, zwischen den Bedürfnissen und den gegenläufigen Schicksalsereignissen eine Verbindung zu erkennen, sind sie sehr nahe am Schlüssel zur Veränderung der Grundverläufe ihres Schicksals angelangt. Parallel zur Erkenntnis der Zusammenhänge gilt es für die Nativen mit dem Sonnen-Auftrag Krebs, sich ganz bewußt Situationen zuzuwenden, die jene wäßrige Erfahrung, die sie sonst versuchen zu vermeiden, für sie erfahrbar machen. Sich beispielsweise liebevoll um Nahestehende zu kümmern, die Hilfe benötigen. Oder ohne Bemerkungen und Wutausbrüche für andere etwas zu tun, auch wenn diese scheinbar achtlos Arbeiten zurückgelassen haben, die getan werden mußten. Dazu gehört es auch, einmal zuzulassen, anderen Menschen gegenüber Schwäche zu zeigen. Vor diesen möglicherweise einzugestehen, daß man nicht erfolgreich ist oder daß man in einem bestimmten Bereich versagt hat und gescheitert ist.

Auch sollten sie zulassen, in der Gegenwart anderer ihren Tränen freien Lauf zu lassen und nicht erst fünf Stunden zu warten, bis sie alleine sind, um dann in Stille vor sich hinweinen zu können. Es ist für die Nativen auch besonders schwer, von anderen Hilfeleistungen anzunehmen. Sie gehören zu den Menschen, die lieber etwas schenken, bevor sie etwas geschenkt bekommen, damit sie sich nicht von anderen abhängig fühlen. So gehört auch das Annehmen von Hilfe zum Krebsthema, besonders wenn es für die Nativen deutlich wird, daß sie ohne die Hilfe der anderen nicht zum Ziel gekommen wären.

Je mehr es den Nativen gelingt, im Kleinen die vorhandene Blokkade zu sehen, um so mehr wird es für sie möglich, diese Stück für Stück zu lösen, um sich den Geschehnissen und auch anderen Menschen ein Stück auszuliefern. Dabei brauchen sie keine Angst zu haben, denn sie können mit ihrem Bestreben nur gewinnen. Sicherheit erhalten sie dadurch, daß sie auf die gemachten Erfahrungen des

Lebens zurückblicken und sich fragen, was sie in ihrem Leben ständig bemüht waren zu säen und wie dazu ihre Ernte ausgesehen hat. Sie werden feststellen, daß Saat und Ernte niemals übereinstimmten. Deshalb sollten sie auch den Mut besitzen, einmal genau in umgekehrter Form mit ihrem Leben umzugehen. Sind die Nativen mit dem Sonnen-Auftrag Krebs bereit sich einzulassen, entsteht zwischen ihnen und der Außenwelt ein Energiefluß, der aus Geben und Nehmen besteht – die Verhärtungen in ihnen können sich lösen, und sie spüren, wie sie weicher und innerlich ausgeglichener werden. Der kräftezehrende Krampf der Lebenslüge löst sich auf, Ohnmacht kehrt sich in ihr Gegenteil um, und der Mensch wird vom Leben getragen, weil er bereit war, sich ihm auszuliefern.

Der Sonnen-Auftrag Löwe

Das Tierkreiszeichen Löwe ist ein männliches Feuerzeichen und Träger der äußeren Symbolik des Zeitraumes vom 23. Juli bis 22. August eines jeden Jahres. Herrscher des Tierkreiszeichens Löwe ist die Sonne.

Natursymbolik: Das Tierkreiszeichen Löwe folgt auf das Zeichen Krebs, dessen Inhalt lautet, mit dem subjektiven Inneren in Verbindung zu treten. Erste Erfahrungen der Betroffenheit und innerer Wahrnehmungen, die passiv beeindrucken und auf Grund der wäßrigen Veranlagung aufgenommen werden und in der Seele verschlossen bleiben, werden in Krebs gemacht. Es findet eine Entwicklung des Seelischen statt. Löwe führt diese Entwicklung zu ihrem Höhepunkt, der eine besondere Ausdrucksform im Außen findet. Im Jahreslauf wird dies dadurch ausgedrückt, daß die Sonne in dieser Zeit über eine unendliche Kraft verfügt, mit der sie die Erde und die Wesen, die sich in ihr Strahlungsfeld begeben, mit ihrer Energie bestrahlt. In der Natur ist der Löwe-Zeitraum die Phase des Hochsommers. Das äußere Leben beginnt in der schwülen Wärme scheinbar langsamer zu werden, da die Lebewesen es sich in der wohligen Hitze gutgehen lassen.

Obwohl die Tagkräfte zur Zeit der Sommersonnenwende ihren Höhepunkt überschritten haben, erlebt die Natur durch die angestaute Hitze in diesem Zeitraum ihren sengenden Sonnenhöhepunkt. Die Pflanzen in der Natur sind in diesem Zeitraum größtenteils verblüht, und in der entstehenden Frucht bilden sich die Samenkörner, welche die gesamte Idee der Pflanze enthalten, um diese später weiterzutragen. Das Samenkorn als Träger der Erbanlagen einer Pflanze benötigt einen großen Teil deren gesamter Kraft, um diese mit allen Informationen auf komprimiertem Raum zu speichern. Im unscheinbaren Samenkorn ist eine gewaltige Ballung von schöpferischer Energie enthalten, in welcher der aus ihr hervorgehende Organismus als Anlage schon enthalten ist. Die jeweiligen Mutterpflanzen werden dabei in der Ausprägungsphase von den sich bildenden Samenkörnern energetisch total ausgesaugt. Botaniker, die dieses Mysterium kennen, schneiden frühzeitig die sich ausbildenden Samenkapseln von den Pflanzen ab, damit diese nicht völlig ausgezehrt werden und vor Entkräftung sterben.

Die Weitergabe des Lebens spielt beim Löwethema eine besondere Rolle. Vielfach benötigen die dem Löwe-Prinzip entsprechenden Lebewesen – dies gilt sowohl für den Menschen als auch bei den Pflanzen – die Energie und Inspiration eines stärkeren Trägers, die diesem geraubt wird, um sich mit der so gewonnenen Energie selbst zu behaupten oder diese bestenfalls an schwächere Zöglingsorganismen weiterzuleiten. Die Weitergabe von Energie und damit auch von Leben hat in diesem Zeichen absolute Priorität, den gleichen hohen Stellenwert wie die Schwangerschaft im Krebsthema.

Waren im Zeichen Widder die Ausdrucksformen impulsiv, triebhaft, wenig reflektiert und allein der Raumergreifung dienlich, so strömt die Energie des Löwebildes zwar auch noch unbewußt, doch das Individuum ist bereits gefestigt. Das selbständige Ich-Potential fließt in seiner unteren Manifestation über vor eigenbezogener Selbstherrlichkeit und der Lust, dem Wagnis Leben auf eine spielerische Art zu begegnen. Selbstbewußtsein und Herrscherwille als dominante Löwe-Intention wollen die Welt und das Umfeld nach dem eigenen Sinn gestalten, wollen sich als leuchtende Potenz in Szene setzen.

Dem Tierkreiszeichen Löwe werden folgende Symbolrepräsentanten und Qualitäten zugeordnet:

Der Vater, das Männliche, der Chef, der Vorgesetzte, in jedem Bereich der Besitzer der äußeren Macht bzw. echter Autorität, der König, der Monarch, der Präsident, Prunk, Glanz, Monarchie, Feudalgesellschaft, Geist, Leben, Vitalität, Kraft des Selbst, Individualität, Wille, Schöpferkraft, Entfaltung, Macht, Ausstrahlung, Dominanz, die schöpferische Kraft, Wärme, veräußerlichte Subjektivität, Eigenverantwortung, Großzügigkeit, Autorität, Stolz, Wärme, Selbstbewußtsein, Herz, Augen, Zellkern usw.

Während sich im Tierkreiszeichen Krebs im verborgenen ein Teil des eigenen Unbewußten formiert und zur Subjektivität heranwächst, führt in Löwe der Prozeß dazu, daß das Subjektive nach außen gekehrt und offenbart wird. Auf diesem Weg findet eine Duplizierung von Wesensanteilen statt, denn das Löwe-Prinzip verströmt sich im Außen, um sich in der eigenen Schöpfung wiederzufinden. Damit entspricht es im mikrokosmischen Sinne dem großen makrokosmischen Schöpfungsmythos, der so gestaltet ist, daß sich das Göttliche in die Schöpfung hinein manifestiert, um sich dort wieder selbst zu erkennen.

Der Auftrag: Die äußere Temperatur führt dazu, daß der Mensch ganz im Hier und Jetzt lebt und die Gedanken sich träge auf kurzlebige Ziele reduzieren. Das Tempo verlangsamt sich, und der Moment und das Leben an sich stehen im Vordergrund. Jede Faser des Außen will vom Menschen in ihrer ganzen Schönheit und alles umfassenden Fülle ausgekostet werden. Alle Sorgen und Probleme scheinen vergessen, da die Stimmung auf die Sonnenseite des Lebens gerichtet ist.

Der Auftrag, der an einen Menschen ergeht, der im Zeitraum vom 23. Juli bis 22. August geboren wird lautet, daß er vor allem jene Präsenz entwickeln soll, wie sie die Sonne in diesem Abschnitt des Jahres besitzt. Für den Menschen bedeutet dies, ganz im Hier und Jetzt zu leben, jeden Moment so wahrzunehmen, wie er tasächlich ist. Die Nativen mit dem Sonnen-Auftrag Löwe sind aufgefordert, ihre dynamischen Energien zu entwickeln, die nach vorne streben und den Raum ergreifen wollen. Sie sind gefordert, aus sich heraus die Welt zu befruchten und prägende Eindrücke im Außen zu hinterlassen. Vor allem führt sie der Auftrag dahin, keine Eindrücke von der Welt aufzunehmen, indem sie sich von ihr beeindrucken lassen, sondern umgekehrt eigene Energie von innen nach außen strömen zu lassen, gleich der Sonne, die dies als Lebensspender tagein, tagaus vollzieht. Das bedeutet im Sinne des Auftrages, schöpferische Individualität zu entwickeln, um in ihrem Themenbereich zum Unikat zu werden.

Schöpferisch sein bedeutet, daß der Mensch eigene Anteile nach außen bringt, da jede Zeugung immer die Weiterreichung der eigenen Anteile beinhaltet.

Zeugen können bringt aber auch Konsequenzen mit sich, die darin bestehen, entstandene Organismen verantwortungsvoll am Leben zu erhalten und sie mit Kraft und Stärke zu versorgen. Im weltlichen Sinne entspricht das Löwethema dem Vater-Prinzip, es stellt in seiner reinen Form jene männliche umsorgende Instanz dar, die wie beim Mondthema auf die reine Egobehauptung verzichtet. In ihrer erlösten Weise bemüht sie sich noch vor den eigenen Belangen um die Erfordernisse der ihnen anvertrauten Wesen. Natürlich besteht bei der Verwirklichung des Löwe-Auftrags, ähnlich wie beim Zeichen Krebs, die Gefahr, daß die Umsetzung nur den subjektiven Ansprüchen dienen soll. Unter Löwe wird dann die vorhandene Kraft zur Selbstbehauptung und zum Dominieren des Umfeldes genutzt. Dies ist vergleichbar mit dem unerlösten Status des Königs, der es sich auf Kosten seiner Untertanen gutgehen läßt.

Die andere, dem Thema näher gelegene und erlöste Variante entspricht der selbstverzichtenden erwachsenen Vaterqualität. Sie stellt ihre Kraft dem Schutz der anderen zur Verfügung und erfährt dadurch im Leben eine fördernde Dynamik. Die Bedeutung des Geburtsauftrages Löwe führt die Betroffenen dazu, Zentralfigur für andere zu sein. Dabei ist ihre Präsenz gefordert, um somit auch die ihnen eigene Stärke und souveräne Ruhe zum alles tragenden Mittelpunkt für andere werden zu lassen. Bevor ein Mensch aber die eigenen Ich-Kräfte anderen zur Verfügung stellen kann, müssen diese natürlich entwickelt werden. Deshalb ist es auch von besonderer Bedeutung für die Nativen, ihr Selbstbewußtsein und ihr Selbstempfinden zu entfalten. Dies kann innerhalb von formalen Übungen und Trainingsprogrammen geschehen oder auch aus der Erfahrung, daß mit jeder übernommenen Verantwortung und Funktion im Leben auch die Persönlichkeit wächst. Je mehr die Nativen sich den Erfordernissen ihres Musters stellen, um so mehr erzeugen sie im Leben eine Dynamik, die sie in intensive Individuationsprozesse hineinschleust. Als Motor des Lebens sollten sie dafür sorgen, daß alles in ihrem Umfeld von ihnen mit Kraft und Dynamik durchpulst wird. Dazu ist es natürlich, im Sinne ihres Auftrages vollkommen legitim daran zu arbeiten, daß sie sich wohl und optimistisch fühlen. Verfügen sie über die nötige Kraft und die Freude, können die Aufgaben in ihrem Leben bewältigt werden. Deshalb lautet auch der Auftrag an die Nativen:

«Sei ganz im Hier und Jetzt,
lebe authentisch deine Individualität!»

Je mehr es den Nativen mit der Löwe-Sonne gelingt, die Inhalte ihres Auftrages umzusetzen, desto mehr spüren sie einen Zuwachs an Kraft und Energie. Betrachtet man die Inhalte des Geburts-Auftrages genau, wird deutlich, daß aufgrund der übermäßig erforderlichen Präsenz den Nativen von der Grundanlage her die Anbindung an das authentische Leben fehlt. Menschen unter diesem Geburtsauftrag sind meist besonders vorstellungsgebunden, und es mangelt ihnen an der Fähigkeit, sich dem Leben ganz authentisch zu stellen. Ihr Bedürfnis ist es, alles zu planen und zu manipulieren, weshalb das Leben versucht, sie über ihren Auftrag mit der Wirklichkeit in Verbindung zu bringen. In vielen Lebenssituationen sind sie innerlich nicht präsent und leben deshalb an den Situationen vorbei, da sie nicht bereit sind, diese wahrzunehmen. Möglicherweise schweifen sie gedanklich ab, weil sie sich Situationen, andere Menschen, Lebensstationen anders vorgestellt hatten und ihnen die jeweilige Situation, in der sie sich gerade befinden, nicht gefällt. Sie langweilen sich oder empfinden das Leben öde und leer, weil sie sich alles anders und vor allem besser ausgemalt hatten. Sie müssen lernen, mit dem, was ist, Frieden zu machen, um ganz im Einklang mit den Gegebenheiten zu sein. Neben dem Mangel an Authentizität kommt es auch zu einem Fehlen von Lebensfreude und der damit verbundenen Begeisterung am Sein. Auch hier gilt für sie, was für andere vielleicht selbstverständlich sein mag, nämlich sich der Sonnenseite des Lebens zuzuwenden und es mit jeder Faser zu genießen und vor allem die Dinge, die das Leben bereit hält, schätzen und lieben zu lernen. Deshalb ist es unter dem Thema Löwe wichtig, die Entwicklung von Freude und Begeisterung zu fördern, da diese den Nativen fehlt und sie sich fast systematisch den erbaulichen Dingen des Lebens öffnen müssen.

Darüber hinaus richtet sich der Sonnen-Auftrag Löwe an Menschen, die für die Erfordernisse des Lebens und die Notwendigkeit, von ihrem Umfeld gebraucht zu werden, keine Antenne besitzen. Ihnen fehlt die nötige Präsenz der Persönlichkeit, so daß sie sich jeder Verbindlichkeit oder Übernahme der Verantwortung bei allen möglichen Themenstellungen entziehen. Der Löwe-Auftrag mahnt sie, sich dem Leben zu stellen und ihre Vater-Qualität zu entwikkeln. Dies gilt sowohl für den Mann als auch für die Frau mit der Löwe-Sonne, die beide eine umsorgende, beschützende Rolle für ihr Umfeld übernehmen sollen. Sehr oft werden die Erfordernisse des Geburtsauftrages von den Nativen nicht eingelöst, da sie auf ihrem Weg auf der Stufe der Selbstbehauptung stehengeblieben sind, aus lauter Faszination an der eigenen Persönlichkeit. Sie haben in solchen Fällen vergessen, den nächsten Schritt zu machen, die Aufmerksamkeit von der eigenen Bedürftigkeit auf die des Umfeldes zu richten.

Vergleichende Symbolebene: Das Feuerelement entspricht der männlichen, aktiven, dynamischen, schöpferischen Urkraft. Würde man es in eine direkte Begrifflichkeit zum Inhalt des Tierkreiszeichens Löwe setzen, lautete das Stichwort für das Feuerelement: Kreativität. Sein Wesen ist impulsiv und dominant. Setzt man die seelischen Anlagen des Feuerelementes mit denen des feurigen Löwe-Prinzipes in einen analogen Bezug, lassen sich folgende Eigenschaften symbolisch ableiten:

Feuer ist dynamisch ausschweifend, es lodert und strebt nach oben, es leuchtet und ist weithin sichtbar. Es braucht Brennstoff, den es verzehren kann, sonst bleibt es nicht erhalten. Feuer ist eine reine Energieform, die es bei richtigem Einsatz möglich macht, Dinge in Bewegung zu bringen. Es kann Wasser erhitzen, Druck erzeugen oder verwandelnd wirken, indem es verzehrt und in einen anderen Zustand überführt. In diesen aktiven Eigenschaften finden sich analoge Qualitäten im Sonnen-Auftrag Löwe wieder, denn für die Nativen heißt es, mit Kraft und Dynamik aktiv das Umfeld zu verändern.

Auch die Sonne im All hat, da sie dem Tierkreiszeichen Löwe zugeordnet wird, ihre analogen Entsprechungen. Die Sonne wird im allgemeinen bewundert mit ihrem phantastischen Schauspiel, das sie in der Natur aufführt. Man denke an das farblich changierende Anwachsen des Lichtes, wenn der Tag beginnt zu erwachen, oder an die Farbenpracht der Sonnenuntergänge am Meer oder in den Bergen. Wundervoll taucht die Sonne glutrot unter, und das Licht verschmilzt mit der Kontur der Landschaft. Niemand würde dieses Naturschauspiel mit Entsetzen kommentieren oder vor Kummer in Tränen ausbrechen, weil die Sonne gerade untergegangen ist. Vielleicht spürt der eine oder andere eine leichte Melancholie in sich aufsteigen, da aus den Tiefen seines Unterbewußtseins eine ferne Ahnung anklingt, hervorgerufen durch die Symbolik eines Ereignisses, welches vom Mysterium der Transformation des Ego kündet. Der Auf- und Untergang der Sonne beschreibt den Mythos des notwendigen Auf- und Untergangs des Ego. Natürlich ist die zeitliche Rhythmik eine andere, aber mit Gewißheit lassen sich die stetige Wiederkehr und die kosmische Notwendigkeit der Schwächung des Ego im Leben eines Menschen beschreiben.

Was wäre, wenn es nur den Tag gäbe? Die Sonne (das Ego) würde erbarmungslos alles versengen. In der Dunkelheit aber regeneriert sich und schöpft die Natur neue Kräfte; so ergeht es auch dem Menschen, er wächst dort, wo das Ego in die «Verdunkelung» gerät, und beginnt dort zu reflektieren und sich in Frage zu stellen, um auf diese Art und Weise einen Feinschliff an sich vorzunehmen.

Auch der Zeitraum vom 28. bis 35. Lebensjahr entspricht der analogen Symbolik des Löwe-Prinzips. Mit ihm wird das Mysterium des Aufstiegs und des Niedergangs besonders deutlich, der sehr nahe im Verbund mit dem Löwethema steht und das immerwährende

Wachstum beschreibt. Diese Lebensphase ist von sehr hoher Bedeutung, da sich jedem Nativen vieles von dem bis zu diesem Zeitpunkt in seinem Leben Erwirkten in Frage stellt. Das Leben konfrontiert den Menschen mit Themen, welche die eigene Authentizität, die Ehrlichkeit in der Darstellung der eigenen Person und der Hinterfragung der Stimmigkeit des gewählten Lebensweges beleuchten. Jetzt verschwinden quasi die letzten Reste übernommener Einstellungen und Strukturen des Elternhauses aus dem Leben des Betroffenen. Es geht darum, ganz authentisch das zu leben und auszudrücken, was man tatsächlich ist. Häufig führen die notwendig werdenden Korrekturen zu Phasen des Neubeginns, die der Person eine ganz neue Behauptung und Definition abverlangen.

Was immer beim jeweiligen Menschen in diesem Zeitabschnitt geschieht, ist für ihn von immenser Bedeutung. Trotz der hohen Anforderungen, die das Leben dem Menschen abverlangt, befindet er sich auf der Höhe seiner Schaffenskraft und verfügt in dieser Periode über so viel «Power» wie niemals zuvor in einer anderen Zeit seines Lebens. Der Mensch behauptet sich, baut etwas auf und ist aufgefordert, die Führungsrolle auf der ihm entprechenden Ebene zu übernehmen. Alles, was nun geschieht, trägt, aus metaphysischer Sicht betrachtet, dazu bei, den schöpferischen Impuls zu setzen, der das Kunstwerk des individuellen Lebensausdruckes hervorbringt. Es geht also primär um den Menschen selbst, um die Verwandlung, hin zu seiner eigenen Individualität. Sicher sind die Erlebnisse in dieser Phase nicht nur der Individuation aus der Freude an der reinen Selbstbehauptung gewidmet, sondern der Mensch ist auch mit der Frage konfrontiert, inwieweit er bereit ist, von seinen Energien an das Kollektiv abzugeben. Der wechselseitige Aspekt, der in der Symbolik des natürlichen Sonnenverlaufes enthalten ist, tritt auch hier wieder zu Tage. Er gleicht in vieler Hinsicht dem diffizilen Balanceakt, dem die Nativen im Leben ausgesetzt sind, zwischen unbemerkter Machtbehauptung und uneigennütziger Verantwortungsübernahme für eine Sache, die teilweise so unkenntlich im täglichen Lebenskampf miteinander verquickt werden, daß es für die Nativen selber schwer wird zu sagen, welchen Motivationen ihre Handlungsweisen entspringen.

Deutlich wird das Überschreiten des Egomaßes immer mit dem Sturz, der für die Nativen dazugehört, quasi als objektives Korrekturelement. Nur sollten die zeitweisen Niedergänge nicht dazu führen, daß die Betroffenen sich in den Schmollwinkel des Lebens zurückziehen, um nicht mehr aktiv zu werden. Denn die Verläufe sind im Sinne der Bearbeitung und des Wachstums vollkommen richtig gestaltet, Aufgang und Niedergang stellen das natürliche Gleichgewicht dar, welches dem zyklischen Verlauf der Sonne entspricht, dem auch der Mensch unterliegt, der den Geburtsauftrag Löwe erhalten hat.

In früheren Kulturepochen gab es Völker, die sich einem Sonnenkultus verschrieben hatten. Sie verehrten die Sonne in ihrer okkulten Bedeutung als Symbolrepräsentanten des einen göttlichen Prinzipes, welches den allgegenwärtigen Mittelpunkt des gesamten Weltalls darstellte. Die sie umkreisenden Planeten und Himmelskörper sah man als Teilaspekte jenes einen zentralen Prinzips Sonne an, welches sich in die Vielheit aufgespalten hatte. Die Bewegung der Planeten um die zentrale Sonne symbolisierte für die Menschen das Mysterium des Lebens, das Ziel und Sinn dadurch erhält, weil es den Ursprung umkreist. In diesem Sinne erhielt das Leben seine Ausrichtung auf einen Mittelpunkt. Gleichzeitig galt aber auch die Sonne als Lebensspender, da sie durch ihre Strahlung und ihr Licht das Leben ermöglicht.

Auch der Mensch mit dem Sonnen-Auftrag Löwe ist in seinem Leben aufgefordert, Mittelpunkt zu werden, um den sich alles dreht. Er hat den Auftrag erhalten, das Zentralgestirn in seinem Umfeld zu sein, der dieses mit seinen Ideen und seiner Kraft durchpulst. Alle lebendigen Organismen, aus denen etwas hervorgeht, besitzen jene Mittelpunktsfunktion, denn hinter jedem feurigen Repräsentanten verbirgt sich ein Ideen-Träger, der sich in seiner Vielgestaltigkeit im Außen widerspiegeln soll. Versäumt er dies, ist er seinem eigenen Geburtsauftrag gegenüber in der Schuld und muß unter Einschränkungen erfahren, daß das Umfeld ihm unerbittlich immer engere Bandagen anlegt.

Die Dynastien der Inkas betrieben die höchste Form des Sonnenkultes, in dem nochmals die Thematik des Löwe-Auftrages auf einer anderen Ebene sichtbar wird. Der Herrscher wurde als Sonnengott verehrt, denn er war die Verkörperung des göttlichen Prinzips auf Erden, und sein gesamtes Reich stellte symbolisch den Abdruck kosmischen Geschehens dar. So war es nicht die Aufgabe des Königs, wie es in unserem westlichen Verständnis oft gesehen wird, über das Volk zu herrschen, sondern der Herrscher wachte über das Wohlergehen seines Volkes. Der Staat fügte sich in quadratische Strukturen, in denen immer ein einzelner für eine Gruppe von vier Menschen verantwortlich war.

Diese quadratischen Strukturen staffelten sich immer höher, so daß der nächste für vier Gruppen mit vier Menschen verantwortlich war. Wiederum der nächste trug die Verantwortung für vier mal vier Gruppen usw. Dies steigerte sich bis zum Herrscher des gesamten Reiches. Jeder mußte seinem nächsten Übergeordneten Rechenschaft über das Wohlergehen seiner ihm anvertrauten Gruppe ablegen. Er zeichnete verantwortlich für diese und mußte bei etwaigen Notsituationen mit seinem eigenen Hab und Gut für die ihm Anvertrauten haften. Bei den Inkas zeigte sich das Prinzip des Herrschens in seiner reinsten Form, so daß man erkennen kann, daß wahres Königtum, also jede Zentralfunktion, sich in der Vaterrolle beweist. Wirkliche Stärke und Souveränität erwachsen aus der Absicht, andere von der eigenen Kraft profitieren zu lassen. Bloßes Imponiergehabe und äußerliche Demonstration von Kraft bestätigen nur das unerlöste Bild des Löwen, der «vorne eine riesige Mähne zur Schau stellt, jedoch hinten nur eine kleine Quaste vorzuweisen hat». Ein Mensch mit dem Geburtsauftrag des Löwen ist dazu aufgefordert, sich hineinzufinden in das Thema des Mittelpunktes. Möglicherweise vernachlässigte er auf seinem Weg durch Raum und Zeit die Ausbildung der «Ich»-Kräfte. Vielleicht hatte er sein Ego zu früh aufgeben wollen. Jetzt ist er als Löwe-Nativer aufgefordert, zu sich selbst zu finden, auf seiner Ebene Mittelpunkt zu sein und zu einer Stärke zu gelangen, die aus der Bewunderung der eigenen Fähigkeiten und der eigenen Person herrührt. Als Löwe-Sonne darf er dies!

Symptomatik: Findet der Mensch unter dem Sonnen-Auftrag Löwe nicht zu der Einlösung der beschriebenen Themen, wird er von seinem Umfeld in Konfliktsituationen gebracht, die dazu führen, daß er den Mangel an einer möglichen Mittelpunktsthematik erkennt. Dies kann sich dadurch vollziehen, daß er in Revierkonflikte verwickelt wird, in denen er immer wieder mit anderen Menschen konfrontiert wird, die jenen Mittelpunkt innehaben, den er eigentlich in seinem Leben verkörpern soll. Unter dem Auftrag Löwe ist es nicht so wie beim feurigen Widder-Prinzip, daß durch die Nichterfüllung Kampfes- und Aggressionskonflikte auftauchen und sich die unerlösten Energien gegen den Menschen selber richten. Vielmehr wächst der Konflikt beim Löwe-Thema im Inneren der Nativen heran, da das Zeichen dem Seelenquadranten zugeordnet ist. Der Glanz eines anderen wird zum bohrenden Stachel in der eigenen Seele, den sich der oder die Native immer wieder anschauen müssen, um konkret darunter zu leiden. Denn auch wenn die Themen des Geburtsmusters keine Umsetzung finden, so sind die Wünsche meist insgeheim vorhanden, doch sie werden von den Nativen nicht verwirklicht.

Oftmals wünschen sich die Nativen Ruhe und daß die Dinge des Lebens ihnen ohne eigenes Hinzutun oder große Anstrengung in den Schoß fallen mögen. Gerne würden sie einen Mittelpunkt einnehmen, in dem sie einfach um ihrer selbst willen von anderen bewundert werden, ohne sich dafür bemühen zu müssen.

Der feurige Löwe-Auftrag ist für eine Frau schwieriger umzusetzen, denn sie gerät mit dem Geburtsauftrag aufgrund der gesellschaftlichen Rollenaufteilung in eine für sie fremde Domäne. Der Löwe-Auftrag ist ein typisch männlicher Auftrag, bei Frauen führt dies meist zu Einzelgängertum, da sie sich in ihrem Leben in die klassische Rollenverteilung schwer zu integrieren vermögen. Dies ist aber im wertfreien Sinne zu verstehen, außerhalb des weltlichen Gerangels um Geschlechts- und Quotengleichheit. Die Wesensmerkmale, die sich aus dem Geburtsmuster ergeben, sind vom Prinzip her viel wichtiger als die äußeren Geschlechtsmerkmale. Die äußere Verpackung, egal welcher Rolle sie unterliegt, täuscht nicht über das innere Anliegen hinweg, welches sich in allen Handlungen und

Aktionen im Leben manifestiert. Das gilt natürlich für beide Geschlechter. Man sollte, sofern man das Geburtsmuster kennt, nochmals differenzieren zwischen Frauen mit männlichem Auftrag und Männern mit weiblichem Auftrag. Der männliche Auftrag bei einer Frau führt zu größeren Konflikten, der Druck im Umgang mit dem Umfeld wird stärker spürbar. Ständige Unterdrückung und die Einengung des Freiheitsdranges der Nativen haben zur Folge, daß sie irgendwann den Wunsch nach einem Befreiungsakt hegen. Denn die äußere Anforderung, sich in Demut zu fügen und anderen Menschen Rechenschaft ablegen zu müssen, führt zu einem Anwachsen des inneren Drucks, so daß die Betroffenen genötigt sind, sich von der Fremdbestimmung zu lösen, um sich auf ihre ureigene Art und Weise selbständig zu machen.

Dies bringt sie an den Punkt, endlich das eigene Leben in die Hand zu nehmen. Auch eine Hemmung im Ausdruck der Person oder die Angst, sich selber darzustellen, führt zu ähnlicher Dynamik, so daß die Betroffenen beginnen, an ihrem Persönlichkeitsausdruck zu arbeiten, bis sie gelernt haben, sich selber anzunehmen und sich zu verwirklichen und damit zu befreien.

Auf der körperlichen Ebene signalisieren unter dem Sonnen-Auftrag Löwe besonders die Organe Störungen, die dem Löwe-Prinzip zugeordnet sind. Die wichtigste Entsprechung stellt hierbei das Herz dar, welches der lebenspendende und -erhaltende Motor des Menschen ist. Auch das Herz hat auf der körperlichen Ebene eine Mittelpunktsfunktion. Das Herz hält den gesamten Organismus am Leben und sorgt für die entsprechende Bewegung des Blutkreislaufes. Deshalb entsprechen auch das Blut sowie der Blutkreislauf dem Löwe-Prinzip. Symptome in diesem Bereich, beispielsweise Herzrhythmusstörungen, Kreislaufbeschwerden oder ein Herzfehler, können immer dann auftreten, wenn die Nativen ihrem Auftrag nicht nachkommen, nämlich wenn sie keine Mittelpunktsfunktion im Leben innehaben und auch niemanden mit Leben, Energie und lebenserhaltender Kraft versorgen. Die Symptome lenken die Aufmerksamkeit auf die im Leben der Nativen erkrankten Bereiche. Auf der körperlichen Ebene mahnen sie an, was dem Menschen in seinem Bewußtsein und damit auch in der Umsetzung fehlt. Auch der nicht umgesetzte Auftrag, im Leben Raum zu ergreifen, kann sich durch unkontrolliertes Zellwachstum auf der körperlichen Ebene manifestieren. Dies bedeutet nicht, daß der Löwe-Auftrag eine besondere Disposition zu karzinogenem Geschehen impliziert, doch drückt sich in einem solchen Krankheitsgeschehen metaphorisch ein inneres Bedürfnis aus, das keine andere Verwirklichungsplattform findet, als mit Zellwachstum Raum zu ergreifen und sich in den Vordergrund zu rücken. Auf der psychischen Ebene manifestieren sich als Symptome meist Depressionen, die daher rühren, daß die Nativen immer wieder an Schwierigkeiten und Grenzen der eigenen Verwirklichung stoßen, wenn sie die Themen ihres Löwe-Auftrages nicht in der geeigneten Form auf die Welt bringen. In der Depression leben sie jenen Zustand, der dem Sonnenuntergang gleicht. Sie werden vom unbewußten Lebenstrieb zu einer höheren Bewußtheit geleitet, um die Grenzen, die aus der Anlage herrühren, überschreiten zu können. Durch die Extreme wird der Blick auf das Wesentliche geschärft.

Der Mangel an körperlichem Wohlbefinden führt dazu, daß die Arbeit an der körperlichen sowie psychischen Gesundheit ganz in den Vordergrund rückt. Der Not folgend, richten die Betroffenen ihre Konzentration auf das Thema der Erholung, Urlaub zu machen, Freizeitgestaltung und ein sorgloses streßfreies Leben und haben damit eine wichtige Seite des Löwethemas erreicht.

Alle Möglichkeiten der positiven Lebensgestaltung, die dazu führen, in das konkrete Hier und Jetzt zu gelangen, seien der Löwe-Sonne mit auf den Weg gegeben, denn hier in diesem Themenbereich hat die «Lebenshilfe» ihre einzige Berechtigung, weil gerade dieser Aspekt den Nativen fehlt. Wann immer sich im Leben der Nativen mit dem Sonnen-Auftrag Löwe Symptome im Inneren wie im Äußeren ausbilden, sollten sie der Frage nachgehen, wo sie ihre Energien nicht richtig umsetzen.

Auch sollten sie in ihren Symptomen einen möglichen Krankheitsgewinn erkennen lernen. Vielleicht gelingt es ihnen, dabei zu sehen, daß sie ihren Dominanzanspruch nicht ausleben können und sie sich durch den Krankheitsgewinn oder durch emotionalen Druck, der nicht formuliert wird, auf Umwegen das zu nehmen versuchen, was sie sich auf dem direkten Wege nicht trauen. Wenn sie lernen, ihren Anspruch zu sehen, den sie sich möglicherweise gar nicht zugestehen wollen, dann richtet sich ihre Energie auf das wirkliche Ziel: auf daß die Flamme, die sie in sich tragen, sichtbar im Mittelpunkt ihres Lebens lodert.

Kontemplative Integration: Menschen mit dem Sonnen-Auftrag Löwe haben diesen erhalten, um im Leben Präsenz und Stärke zu entwickeln. Sie sollen verstehen lernen, daß das Leben ihnen, wann immer sie in Situationen gelangen, in denen sie in ihrer Kompetenz und Gegenwärtigkeit von anderen in den Schatten gestellt werden, darin die Aufforderung zur Selbstüberwindung überbringt. Ihre abwartende Haltung dem Leben gegenüber, immer sondierend, ob sich die Realität mit ihren Vorstellungen deckt, entspricht nicht dem eigentlichen Auftrag. Für sie heißt es, Spontaneität im Leben zu entwickeln, um sich mit dieser Fähigkeit aus dem Kampf zwischen Idee und Wirklichkeit hinauszubewegen. Ihnen mangelt es an der Fähigkeit, dem Leben mit Offenheit und Begeisterung gegenüberzutreten. Hinter allen Bemühungen, nicht den Erfordernissen nachzukommen, verbirgt sich nur ein verdeckter Machtanspruch, der zwar auch dem Löwethema zuzuordnen ist, der sie aber daran hindert, auf ihrem Weg die volle Energie ihrer Geburts-Sonne zu entwickeln.

Native mit dem Sonnen-Auftrag Löwe sollten sich die Frage stellen, wie oft sie vom Leben angesprochen wurden, sich in ihrem Umfeld als zentraler Mittelpunkt um die Belange und die Bedürfnisse anderer Menschen zu kümmern. Sei es im Beruf, im zwischenmenschlichen Bereich oder in der Beziehung, für den Mann beispielsweise dadurch, daß die Partnerin plötzlich schwanger wurde und ein Kind erwartete. Oder als Frau mit dem Löwe-Auftrag feststellen zu müssen, daß man schwanger ist, aber der solare starke Partner fehlt, so daß die Betroffene die Rolle von Mutter und Vater gleichermaßen tragen muß. Die Nativen mit dem Löwe-Auftrag sollten in ihrem Leben ergründen, ob diese Herausforderungen angenommen wurden oder aber ob es andere Ideen, Ziele und Pläne gab, die für sie wichtiger waren und deshalb als eigene definierte

Plattform der Selbstverwirklichung attraktiver erschienen. Ist dies der Fall, sollten die Nativen dem darauf folgenden Verlauf des Lebens Beachtung schenken. Dabei ist es aufschlußreich zu ergründen, ob sie mit den von ihnen als wichtiger erachteten Profilierungsideen zum Zug kamen oder nicht.

Vielleicht stagnierten die begonnenen Projekte kurz nach ihrem Beginn oder nahmen einen ganz anderen Verlauf als geplant. Daraus entwickelte sich möglicherweise in ihrem Leben eine Stimmung des Unmutes und der Frustration, die alle weiteren Aktivitäten einen gebremsten Verlauf nehmen ließ. Für die Nativen mag das den Anschein gehabt haben, daß das Leben sich gegen sie verschworen hat. Doch sollten sie in diesem Zusammenhang sehen, daß sie vom Leben Möglichkeiten angeboten bekamen, die von ihnen jedoch nicht als wertig genug empfunden wurden. Deshalb sollten sie sich aus dem Gefühl lösen, daß das Leben und die Umstände sich gegen sie verschworen haben. Sie müssen begreifen, daß sie diverse Konzepte verwirklichen wollten, die mit ihrem Lebensauftrag nicht im Einklang stehen.

Die Nativen sollten also alles dafür tun, um durch das Eingehen und Entwickeln der realen Notwendigkeiten ganz ins Hier und Jetzt zu gelangen. Dazu vermag ihnen ein bewußtes Verstoßen gegen die eigenen Ideen verhelfen. Wenn es ihnen gelingt, die spontane Ansprache des Lebens zu sehen und auf diese einzusteigen, werden sie spüren, wie sie sich mit einer Fülle von Lebensenergie anreichern.

Der Sonnen-Auftrag Jungfrau

Das Tierkreiszeichen Jungfrau ist ein weibliches Erdzeichen, dessen Inhalte symbolisch dem äußeren Geschehen des Zeitraumes vom 23. August bis 22. September jedes Jahres entsprechen. Der in Jungfrau herrschende Planet ist Merkur.

Natursymbolik: Jungfrau ist die Antwort auf das sich emotional veräußernde Feuerzeichen Löwe. Es schließt den Seelenquadranten ab, der vom Zeichen Krebs eröffnet und von Löwe zu einem Höhepunkt geführt wird. Die sich in den beiden Zeichen Krebs und Löwe entwickelnde Subjektivität wird mit Jungfrau durch Reflektion und Analyse zu einer Veränderung geführt.

In der Natur drückt sich das dadurch aus, daß die Wärme, entstanden im Löwe-Zeitraum, sich zurückbildet und einen stetigen Abkühlungsprozeß erfährt. Die schwüle, elektrisch hoch aufgeladene Luft, die mit häufigen gewittrigen Eruptionen in der Löwe-Zeit für Aufregung in der Natur sorgte, beginnt sich in den länger werdenden klaren kühlen Nächten der Jungfrau-Zeit immer weiter abzukühlen. Analog zu dem Geschehen in der Natur läßt sich die Jungfrau-Phase auch auf der inneren Ebene als ein stetiger anhaltender Abkühlungsprozeß beschreiben. Auf der seelischen Ebene gleicht das einem Wandel von Begeisterungsfähigkeit zu einem kühlen verhaltenem Naturell. Die Tage im September sind aber immer noch warm und trocken und führen dadurch bei den Pflanzen zu einem speziellen Mechanismus, der alles Wasser, jede Feuchtigkeit und die eigenen Säfte speichert und festhält. Dies geschieht, um in der großen Dürre des Spätsommers überleben zu können. Im Reich der Pflanzen ist das Ansammeln von Säften und notwendigen Mineralstoffen im September besonders ausgeprägt. Der Wachstumsprozeß wird beendet.

Dieser Akt ist ein Umschaltvorgang, der von der Veräußerlichung zur Verinnerlichung führt. Die Pflanzen sind ab diesem Zeitpunkt durch das Speichern und das Festhalten des Wassers mit der Funktion der Selbsterhaltung beschäftigt. Sie reifen ihre Früchte aus und fügen diese dann als Baustein in den großen Nahrungsmittelkreislauf ein. Gleichzeitig vollzieht sich in der Natur mit der Wasserspeicherung ein Sicherungsakt, der notwendig ist, damit die Pflanzen für den kommenden Herbst gerüstet sind. Auf einer menschlichen Ebene entspräche dies einem materiellen Absicherungsbedürfnis, um für eventuelle Notsituationen gewappnet zu sein. Deshalb gilt auch die seelische Intention des Jungfrau-Prinzips der Analyse konkreter Bedingungen. Jungfrau als zweites Erdzeichen im Tierkreis bezieht sich auf die Meßbarkeit des Stoffes.

Die Jungfrau-Energie ist an der Bewertung und der Analyse realer Bedingungen interessiert. Im Vergleich zum Zeichen Stier drückt sich dies durch Bewußtheit im Umgang mit der Form aus, da Jungfrau auf einer seelischen Ebene nicht dem Zauber der sinnlichen Verführung unterliegt. Die Erdhaftigkeit des Zeichens Jungfrau vergißt sich zwar auch im Stoff, aber in anderer Weise. In Jungfrau herrscht das Bedürfnis, alles zu kontrollieren und zu durchleuchten. Diese neue Form der Bindung kann nicht mehr als Abhängigkeit von Besitz und materiellen Belangen bezeichnet werden, es ist eine Abhängigkeit vom Bewerten stofflicher Zusammenhänge. Auf einer seelischen Ebene ist die erdbeständige Schwerfälligkeit des Stieres gelockert und beweglich geworden, die Früchte sind ausgereift und können geerntet werden. Die Vielfalt der entstandenen Formen verlangt nach Verwertung, Ausnutzung und Organisation. Die Erde als weiblicher, passiver Pol will beherrscht und genutzt werden. Im Lebenskampf entfaltet sich erst der Sinn für die vielen kleinen Objekte und Realitäten. Die «Tücke des Objektes» macht den Menschen zum Diener der Materie, sie verlangt von ihm neue Erfindungen und technische Anpassungen an die Bedingungen des Stoffes. Gelingt das nicht, dann entsteht auf seelischer Ebene die Angst, der Materie nicht gewachsen zu sein. Die Symbolrepräsentanten machen deutlich, daß das Tierkreiszeichen Jungfrau einem konservativen Thema entspricht. Es lassen sich beispielsweise folgende Symbolrepräsentanten anführen:

Der Rationalist, der Wissenschaftler, Unschuld, Vorsicht, der Beamtenstaat, Demokratie, allgemeine Plätze, wie Schulen, Getreidefelder, Schrebergärten, Nutzflächen, Werkstätten, Genauigkeit, Zuverlässigkeit, Zweckgebundenheit, Logik, Tugendhaftigkeit, Hypochondrie, Kleinkariertheit, Ökonomie, Sorgfalt, Pedanterie, Kleinlichkeit, Pädagogik, Angst, Schulmeisterei, Vernunft, Objektivität, Rationalität, Methodik, Systematik, Analytik, Nüchternheit, Keuschheit, Kühle, Enthaltsamkeit, Berechnung, der Darm, die Bauchspeicheldrüse, Verwertung von Nahrung usw.

Analog zum Geschehen in der Natur vollzieht sich in der Seelenqualität des Jungfrau-Prinzips der Wechsel von der subjektiven Veräußerlichung durch Selbstdarstellung im Zeichen Löwe zur bewußten Hinterfragung. Das gleiche geschieht beim Nativen durch die Infragestellung der eigenen Person. Erstmals nach der dramatischen Selbstverströmung des Löwen vollzieht sich eine Veränderung in Richtung Bescheidenheit und allgemeiner Reduzierung. Durch die Annahme und die Anpassung an die gegebene Situation legt die Jungfrau-Signatur den Grundstein für Selbstreflektion und Entsubjektivierung und damit die Basis für die sich in den folgenden Zeichen fortsetzende Verinnerlichung. Durch dieses Werk beginnt nach dem asozialen Verhalten des Löwen das soziale Verhalten der Jungfrau, um sich als soziales Wesen in den Dienst der Allgemeinheit zu stellen.

Der Auftrag: Der in der Natur dargestellte Reduzierungsprozeß steht als Symbol für die zu lernende Aufgabe, die in dem Zeitraum vom 23. August bis 22. September enthalten ist. Die Nativen mit dem Sonnen-Auftrag Jungfrau sollen vor allem Bescheidenheit, Rücknahme des Ego, die Hinwendung an andere Menschen oder an eine Sache lernen. Dabei haben seelische Lauterkeit, Selbsthinterfragung, Anpassung und Analyse absolute Priorität. Die große Geste, wie sie noch im vorhergehenden Zeichen ihren Ausdruck fand, wird aufgelöst und die Notwendigkeit der Beachtung des kleinen Details in den Vordergrund gestellt. Ab diesem Zeitraum geht es darum, wieder zu lernen, sich selbst, die Ziele, Gedanken und Pläne zu prüfen und gründlicher zu durchdenken. Mit dem Thema der Jungfrau werden die kleinen, scheinbar unwichtigen Dinge plötzlich wieder wichtig. Der Mensch wird an die konkreten Bedingungen herangeführt und lernt, sich an die Vorgaben, welche aus der Raum- und Zeitebene entstehen, zu halten. Das bringt die Betroffenen mit einem Jungfrau-Auftrag dazu, ihre gesamten Handlungen und Aktivitäten auf Präzision und Genauigkeit auszurichten. Damit unterscheidet sich der Jungfrau-Auftrag deutlich vom Löwe-Auftrag, denn dort können sich die Nativen in vielerlei Hinsicht unreflektiert in alle Richtungen verströmen, was sich in Lebendigkeit und einer offenen Lebenshaltung ausdrückt. Unter Jungfrau wird diese offene Form des Sich-Verströmens in jeder Hinsicht gebremst. Der Auftrag führt die Nativen dazu, alles in ihrem Leben einer Kontrolle zu unterziehen.

Mit dem Zeichen Jungfrau wird der zweite Seelenquadrant abgeschlossen. Als Lerninhalt für einen Menschen mit einem solchen

Auftrag bedeutet dies, daß er seine Unbewußtheit durch Reflektion und Analyse ersetzen soll. Diese Form seiner Bewußtwerdung findet natürlich auf vielerlei Ebenen statt. Meist beginnen die Nativen in ihrem Umfeld alles zu durchleuchten, alles zu analysieren und zu ergründen. Dies entsteht aus einem Unsicherheits- und Angstgefühl gegenüber nicht steuerbaren Eventualitäten. Ihr Wesen ist geprägt von einem hohen Maß an äußerem Sicherungsbestreben, das sich in den erstaunlichsten Formen zeigen kann. Eine erhebliche Angst vor materieller Not führt dabei zu äußerst reduziertem Umgang mit der Materie. So entspringen den Ängsten im Jungfrau-Prinzip Kontroll-Auswüchse wie beispielsweise die Stiftung Warentest oder der TÜV. Die zentrale Idee ist dabei immer, sich gegen mögliche Verluste oder nachteilige Erfahrungen abzusichern. Auch in den Bereichen des Umweltschutzes finden die Nativen Einlösungen für ihr inneres Bedürfnis. Sie wachen sorgfältig über den würdigen Umgang mit der Umwelt, um von sich und ihren Nachfahren einen eventuellen Schaden abzuwenden. Dabei projizieren sie ihre individuelle Lebensangst jeweils auf bestehende Situationen und auf mögliche Schäden in der Zukunft. Der Geburtstenor der Jungfrau ist von tiefen Befürchtungen geprägt und dadurch, im Gegensatz zum Löwen, fernab von jeglicher emotionaler Spontaneität. Der Auftrag wird oft auf andere Bereiche gerichtet, als für die er eigentlich gedacht ist. Viel wichtiger als die äußere materielle Absicherung des Lebens ist die innere Vorsorge, welche die Nativen treffen können. Die Fähigkeit zur Analyse, die dem Jungfrau-Prinzip entspricht, soll den Nativen bei der Bewältigung ihres Geburtsauftrages helfen, sich mit dem breiten Spektrum der Seelenqualitäten auseinanderzusetzen. Auch hier bedient sich das Schicksal, ähnlich wie beim Erdzeichen Stier, über den empfundenen Mangel des Eigenwertes eines Kunstgriffes, der die Nativen an das zu lernende Thema bindet.

In der Jungfrau ist dies die Angst, die sich auf alle möglichen Eventualitäten richtet. Der Weg aus dem Dilemma der Angst-Projektion und dem daraus resultierenden «Putzfimmel» auf allen Ebenen des Seins führt über die innere Übernahme der Verantwortung für das, was die Nativen in der Welt verurteilen.

Dies kann dadurch geschehen, daß sie ähnliche Wesenszüge und

Eigenschaften an sich entdecken, die sie in ihrem Umfeld besonders verurteilen. Sie beginnen im höheren Maße Verantwortung zu übernehmen, wenn sie sich von dem Blick aufs Detail lösen und erkennen, daß zwischen sich und dem Außen eine Prinzipiengleichheit besteht, die zwar eine andere Ausdrucksform hat, aber einer ähnlichen Intention entspringt. Die alleinige Schuldprojektion auf die «böse Welt und alle Verursacher von Mißständen» entspricht aus übergeordneter Sicht einem kindlichen Wesenszug.

Die Analyse eines äußeren Abgrundes oder materieller Bedingungen reicht nicht aus. Das Abgelehnte muß eines Tages als die nicht erkannte eigene Niederung akzeptiert werden. Angst entsteht immer als Begleiterscheinung der Unwissenheit. Wer «weiß», wird angstfrei! Die Achse Jungfrau / Fische (konkrete stoffliche Bedingungen – unsichtbare nicht stoffliche Idee) ist im Reigen der Ur-Ideen eine metaphysisch angelegte Achse, auf welcher der Mensch sich mit der Spannung zwischen «Sein und Nichtsein» konfrontieren muß. Der Mensch mit dem Sonnen-Auftrag Jungfrau entspricht dem stofflichen Prinzip, trotzdem erahnt er tief im Inneren, daß jede äußere Manifestation immer nur ein Produkt eines schöpferischen geistigen Vorganges ist. Nach dem Gesetz der Resonanz ist der Mensch immer ein kleiner Teilaspekt einer großen ihn umgebenden Schöpfung. Alles, was der Mensch außerhalb von sich selbst wahrnehmen und sehen kann, ist somit ein hinausgestellter Teil seiner selbst, der durch die Resonanz erst für ihn erfahrbar wird. Um dieses Mysterium erfahren und auch verstehen zu können, ist es für die Nativen nötig, sich unter diesem Gesichtspunkt der Welt zu stellen. Auf diesem Weg geraten sie an die Kontaktstelle zu ihrem Unbewußten. Deshalb lautet der Geburtsauftrag für die Nativen mit der Jungfrau-Sonne:

«Passe dich an die Gegebenheiten des Seins an, und reduziere dich auf das Notwendige.»

Alle Formen und inneren Zustände, welche die Menschen mit dem Geburtsauftrag Jungfrau in sich wahrnehmen oder als Resonanz im Außen erleben, dienen als Umweg dazu, ihre Aufmerksamkeit zu erregen, um auf diese Weise eine Bindung an die Welt zu erzeugen.

Je intensiver die Aufmerksamkeit auf bestimmte Bereiche gerichtet ist, desto stärker ist natürlich auch die Bindung. Dabei ist es im Sinne der kosmischen Gegebenheiten egal, ob der Mensch über Ängste oder Interessen an die Welt gebunden wird. Die Unterscheidung zwischen Gut oder Schlecht entspricht allein der menschlichen Wertung.

Da der Sonnen-Auftrag Jungfrau in die Anpassung führt, fehlt es den Nativen an Anpassungsfähigkeit, sonst wäre der Auftrag nicht an sie ergangen. Möglicherweise ist der Wunsch, sich in der Welt darzustellen und vordergründig zu dominieren, besonders stark ausgeprägt. Ist dies der Fall, führt der Sonnen-Auftrag den betroffenen Menschen wieder in die Bescheidenheit hinein. Sinnvoll erscheint der Jungfrau-Auftrag vor allem auch bei Menschen, die eine abstrakte, chaotische Anlage-Qualität besitzen und die Gesetze und Bedingungen der weltlichen Verläufe nicht achten. Auch hier kommt es zur Erfahrung der Korrektur, so daß die Nativen aufgefordert sind, immer einen Schritt nach dem anderen zu machen, ohne zwischendurch einen auszulassen. Auch für Native, denen es an der Hinterfragungsfähigkeit ihrer Subjektivität mangelt, scheint der Jungfrau-Auftrag eine sinnvolle Notwendigkeit. Damit führt sie der Auftrag in die seelische Analyse und Selbstreflektion, wozu es natürlich auch wieder die Anpassung an die Welt braucht, die als Plattform den Nativen die notwendigen Impulse vermittelt. Will man den Jungfrau-Auftrag spezifizieren, läßt sich dieser in zwei grundlegende Themenbereiche einteilen. Der eine gilt den Bereichen der Anpassung an die konkrete Welt, in dem Sinne, daß der Mensch unter diesem Auftrag seine Subjektivität zurücknimmt und sich in die Themen fügt, die ihm vom Leben angetragen werden. Der andere zeigt die innere Notwendigkeit der Bewußtwerdung, sich verantwortungsvoll den Innenräumen zuzuwenden, indem diese erforscht werden. Dies sollte aber unter der grundlegenden Voraussetzung geschehen, daß die Innenwelt im Bezug zur Außenwelt steht, da die Außenwelt nur die Ausdrucksform des Inneren ist. Die Zusammenfügung von Geist und Stoff gilt als die Krönung des Jungfrau-Auftrages, als Bewußtwerdung, daß diese beiden Ebenen untrennbar miteinander verbunden sind. Diese Notwendigkeit der

Hinwendung an das Innere wird in den analogen Symbol-Betrachtungen des Auftrages deutlich.

Vergleichende Symbolebene: Kreativ arbeitende Menschen kennen die dringende Notwendigkeit schöpferischer Pausen, nachdem sie sich bei der Schöpfung eines genialen Werkes total verausgabt haben. Häufig ist dann die Entkräftung des Kreativen sehr groß, weil er sich nicht nur körperlich, sondern auch seelisch verausgabt hat. Die Überanstrengung erzeugt das Gefühl, jede weitere Aktion würde die tieferen Schichten der Lebensenergie restlos aufzehren. Das Gefühl, die Substanz der Lebensenergie zu verbrauchen, läßt bei dem Menschen die inneren Alarmglocken Sturm läuten, weil eine angepaßtere Haushaltung mit den Kräften unbedingt notwendig wird. Der Kreative zieht sich dann zurück, mag sich für eine bestimmte Zeit anderen Menschen nicht mehr öffnen und geht durch seinen Rückzug sorgfältig mit seinen Kräften um.

Diese vernünftige Bestandsaufnahme folgt allerdings meist erst nach dem Eklat und führt dann zu einer verspäteten Anpassung an die jeweilige Situation. Bei Nativen unter dem Jungfrau-Auftrag würde dies auch zum Eklat führen, wenn sie zu sehr dem Bedürfnis unterliegen, ihre Wesenspotentiale nach außen zu verstreuen. Die einsetzende Vernunfthaltung des Kreativen gleicht dem Vorgehen eines Menschen, der unter dem Auftrag Jungfrau geboren wird. Denn auch die Nativen mit dem Sonnen-Auftrag Jungfrau werden eine Entkräftung erfahren, wenn sie nicht bereitwillig sich selbst reflektieren und sich mit größerer Intensität dem eigenen Unbewußten zuwenden. Weitere analoge Vergleiche zur Thematik des Jungfrau-Auftrags lassen sich anschaulich auf einer kollektiven Ebene anstellen. Die Jahrgänge von 1958 bis 1971 / 72 haben in ihrem Geburtshoroskop den Generationsplaneten Pluto in der Jungfrau plaziert. Pluto symbolisiert neben seiner individuellen Seite immer Themen, die vom Kollektiv gelebt werden und sich in den Zeitgeisterscheinungen einer Generation ausdrücken. So steht diese Generation im krassen Gegensatz zu der Generation von 1945 bis 1957 mit dem Pluto im Tierkreiszeichen Löwe. Die «Pluto in der Jungfrau»-Generation bekennt sich zur neuen Bescheidenheit, lebt extrem reduziert, leitete die Ökobewegung ein, ist bekannt für ein hohes Wiederverwertungsbewußtsein und extreme Sparsamkeit. Im Gegensatz zu der Generation von 1945 bis 1957, die sich sexuell befreite und dafür sorgte, daß jeder nach seiner Façon selig werden konnte, macht die darauffolgende Generation mit Pluto in der Jungfrau Schluß mit allen Befreiungsaktionen. Jetzt wird nicht mehr löwisch für Freiheit, Abenteuer und Selbstverwirklichung rebelliert, sondern die Jüngeren gleichen in ihrem wesentlich konservativeren Verhalten und Anliegen einem Schwarm von prüden Gouvernanten, die verächtlich und mit gerümpfter Nase das Treiben der Herrschaft kritisch beobachten. Selbst die Mode und das optische Outfit der Jungfrau-Generation läßt Assoziationen zu, die bei den weiblichen Repräsentantinnen an hochgeschlossene, kleingeblümte Kittelschürzen erinnern, allerdings penibel gepflegt, selbstverständlich ohne Parfum und nur mit Wasser und Kernseife gepflegt. Die männlichen Repräsentanten zeichnen sich durch einen praktischen Survivallook aus und tragen bevorzugt uniforme an Pfadfinderkleidung erinnernde praktische Sachen, mit Rucksack und Fahrtenmesser. Aufgrund ihrer teilweise extrem kurzen Frisuren (Haare = Symbol von Freiheit) signalisieren Frauen wie Männer ganz deutlich, daß sie sich in ihrem Freiheitsbewußtsein beschnitten haben. Selbst Frauen kreieren ihre Frisuren in Eigenleistung mit stumpfen Scheren und rasieren sich den Nacken aus. Die Männer tragen bevorzugt die Haartracht, die schon einmal vor ca. siebzig Jahren bei den Franzosen als Spitznamen für kleinkarierte deutsche Lebensart galt: «tête carré» (= Quadrat-Schädel). Die «neuen Vernünftigen» lassen keine Gelegenheit aus, die freizügige Lebensäußerung der Pluto-im-Löwen-Generation zu maßregeln. Es ist, als seien sie mit ihrer Existenz zum lebendigen Mahnmal geworden, um der allgemeinen Verschwendungssucht Einhalt zu gebieten. Getrieben von Zukunfts- und Lebensängsten bringt die Jungfrau-Generation nichts Neues, Kreatives, Lebendiges mehr hervor, sondern sie erhebt sich zur wahren Meisterschaft im Reduzieren und Sparen auf allen Ebenen. Ihr Hauptinteresse gilt einer vernünftigen Müll- und Rohstoffverwertung. Für den symbolisch schauenden Menschen wird schnell klar, daß in einer jungfraubetonten Generation außer dem

Versuch, Altes zu bewahren und zu schützen, nichts Neues hervorgebracht wird, sondern genau wie im Naturreich von den Reserven gelebt wird, da ab diesem Zeitpunkt das äußere Wachstum versiegt.

In den zu Siebener-Jahresabschnitten eingeteilten Lebensphasen entspricht das Geschehen in der *Zeit zwischen dem 35. und 42. Lebensjahr* des menschlichen Lebens metaphorisch dem Thema der Jungfrau.

Kaum hat der Mensch in dem vorhergehenden Siebener-Jahresabschnitt im Weltenspiel Fuß gefaßt, wird er vom Leben mit sozialer Verantwortung überhäuft. Er hat sich meist bis zu diesem Zeitpunkt in seinem individuellen Rahmen etwas mehr oder weniger Solides aufgebaut. Hat er in der schöpferischen Phase bereits Kinder gezeugt, befinden sich diese nun in einem Alter, in dem sie mit erhöhten Anforderungen an die Eltern herantreten. Alles, was der Native in der kraftstrotzenden Euphorie seines vorherigen Lebensabschnittes aufgebaut und in die Wege geleitet hat, will nun in irgendeiner Form bewahrt werden. Leicht kann es dann dabei zu der beschriebenen Verausgabung kommen. In der nun angebrochenen 6. Lebensphase wird der Mensch auf der körperlichen Ebene keinen weiteren Kräftezuwachs mehr erfahren. Er kann seine Energie gerade noch erhalten, bis er ab dem 42. Lebensjahr die Erfahrung einer beständig schwindenden Lebensenergie machen wird. Der Mensch muß, genau wie in den Verläufen der Natur skizziert, dafür Sorge tragen, daß er gut gewappnet dem Herbst und Winter seines Lebens begegnen kann. Für ihn gilt es, die ihm anvertrauten Nahestehenden abzusichern. Dabei muß er sich auf dem Weg durch sein Leben die Frage stellen, wie er physische und nervöse Erschöpfung, emotionale Tragödien und Desillusionierungen vermeiden kann. Wichtig ist für ihn vor allem, sein Leben nach methodischen Richtlinien zu organisieren, um sich durch routinierte funktionale Abläufe an die Bedingungen seines Überlebenskampfes mit dem geringsten Maß an Kraftverlust anzupassen. Mancher Raubbau, den er in den Jahren von 35 bis 42 mit seiner Gesundheit treibt, wird ihm sonst in den folgenden Jahren seines Lebensherbstes durch auftretende Symptome als rote Sollzahlen auf seinem Gesundheitskonto angerechnet. Ein ähnliches Geschehen zum Schutz vor dem kommenden

Winter findet man auch bei den Pflanzen wieder. Diese speichern und bewahren ihr Lebenselixier Wasser, um entsprechende Vorsorge zu treffen. (Deshalb sind Septemberfrüchte besonders saftig.) Auch unsere Vorfahren, die noch keine Treibhäuser und Exportwege kannten, mußten durch das Einbringen der Ernte im Spätsommer Vorsorge treffen für den kommenden Winter. Eine Mißernte oder eine zu späte Ernte führte bei ihnen zu verheerenden Hungersnöten. Die damalige Vorsorge war absolut nötig, um über den Winter zu kommen. Im Lebensherbst sollte auch der Mensch Vorsorge treffen, damit er für den kommenden Winter gerüstet ist. Der Winter schafft ein Lebensklima, in dem die Menschen sich vermehrt nach innen in ihre Behausungen zurückziehen müssen, da es draußen immer unwirtlicher wird.

In Anlehnung an den Geburtsauftrag Jungfrau bedeutet dies für die Nativen, sich im verstärkten Maße nach innen zu wenden, um die innere Ernte einzubringen. Diese besteht darin, daß die Nativen lernen, sich in einem größeren Bezug zum Geschehen zu sehen. Alles, was sie über die Außenwelt erfahren oder was ihnen dort auffällt, steht in einem direkten Bezug zu ihnen selbst. Dies können sie jedoch nur erkennen, indem sie die Bereitschaft entwickeln, sich selbst im innersten Keim ihrer Seele zu ergründen.

Symptomatik: Menschen mit dem Sonnen-Auftrag Jungfrau erleben die unerlöste Variante ihrer Lebenserfordernisse durch Situationen, die sie während ihrer Bemühung um Selbstwirklichung auf ein bescheidenes Maß reduzieren. Je weniger sie bereit sind, sich selber in Frage zu stellen, desto mehr erfahren sie jenen reglementierenden Charakter über die Außenwelt. Dies geschieht dadurch, daß sie ständig vom Außen zur Hinterfragung gezwungen werden, da die Mitmenschen es scheinbar besonders genau mit ihnen nehmen. Möglicherweise lassen sich Ziele, die sie anvisiert haben, nicht in der Geschwindigkeit erreichen, wie sie glauben. Oder sie werden aus den Bereichen abgedrängt die sie sich im Leben erwählt haben, da andere Erfordernisse notwendig geworden sind, vergleichbar mit den Erfahrungen im Sonnen-Auftrag Zwillinge, der ebenso mit der Übersteigerung von alltäglichen Funktionen die Nativen zur Einlösung ruft. Je stärker bei den Nativen der Wunsch nach einer pathetischen Selbstdarstellung vorhanden ist, desto mehr werden ihnen Situationen begegnen, die sie in den Hintergrund treten lassen, wo sie sich in Bescheidenheit und Anpassung üben müssen. Die kleinen Dinge des Lebens und die Detailarbeit vereinnahmen sie, damit sie lernen, sich mit dem Vorhandenen zu begnügen. Das bedeutet, daß aufgrund einer Verausgabung und einer Übersteuerung des Themas gleichzeitig ein Mechanismus einsetzt, der sie wieder reduziert, so lange, bis sie gelernt haben, sich an die Themen anzupassen, die ihnen im Leben begegnen. Geschieht das nicht und leben sie in einer mangelhaften Selbsthinterfragung, zehren sie die Situationen immer weiter aus, was zu einem energetischen Defizit führt. Aufgrund dieses energetischen Defizits weicht die innere Souveränität im Umgang mit ganz alltäglichen Dingen und führt wegen der inneren Erschöpfung zu dem Bedürfnis, alle möglichen Störfaktoren aus dem Leben zu verbannen. Ausgelöst durch den energetischen Mangel, fehlt vielen Nativen mit dem Sonnen-Auftrag Jungfrau die nötige Distanz zu den Geschehnissen im Leben. Der energetische Notstand löst Kettenreaktionen aus, so daß die Ängste zeitweilig in psychotische Zustände führen, welche die Betroffenen unaufhörlich um die entsprechenden Themen kreisen lassen. In unerlöster Form führen die Situationen die Nativen auf dem Umweg der Ängste an das Thema der Reflektion und der Analyse heran. Sicher spüren die Betroffenen ganz konkret ihre Ängste und sind auch in der unangenehmen Lage, sich fast zwanghaft von diesen getrieben zu fühlen. Die Wurzel jedoch liegt in der mangelnden Bereitschaft begründet, mit dem Unbewußten in Kontakt zu treten.

Da das Zeichen Jungfrau etwas mit Dienst und Anpassung zu tun hat, sollten die Nativen sich die Frage stellen, wie weit sie bereit sind, sich auf einen seelischen Dienst an anderen einzulassen. Besteht diese Bereitschaft nicht, werden sie in ihrem Umfeld sehr häufig auf bedürftige Menschen stoßen und sich besonders aufgefordert fühlen, diesen zu helfen. Dieser Mythos kann schon sehr früh in ihrem Leben auftauchen, daß beispielsweise ein Elternteil krank oder möglicherweise alkohol- oder drogenabhängig war. Auch in Beziehungen treffen sie dann auf Partner, die vom Wesen her völlig chaotisch sind und häufig dem Alkohol oder anderen Drogen zusprechen. Solche Begegnungen führen die Nativen über die Nähe zu Menschen und den damit verbundenen Themen in Bereiche, in denen sie sich aufopfern müssen. Der äußere Zwang zur Aufopferung wird größer, je mehr die Nativen ihren Auftrag ablehnen. Sobald sie nicht mehr mit der Vorstellung leben, was sie erst alles bewältigen könnten, wenn das leidige Thema des Dienstes aus der aktuellen Lebenssituation verschwunden wäre, werden sie wirklich frei für erlöstere Formen. Das Leben versucht, sie über diesen Weg in die Aufopferung an die bestehenden Bedingungen zu binden.

Da die Nativen mit dem Sonnen-Auftrag Jungfrau aufgrund ihrer Anlagenthematik auf einer verborgenen Ebene weit vom Realen entfernt sind, ist es gerade das alte Wissen um die Bereiche des Numinosen, welches zum Bindungselement im Leben wird. Die Ur-Ahnung hält sie noch mit anderen Bereichen verbunden, denn alle Ängste und Befürchtungen entspringen dem tiefen Wissen, daß die Dinge in der Welt unwägbar sind und die Materie als die große Täuscherin nicht im geringsten so stofflich ist, wie sie von dem Materialisten wahrgenommen wird. Die Angst vor Eventualitäten spiegelt immer nur die unbewußte Ahnung wider, daß es hinter dem Stoff der Welt noch etwas gibt, das der Mensch noch nicht wahrgenommen hat. Deshalb entsteht auf der unbewußt gelebten Ebene des Jungfrau-Prinzips eine ungeheure Dynamik in der Analyse der Welt. Diese Gründlichkeit hat den penetranten Anspruch, alles zu durchleuchten und zu erwägen, genährt aus der Angst vor der Unsicherheit und der bescheidenen Hoffnung, daß die Welt doch «echt und ganz real» sein möge. Das mögliche Grauen, vor dem sich der Mensch mit dem Jungfrau-Auftrag fürchtet, spiegelt immer die mangelnde Reflektionsfähigkeit wider. Jedes äußere Verurteilen eines chaotischen Faktes, beispielsweise einer verschmutzten Umwelt oder des Drogenkonsums, ist nur die unbewußte Projektion der Nativen, da sie intuitiv erfassen, daß sie selber ziemlich viel Ungereimtes in sich tragen. Es ist dann aber bequemer, das erklärte «Böse» in die Welt hinaus zu projizieren, um sich selbst dadurch wieder unschuldig zu fühlen. Doch unter dem Geburtsauftrag Jungfrau ist dies zu einfach, denn die Nativen werden keine Erlösung von ihren Ängsten und

Befürchtungen erfahren, solange sie die Schuld auf alle anderen übertragen. Vielmehr werden sich die Ängste immer nur weiter auf andere Bereiche verschieben, die beliebig austauschbar sind. Damit bleibt die Angst an sich erhalten. Denn sie sind gefordert, über die äußeren Bedingungen wieder mit den eigenen Anteilen des Subjektiven in Kontakt zu kommen. Das kann vor allem über den Bereich der Analyse des Unbewußten geschehen.

Unter dem Sonnen-Auftrag Jungfrau stellen psychische Symptome das häufigste Krankheitsgeschehen dar. Die Basis der psychischen Störungen entspringt besonders den zahlreichen Formen der bereits beschriebenen Ängste, die im Ergebnis zu zwanghaften Verhaltensweisen führen. Beispielsweise drückt die Sorge vor Ansteckung oder Unsauberkeit die Angst aus, mit dem dunklen Unbewußten oder fremden Seelenanteilen, symbolisiert durch den Schmutz, in Berührung zu kommen. Dies kann soweit führen, daß die Nativen sich jedesmal, wenn sie einem anderen Menschen die Hand gegeben haben, die Finger waschen, um sich vor Bakterien und somit vor den dunklen Seelenanteilen anderer Menschen zu schützen. Die Benutzung von Toiletten beispielsweise führt zu dem fast zwanghaften Bedürfnis, diese umgehend zu desinfinzieren. Das kann sich soweit steigern, daß auch im eigenen Haus oder der Wohnung alle Gegenstände, die von Fremden berührt wurden, desinfiziert werden. Die Zwänge können so dominant werden, daß sie im Laufe der Zeit immer unreflektierter überhandnehmen. Die besondere Angst vor Ansteckung, die bis zur Hypochondrie reicht, führt natürlich auch zu einer Reihe von kleineren Erkrankungen, die zwar nie den Grad erreichen, den die Nativen fürchten, doch sie gehören zu den ewig Erkälteten, die mit rot geschnupfter Nase signalisieren, daß sie sich auf keinen Fall an die Welt anpassen wollen und die Nase von den unabdingbaren Anpassungszwängen voll haben.

Rheumatische Beschwerden, Arthrose oder alle Arten von Versteifungen signalisieren die mangelnde Bereitschaft, sich an die Bedingungen anzupassen, sie drücken die seelische Abneigung aus, flexibel auf die Erfordernisse einzugehen. Der Darm, der Verdauungs- und Verwertungstrakt, symbolisiert auf der körperlichen

Ebene jene Bereiche, die sich mit dem Unbewußten auseinandersetzen und die Aufnahme der Lebenprozesse (Nahrung) wieder verwertet.

Da der Sonnen-Auftrag Jungfrau lautet, sich mit dem Unbewußten auseinanderzusetzen, kommt es in diesem Bereich bei mangelnder Bewußtwerdungsarbeit häufig zu Störungen. Eine Verstopfung aufgrund von Darmträgheit signalisiert, daß die Betroffenen nicht mit ihrem Unbewußten in Berührung kommen möchten. Der Darm signalisiert, was dem Menschen nicht bewußt ist. In der umgekehrten Variante, der nervösen Darmfunktion, wird symbolisch deutlich, daß die Nativen nicht loslassen können, wobei der Darm mit seiner nervösen Tätigkeit für ein Loslassen sorgt, nämlich immer dann, wenn Neues oder Fremdes integriert werden soll oder die Nativen gefordert sind sich umzuorientieren. Die Ängste signalisieren über den Ausscheidungsbereich genau das gleiche, wie es der Volksmund beschreibt, wenn er davon spricht, daß jemand «Schiß» hat. Die einzige Ebene, auf der eine beschleunigte Konfrontation mit dem Unbewußten entsteht, ist nun der Darmtrakt. Über den Umweg von Krankheit nehmen die Betroffenen unbewußt wieder die Opferrolle ein, so daß man auch hier von einem latenten Krankheitsgewinn sprechen kann, denn die Nativen geben die Schuld an eine andere Instanz, nämlich den Körper ab, womit sie selber vom Thema befreit sind. Für die Nativen ist es von Bedeutung, sich zu vergegenwärtigen, daß es im wesentlichen darum geht, die Angst nicht auf Ersatzinstanzen im Leben zu projizieren, um diese dann analysieren zu können, sondern daß der Ausweg aus dem Dilemma darin besteht, selber in die eigenen Niederungen zu steigen, um die Tiefen ihrer Seele zu ergründen. Dort im Unbewußten liegt die Quelle der Angst verborgen, denn jede nach außen projizierte Angst ist nur stellvertretend für etwas zu betrachten, was tief im Innern der Nativen verborgen liegt. Sie sollten daher anerkennen, daß die Wurzel allen Übels einzig und allein in ihrer Unbewußtheit liegt.

Kontemplative Integration: Die Nativen mit dem Sonnen-Auftrag Jungfrau haben die Aufforderung erhalten, sich im vermehrten Maße mit den Bereichen des Unbewußten auseinanderzusetzen. Wenn sie sich also einer Vielzahl von Befürchtungen und Ängsten ausgeliefert sehen, dann mögen ihnen die inneren Zustände vollkommen realistisch erscheinen, doch sollten sie versuchen, diese unter einem anderen Gesichtspunkt zu sehen. Das Unbewußte entwickelt über die Furcht jene Dominanz, die zu einer direkten Bearbeitung führen soll, da alle Konzentration den damit verbundenen Themen gilt. Die Nativen verspüren den Ruf des Unbewußten, doch die Schlußfolgerungen, die vielfach daraus gezogen werden, sowie die Aktionen, die folgen, führen in Richtungen, welche die bestehenden Erfordernisse nicht an ihrer Wurzel berühren, sondern am Thema vorbei zielen. Wenn die Nativen lernen, im Kontakt mit ihren Ängsten die verborgenen Aspekte des Unbewußten zu sehen, kann daraus eine Verantwortungsübernahme entstehen, die den Teufelskreis der Angstprojektionen durchbricht.

Wenn sie lernen, sich selber in allen Abgründen und Tiefen zu erkennen, dann beginnen sie sich dem Teil zu stellen, dem die Angst entspringt. Dabei sollten sie immer hinterfragen, welchem Thema oder welchem Prinzip ihre Angst gilt. Dazu sind sie mit der entsprechenden Analysefähigkeit ausgerüstet. Haben sie beispielsweise Angst vor Einbrüchen, sollten sie versuchen zu ergründen, wo sie sich innerlich so verschlossen haben, daß sie fürchten müssen, etwas Unvorhergesehenes könnte in ihrem Innenraum Einzug halten. Es ist in solchen Fällen nicht dienlich, das Haus oder die Wohnung zu einer Festung auszubauen. Die eigentliche Festung sind die Nativen selber; dies gilt es zu erkennen, so wird sich auch die Furcht vor Einbrüchen wie ein Spuk im Nichts auflösen. Oder wenn Angst vor ansteckenden Geschlechtskrankheiten besteht, dann sollte die Bewußtwerdung einer nicht gelebten Leidenschaftlichkeit gelten, anstatt sich immer weiter aus diesem Bereich zurückzuziehen. Möglicherweise fürchten sie vielmehr einen Kontrollverlust in der Sexualität, so daß sie eigentlich Angst davor haben, den Boden unter den Füßen zu verlieren, wenn sie sich gehen ließen. Die Angst vor der Sexualität und ihren möglichen Folgen ist nur vom Unterbewußtsein vorgeschoben, um einen drohenden Kontrollverlust auszuschließen. Die Angst vor dem Tod sollte zu einer vermehrten Zuwendung zum Numinosen führen, so daß das Interesse den Fragen nach dem Schicksal der Seele nach dem physischen Tod gelten sollte. Die Beschäftigung mit dem gesamten Themenbereich der Metaphysik würde den Todesängsten entgegengehen, denn das Unbewußte will die Aufmerksamkeit auf die verborgene metaphysische Seite des Lebens lenken. In diesem Zusammenhang gilt es ebenso zu erkennen, daß es unsinnig ist, nicht mehr aus dem Hause zu gehen oder sich jeder Aktivität im Außen zu entziehen, um mögliche Unfälle zu vermeiden. Die Liste der Themen läßt sich beliebig erweitern, wobei es bei den Betroffenen selber liegt, unter diesem Gesichtspunkt die eigenen Reizthemen zu betrachten. Je mehr die Nativen ihrer Angst eine reale Bedeutung beimessen, desto mehr und tiefer werden sie von dieser in die Irre geführt. Sie sollten sie vielmehr als ein Signal begreifen, welches sie in eine bestimmte Richtung führen möchte, nämlich in die inneren Bereiche. Sollte dies in eigener Bewußtwerdungsarbeit nicht möglich sein, kann es in Form einer therapeutischen Arbeit geschehen, indem die Nativen eine konkrete Psychoanalyse beginnen oder sich auf einer bildhaften Ebene mit Phantasiereisen jenen Teilen des Unbewußten stellen.

Um diese innere Arbeit zu leisten, ist es dringend notwendig, sich der Außenwelt mit allen ihren Erfordernisssen zu stellen. Es versteht sich, daß es nicht sinnvoll ist sich zurückzuziehen, um das Leben in einer Art Vermeidungsstrategie zu führen, sondern sich vielmehr, gemäß dem Sonnen-Auftrag Jungfrau, an die Bedingungen, welche die Welt an sie stellt, anzupassen. Nur im Verbund mit dem Außen können die nötigen Impulse im Inneren aufsteigen, in einer ständigen Angleichung von der Innenwelt an die Außenwelt, um so von den Nativen bearbeitet zu werden. Die Nativen richten damit die Analyse, die sie zuvor noch lebhaft auf alle anderen Bereiche der Existenz bezogen, allein auf sich. Dort gehört die Analyse auch hin. Mit der Seelenanalyse wird die innere Ernte eingefahren, die unter dem Sonnen-Auftrag Jungfrau ansteht.

Der Sonnen-Auftrag Waage

Das Tierkreiszeichen Waage ist ein männliches Luftzeichen. Dieses Seelenbild ist angesiedelt in dem Zeitraum vom 23. September bis zum 23. Oktober. Dem Zeichen Waage wird die Venus als Herrscherplanet zugeordnet.

Natursymbolik: Waage folgt auf das Zeichen Jungfrau, das den höchsten subjektiven Zyklus im Tierkreis und im Geschehen der äußeren Welt beendet. Mit dem Bild der Waage vollzieht sich eine Trennungslinie durch den Tierkreis, welche diesen – und somit auch den Lauf des Jahres – in zwei Hälften unterteilt.

Das Zeichen Waage wird zu einer Station der Halbzeit auf dem Weg vom beginnenden Frühling bis zum zyklisch darauffolgenden Winter. Da der Sommer sich mit Jungfrau seinem Ende zuneigt, ist die Zeit der Waage ein Neubeginn auf einer anderen Ebene. Das Tierkreiszeichen Waage ist das erste Zeichen im dritten Quadranten des Tierkreises. Der dritte Quadrant ist dem Prinzip des Geistes zugeordnet. Inhaltlich entspricht das Zeichen Waage der Qualität des «Nicht-Ich», da es genau polar zum Bild des Widders steht, dem im körperlichen Quadranten das «Ich» zugeordnet ist.

Die Pflanzen und Bäume haben in diesem Abschnitt des Jahreslaufes ihren Wachstumsstillstand erreicht, die Fülle der Blüten ist merklich geringer geworden. Die Früchte und Beeren erhalten von ihren Trägerpflanzen – durch das Einstellen der Saftzufuhr – keine Nahrung mehr und verharren deshalb in einem stillen Vorsichhinreifen. Obwohl beispielsweise die Trauben noch mit der Mutterpflanze verbunden sind, beginnt in ihnen ein Prozeß, der sie geschmacklich von sauer in süß verwandelt, was besonders den veränderten Gemütszustand symbolisiert, der sich zwischen der ersten und zweiten Hälfte des Tierkreises abzeichnet. Je saurer eine Frucht ist, desto aggressiver und lebendiger ist sie. Der Versorgungszustand, in dem sich die Früchte in der Phase vor dem Waage-Abschnitt befinden, ist voll und ganz auf die Ernährung und die Verbindung mit der Mutterpflanze eingestellt. Hier wachsen die Früchte, getragen von ihrer Basis, zur vollen Reife heran, bis zum Zeitpunkt der Ernte.

Vergleichbar ist dieser Zustand mit dem Auftrag zur Anbindung an die Welt, welcher an die Tierkreisbilder von Widder bis Jungfrau ergangen ist. Mit ihnen soll auf der psychischen Ebene eine enge Verbindung zu den weltlichen Erfordernissen gefühlt und vor allem hergestellt werden, so daß die Nativen unter diesen Aufträgen voll und ganz in den Einklang mit der Welt kommen. Ab dem Zeichen Waage vollzieht sich im Wesen der Urbilder eine Veränderung, die alle folgenden Zeichen und damit auch die in ihrem Geburtsauftrag betroffenen von der Subjektivität zur Objektivität führt. Die Zeichen von Widder bis Jungfrau entsprechen den Belangen der stofflich konkreten Welt und stellen eine Bindung zu dieser her. Die Zeichen von Waage bis zu den Fischen führen aus dem Stoff hinaus und stellen eine Verbindung zu geistigen Prinzipien und Gesetzmäßigkeiten her. Bezogen auf das individuelle Leben beginnt ein Zyklus der inneren Mensch- und Erwachsenwerdung, ab dem die Nativen in einer eigenverantwortlichen Haltung leben müssen, wenn sie erst gelernt haben, hinter allem Stofflichen noch andere Werte und Gesetzmäßigkeiten zu entdecken. Sie sollten dazu ihre Konzentration auf geistige Werte richten und sich vom oberflächlichen weltlichen Profilierungsgerangel zurücknehmen.

So wie sich der Pflanzensaft in die Wurzeln zurückzieht, wird mit dem Tierkreiszeichen Waage der Mensch darauf verwiesen, daß die Zeit gekommen ist, nun langsam zu der geistigen Essenz des Lebens zurückzukehren. Symbolisch ordnet man die pflanzlichen Wurzeln als ein Verbindungselement zum Urgrund ein, da sie sich mit ihrem Kontakt zum Boden in dem Teil verwurzeln, der mit allem im Verbund steht, denn alle Lebewesen werden vom Erdenball getragen. Das Innere des Erdreiches ist die stofflich analoge Variante zum seelischen Urgrund der Menschheit – je tiefer man in das Erdreich eindringt, desto weiter entfernt man sich von der Oberfläche, die mit der Tagseite in Verbindung steht. Zieht sich der Saft in die Wurzeln zurück, dann deutet dieser Vorgang symbolisch das Erfordernis an, zu den seelischen Wurzeln zurückzukehren.

Waage als zweites Luftzeichen des Tierkreises entspricht der Durchlässigkeit. Die Waage-Energie ist am Kontakt mit der Andersartigkeit des Seelischen in der Außenwelt interessiert. Subjekt und Objekt treten in eine breite und bewußte Beziehung zueinander. Das «Ich» soll in der Welt mit dem «Du» eins werden, das Selbstbild soll sich im fremden Bild auflösen: Durch die Liebe zum anderen wird der Teil integriert, der dem Individuum fehlt und nur im Verbund mit der Außenwelt aufgenommen werden kann.

Dies entspricht einem Ausgleich dessen, was sich zu sehr im Überhang befindet. Beide Seiten, Subjekt und Objekt, wägen sich gegenseitig in einer Art aktivem Gleichgewichtsstreben in ihrer Vollwertigkeit ab. Das Prinzip der Luft im Bild der Waage entspricht dem Austausch des Ich mit der Realität des Irdischen sowie der Möglichkeit der Verbindung von Geist und Materie. Dem Waagethema werden folgende Symbolrepräsentanten und Eigenschaften zugeordnet:

Der Nachgiebige, der Diplomat, der Verbindungstyp, Bündniszusammenschlüsse, schwache Staatsführungen, Mehrparteiensysteme, Parks, Ziergärten, Weinberge, Kulturparks, Friedfertigkeit, Verständigkeit, Unentschlossenheit, Liberalismus, Charme, Ausgewogenheit, Ästhetik, Positivismus, Lieblichkeit, Süße, Abwägung, Taktieren, Schöngeistigkeit, Feinfühligkeit, Unentschlossenheit, Symmetrie, Dekoration, Ausgewogenheit, Niere, Blase, Haut etc.

Im Waage-Zeitraum beginnen die Blätter sich langsam in ein prächtiges Farbenspiel zwischen Grün, Rotbraun bis Gelb zu verfärben, wodurch sie der Natur einen herrlichen Kontrast gegen den oft strahlend blau leuchtenden sonnigen Himmel verleihen. Die Natur «schmeißt sich noch einmal riesig in Schale» und erweckt dabei den Anschein, als würde sie sich aufbäumen, um mit einem großen Prachtfinale auszuholen, bevor sie beginnt, sich aufzulösen und zu vergehen. Mit dem Bild der Waage ist eine Schwelle erreicht, die auf der Seelenebene ähnliches entstehen läßt. Jegliche Form des Ego und das Bedürfnis der Selbstbehauptung werden aufgelöst. Auch der Mensch mit dem Sonnen-Auftrag Waage erweckt oft den Anschein, sich aufbäumen zu wollen, fast als ahnte er intuitiv, daß auch er kurz vor der Schwelle steht, hinter der das Ego des äußerlichen Menschen langsam beginnt, sich zum inneren Menschen zu verwandeln.

Der Auftrag: Nimmt man den beginnenden Herbst als Symbol für den Auftrag des Menschen, der in den Zeitraum vom 23. September bis zum 23. Oktober geboren wird, so bedeutet dies, daß er im Laufe seines Lebens lernen muß, sich in seinem Individualitätsstreben zurückzunehmen. Betrachtet man die Sonnenkräfte und die blühende Pracht der Natur als ein Symbol für das voll gegenwärtige Ego, wird mit dem einsetzenden Herbst und den sich zurückbildenden Sonnenkräften deutlich, wie der Auftrag dieses Zeitabschnitts auch die Menschen, die in ihn hineingeboren werden, mit ihren Ego-Ansprüchen in den Hintergrund führt. Menschen, die mit dem Sonnen-Auftrag Waage geboren werden, sollen wieder lernen, mit dem «Du» in Kontakt zu treten.

Dabei lautet der wesentlichste Aspekt ihres Auftrages, über Beziehungen und Begegnungen mit anderen Menschen das größtmögliche Wachstum zu erfahren. Ihre Aufgabe ist es, durch die Hinwendung zum Du-Bereich den Blick von sich abzuwenden, um mit jenen Anteilen im Außen in Berührung zu kommen, die ihnen als Bausteine in ihrer Seelenstruktur fehlen. Durch den Kontakt mit dem Teil des Nicht-Ich, den man auch den Schattenbereich nennt, erhalten sie die Möglichkeit, sich in einem größeren Spektrum wahrzunehmen. Selbstaufgabe und Integration sind die entscheidenden Elemente, die sie im Laufe ihres Lebens zu lernen haben. Waage-Native sind auf ihrem Weg aufgefordert, ihre Ich-Grenze zu erweitern, da das Zeichen Waage im Tierkreis dem Du-Bereich zugeordnet ist. Für den Menschen bedeutet dies, alle Facetten des Seins, die ihm entgegentreten, in sich hineinzulassen. Daß dies keine leichte Arbeit ist, versteht sich von selbst, denn welcher Mensch kann schon zu allem «ja» sagen?!

Mit einem anderen Menschen oder der Welt in eine echte Beziehung zu treten bedeutet, sich offen und unvoreingenommen dem Thema der Andersartigkeit zu stellen. In jedem zwischenmenschlichen Kontakt treffen Persönlichkeitsanteile aufeinander, die in ihrer Anlage meist grundverschieden sind. Um die rechte Verbindung zu anderen herstellen zu können, muß jedes Individuum zuallererst lernen, den eigenen Ich-Anspruch zurückzunehmen. Eine übersteigerte Ego-Dominanz ist dem breiten Spektrum der Beziehungen immer hinderlich, da ein Austausch aus einem gleichwertigen Geben und Nehmen besteht. Ein weiterer wichtiger Schlüssel für die lebendige Funktion des zwischenmenschlichen Kontaktes ist die Toleranz, die man dem jeweiligen Gegenüber gewährt. Ein guter «Draht» zwischen unterschiedlichen Wesenheiten lebt davon, daß die kontaktierenden Partner sich gegenseitig die entsprechende Akzeptanz und Wertschätzung entgegenbringen. Jeder sollte sich seine Bereitschaft zur Durchlässigkeit gegenüber dem Fremden und Unbekannten erhalten, wenn er dem «ganz anderen» entgegentritt. Jedwede Einseitigkeit in Form von «nur Geben» oder «nur Nehmen» ist ein absoluter Garant für unfruchtbare Beziehungen.

Der Waage-Auftrag bezieht sich zwar auf einen konkreten Austausch, doch darüber hinaus auch auf einen seelischen Austausch, der die unterschiedlichsten Anteile auf einer feinstofflichen Ebene in Verbindung treten läßt. Mit jeder Begegnung und jedem Kontakt entsteht ein Zusammenspiel von Seelenanteilen, das einem Austausch von Energien gleicht. Dies führt zu Verbindungen zwischen dem Konkreten und dem Geistigen. Der Mensch wird als körperliches Wesen Träger von Geistinhalten, die sich untereinander verquicken.

Mit dem Wissen um die Voraussetzungen für funktionierende Beziehungen versteht man, warum die unter diesem Auftrag geborenen Menschen wenig Prägnanz entwickeln können. Den Nativen ist es trotz ihres starken inneren Bedürfnisses und den häufigen Versuchen, ihre Persona dominieren zu lassen, nicht möglich, sich konsequent zu behaupten. Ihnen fehlt die Kraft zur Durchsetzung, so daß sie sich häufig als Opfer der Umstände empfinden, in denen ihnen die Handlungsfähigkeit abhanden gekommen ist.

In dieser Rolle begegnen sie ihrem wichtigsten Prüfstein, der auf dem Pfad ihres Lebens Peiniger und Erlöser zugleich ist. An diesem Prüfstein sind sie aufgefordert, die Verantwortung für die Lebensverläufe zu übernehmen. Für sie gilt es zu erkennen, daß sie mit dem Entwickeln von Persönlichkeitsprägnanz immer einseitiger werden. Jede Prägnanz erfordert Einseitigkeit, sonst könnte sie mangels fehlender Standpunkte und Definitionen nicht aufgebaut werden.

Die entstandene Einseitigkeit läßt aber auf der anderen Seite Anteile entstehen, mit denen der Mensch sich nicht identifiziert. Mit jeder Identifikation schließt man zwingenderweise den fehlenden Teil aus. Wer sich für erfolgreich hält und nach Erfolg strebt, schließt den Mißerfolg aus; wer sich für offen und einen Demokraten hält, schließt in der eigenen Definition den engstirnigen Despoten aus. Das Spektrum läßt sich beliebig erweitern. Es bleibt jedem selber überlassen, die individuellen Identifikationen in diese Gegenüberstellung mit einzubringen. Die fehlenden Anteile erfahren die Nativen dann zwingend oder geraten zumindest in die Nähe davon, denn der Geburtsauftrag Waage bringt die Betroffenen mit den fehlenden Seelenanteilen in Verbindung.

Menschen mit dem Sonnen-Auftrag Waage sollen ganz eins werden mit dem Außen, bis der kleine Ich-Zaun eingerissen ist und sie «ja» sagen zum Ganzen.

Der Geburtsauftrag will die Betroffenen in jenen Teil der seelisch/geistigen Potentiale einschleusen, die von anderen Menschen getragen werden. Treten sie in Verbindung mit diesen, füllen sie sich mit den kollektiven Seelenbildern an, die dazu beitragen, daß sie auf einer inneren Ebene wachsen, da sie zugelassen haben, ihr Persönlichkeitsspektrum zu erweitern. In der Waage formieren sich alle Bereiche und Themen, mit denen der Mensch sich zunächst nicht identifizieren kann. Es mangelt an der Fähigkeit, mit diesen Themen eins zu werden, weshalb es auch zu diesem Auftrag kommt. Hat mit dem Widder die sichtbare stoffliche Welt begonnen, beginnt im gegenüberliegenden Zeichen der Waage die Welt des Geistes und die Welt der Gedanken.

Mit der Waage öffnet sich innerhalb des Tierkreises jene andere Seite der Wirklichkeit, die nun mit jedem Zeichen Schritt für Schritt in die Bereiche der Entsubjektivierung hineinführt. Auf diesem Weg durch die geistigen Prinzipien und übergeordneten Gesetzmäßigkeiten ist das kleine subjektive «Ich» mit all seinen Meinungen und Ansichten, die seinem begrenzten Blickwinkel entspringen, nur hinderlich. Analog dazu klingen in der Natur die Sonnenkräfte aus, welche die Ich-Kräfte symbolisieren. In diesem Zeitraum entsteht weder übermäßige Hitze noch Kälte, das Klima «hält sich in der Mitte», ganz wie eine ausbalancierte Waage. Die ersten Morgennebel beginnen aus dem Boden zu steigen und legen sich als äußerer Schleier über die Natur und signalisieren, daß es Zeit ist, die Aufmerksamkeit von den formalen äußeren Dingen abzuwenden, die besonders den subjektiven Bedürfnissen willkommen sind.

So lautet der Geburtsauftrag, der an all jene ergangen ist, die in dieser Zeit geboren werden:

«Wende dich von der Individualität zur Dualität.»

Sucht man den Sinn, weshalb ein Mensch diesen Geburtsauftrag erhält, so liegt der Auftrag in einer vordergründigen Dominanz begründet und in dem Unvermögen, sich in Begegnungen und in der Lebensbewältigung zurückzunehmen, was den Fluß zwischenmenschlicher Energien hemmt. Die Nativen sind aufgrund ihrer Anlage zu egodominant. Gerade diese unerbittliche Durchdringung der Persona macht es unmöglich, sich in den anderen wiederzufinden.

Deshalb sollen sie im Verbund mit anderen Menschen die verwandelnde Kraft und das Mysterium von Beziehungen erfahren. Aus jeder Verbindung oder Beziehung entsteht immer etwas Neues, denn die Persönlichkeit der Menschen, die in ein gemeinsames Miteinander treten, verändert sich. Individuelle Anteile treten in den Hintergrund, neue werden geweckt, schlummernde Aspekte treten deutlicher hervor. So entsteht eine innere Lebendigkeit, aus der die Menschen die unterschiedlichen Persönlichkeitsanteile, geweckt von den anderen, in sich ganz real wahrnehmen. Daraus erwächst natürlich die Angst, in der Begegnung den Kontakt zu sich selber zu verlieren, doch liegt gerade in der Bereitschaft der Selbstaufgabe die volle Kraftentfaltung des Waage-Auftrages. Die Liebe stellt dabei das größte Mysterium der Verwandlung dar. «Liebe überwindet Grenzen», sagt der Volksmund. Damit wird das verwandelnde Mysterium beschrieben, das alle Schranken überwindet, da eine hohe Bereitschaft zur Selbstaufgabe entsteht, die alles Unmögliche möglich werden läßt.

Der Auftrag der Waage-Sonne führt die Nativen dazu, sich selbst über die Begegnung in einem größeren Spektrum wahrzunehmen. In ihrem Individualitätsstreben soll alles «am rechten Platz» sein, doch dies ist der Trugschluß und gleichzeitig der Motor, der zu ihrem Geburtsauftrag führt. Sie sollten sich in einem weiteren Rahmen erleben, da sie den Auftrag erhalten haben, sich aus der Begrenztheit der eigenen Person zu lösen. Dazu ist es erforderlich, die abgrenzenden Anmaßungen einzustellen, mit denen sie ihr Unterscheidungswerk betreiben und allzugerne geneigt sind, in der Begegnung alles zu bewerten und abzustempeln. Mit dem Verständnis für das verbindende Mysterium der Harmonie als Brücke zum anderen führt sie der Weg aus ihrer Einsamkeit hinaus. Dabei können ihnen Bereiche behilflich sein wie beispielsweise die Kunst, die Musik, das Theater, welche die Verbindung zwischen Geist und Stoff herzustellen vermögen. Damit können diese Bereiche zur essentiellen Kontaktstelle für sie werden, über die sie im vermehrten Maße mit anderen Menschen in den Austausch treten.

Je mehr es ihnen dabei gelingt, im Verbund mit den geistigen Ideen und dem Austausch sich selbst zu vergessen, um so mehr sind sie der Einlösung des Auftrages nahegekommen.

Vergleichende Symbolebene: Im Sinne des hermetischen Weltbildes erhält Leben seine Ganzheit erst durch die vollständige Verbindung der Tag- und Nachtseite des Seins. Genauso wie der Mensch ruhen oder schlafen muß, damit er sein Leben führen kann, gehört es zum Leben dazu, daß er sich der anderen Seite der Existenz widmet – der nichtkonkreten Welt. Die Aufmerksamkeit, die man beiden Teilen des Seins schenkt, ist im allgemeinen äußerst einseitig, denn es wird mehr Energie auf die Bewältigung der äußeren weltlichen Belange gerichtet als auf die innerpsychischen. Der Mensch hat die mannigfachen Aspekte der Außenwelt perfektioniert. Doch auf die Erforschung der inneren psychischen Existenzebene sowie der gesetzmäßigen Zusammenhänge von Kosmos, Natur und Mensch verwendet er wenig Energie. Ihm bleibt die innere Welt verschlossen, was folgerichtig dazu führt, daß sich mit zunehmendem Alter Fertigkeiten und die Sinnesorgane für die Außenwelt zurückbilden. Die im Alter veränderten Gegebenheiten wollen im gleichen Maß gemeistert werden, wie in der Jugend die Welt erobert wurde. Geschieht dies nicht, entsteht eine traurige Hilflosigkeit.

Schon der alte Spruch sagt: «Wer nicht gelernt hat zu sterben, wird nicht in der Lage sein, das Leben zu leben.» In dieser Aussage steckt viel Weisheit, denn erst die andere Seite der Existenz läßt die nötige Spannung entstehen, auf der der Mensch bis ins hohe Alter wach und angstfrei dem Ende seines irdischen Lebens entgegengehen kann. Er investiert viel in das äußere Leben, geht zur Schule, absolviert möglicherweise ein Studium, erlernt einen Beruf, gründet eine Familie, verwurzelt sich in der Materie, doch unlogischerweise fragt er nicht nach dem Zustand, der mit den sich zurückbildenden Kräften entsteht. Er hat es versäumt, sich seinen unbewußten Strukturen zu stellen, so wie ihm auch die Kenntnis über den Zustand, in dem er sich im Schlaf befindet, verschlossen bleibt. Er verdrängt angstvoll jenen Teil, der ihm als einziges im Leben wirklich sicher ist, nämlich den Tod, um sich mit der Frage des Danach nicht auseinandersetzen zu müssen.

Im Sinne der Vollkommenheit, die das Lebensrad zum Rad schließt, müßte er sich ab seiner Lebensmitte die einzelnen Bereiche, die zum Hinausgehen aus der Welt gehören, ebenso erobern, wie er sich seine äußere Welt beim Hineingehen ins Leben erobert hat. Erst dann erfolgt der echte Ausgleich, der sich im Urbild der Waage ausdrückt. In diesem Bild sind das Zusammenspiel und der Gleichklang beider Teile, von materieller und geistiger Welt, enthalten.

Vergleichbar mit der hermetischen Weltsicht sind auch die Nativen mit dem Sonnen-Auftrag Waage gefordert, sich andere Dimensionen jenseits der Ich-Grenze zu erschließen. Dabei sollen sie lernen mit Ideen, Plänen und Konzepten die Grundlage für die Gestaltung des Formalen zu erkennen, denn Schöpfung beginnt im Geiste, um sich dann im zweiten Schritt im Konkreten zu manifestieren. Das wird auch mit dem auf die Waage folgenden Tierkreiszeichen Skorpion deutlich. In der Waage wird für das weitere Geschehen und die Fähigkeit, Formen entstehen zu lassen, der geistige Grundstein gelegt. Genauso wie im Widder die konkrete Welt entsteht, geschieht dies in der Waage als Ideen-Schöpfung.

Der siebte Abschnitt der Lebensphasen, *die Zeit zwischen dem 42. und 49. Lebensjahr*, wird der Qualität des Tierkreisbildes Waage zugeordnet. Zum Auftakt dieses Zeitabschnitts durchleben viele Menschen eine Periode, die von den Verhaltensforschern und Psychologen als Midlife-crisis bezeichnet wird. Ähnlich dem Geschehen in der Natur bäumt sich auch der Mensch noch einmal kräftig auf, bevor er in den D-Zug des immer schneller werdenden Alterungsprozesses einsteigt. Intuitiv verspürt er das nahende Schwinden seiner Sexualkräfte. Er befindet sich nun, vergleichbar mit dem Ausreifungsvorgang der Früchte, in einem Prozeß, der ihn hinführt in die Reifezeit von «sauer» (= aktiv) zu «süß» (= abgeklärt). Oft stellt sich der Mensch nun die Frage, wieviel er von der eigenen Energie eigentlich anderen abgegeben hat. Manchmal führt dies zu Umpolungen in seinen Partnerschaften, da in diesem Zeitraum die alte Ego-Struktur hinwegstirbt und gleichzeitig auch die Verbindungen zu den Menschen, die den Verwandlungsakt des Nativen nicht ertragen und ihn deshalb unbewußt bremsen wollen. In vielen Fällen versuchen die Betroffenen, den aktiven Teil des Lebens, den sie dahinschwinden spüren, noch einmal ganz in den Vordergrund zu rücken. Sie suchen die Nähe von jungen Menschen und versuchen mit deren Lebenstempo Schritt zu halten, da sie sich mit der veränderten Situation nicht anfreunden wollen. In der entstehenden Diskrepanz zwischen den Lebensmöglichkeiten steht für die Betroffenen immer die Aufforderung, sich aus ihrer Verhaftung an die alte Lebensidee zu lösen. Erst wenn diese Bereitschaft in ihnen erwächst, können sie den nächsten Schritt auf dem Weg in den Alterungsprozeß vollziehen. Hat der Mensch in der zuvor liegenden Lebensphase – innerlich durch die Aufnahme von essentiellem Wissen und äußerlich durch soziale Maßnahmen – Vorsorge für seinen Lebensherbst getroffen, beginnt er nun ruhiger zu werden. Er hat die Mittellinie seiner Lebenskurve überschritten und erlebt – bedingt durch die Abnahme der Sexualkräfte – eine wohltuende Ausgewogenheit zwischen Sexus und Geist. Der Mensch macht jetzt die Erfahrung, daß synchron mit dem Dahinschwinden seiner inneren Disharmonien auch die äußeren Turbulenzen aus seinem Leben weichen. Das Wesen dieser Lebensphase läßt die Analogie zum Sonnen-Auftrag Waage deutlich hervortreten. Die Nativen sind dazu aufgefordert, Harmonie, Gleichmut und Frieden zwischen differierenden Polen in der Welt herzustellen. Jede Spaltung, jedes Zerwürfnis bindet im besonderen

Maße an die Welt. Mit der Bereitschaft, einverstanden zu sein, lokkert sich der weltliche Bindungskampf, und der Mensch beginnt, Schritt für Schritt freier zu werden.

In den Riten der Völker wurde die herbstliche Tagundnachtgleiche immer als ein bedeutsames Fest im Jahreslauf gefeiert. Das Mysterium, dessen Inhalt kollektiv umkreist wurde, handelt vom Ausgleich der Kräfte des Geistes und des Stoffes. Wenn der Mensch das Zusammenspiel zweier Welten akzeptiert, verschafft ihm dies ein ganz anderes Verständnis im Umgang mit dem Leben. Der Mensch wird durch die Verbindung zweier Hälften «ganz» und damit «heil». Die Ganzheit findet im Gleichstand von Tag und Nacht ihren symbolischen Ausdruck durch das Gleichgewicht zwischen Dunkelheit und Licht. Weil die Mitte der Sonnenbahn zwischen Widder und Waage erreicht ist, wird der Tierkreis in zwei Sechser-Hälften geteilt. Sechs ist die Zahl der Mitte, die in der Kabbalah als sonnenhafte Mittelpunktssephira (auch «Herz des Himmels») dargestellt wird. Ein weiteres Symbol für die Zahl Sechs ist der Sechsstern, den man auch als das Siegel Salomons bezeichnet. Er entsteht, wenn man zwei gleichseitige Dreiecke harmonisch ineinander schiebt, wobei eines mit der Spitze nach unten zeigt und das andere mit der Spitze nach oben. Der Sechsstern deutet auf die Verstofflichung des Geistes und die Vergeistigung des Stoffes hin. Er beschreibt die Harmonie zwischen Geist und Natur, Gott und Mensch, Himmel und Erde und damit zugleich das angestrebte Seelenraster der Waage-Zeit.

In der christlichen Tradition feierte man sechs Tage nach der herbstlichen Tagundnachtgleiche, am 29. September also, das Fest Michaeli. Michael ist der Sonnenerzengel, der den Drachen der Finsternis stürzt und die Gesetze der harmonischen Urschöpfung wiederherstellt. Der «Drache der Finsternis» ist ein Symbolträger für die Gefangenschaft des Menschen im Stoff. Aus kosmischer Sicht ist die Stoffgebundenheit mit der Finsternis gleichzusetzen. Im Waage-Zeitraum besiegt der Erzengel Michael den Drachen der Finsternis, da die folgenden Monate immer tiefer zur anderen Seite des Lebens führen. Jede Hinwendung an die andere Seite der Existenz kommt dem Anzünden eines inneren Lichtes gleich, da der

Mensch die Dunkelheit des Unbewußten mit dem Licht der Erkenntnis dahinschwinden läßt.

Waage wird damit zu einem «Frühlingserwachen» auf der Geist-Ebene des Tierkreises, wobei das Zeichen Widder auf der gegenüberliegenden Seite den «geistigen Herbst» einleitet, da es sich in den Stoff hinein verkörpert. Wann immer im Zusammenhang mit dem Tierkreis von einem «Absterben des Äußerlichen» die Rede ist, beschreibt man damit vor allem das Dahinsterben der menschlichen Ich-Kräfte. Das Zeichen Widder ist der Beginn der Verstofflichung. Hier beginnt das «Ich», mit der Waage endet es und wandelt sich zum «Du».

Symptomatik: Lösen die Nativen mit dem Sonnen-Auftrag Waage die an ihren Auftrag gebundenen Themen nicht ein, werden sie über die Außenwelt an disharmonische Erfahrungen herangeführt, die in ihnen das Bedürfnis nach Harmonie erzeugen. Die Disharmonie erwächst in der Notwendigkeit, in ihnen die Dynamik zu erzeugen, die sie in ihrem Umfeld mit erforderlichen Schlichtungsarbeiten aktiv werden läßt, womit sie wieder in die Nähe des Sonnen-Auftrages gelangen. Auch wenn die Menschen mit einer Waage-Sonne am liebsten mit sich alleine sind und nicht unbedingt Begegnungen suchen, kann der Faden zur Außenwelt vollends abreißen, so daß die Einsamkeit für sie einen bedrohlichen Charakter annimmt. Die Abende oder die Wochenenden werden immer länger, die Menschen am Arbeitsplatz reichen ihnen nicht mehr aus, worauf sie sich nach intensiveren Begegnungen und Verbindungen sehnen.

Aber auch häufige Partnerschaftsprobleme oder eine rastlose Suche nach dem Idealpartner könnten es mit sich bringen, daß sie sich dem Thema der Beziehungen stellen und lernen, sich durch die Rücknahme der subjektiven Dominanz auf eine wirklich verändernde Beziehung oder Begegnung einzulassen. Die Suche nach der «richtigen» Liebesbeziehung führt im Sinne des Geburtsauftrages zur Sehnsucht nach Ergänzung und Verschmelzung mit einem anderen Menschen, die über den Verlust oder einen Mangelzustand erzeugt wird. Solche Erfahrungen werden notwendig, um eine Ausrichtung auf ein Thema zu erzielen, das den Nativen vom Wesen her fremd ist.

Die Suche führt sie auch an jene Bereiche heran, die unbedingt für eine Beziehung notwendig sind. Mangelt es ihnen an Liebenswürdigkeit und Konzilianz, werden sie merken, daß sie von anderen gemieden werden. Jene verbindenden diplomatischen Eigenschaften sollten sie aber gerade entwickeln, um durch ihre bloße Anwesenheit als Harmonie-Katalysator zu wirken. Der Mangel an Waage-Qualität kommt auch einem ästhetischen Manko gleich, was zu der Erfahrung führen kann, daß andere die Nativen aufgrund ihres Gesamteindruckes und ihrer Ausstrahlung für ungepflegt und abstoßend halten. Gerade derartig heikle Themen mögen bei den Nativen hohe Betroffenheit erzeugen, mit dem Ergebnis einer intensiveren eigenen Pflege. Das Ziel der Integration und der angestrebten Akzeptanz von anderen Menschen wäre auf diesem Weg erreicht. Zu den analogen Zuordnungen des Tierkreiszeichens Waage gehören vor allem die Ästhetik und die Liebe zum Schönen, die in ihrem jeweiligen Umfeld dazu beitragen können, als anziehender Magnet die Basis für einen Austausch mit anderen Menschen zu legen.

Körperliche Symptome zeigen im Falle der unbewußten Ablehnung des Begegnungsthemas häufig Disregulationen in den Austauschfunktionen. Die Niere als paariges Austausch- und Filterorgan aller aufgenommenen Flüssigkeiten ist insbesondere als Repräsentant des Waagethemas betroffen. Mit einer Störung signalisiert sie, daß die Gefühle, die im Verbund mit der Welt und Begegnungen entstehen, nicht integriert werden. Die Funktionsstörung gleicht einer unbewußten Weigerung, sich mit den fremden Seelenpotentialen auseinanderzusetzen. Dies führt im Ergebnis zu einer Vergiftung des Körpers, der dann die Giftstoffe wiederum über die Haut abbaut. Wenn der Mensch nicht bereit ist, mit der Welt und den Mitmenschen in Kontakt zu treten, setzt auch auf der seelischen Ebene ein Selbstvergiftungsprozeß ein, da der Mensch mangels Austausch nur noch um die eigenen Themen und Energien kreist. Trotz des Anscheins, der Mensch sei lebendig, ist er innerlich abgestorben.

Auf der körperlichen Ebene führt die fehlende Entgiftung zu schuppigen Ekzemen oder eitrigen Furunkeln, die eine Distanz zum Außen schaffen. Die Symptomatik durch die abschilfernde Haut zeigt die Notwendigkeit an, sich zu öffnen, um über die Begegnung in Verwandlung und damit in einheitsschaffende Situationen zu kommen. Die Furunkel signalisieren die aggressive Abwehr der Ich-Kräfte, die auf der körperlichen Ebene jedes Register ziehen, um nicht mit dem Außen in Verbindung treten zu müssen. Je stärker die entzündlichen Prozesse sind, um so größer ist die Abwehr. Die Hautsignale gleichen der jugendlichen Akne, die als Begleiterscheinung in der Pubertätsphase auftritt. Sie macht beim Jugendlichen die Verwandlung, die sich vollzieht, deutlich und signalisiert den Konflikt, der noch nicht innerlich überwunden ist, nämlich die Angst, mit der entstandenen Geschlechtsreife über den Trieb in verwandelnde Beziehungen zu treten. Das Unbewußte schafft deshalb über die Haut eine ästhetische Abwehr, die vor zu nahen Kontakten schützen soll. Die Abwehrhaltung gleicht damit der Weigerung des Menschen mit dem Sonnen-Auftrag Waage, aus seiner inneren Abgeschlossenheit herauszutreten.

Auch die Bildung von Nierensteinen weist darauf hin, daß die Betroffenen, ihnen selbst zwar nicht bewußt, innerlich versteinert sind und kein echter Austausch mehr mit ihrem Umfeld stattfindet. Zusätzlich stellen die erheblichen Schmerzen, die bei Nierenkoliken entstehen und eine Folge der Steinbildung sind, die Aggressionsthematik dar, die sich aus dem Kampf der Ich-Kräfte gegen die Erfordernisse des Auftrags ergeben. Die Ablehnung gegenüber allem Neuen und Unbekannten ist immer latent vorhanden. Menschen mit einer Waage-Sonne besitzen einen Mangel an Integrationsbereitschaft und sollen über ihren Geburtsauftrag gerade diese Bereitschaft entwickeln, fremde Bestandteile in ihren Persönlichkeitsaufbau zu integrieren.

Die distanzierte Haltung macht die Betroffenen einsam, auf der psychischen Ebene führt die Einsamkeit zu einem Gefühl der inneren Leere und zu depressiven Stimmungen, so daß die Nativen sich beispielsweise in Menschenansammlungen begeben, dort aber merken, daß die Distanz zu anderen so groß ist, daß sie sich einsam unter vielen fühlen. Ist dieser Punkt erreicht, dann setzen an dieser Stelle häufig die Umkehrungen ein, an denen die Nativen erfahren, daß sie eigentlich von Verbindungen leben und ein Ungleichgewicht besteht zwischen ihrer Weigerung und den Erfordernissen des Auftrages, der in der Welt erfüllt werden will. Dieses Ringen um Gewichtung und Priorität in den Lebenserfordernissen wird mit häufig auftretenden symptomatischen Gleichgewichtsstörungen vom Körper umgesetzt. Mit dem symptombedingten Ringen um Gleich-Gewichtung wird die Dringlichkeit deutlich, sich in vermehrtem Maße um das Thema der Harmonie und des Ausgleichs bemühen zu müssen. Auf einer inneren Ebene sind die Betroffenen einseitig geworden. Ausgleich kann für die Nativen mit dem Sonnen-Auftrag Waage wie eine Brücke sein, die eine Kluft überwindet. Die bestehende Kluft, die es zu überwinden gilt, liegt einzig in den Nativen selbst – nämlich in der Dominanz ihrer Ich-Kräfte.

Kontemplative Integration: Der Sonnen-Auftrag Waage führt die Nativen in die Bereiche hinein, in denen sie erfahren, wie sich die prägnanten oder markanten Strukturen ihrer Person lösen. Je mehr sie in dem Bewußtsein verweilen, Individualität zeigen und leben zu müssen, werden sie Situationen erfahren, die auf alle ihre Aktionen im Leben relativierend wirken. Vielfach erwecken die Anstrengungen der Nativen den Eindruck, daß sie im besonderen Maße kämpfen und sich darum bemühen, sichtbar zu sein, doch in der Außenwelt werden ihre Signale kaum empfangen. Ihr Verhalten erinnert an Traumerlebnisse, in denen der Träumer ruft und ruft und sich durch Lautstärke und Gesten versucht bemerkbar zu machen, doch die Gestalten in seinem Traum bewegen sich um ihn herum und nehmen ihn nicht wahr.

Spüren die Nativen in ihrem Leben eine ähnliche Dynamik der Relativierung, dann sollten sie nicht verzweifelt sein und ihre Bemühungen um Prägnanz nicht noch weiter erhöhen, sondern am Verhalten des Umfeldes erkennen, daß sie zu vordergründig bestrebt sind, Aufmerksamkeit im Leben zu erwecken. Auch wenn eine Kluft zwischen den Mitmenschen und ihrem Anliegen besteht, ist es wichtig, nicht auf dieser Kluft zu beharren, sondern sie als Gradmesser für die eigene Unfähigkeit, auf andere einzugehen, zu erkennen. Sie können so eine besondere Aufmerksamkeit für die Themen entwikkeln, die in ihnen Widerstände erzeugen. An der Intensität der Ablehnung ist es möglich zu ermessen, wie notwendig die Erfahrung ist.

Besonders trifft dies auf körperliche oder psychische Abwehrsymptome zu. Auch der Zeitpunkt, zu dem sich bestimmte Symptome einstellen, ist von Bedeutung. Dabei lohnt es sich, den Zusammenhang zu Menschen im Umfeld oder bestehenden Partnerschaften zu prüfen. Welche Themen traten durch Umstände oder andere Menschen in ihr Leben hinein? Je mehr ihnen dabei bewußt wird, wie groß die Verweigerung ist, den anderen Teil hineinzulassen, desto weniger ist die Notwendigkeit für bestehende Symptome gegeben.

Um die innere Ablehnung gegen den Geburtsauftrag erfassen zu können, sollten sich die Angesprochenen mit dem Sonnen-Auftrag Waage ganz bewußt Begegnungen oder Beziehungen in Erinnerung rufen, die sie stark forderten sich zu verändern und für sie eine Herausforderung darstellten. Wichtig für die Bewußtwerdung ist vor allem die Beachtung des inneren Zwanges, mit Ablehnung und der Einnahme des Gegenpoles auf alles Gesagte, alle Meinungen und Verhaltensweisen des Umfeldes zu reagieren. Dieses Bedürfnis zu polarisieren entspricht der unerlösten Form des Auftrages, denn wenn man mit gegenteiligen Ansichten und Ideen auf die Welt reagiert, lehnt man sich gegen die Bedingungen der Außenwelt auf. Der Geburtsauftrag lautet aber genau entgegengesetzt, nämlich sich vom Außen ansprechen zu lassen, denn das Außen gibt den Nativen genau das, was ihnen im Bewußtsein fehlt – auf einer konkreten Ebene wie auf einer mentalen Ebene.

Die Nativen sollten ihre schützenden Widerstände entlarven und zurücknehmen, da diese nur dazu dienen, die starre Ich-Haftigkeit zu erhalten. Ihre Fixierung ist besonders hoch und sucht Mittel und Wege, um jener notwendigen Erfahrung zu entkommen. Für das Verständnis des Sonnen-Auftrages Waage hilft es, die ergänzenden Erfordernisse unter einem anderen Aspekt zu betrachten, nämlich daß sie mit den gemachten Erfahrungen Stück für Stück aus ihrer Einseitigkeit hinausgeführt werden, die allein ihrer eigenen Definition entspringt. Jede Einseitigkeit muß aber speziell unter dem Sonnen-Auftrag Waage zur Harmonisierung durch das Gegenteil geführt werden.

Es ist die Aufgabe der Nativen, die Wertigkeit ihrer Person aus einer größeren Perspektive betrachten zu lernen, indem sie die eigene Qualität nicht mehr daran messen, wie einseitig sie sich definieren, sondern daran, daß sie die Bereitschaft entwickeln, sich in einem größeren Spektrum wiederzufinden. Diese Bereitschaft kann weder als willfährig noch als unprägnant bezeichnet werden, sondern dient einzig der Erfüllung des Sonnen-Auftrages Waage und führt dazu, daß sich der notwendige Austausch zwischen Mensch und Umwelt vollziehen kann.

Der Sonnen-Auftrag Skorpion

Das Tierkreiszeichen Skorpion ist ein weibliches Wasserzeichen, dessen Zeitraum sich vom 24. Oktober bis zum 22. November erstreckt. Pluto ist der entsprechende Herrscherplanet.

Natursymbolik: Skorpion ist das auf die Waage folgende zweite Zeichen und gleichzeitig der Höhepunkt des dritten Quadranten. Lautet die Thematik in der Waage, über die Begegnung mit anderen Menschen und deren Seelenpotentialen in Kontakt zu treten, dann führt das folgende Zeichen auf eine noch tiefere Ebene. Denn in Skorpion sind die kollektiven Inhalte aller Wesenspotentiale zu finden. Um diese erfahrbar zu machen, ist eine weitere Lösung von der Subjektivität nötig. In Skorpion setzt sich die in der Waage begonnene Thematik des Rückzuges der Ich-Kräfte fort, was durch die Abnahme des äußeren Sonnenlichtes und das stetige Schwinden der Tagkräfte symbolisiert wird. Das in der Waage begonnene Werk wird weitergeführt bis zu seinem Höhepunkt, welcher im Niedergang des Ego die fruchtbare Basis für die Verwurzelung im Geiste schafft.

Im Schauspiel der Natur beginnt die Sonne nun ganz kontinuierlich ihren Rückweg anzutreten. Die ersten winterlichen Tage und Nächte halten Einzug. Das Strahlen des Himmels aus der Waage-Zeit weicht einem verhangenen bleiernen Grau. Wie ein Leichentuch verhüllen dichte Novembernebel den Blick auf die äußere Welt und veranschaulichen durch die verdeckte äußere Form, welche Inhalte sich in das Seelenbild des Skorpions weben. Die ersten Herbststürme beginnen mit Regen unwirtlich über das Land zu fegen, ganz genau so wie es die Nativen, die in diesen Zeitraum geboren werden, immer wieder in ihrem Leben erfahren. Im Spätherbst beginnt Schwermut in die Gemüter der Menschen einzuziehen. Mit der tiefen melancholischen Trauer gleicht die kollektive Stimmung dem äußeren Zustand der Natur und erinnert an das Mysterium der Unbeständigkeit aller äußeren Formen. Die Pflanzen ziehen sich in die Dunkelheit ihrer innersten Anlagen zurück. Das äußere Leben geht im anbrechenden Winter für fünf Monate ins Exil, denn das Leben der Pflanzen kehrt zu den Wurzeln zurück. Dieser in der Natur zyklische Vorgang vollzieht im Stoff das gleiche, was Menschen, die in diesen Zeitraum geboren werden, in ihrem Inneren verwirklichen sollten. Die Tiere bereiten sich auf den Winterschlaf vor. Wer sich nicht rechtzeitig rüstet, also die Lebensfunktion vorsorglich auf Sparflamme einstellt, wird von den ersten aufkommenden Frösten überrascht und in den großen Zyklus des «Stirb und Werde» eingefädelt. Auf allen Ebenen vollzieht sich der gleiche Wandel von außen nach innen – von aktiv zu passiv. Das im Sommer der Außenwelt zustrebende Leben wandelt sich in ein dem Innenraum zugewandtes Hinabgleiten. Die andere Seite der Natur erfährt eine größere Zuwendung, welche im konkreten Leben dem Schlaf entspricht; er ist die Nachtseite des Lebens. Diese stellt jenen regenerativen Teil dar, in den jedes Lebewesen in gleichbleibendem Rhythmus immer wieder eintaucht, damit es sein Leben im kommenden Frühling gekräftigt bewältigen kann. Der Schlaf ist eine unbedingte Notwendigkeit, er ist genauso wichtig wie die Nahrungsaufnahme. Entzieht man einem Menschen den Schlaf, wird dieser nach einer gewissen Zeit dem Wahnsinn verfallen und sterben. Die Natur führt alljährlich dieses Drama der inneren Werdung auf. Die Tiere, die in den Winterschlaf sinken, entsagen dem äußeren Leben und ziehen sich nach innen zurück. Der Mensch sollte sich, wie alle anderen Lebewesen auch, in dieser Phase des Jahres seinem Innenraum zuwenden.

Skorpion als zweites Wasserzeichen im Tierkreis entspricht dem kollektiven Abgrund, in dessen Dunkel die Allseele ruht. Während im ersten Wasserzeichen Krebs das heranwachsende Leben aus dem dunklen Schoß des Urgrundes ersteht, stirbt im Skorpion das Subjektive dahin, weil es sich im Kollektiven auflöst. Der Tod ist die stärkste Wirklichkeit. Mit der Sexualität kommen das Sterben und die Begrenzung; mit dem magischen Aspekt des Eros erwacht der Mensch zum eigenen Wesen, oder er versinkt im wesenlosen Schein des Gemeinen. Aus dem sumpfigen Tümpel des wäßrigen Skorpionzeichens steigt das Individuum auf zu neuem Licht. Glückt der Aufstieg nicht, so wird Skorpion zum brodelnden Morast von allem Verdrängten und der Resignation. Die Seele verdorrt und kann keine Früchte mehr tragen. Der Mensch bleibt dem nackten Daseinskampf verhaftet, woraus eine unheimliche Rückstauung statt einer befreienden Rückbindung folgt. Die Symbolrepräsentanten und spezifischen Eigenschaften lassen die Dramatik des Skorpionbildes sichtbar werden:

Der Fanatiker, der Extremist, der Asket, Menschen mit Einfluß auf die Masse, das Volk im Sinne der mächtigen Masse, Untergrund, Dschungel, Moor, Höhle, Metamorphose, Umwandlung, Stirb und Werde, Reinkarnation, ideelle Bindung, Idee, Leitbild, Prinzip, das Lebensfeindliche, Magie, Besessenheit, Macht, Demagogie, Suggestion, Hypnose, das Zwanghafte, fixe Ideen, Sadismus, Masochismus, Askese, Verzicht, Opferbereitschaft, Transmutation, Wandlung, Idealismus, hohe Selbstanforderung, Sexualorgane, Nasennebenhöhlen usw.

Im Naturschauspiel fällt das schon längst gelb gewordene Laub der Pflanzen und Bäume zu Boden und beginnt dort in Verbindung mit der Feuchtigkeit einen Fäulnis- und Vermoderungsprozeß, der in der Natur die Humusbasis schafft, auf der im nächsten Frühjahr alles besonders gut wächst und gedeiht. Dies gilt auch auf der seelischen Ebene, denn dort werden die Wandlungs- und Absterbeprozesse zum Dünger für das geistige Wachsen und Reifen. Hier wurzeln das wirkliche Leben und das innere Menschsein, da es weit entfernt ist von den primär animalischen Wachstumstrieben und den reinen Überlebensinstinkten, die von Widder bis Jungfrau ihre Ausprägung finden. Die Nachtseite des Unbewußten läßt das Leben erst rund werden; genau wie sich Tag und Nacht bedingen und eine Ganzheit darstellen, gibt die dunkle Seite dem Menschen genau jenen Teil, der ihm im Bewußtsein fehlt, und läßt ihn heil werden.

Damit schließt das Bild des Skorpions an den in Waage begonnenen Vorgang an und führt diesen auf eine tiefere Ebene. Wenn mit Waage der Mensch zum Auftrag hat, sich dem «Du» zu öffnen, erweitert sich dieser Auftrag im Skorpion zum Erfordernis der Öffnung auf einer Seelenebene. Für den Menschen bedeutet das, daß er bereit sein muß, den Bildinhalten des kollektiven Unbewußten den Weg freizumachen, damit zwischen ihm und der kollektiven Seele eine Verbindung entstehen kann. Allerdings ist es vorher notwendig, sich aus den Vorstellungen und Leitbildern bezüglich der eigenen Person zu lösen, denn sie versperren den Zugang zu der größeren Wahrnehmung. Dies bedeutet, daß die individuellen Bedürfnisse immer weiter zu einer Verwandlung geführt werden.

Der Auftrag: Wenn ein Mensch in den Zeitraum vom 24. Oktober bis zum 22. November geboren wird, beschreibt der Naturmythos, daß die Nativen mit dem Geburtsauftrag in geistige Ideenwelten geführt werden. In der Natur ist das Leben unwirtlich geworden, es ist die Zeit des Rückzuges, der Mensch beginnt sich dem inneren Leben zu widmen, da man sich nicht mehr so frei wie in den Sommermonaten in der Natur aufhalten kann. In der Außenwelt vollzieht sich ein immenser Wandlungsprozeß, die gesamte Pracht und der äußere Glanz erfahren eine Veränderung, die alles modrig und grau erscheinen läßt. So führt auch der Sonnen-Auftrag Skorpion in die Bereiche der Wandlung und Transformation hinein. Das betrifft vor allem das subjektive Bedürfnis, an allem festzuhalten und sich auf bestimmte Lebensinhalte zu fixieren. Je größer das Bedürfnis des Festhaltens ist, desto stärker sind die Erfordernisse zur Verwandlung. Dies kann zu extremen Erfahrungen im Leben der Nativen führen.

Genauso wie die Natur im Oktober noch einen prächtigen Eindruck macht und im Folgemonat abrupt zum extremen Gegenteil geführt wird, erhalten auch die Menschen mit der Skorpion-Sonne den Auftrag, sich den Themen der Extreme zu stellen. Für sie ist es wichtig zu lernen, wie man von einem Thema losläßt, um eine 180-Grad-Wendung zu vollziehen, die in eine ganz andere Richtung zielt. Plutonische Wandlungen und Prozesse sind immer extrem –

entweder schwarz oder weiß, lautet das Motto. Genau wie im jahreszeitlichen Geschehen führt der Auftrag die Nativen ins Dunkel und vom Dunkel wieder zurück ins Licht. Dieser Teil des Auftrages bringt die Menschen mit einer Skorpion-Sonne in Erfahrungsbereiche hinein, in denen sie lernen, auf der Schlacke verwandelter Lebensbereiche wieder Neues aufzubauen.

Für derartige Erfahrungen benötigen die Nativen eine gehörige Portion Mut und Konsequenz, um in den häufigen Verwandlungen das Vertrauen zu entwickeln, daß sie nach durchlaufener Transformation wieder auferstehen werden. Die Angst und damit das Bedürfnis, am Alten festzuhalten, sollen in den Phasen der Wandlung überwunden werden. Über diesen Weg werden die Nativen aufgefordert, ihre Konzentration von den oberflächlichen auf die tiefgründigeren Zusammenhänge des Lebens zu richten. Äußeres Leben wandelt sich zu innerem Leben und führt die Nativen in das Reich der Ideen, Vorstellungen und Leitbilder. Auf diesen Ebenen sind sie aufgerufen zu agieren. Je mehr sie lernen, Themen und Ideen Gestalt annehmen zu lassen, mit diesen eins zu werden, um sich wieder von ihnen zu lösen, um so mehr bewegen sie sich ganz im Sinne ihres Geburtsauftrages.

Stier und Skorpion bilden im Tierkreis eine polare Achse. Weil beide Zeichen Polaritäten sind, zeigen sie auf ihrer jeweiligen Ebene ähnliche Eigenarten. Stier verwurzelt sich durch die Sammlung und Verdichtung der Materie im Stoff. Skorpion dagegen verwurzelt sich durch die Lösung und Opferung des Stoffes im Geist. Der geistige Quadrant wurde vom Tierkreiszeichen Waage eröffnet, mit Skorpion erweitert sich der begonnene Auftrag und mündet in einem Verschmelzungsprozeß mit dem Geist des Kollektivs. Bevor aber ein Individuum mit dem Ganzen verschmelzen kann, muß es alle Anteile, die das kollektive Unbewußte in sich birgt, in die eigene Bewußtheit heben. Der Akt des Opferns besteht nun für den skorpionischen Nativen darin, mit der Auflösung der eigenen Identifikationsanteile zu beginnen, ähnlich wie im Auftrag der Waage. Der Unterschied zwischen beiden Aufträgen besteht darin, daß die Menschen mit dem Auftrag Waage sich in den Verbund mit den Ideen- und Geistinhalten bringen sollen – Skorpion hingegen soll diese in sich wiederfinden und sie in sich zutage fördern. Für die Menschen mit der Skorpion-Sonne ist dies ein wechselseitiger Akt, zumal sie sich häufiger auf der aktiven Seite der Macht befinden und sich deshalb schwer in etwas wiederzufinden vermögen, was nicht der eigenen Steuerung und Manipulation entspringt. Ihre größte Stärke besteht darin, dem Kollektiv die eigenen Leitbilder einzupflanzen. Ihnen fällt diese Variante leichter, doch hat sie im Ergebnis hohe Konsequenzen für sie, denn je weniger sie sich selbst verwandeln wollen, desto mehr werden sie in vehemente Verwandlungsprozesse geschleust. Zwar besitzen die Menschen mit der Skorpion-Sonne ein hohes Manipulationsbedürfnis, welches sie unbewußt deshalb an anderen anwenden, um sich selber nicht verändern zu müssen. Doch gerade die Veränderung ist der wesentlichste Bestandteil des Lern-Auftrages Skorpion.

Mit der Veränderung sollen die Betroffenen erkennen, daß sich ihnen echte Chancen und Potentiale erschließen, wenn sie aktiv in den Prozeß des Lösens und Bindens einsteigen. Die Natur macht es ihnen im Herbst vor, daß es Phasen des Niederganges braucht, um sich regenerieren und neu auferstehen zu können. Aus dem Humus der herabgefallenen Blätter entstehen der Dünger und die Basis, auf der Neues gedeihen kann. Dies gilt genauso für die häufig anstehenden Verwandlungen im Leben der Menschen, die einen Sonnen-Auftrag Skorpion erhalten haben. Der ständige Wandel, der an die äußere Form und weltliche Bedingungen gebunden ist, soll bei den Nativen einen inneren Zustand hervorrufen, der sie zu der Erkenntnis bringt, daß die Materie nur Mittel zum Zweck ist, um ihre Ideen zu verwirklichen. Da Skorpion im Tierkreis dem Geistquadranten zugeordnet ist, steht die Idee im Vordergrund und nicht der Stoff. Hat also eine Idee im Leben der Nativen Gestalt angenommen, so daß sie sich an diese binden, muß sich die Form zwangsläufig verändern, damit die Nativen sich nicht verwurzeln, sondern neue Ideen produzieren. Mit jedem Gestalten innerer Bilder wächst ihre suggestive Schöpfungs- und Ideenkraft zu einer solchen Intensität heran, daß viele Menschen, die mit den Nativen in Kontakt stehen, sich mit ihren Vorstellungen und Leitbildern identifizieren. Bei anderen Menschen löst dies Befangenheit aus, da sie die Menschen mit der

Skorpion-Sonne nicht einschätzen können, weil ein befremdender seelischer Druck von ihnen ausgeht. Sie fühlen sich häufig von ihnen gegängelt, so daß sie sich selber in Frage stellen, da sie das Gefühl haben, ihre Individualität im Moment des Zusammenseins zu verlieren. Je durchlässiger die anderen sind, desto weniger können sie sich der Infiltration entziehen. Diese Infiltration ist eine Form des Hineingelangens in die Seelen der Mitmenschen. Sie entspricht zwar noch nicht dem vollendeten Thema des Auftrages, kommt jedoch den Erfordernissen schon sehr nahe. Zumindest lösen sich Grenzen im Bewußtsein auf, da die Menschen mit der Skorpion-Sonne in das System anderer gelangen. Die Aufnahme von kollektiven Ideen und das daraus folgende Eingehen und Handeln nach den Erfordernissen entspräche der idealen Einlösung des Geburtsauftrags. Skorpion ist ein wäßriges Zeichen, dessen Inhalte durch Passivität eingelöst werden. Da im Zeichen Skorpion aber gleichzeitig eine große Macht verborgen ist, kommt es zu wechselhaftem Verhalten; mal befinden die Nativen sich auf der aktiven, mal auf der passiven Seite. Dies führt natürlich auch zu wechselseitigen Erfahrungen von Macht und Ohnmacht, die sich als zwei zusammengehörige Prinzipien bedingen. Um genau erkennen zu können, wie das machtvolle Potential sich auf Umwegen einschleicht und unbemerkte Blüten im Leben treibt, ist ein hohes Maß an Bewußtheit erforderlich, weshalb auch der Auftrag, der an Menschen mit einer Skorpion-Sonne ergeht, lautet:

«Richte deine Bewußtheit auf
alle Anteile des inneren Menschseins.»

Der Auftrag fordert die Nativen zu der Erkenntnis auf, daß die leidhaft gemachten Erfahrungen Teil des eigenen Unbewußten sind. Über diese sollen sie nach innen geführt werden, damit eine Hinterfragung ihrer Motivationen im Leben entsteht. Dies ist notwendig, da die Nativen ihre Anliegen gerne idealer und sozialer formulieren, als sie es tasächlich sind. Fragt man nach dem erforderlichen Sinn, der zu einem Sonnen-Auftrag Skorpion führt, richtet sich dieser an Menschen, die aufgrund ihrer Geburtsanlage Angst haben, in die Tiefe zu gehen, um echte seelische Grenzbereiche zu erfahren. Oder das Fehlen von Wandlungsbereitschaft führt zu der Notwendigkeit des Skorpion-Auftrages, genauso wie der Mangel sich zu hinterfragen, wie dies oft bei Menschen zu finden ist, die keinen tieferen Sinn im Leben sehen als das Leben selbst. Auch wenn die Orientierung mehr auf äußeres weltliches Geschehen gerichtet ist als auf innerseelische Zusammenhänge und wenn Menschen aufgrund ihrer Ur-Anlage keine Bereitschaft besitzen, sich mit den Themen des metaphysischen Weges auseinanderzusetzen, zu denen auch die letzen Dinge wie das Sterben gehören, werden sie mit dem Sonnen-Auftrag Skorpion in die Nähe des Gemiedenen geführt.

Dieser Weg ist mit Sicherheit kein einfacher Weg, denn die Nativen befinden sich im Leben in einer permanenten Therapiesituation. Auch wenn es schwer zu verstehen ist, wirkliches Leben besteht aus Vergehen und Auferstehen. Die Natur, der Tages- und der Jahreslauf, sind in diesem Sinne die besten Lehrmeister.

Vergleichende Symbolebene: Aufmerksame Beobachter äußerer Zusammenhänge können festellen, daß die Vorgänge in der Natur und im sozialen Verbund, gemessen an früheren Zeiten, starken Veränderungsprozessen unterworfen sind. Viele Dinge, die früher unbelastet waren, angefangen von der Atemluft, der Nahrung, der Kleidung, der Fortbewegung, den Kommunikationsmedien etc., haben sich durch intensive Eingriffe des Menschen, durch Raubbau und Gewinnmaximierung stark verändert. Auch in seinem eigenen Verhalten hat der Mensch an spontaner Lebendigkeit eingebüßt, er ist zu einer leicht lenkbaren Marionette der Politiker, der Medien, der Unternehmen und ihrer Werbestrategen geworden. Viele Lebensgewohnheiten und Stilrichtungen werden von zentralen Stellen unterschwellig beeinflußt, und der manipulierte Mensch folgt wie auf Knopfdruck im Versuchslabor den vorgegebenen Wegen und Gleisen, die er suggeriert bekommt.

Bis auf einige wenige Individualisten, die sich bewußt nicht in das kollektive Spiel einbinden lassen, lebt das Gros der Menschheit ein Leben nach vorgezeichneten Leitbildern. Was scheinbar zur aktuellen Lebensqualität gehört, diktiert die tägliche Reizüberflutung. Das Tragische an diesem Verlauf ist allerdings der Glaube des einzelnen, völlig authentisch ein eigenes freies Leben zu gestalten, obwohl er im höchsten Maße manipuliert wird. Aufgrund der Selbsttäuschung entgeht vielen, wie unfrei und gebunden sie das Leben von Marionetten führen, die leicht steuerbar alle Bewegungen ausführen, die ihre Puppenspieler vorzeichnen. Die Quellen der eigenen Bedürfnisse und Lebensinhalte werden häufig nicht ergründet, sondern von den Leitbildern der Plakatwände, aus Funk, Film und Fernsehen kopiert. Die scheinbaren individuellen Bedürfnisse sind die Produkte der Werbestrategen und ihrer Trends, die in hoher Intensität tagtäglich gebetsmühlenartig wiederholt werden. Bilder von Freiheit und Abenteuer werben mit Off-road-Autos und Motorrädern für die große Erfüllung des Lebens. Man erfährt, welche Urlaubs- und Badeorte bevorzugtes Reiseziel privilegierter Bevölkerungsschichten sind, welche Mode, welche Hobbies und was darüber hinaus besonders trendy ist. Mal mehr, mal weniger subtil werden Wunschbilder erzeugt, die mit bestimmten Werten und Eigenschaften belegt sind.

Der Ur-Wunsch des Menschen ist die Befreiung, doch mit jedem Bedürfnis, diese Befreiung in der Welt erreichen zu wollen, verstrickt er sich unbemerkt immer tiefer im Dschungel der Materie. In diesem Hamsterrad entgeht ihm, daß er ein absolutes Kunstprodukt geworden ist, von A bis Z durchgeplant und gesteuert. Fast gleicht das Lebensdesign den von Gustav Meyrink beschriebenen Kreaturen (Kylkoren, im «Golem» beschrieben), die von Alchemistenhand aus Lehm geschaffen und von ihnen mit geistigen Übungen zum Leben erweckt wurden. Die Kreaturen besaßen kein Eigenleben, sondern wurden allein vom Geist des Alchemisten gespeist. Kylkoren sind zum Leben erweckte tote Masse, die dem Adepten als Spiegel dienen, in dem er seine Fähigkeiten und Kräfte erkennen kann. Mit diesen Beschreibungen der Alchemisten schuf Meyrink eine sehr prägnante Metapher des Skorpion-Auftrages.

Analog dazu findet auch beim Menschen mit dem Sonnen-Auftrag Skorpion eine ähnliche Verbindung zwischen Idee und Wirklichkeit statt. Die Nativen lernen über den Weg der Indoktrination ihre Bilder in die Seelen der anderen einzupflanzen und schaffen damit Schöpfungen. Diese Schöpfungen haben allerdings nichts mit

Lebendigkeit zu tun, denn sie sind nur Ideen, die von anderen aufgenommen werden. Je mehr die Nativen mit dem Sonnen-Auftrag Skorpion in dieser Art mit Ideenwelten umgehen und ausschließlich auf das Außen einwirken, ohne sich selber dabei berühren zu lassen, geraten sie in Grenzbereiche hinein. Dort heißt es dann sich zu verwandeln – die Idee und sich selbst. Entscheidend ist in solchen Situationen vor allem, daß sie mit Bewußtheit solche Prozesse durchlaufen und sich nicht irgendwann resignierend zurückziehen. Sie sollen ja gerade aus den Ereignissen die entsprechenden Erfahrungen für den Umgang mit ihrem Muster sammeln.

Sucht man die symbolische Entsprechung der Skorpionthematik in den Siebener-Jahresabschnitten des Lebens, findet man diese in dem *Zeitraum zwischen dem 49. und 56. Lebensjahr.* In dieser Zeit kommt der Mensch in die Wechseljahre und verspürt immer stärker, daß mit dem Schwinden seiner sexuellen Energie auch seine Lebenskraft nachläßt. Die ersten Krankheiten von nachhaltiger Natur melden sich und mahnen die Nativen, an die abnehmende Lebenskraft zu denken. Das Schicksal bedient sich dabei des Körpers, um zu erreichen, daß der Mensch in diesem Lebensabschnitt beginnt, sich dem inneren Geistleben zu widmen. Dabei durchläuft er melancholische Stimmungsschwankungen, in denen das nahende Alter und die Vergänglichkeit des Lebens realisiert werden. Gemäß dem Skorpionthema vollzieht sich auf diese Art und Weise der Wandel zu einem intensiveren Innenleben. Sehr oft flammt in diesem Zeitabschnitt der Geschlechtstrieb nochmals stark auf, wobei sich der Mensch überwältigt und zerrissen fühlt von der Diskrepanz, daß einerseits seine Zeugungsfähigkeit erlischt, andererseits er aber vom Trieb gepackt ist und dieser nach Erfüllung verlangt. Oft kommt es dabei zur Hinwendung an jüngere Partner, bei denen die Sexualkraft noch mit Leben durchpulst ist. Dies mündet aber häufig in eine schmerzhafte Erfahrung, da das Verlangen nur aus einer geistigen Dimension erfolgt und in der Begegnung mit dem authentischen Leben die Idee an der Wirklichkeit zerbricht. Jeder sexuelle Impuls und Akt des Menschen trägt etwas zutiefst Schöpferisches in sich. Mit ihm werden Leben und Manifestation geschaffen und weitergetragen, solange die Anlage dazu besteht. Zeugen und empfangen zu können, was der Fähigkeit entspricht, Leben weiterzugeben, bedeutet aber auch, daß man die Welt erhält, indem man mit Nachkommenschaft für ihren äußeren Fortbestand sorgt.

Hat der Mensch die Fähigkeit für äußerliche Schöpfungsprozesse verloren, ist er gefordert, seine Sexualenergie auf eine geistige Ebene zu transformieren, da er seine Impulse nicht mehr nach außen abgeben kann. Problematisch wird es für den Betroffenen nur dann, wenn er weiterhin versucht, auf der falschen (der äußeren) Ebene zu schöpfen. Er wird unweigerlich mit Problemen konfrontiert, da seine Anlagen in einer Diskrepanz zum Wollen stehen. Sinnbildlich wird über die Beschreibung der Lebensphase auch der Auftrag der Nativen mit einer Skorpion-Sonne deutlich. Auch sie sollen sich vermehrt um ein inneres Wachstum bemühen und zu einem inneren Leben gelangen, um den im Außen schal werdenden Lebensituationen nicht hinterherzutrauern.

Am 24. Oktober, zu Beginn der Skorpion-Zeit, feiert man in der christlichen Tradition das Fest des Erzengels Raphael. Dieser gilt während der Initiationen in den Mysterientraditionen als Schutzgeist und Begleiter der Mysten. Raphael ist der neutrale Begleiter (Merkur = Luft-Element), der die Fähigkeit besitzt, unbeschadet durch alle Niederungen und Abgründe hindurchwandern zu können. Dem Merkur-Prinzip ordnet man analog den Intellekt zu, der in der Lage ist, alle Erfahrungen wertfrei und unbeeindruckt verarbeiten zu können, ohne durch Gefühle beeinflußt zu werden. Der Name Raphael bedeutet «Gott heilt», wobei das Charakteristikum dieser Heilung darin bestand, daß die Initianten während ihrer Einweihung dem dunklen Abgrund nicht auswichen, sondern sich ihm in einer Haltung annäherten, als würden sie sich einem Teil des eigenen Inneren stellen. So ließen sie während ihrer Initiationen das Licht der Bewußtheit in die Finsternis des Unbewußten dringen und durchschritten im Geiste mit Raphael alle Tiefen und Abgründe der eigenen Hölle. Die Heilung und Verwandlung der Mysten entstand dadurch, daß sie durch die Inszenierungen in Zustände versetzt wurden, in denen sie Teile von sich entdecken konnten, die ihnen mit dem Tagesbewußtsein nicht zugänglich waren. Je mehr sie sich das Spektrum ihrer Schattenwelt öffneten, desto mehr führte dies zu einem Heilungs- und Ganzwerdungsgeschehen, da sie in der bewußten Hinwendung zuließen, daß alte Persönlichkeitsanteile starben und im Inneren ein neuer Mensch entstehen konnte. Aus diesem Prozeß der Initiation durch den eigenen Abgrund bildeten die alte zu Humus zerfallene Ich-Struktur und die Ich-Identifikation die Basis, auf welcher der neue Mensch erstehen und heranwachsen konnte.

Alle Feste im Monat November erinnern an das zentrale Skorpionthema, das immer wieder die Verwandlung des Lebens beschreibt. So feiert man in dieser Zeit Allerheiligen, Allerseelen, den Buß- und Bettag und Totensonntag. Allerseelen ist das Gedenkfest für die unbewußten erdgebundenen Seelen, die sich aufgrund ihres schon zu Lebzeiten dumpfen Daseins nach dem Ableben nicht vom Stoff haben lösen können. Gefesselt an ihre Triebe, besitzen die Seelen der Verstorbenen keinen Körper mehr und versuchen verzweifelt, über die Besetzung von lebenden Menschen eine Einlösung für die unstillbaren Triebe zu finden. Man zündet symbolisch ein Licht für die Gebundenen an, um ihnen zu signalisieren, daß sie sich zum Ur-Licht wenden sollen, da die stoffliche Ebene nicht mehr ihrer Daseinsform entspricht. Allerheiligen hingegen ist das Gedenkfest für all jene Verstorbenen, die sich in ihrer Geistigkeit erhoben haben und sich durch alle Prüfungen und Stationen in ihrem Leben zum höchsten Stand der Menschwerdung verwandelt haben. Der Buß- und Bettag entspricht dem besonderen Tag, der an die Einsicht und die Umkehr aus dem unbewußten dunklen plutonischen Teil erinnert. Er versinnbildlicht, daß im Bild des Skorpions alle Potentiale enthalten sind, sowohl der abgründige Verbrecher als auch der geläuterte Heilige. Hier wird deutlich, daß die Inhalte des Zeichens Skorpion dazu führen, daß dem Individuum nichts mehr fremd ist, weil es sich in den gesamten Seelenpotentialen der kollektiven Psyche wiederfindet. Will man sich in allem finden, muß zuvor die Hülle der Ich-Identifikation verwandelt werden.

In den Festen des Monats November treten die Extreme des Skorpion-Seelenbildes deutlich zutage. Einerseits findet man ein Fest zum Gedenken an die tiefste dunkelste Nacht des geistigen Abgrundes gebundener Seelen, andererseits feiert man das Fest des absoluten geistigen Hochstandes, der Befreiung vom Stoff und seinen Bedingungen. Skorpion beinhaltet immer beide Möglichkeiten, den unbewußten Teil, der gebunden an Projektionen und die Abgründe und Niederungen der Welt die eigene Dunkelheit in sich nicht erkennen kann, und jenen anderen Teil dazu, in dem hohe Bewußtheit vorliegt und der Mensch bereit ist, sich in allen Facetten des Ur-Grundes wieder zu entdecken und dafür auch die Verantwortung zu übernehmen.

Symptomatik: Haben Menschen einen Sonnen-Auftrag Skorpion erhalten, ihre Lebensintention zielt aber in die entgegengesetzte Richtung des Auftrages, führen sie die Ereignisse des Lebens in Grenzbereiche hinein, die psychische Belastungen erzeugen, um die Aufmerksamkeit nach innen zu lenken. Besonders wenn das Bedürfnis nach den schönen Dingen des Lebens als erstes Thema auf der Wunschliste steht, wird das Schicksal den Blick auf andere erforderliche Lebensbereiche lenken. Dies soll nicht heißen, daß dem Menschen mit dem Sonnen-Auftrag Skorpion die schönen Dinge des Lebens versagt bleiben. Die Betroffenen sollten vielmehr anhand der Signale, die das Leben durch gegenteilige Manifestationen sendet, erkennen, welche Lern-Inhalte von ihnen eine Aufmerksamkeit erhalten möchten. Brechen den Betroffenen häufig die Strukturen im Leben zusammen, verweist dies darauf, daß sie zuwenig bereit sind, sich neuen Aufgabenstellungen zuzuwenden. Sie haben sozusagen das Rad des Lebens angehalten und wollen es an einer Stelle festzurren, um dem ständigen Auf und Ab zu entgehen. Dabei führt sie der Auftrag in Transformations-Erfahrungen hinein, damit sie die regenerativen Kräfte von Umwälzungsprozessen kennenlernen. Jedes Verharren an alten Fixierungen ist mit einem starken Machtaspekt verbunden. Selbst wenn sie sich in Verwandlungssituationen befinden, entwickeln sie häufig eine erhebliche Dominanz, weil sie eine Eigendynamik der Lebensverläufe nicht ertragen können. Lieber zerschlagen sie alles, um nicht die Fäden aus der Hand zu geben. Trotzdem geraten sie immer wieder in ähnlich geartete Abhängigkeiten, denen sie ausgeliefert sind. Dieser «Teufelskreis» weist die Nativen darauf hin, daß sie sich zu stark auf der Seite der Macht befinden, sich ihres Machtanspruchs und der Ausübung von Dominanz aber nicht bewußt sind. Häufige konflikthafte Auseinandersetzungen, in denen man ihnen Absichten unterstellt, die sie vordergründig nicht vorgaben, führen zur Erkenntnis ihrer unbewußten Handlungsmotivationen.

Für die Nativen ist dies ein Hinweis, daß sie nicht genügend Bewußtheit in die Definition der eigenen Person investiert haben. Der Konflikt soll ihnen dabei helfen, sich konkret und kritisch zu hinterfragen und sich selbst mit dem gleichen Maß zu messen, welches sie an andere Menschen anlegen. Den Vorwürfen betroffener Mitmenschen, wie diese ihr Verhalten einschätzen, sollten sie besondere Beachtung schenken und nicht gleich alle Argumente vom Tisch wischen.

Der Skorpion-Auftrag lautet, sich im Verbund mit der Welt zu verwandeln, die subjektiven Wünsche und Ziele aufzugeben, um mit der Geistigkeit des Kollektivs verschmelzen zu können. Zu beiden Formen besitzen die Nativen die Macht und die Fähigkeit, doch wann immer sie sich auf der Seite des aktiven «Infiltrierenden» befinden, winkt ihnen auf der anderen Seite ihres geistigen Machtpotentials die Ohnmacht. Mit ihrer Hilfe beginnen sie dann Stück für Stück real und spürbar – auf verschiedenen Ebenen – zu opfern, bis sie gelernt haben, daß das Mysterium des Lebens für sie bedeutet, sich immer wieder neu zu verwandeln. Je fixierter die Nativen ihrem Bedürfnis folgen, alles im Leben zu einem immerfort ansteigenden Kontinuum aufzubauen, desto häufiger führt sie das Leben in die unmittelbare Nähe verschiedenster Löseprozesse. Dies können beispielsweise direkte Sterbeerlebnisse sein, daß nahestehende Menschen aus dem Leben gehen und sie in tiefster Trauer jenen Löse- und Verwandlungsprozeß nachvollziehen müssen. Oder Beziehungen, an denen ihnen besonders viel gelegen ist, werden von den Partnern beendet, wobei sie dann in langen Ablösephasen jenen tiefen Schmerz verspüren, der mit jeder Transformation verbunden ist. Der Schmerz zentriert jeweils das Bewußtsein auf die betroffene Stelle. Der seelische Schmerz zentriert das Bewußtsein nach innen, also auf die Ebene, der die Nativen mit dem Sonnen-Auftrag Skorpion mehr Beachtung schenken sollten.

Dieser Schmerz kann auch über sexuelle Ohnmachts-Situationen erzeugt werden, mit denen sie ringen müssen, wenn ihre Bedürfnisse und ihr Verlangen auf irgendeine Art nicht real erfüllt werden. Auf diesem Weg erfahren sie die Notwendigkeit, sich andere Ventile zu schaffen. Die sexuelle Energie, die eine schöpferische lebendige Kraft ist, soll im Zeichen Skorpion auf eine andere Ebene transponiert werden und als Motor für geistig-kreative Prozesse dienen. Dies führt zu hoher innerer Anspannung und zu düsteren Stimmungen, die aber auf anderen Ebenen kreative Einlösungen finden können.

In vielen Fällen gelingt es, ein kreatives Ventil für die überschüssige Energie zu schaffen, was oft zu außergewöhnlichen Manifestationen und Leistungen führt. Viele kreative Menschen kennen dieses phasenweise Ringen und die innere Qual, die insbesondere künstlerisch Begabten als Motor dient, durch diese transformatorische Kraft Inneres nach außen bringen zu können. Solche Situationen und Zeitabschnitte der Abstinenz wollen die Nativen an das Thema der sexuellen Transformation erinnern, dies bedeutet nicht, daß die Nativen grundsätzlich ihrer sexuellen Energie eine andere Richtung geben sollten. Jedoch ein gezieltes Arbeiten und Haushalten mit den inneren Energien läßt bewußt jene Erfahrungen des Kreativitätszuwachses entstehen, der sonst als ungewolltes Ergebnis aus einer Mangel- oder Verzichtssituatiuon entsteht. Auf diesem Weg schleusen sie sich selber ganz bewußt und folgerichtig in Verwandlungsprozesse hinein, die eine unbedingte Notwendigkeit für ihr Geburtsmuster sind.

Das Leben will in ihnen eine seelische Tiefgründigkeit entstehen lassen, mit der sie lernen, sich selbst und ihre Existenz im hohen Maße zu hinterfragen. Je mehr sie sich allerdings in der äußeren Welt verstricken, desto mehr muß sie das Leben in Absterbeprozesse hineinbringen, da sie ihrem Auftrag nicht gerecht werden. Phasen von tiefer Trauer und Depression wechseln sich deshalb ab und mahnen die Betroffenen zur inneren Einkehr. Eine Depression lenkt die gesamte Aufmerksamkeit des Menschen nach innen. Dies geschieht natürlich dann, wenn das subjektive Bedürfnis die Auseinandersetzung mit den psychischen Bereichen verweigert. Viele Native mit einer Skorpion-Sonne verspüren eine latente Neigung zum

Suizid. Das Leben deckt sich nicht mit ihren Vorstellungen, so daß die Welt zu einer Erfahrung der Schwärze für sie wird. Ihre Lebensideen lassen sich nicht aufrechterhalten, und sie empfinden es als ständige Herausforderung, sich Themen stellen zu müssen, die nicht den eigenen Konzepten entsprechen. Eine Suizidneigung ist gleichfalls die unerlöste Form eines Transformationsprozesses. Hinter dem Selbstmord und seiner Tragik verbirgt sich ein starker Machtaspekt, denn die Verzweifelten sehen im Freitod die einzige Möglichkeit, einer notwendigen Verwandlung entgehen zu können. Die Perspektivlosigkeit in ihrer dramatischen Situation entspringt dem eigenen begrenzten Blickwinkel und der Verweigerung, der Situation, die sie als unerträglich empfinden, entgegenzugehen. Leider finden die Betroffenen häufig nicht die rechte Ebene der Transformation, da sie eher bereit sind, dem Leben ein Ende zu bereiten als eine geistige Metamorphose zuzulassen, die sie aus der scheinbar ausweglosen Lage befreien würde. Lernen die Nativen im Laufe ihres Lebens, den immer wiederkehrenden Wandlungsaufforderungen Gehör zu schenken, kehren sich die möglicherweise zuvor als destruktiv empfundenen Erfahrungen um. In solchen Fällen entwikkeln sie ein Höchstmaß an Regeneration, und die Betroffenen lernen jenen Aspekt des plutonischen Prinzips kennen, der sie aufgrund ihrer Bereitschaft zum Wandel in eine hohe Lebendigkeit hineinführt.

Die Krankheitssymptome der Nativen mit einer Skorpion-Sonne künden in gleicher Weise von der Intensität, die das Leben von ihnen fordert. Allergien sind besonders häufig auftretende Symptome unter dem Sonnen-Auftrag Skorpion. Die Allergie beinhaltet ein immenses unbewußtes Aggressionspotential. Da dies nicht gelebt wird, richtet es sich gegen die Nativen selbst, so daß der Kampf, der gegen die verschiedensten Bereiche der Welt geführt werden will, auf der körperlichen Ebene stattfindet und die damit verbundenen Stoffe und Eindringlinge vom Körper bekämpft werden. Vor allem richten sich allergische Reaktionen gegen alles Lebendige und Natürliche. Im Heuschnupfen findet man den Hinweis, daß die Betroffenen sich der Thematik ihrer Ablehnung des authentischen Lebens nicht bewußt sind. Bezogen auf den eigentlichen Geburtsauftrag, sind sie noch zu sehr in der Bindung mit der äußerlichen Welt verstrickt und erfreuen sich an deren natürlichen konkreten Aspekten, anstatt sich den Bereichen des inneren Lebens zu öffnen, die es für sie gilt zu erforschen. Der Körper übersetzt die innere Botschaft, indem er mit Abneigung reagiert und den Nativen damit den Weg in ihre gut verschlossenen möglichst abgedunkelten Innenräume weist. Das Ergebnis der konkreten Situation weist symbolisch den Weg nach innen.

Auch der Darm wird auf der körperlichen Ebene dem Skorpion zugeordnet, da er tief verborgen im Unsichtbaren sein Verwertungs- und Ausscheidungswerk vollzieht. Analog betrachtet symbolisiert er auf der korporalen Ebene den Bereich des Unbewußten, der mit seiner Verwertung und Ausscheidung den Organismus des Menschen am Leben erhält. Der Darm verwertet symbolisch die Eindrücke der Außenwelt, die mit der Nahrung als Träger des Lebens aufgenommen werden. Auch der Mensch wird durch die Auseinandersetzung mit den Bereichen des Unbewußten auf einer seelischen Ebene am Leben erhalten. Fehlt die Bereitschaft, das Unbewußte zu konfrontieren, kann dies durch eine Funktionsstörung des Darmes symbolisiert werden. Die Auseinandersetzung mit dem Unbewußten und seinen Schattenbereichen, den Abgründen der Psyche, ist deshalb für die Nativen unter diesem Auftrag so bedeutsam, damit mit dem Entdecken anderer oder fremder Persönlichkeitsanteile die Ich-Identifikation stirbt, auf daß es nicht mehr möglich ist, Themen, Dinge oder menschliche Eigenschaften zu verurteilen, weil sie einem nicht mehr fremd sind, da man erkannt hat, daß sie in gleicher Weise in einem selbst schlummern.

Alle im Dunkel des Körpers schwelenden Zersetzungsprozesse signalisieren, daß die Betroffenen nicht bereit sind, sich den verdrängten Seelenanteilen zu stellen, um sich nicht verwandeln zu müssen. Die schwerste Manifestation drückt sich in einem karzinösen Geschehen im Darmbereich aus. In dramatischer Weise vollzieht sich in einem langen Leidensweg auf der körperlichen Ebene jener große Transformationsakt, dem der Mensch im Bewußtsein keinen Raum geben mag. Symbolisch bedeutet dies, daß der Körper stellvertretend für das Bewußtsein die Verwandlung vornimmt. Alle Konzentration gilt nun dem Darm (Unbewußten), die Verwandlungsprozesse haben überhandgenommen, und alle Arbeit und Hinwendung richten sich auf die Bemühung um innere Regeneration. Bevor es zu dieser extremsten Manifestation kommt, muß eine ganze Reihe Signale und Hinweise ignoriert worden sein. Kein Symptom steht urplötzlich vor der Tür, sondern ihm geht über einen langen Zeitraum eine Vielzahl von Hinweisen aus dem Leben voraus.

Deshalb ist es wichtig, der Stimme des Lebens mit ihren vielen Signalen zu folgen. Der Tod als der große Transformator steht im Leben als die letzte große Verwandlungsinstanz hinter den vielen kleinen Wandlungen. Deshalb sind die Menschen mit dem Sonnen-Auftrag Skorpion dazu aufgefordert, sich mit sich selber auseinanderzusetzen. Das wissen die Nativen auch, denn ihre Unbewußtheit erzeugt in ihnen unerklärliche Schuldgefühle. Um diesen entgegenzuwirken ist es nötig, die Grundfragen des Seins zu stellen. Auf diese Art wird es den Betroffenen möglich, ihren Auftrag in konsequenter Form einzulösen.

Kontemplative Integration: Mit dem Sonnen-Auftrag Skorpion werden die Nativen auf einen Weg geführt, der den Initiationsritualen antiker Mysterien gleicht. Der Auftrag Skorpion entspricht dem Weg, der von der Materie zu inneren Dimensionen geleitet und die Nativen in die Wirkungsweise von geistigen Leitbildern auf die Seele einführt. Dies geschieht dadurch, daß die Welt in den Augen der Nativen schal wird. Auf diese Weise kann ein anderes Weltverständnis erwachsen.

Sind die Wandlungserfordernisse im Leben der Nativen so präsent, daß Sterbeprozesse in verschiedenen Lebensbereichen deutlich werden, dann sollten sie ihre Widerstände überwinden und den möglichen Verwandlungen entgegengehen. Dies gilt besonders für die Lebensbereiche, in denen sie schon längere Zeit auf der Stelle treten. Möglicherweise kämpfen sie schon seit geraumer Zeit mit dem «Rücken zur Wand» und versuchen an den dahinscheidenden Bereichen des Lebens, seien es Arbeitsbereiche, Partnerschaften oder andere Themen, die ihnen am Herzen liegen, festzuhalten. Lebensbereiche, die einen dräuenden Niedergang erkennen lassen, wollen vollends durchschritten und mit einem Löseprozeß zu Ende geführt werden. Je länger die Nativen versuchen, an den Umständen festzuhalten, desto länger währen die Wandlungsprozesse. Dies mag bei den Betroffenen den Anschein erwecken, als habe sich das gesamte Leben gegen sie verschworen, doch ist es einzig und allein ihr eigenes Festhalten, welches ein Klima von immerwährendem Niedergang schafft.

Jedes Festhalten am Alten verhindert neue Manifestationen im Leben, so daß die Phasen von Wandlungsprozessen sich so in die Länge strecken, bis die Nativen endlich loslassen. Erst das bewußte vollkommene Lösen läßt wieder Neues entstehen und wieder neues Leben einziehen. Das Erfordernis zur Wandlung wird aufgrund von häufig auftretenden unerklärlichen Ängsten deutlich. Besonders Ängste vor drohendem Unheil oder dem Tod, der ja die größte Verwandlung des Lebens darstellt, lassen erkennen, daß eine Notwendigkeit zur Wandlung besteht, was von den Betroffenen nicht bewußt wahrgenommen wird. Die Seele allerdings weiß um diese Notwendigkeit und sendet Signale an das Tagesbewußtsein des Menschen. Für die Menschen mit der Skorpion-Sonne gleicht die Welt mit ihren unterschiedlichsten Lebensbereichen einem Vehikel, das ihnen hilft, an bestimmte Ziele zu gelangen. Gerne bleiben die Nativen in ihrem Transportmittel sitzen, wobei es, um ein bestimmtes Ziel zu erreichen, wichtiger wäre, zwischendurch einmal umzusteigen. Im konkreten Leben bleibt man ja auch nicht als Fahrgast im Abteil eines Zuges sitzen, weil es dort während der Reise besonders gemütlich war. Die Welt ist für die Nativen mit dem Sonnen-Auftrag Skorpion nur Mittel zum Zweck. Sie dient dazu, bestimmte notwendige Erfahrungen zu machen, um die Zusammenhänge von Geist und Materie kennenzulernen.

Menschen mit dem Sonnen-Auftrag Skorpion sollten ihr Leben unter dem Gesichtspunkt prüfen, ob die beschriebenen Symptome oder ähnliche ihre Aufmerksamkeit fordern. Ist dies der Fall, sollten sie die Situationen nicht als Willkür des Schicksals empfinden, sondern hinter diesen eine Notwendigkeit sehen, die sie nicht bereit sind zuzulassen. Sie können Loslassen lernen, indem sie sich bewußt den inneren Fixierungen zuwenden. Dabei ist es hilfreich, die Fixierungen einmal niederzuschreiben und die Situationen, die sie nicht bereit sind zu verändern, in der Phantasie zu durchwandern, sie dort anders als im Leben zu gestalten, um im Geiste den Grundstein zur Veränderung zu legen. Der Kontakt mit den inneren Bildern rührt sie an und führt sie in die Nähe der Gefühle, die sie dazu bewegen, im Leben an allem festzuhalten. Auf diese Art und Weise können die wahren Motivationen ergründet werden, die zu immer gleichen Verhaltensmustern führen. Auch eine therapeutische Arbeit, die sie in die Bereiche ihres Unbewußten führt, um sie mit ihren Schattenthemen in Verbindung zu bringen, kommt dem Inhalt des Sonnen-Auftrags Skorpion entgegen. Das Zulassen von Sterbeerfahrungen auf anderen Ebenen kann ihnen helfen, das Mysterium der inneren Regeneration zu betrachten. Dies wäre beispielsweise in einer Atemtherapie möglich, die in Grenzbereiche führt, in Seminaren zu Sterbethemen oder auch in Hospizbewegungen.

Entwickeln die Nativen mit dem Sonnen-Auftrag Skorpion die Bereitschaft zur Konfrontation, befinden sie sich in der Nähe der Inhalte, die das Leben ihnen in Form der erlebten Grenzbereiche anzutragen versucht. So, wie es in den antiken Initiationsritualen praktiziert wurde, sind Menschen unter diesem Auftrag aufgefordert, jene Nachtfahrt der Seele zu vollziehen, die zu den verborgenen Schätzen der Seele führt. Ist die Bereitschaft dazu vorhanden, dann verwandelt sich die abgestorbene Form, und es beginnt wieder Leben zu erstehen, da die Nativen zum inneren Leben gefunden haben. Damit befreien sie die stoffliche Welt davon, Erfüllungsgehilfe für Verwandlungsprozesse zu sein. Sie haben den Prozeß eingeleitet, den man den Weg vom Sterben zum Werden nennt, der sie in einer geistigen Welt Wurzeln schlagen läßt.

Der Sonnen-Auftrag Schütze

Das Tierkreiszeichen Schütze ist ein männliches Feuerzeichen, dessen Zeitraum sich zwischen dem 23. November und dem 20. Dezember des Jahres erstreckt. Jupiter ist der Herrscherplanet dieses Tierkreiszeichens.

Natursymbolik: Schütze ist das letzte Zeichen im dritten Quadranten des Tierkreises, welcher dem Geistprinzip zugeordnet wird. Schütze bringt den in Waage und Skorpion begonnenen Zyklus, der den Rückzug der Ich-Kräfte zum Inhalt hat, zum Abschluß. Folgt man dem Tierkreis von Widder bis Schütze, ist Schütze das letzte Feuerzeichen unter den Urbildern, den anschließenden Zeichen Steinbock, Wassermann und Fische ordnet man jeweils die Elemente Erde, Luft und Wasser zu.

Da der Geist-Quadrant durch ein feuriges Zeichen abgeschlossen wird, läßt sich folgern, daß die Entwicklungsimpulse auf dem Weg von der Waage über Skorpion zum Abschluß mit der Schütze-Thematik eine neue Dynamik bekommen.

Um die sich entwickelnde Dynamik des Schütze-Prinzips besser verstehen zu können, ist es sinnvoll, die Symbolik verschiedener Ebenen genauer zu betrachten. Innerhalb des Jahreslaufes ist im Dezember die Station erreicht, an dem die Tage die kürzesten im Jahr geworden sind. Tagsüber bleibt es nur noch acht Stunden hell, und die Dauer der Dunkelheit hat sich auf 16 Stunden ausgedehnt. Endlose Regenfälle gehen zwischen düsteren, nicht aufreißen wollenden Nebelbänken nieder. Die kalte Feuchtigkeit dringt unerbittlich in alles ein, was ihr im Außen ausgesetzt ist. Der erste Schnee mischt sich in den Nieselregen, und die feuchte Kälte bringt jedwede Freude an der Weltenaktivität zum Erliegen.

Die Felder sind leer, die Gärten sind kahl und strahlen eine düstere abwartende Stille aus. Die Pflanzen und Früchte, die im beginnenden Herbst zu Boden gefallen sind, werden in der Skorpionzeit über die anhaltende Feuchtigkeit einem Fäulnis- und Zersetzungsprozeß ausgesetzt. Dieser löst die harten Schalen der Samenkörner auf. Sie beginnen zu quellen, und aufgrund der starken Regenfälle werden sie tiefer in das Erdreich hineingespült. Die allegorische Bedeutung jenes Naturvorganges ist sehr bedeutsam und führt zu einem tieferen Verständnis des sich im Tierkreiszeichen Schütze vollziehenden Prozesses. Dieser Vorgang beschreibt, wie während des Sterbevorganges gleichzeitig durch das Hineinspülen der aufgeweichten Samenkörner die Grundlage für das neue Werden gelegt wird. Die Samenkörner sind die Träger der Lebens- und Wachstumsinhalte, die sich im nächsten beginnenden Frühling ausprägen werden. Mitten im großen Dahinscheiden findet nun die grundlegende Basis für den Fortbestand des Lebens ihren Anfang. Im Skorpion vollzieht sich das Sterben, und im Schütze entsteht die Anlage für das nächste Werden. Diese Synchronizität zeigt auf, weshalb auf der Seelenebene des Schütze-Prinzips ein starker Optimismus vorherrscht, mit dem tiefen Vertrauen auf den Wandel zum Besten. Intuitiv spüren Menschen unter dieser Signatur das Mysterium, welches sich in jedem zyklischen Geschehen entdecken läßt.

Schütze entspricht als letztes Feuerzeichen der mit Asche bedeckten Glut, die im Keim eine große innere Hitze trägt. Die Asche stellt das gestorbene Ego dar, das sich von den irdischen Verhaftungen losgelöst hat. Das innere Feuer ist zu einer Unterscheidungsfähigkeit gelangt und kann das Wesentliche vom Unwesentlichen trennen, um jenseits von den Zerrissenheiten, vom weltlichen Treiben einen dritten, erlösenden Punkt im Inneren zu finden. Die Energie fließt in Ideen hinein, die stärker als bei den beiden vorhergehenden Zeichen dem Ziel gelten, diese auch auf die Welt zu bringen. Eine optimistische Gläubigkeit an die ewige Regenerationsfähigkeit des Lebenskreislaufes stellt sich mit dieser Energie des Zeichens Schütze ein, wobei die Hast im Ringen nach Leben und Sichtbarkeit in einer inneren Ruhe mündet. Glut ist immer wieder als Feuer zu entfachen, doch das Wesen des Schützefeuers ist es, die Hitze bedeckt zu halten, um den effektivsten inneren Nutzen daraus zu erzielen. Menschlicher Wille und Libido haben sich auf eine geistige Ebene hinaufgeschwungen, das kleine, auf sich gestellte und beschränkte Ich hat sich zum höheren Selbst entfaltet, es hat sich von der Erdenschwere so weit gelöst, daß sein Wille intuitiven Eingebungen gehorchen kann und damit universellen Anforderungen gerecht wird.

Dem Tierkreiszeichen Schütze lassen sich folgende Symbolrepräsentanten und Eigenschaften zuordnen:

Priester, Philosophen, Richter, Großgrundbesitz, Reiseleiter, Reisebüros, Wohlstand, Besitz, Wälder, Alleen, Weiden, geheiligte Orte, heilige Haine, Kirchen, Tempel, Expansion, Ausweitung, Entwicklung, Fülle, Weite, Dynamik, Idealbilder, Sinngebung, Sinn und Wert, Religio, Philosophie, Glaube, Weihe, Ethos, Würde, Menschenliebe, Hilfe, Weisheit, Einsicht,

Erkenntnis, Recht, Gerechtigkeit, Erfolg, Zufriedenheit, Heiterkeit, Optimismus, Weltbejahung, Lebenskunst, Kultur, Reichtum, Selbstüberschätzung, Übertreibung, Pathetik, Großspurigkeit, Toleranz, Selbstbewußtsein, Offenheit, Großmut, Güte, die Leber, die Oberschenkel, der körperliche Fetthaushalt, Wucherungen etc.

Im Zeitraum des Schützemonats werden die Menschen von der Unwirtlichkeit der Jahreszeit geplagt und geistern schemenhaft und müde über die Erde, denn sie fühlen sich in ihrem Lebensausdruck eingeschränkt. Auch in der Psyche ist die gleiche Stille heraufgezogen, wie sie in der Natur Einzug gehalten hat. Mittels der trübseligen Dunkelheit wächst in den Gemütern eine Sehnsucht nach größerer Weite und Himmelsnähe heran. Um diese bedrückende Zeit durchzustehen, sehnen sich die Menschen nach Lebensfreude und Licht und halten an jeder sich bietenden Hoffnung fest. Dabei vergessen die Menschen, daß sich das Ziel ihrer Sehnsüchte in dieser Zeit nicht im Außen finden läßt, sondern nur im menschlichen Bewußtsein selber. Neuen Mut, neue Kraft und neue Ziele liegen jetzt deutlich im Sakralen, im Numinosen und nicht in der Verwirklichung volkstümlicher Alltagsfreuden, wie das beispielsweise im Hochsommer der Fall ist. Die Abende in dieser Zeit sind endlos und fordern den Menschen zu einer inneren Einkehr und Besinnung auf. Es ist die Zeit, in welcher der Mensch über den Sinn des Lebens nachdenken sollte. Jedes Entfliehen käme nur einer Verdrängung gleich, die das Leben stets mit «Nachhilfeunterricht» beantworten muß, da man den zu lernenden Inhalten einer bestehenden Zeitqualität nicht entgehen kann.

Der Auftrag: Native, die im Zeitraum vom 23. November bis zum 20. Dezember geboren werden, erhalten den Auftrag, den Blick von der äußeren Form nach innen zu wenden. Die Natur ist immer unwirtlicher geworden und läßt es nicht mehr zu, daß man sich zur Zerstreuung draußen aufhält, sondern die Menschen müssen sich zwangsläufig in ihre Innenräume zurückziehen. Der Prozeß der Verinnerlichung, wie er sich schon in Skorpion abzeichnete, setzt sich in Schütze weiter fort und will, da es das letzte Zeichen im dritten Quadranten ist, zu einem Abschluß gebracht werden. Waage und Skorpion stellen die Anfangs- und die Verfestigungsphase des geistigen Quadranten dar. In diesen beiden Bildern erfährt die Subjektivität eine Verwandlung, so daß der Mensch in seinen Ich-Empfindungen und in seinen Vorstellungen in einen Metamorphose-Prozeß geschleust wird, der ihn am Ende nicht mehr so ichverhaftet sein läßt, wie er ursprünglich einmal war. Waage tritt im dritten Quadranten als erstes Zeichen mit den geistigen Inhalten des Kollektivs in Kontakt und macht auf diesem Weg Erfahrungen mit jenen Projektionsanteilen, die zunächst im Unbewußten liegen. An dieser Station des Tierkreises beginnt die Schattenarbeit. Skorpion ist angebunden an den Urgrund der seelischen Inhalte und trägt diese als Anlage in sich, zu der eine innere Verbindung hergestellt werden soll. In der Skorpion-Phase muß das Individuum eine Bewußtheit für den eigenen Abgrund entwickeln. Schütze hingegen ist aufgefordert, die Verbindung zwischen der Welt und dem kosmischen Urgrund herzustellen.

Genau wie es die Dunkelheit in der Natur symbolisiert, sind die Nativen mit dem Sonnen-Auftrag Schütze dazu berufen, nach dem Licht zu suchen. Licht, das auch an den Feiertagen dieses Zeitraumes eine große Rolle spielt, symbolisiert die Erhellung des Geistes, der mit Bewußtheit das Dunkel erhellt. Der Auftrag führt die Nativen dazu, sich mit der geistigen Essenz des Lebens auseinanderzusetzen. Die Nativen sollen im Laufe ihres Lebens der Materie eine tiefere Bedeutung geben, als sich lediglich um äußere Dinge zu kümmern. Gehen sie einen spirituellen Weg, dann ist es für sie wichtig, in das Mysterium der durchgeistigten Materie Einsicht zu nehmen und es zu verstehen. Denn die Welt ist Träger der Geistinhalte, die in ihrem Keim erforscht werden wollen, damit die materielle Form wieder eine echte Bedeutung erhält – nämlich die, daß sie einer Brücke zum Kosmischen gleicht, die als solche erkannt und benutzt werden will. Aus dieser Sicht erhält die Welt für sie einen ganz anderen Stellenwert als für die Menschen, die allein deren sichtbaren funktionalen Aspekten eine reale Bedeutung beimessen. Menschen mit dem Sonnen-Auftrag Schütze sind aufgerufen, sich von dem profanen Blick der äußeren Weltenanbindung zu verabschieden und zu einem ähnlichen Zustand der Stoffgelöstheit zu gelangen, wie sie im

Skorpion-Auftrag deutlich wurde. Schütze entspricht dem Prinzip des Geistes und der Religio, die zum zentralen Lebensmotiv unter diesem Auftrag werden sollten. Den Nativen ist das Bewußtsein um das Wesen des Geistes verlorengegangen, es möchte zurückerobert und im Stoff wiederentdeckt werden, da das Rationale (Merkur-Prinzip) ein Übergewicht bekommen hat.

Häufig wird Geist mit Intellekt verwechselt. In diesem Mißverständnis liegt der Keim vieler Probleme. Geistige Erkenntnisfähigkeit erwächst aus einem übergeordneten Gesichtspunkt des Verstehens unterschiedlicher Zusammenhänge, sei es in der Welt, in Philosophien oder in Mythen. – Stets schafft der Geist Verbindungen, erkennt Gleichheiten und Analogien, wodurch er im Bewußtsein Einheit schafft. Der Intellekt entspricht dem rationalen Prinzip, welches nicht zur Einheit der Dinge führt, sondern zum spaltenden Zerwürfnis. Jede Spaltung entspricht aber einer Bindung an weltliches Geschehen, da die Welt aus lauter Spaltungen (Polaritäten) besteht. Der Intellekt entspricht somit einem weltlichen Orientierungsorgan und der Geist einem metaphysischen Rückbindungselement. Der Geist ist das Prinzip, welches die Materie und alles in diesem Universum beseelt, jenes Prinzip hinter der Physis – also das Metaphysische. Mit dem Metaphysischen in Kontakt zu treten ist die Schütze-Aufgabe. Dies ist immer wichtigster Bestandteil aller Initiantenschulen gewesen. Erkennen die Nativen, nachdem sie sich auf die Suche gemacht haben, daß die Welt eine Sprache in Symbolen spricht, wollen sie den Stoff fortan nicht mehr besitzen, sondern weiter in die Tiefe des begonnenen Dialoges hineingehen.

Menschen mit einem Schütze-Auftrag sollen lernen, ihre Bewußtheit zu erweitern, sich nicht von sich selber abzulenken, sondern in die Tiefe des eigenen Innnenraumes einzutauchen. Das bedeutet aber auch, die Prioritäten im Leben anders zu verteilen, um Momente der Erhebung und Inspiration zu suchen, wie man sie z. B. in feierlichen Ritualen, Konzerten und Messen findet, anstatt sich mit einer Fülle von Außenaktivitäten unaufhörlich vom inneren Kern abzulenken. Der Auftrag der Nativen mit einer Schütze-Sonne lautet:

«Richte dein Wachstumsbedürfnis und deine Sehnsucht auf innere Ziele.»

Mit dem Abschluß der Schütze-Phase erfolgt in der Natur die Wintersonnenwende. Die Symbolik des Wintersolstitiums deutet an, daß das Licht (Geist-Prinzip = Schütze / Jupiter) im Stoff (Materie = Saturn) geboren wird. Die materielle Welt ist polar zum Geistigen die höchste Dunkelheit, vergleichbar dazu sind im Schütze-Abschnitt auch die Tage am kürzesten, die Dunkelheit überwiegt. Doch in der Dunkelheit ist das Licht am hellsten zu sehen, und vor allem hilft es im Dunkeln bei der Orientierung. Forscht man nach dem Sinn für den Erhalt eines Geburtsauftrages Schütze, läßt sich darauf schließen, daß der Auftrag besonders dann an Native gerichtet ist, wenn diese aufgrund des seelischen Anlagenbedürfnisses zu stofflich orientiert sind. Menschen, die ihr Augenmerk nur auf die Materie und die Außenwelt gerichtet haben, sollen mit dem Schütze-Auftrag der Welt eine andere Bedeutung abgewinnen. Vor allem sollen sie sich mit geistigen Inhalten und den Grundfragen des Seins auseinandersetzen, indem sie die Fragen nach dem Sinn des Lebens stellen und versuchen zu ergründen, woher der Mensch kommt, wohin er nach seinem Ableben geht.

Aufgrund ihres Auftrages sind sie gefordert, den Unterschied zwischen Körper und Seele zu entdecken, indem sie erkennen, daß der Mensch ein geistiges Wesen mit einem Körper ist und nicht umgekehrt. Besonders Native, denen es an der Fähigkeit zur eigenen Konfrontation mangelt und die deshalb panikartig jede Möglichkeit fliehen, sich mit ihren, inneren Anteilen auseinandersetzen zu müssen, erhalten einen Sonnen-Auftrag Schütze. Wenn das Bedürfnis nach Expansion und Ausweitung, welches im Tierkreiszeichen Schütze besonders stark ist, nur auf äußere Themen gerichtet wird, führt der Sonnen-Auftrag zur Rückbesinnung und Ausrichtung auf ein geistiges Ziel. Fehlt diese Zielausrichtung, erfahren die Nativen tiefe Sinnlosigkeit, sie verlieren ihren Lebensinhalt, ihre Kraft und dadurch die Funktionsfähigkeit.

Im Sonnen-Auftrag Schütze bereitet sich im Menschen die individuelle Ganzheit durch die Überwindung der Polarität vor – die

Überwindung von Soma und Psyche, von Erde und Himmel. Unter einem solchen Geburtsauftrag sollen die Nativen die Schwelle übertreten, von der aus der Weg vom Ich zum Selbst beginnt. Fehlt jedoch diese geistige Ausrichtung, da die sonst sehr förderlichen Anlagen des Schütze-Prinzips in Größenwahn, Selbstüberschätzung, Ausschweifung und materielle Expansion ohne Ende gelebt werden, wie dies besonders bei Menschen mit einer Schütze-Sonne der Fall sein kann, dann führt der Sonnen-Auftrag zu den Grundfragen des Seins, indem die Betroffenen durch das Leben immer wieder aufgefordert werden, nach dem eigentlichen Sinn ihrer Existenz zu forschen.

Vergleichende Symbolebene: Ausgelöst durch die immensen Fortschritte der Technik, ist die Gesellschaft immer mobiler geworden. Informationen werden in Minuten- oder Sekundenschnelle ausgetauscht. Es gibt kaum einen Platz auf der Erde, der nicht mit den neuesten Nachrichten versorgt wird. Die meisten Menschen glauben daher, «alles» zu wissen, da sie sich mit der Fülle von Informationen angefüllt haben, und leiten aus diesem Lebensgefühl ein elitäres Bewußtsein ab. So gaukelt sich der moderne Zeitgenosse gerne vor, seine Kultur sei – vergleichbar mit früheren Epochen – das absolute Nonplusultra.

Die hochleistungsfähigen Transportmittel ermöglichen, daß der Mensch in 24 Stunden den Globus einmal umfliegen kann. Gemessen an den früheren Bedingungen der Menschen, für die eine Weltumsegelung ein gefährliches und gigantisches Risiko gewesen ist, gelingt dem modernen Menschen dieses Abenteuer ganz nebenbei, ruhig und relaxt im bequemen Sitz eines Jumbo-Jets mit Videofilmen und einem Gläschen Champagner in der Hand. Der neue Globetrotter kämpft weder mit Raubtieren noch mit Drachen. Die einzige Mutprobe auf seiner Flugreise zeigt sich in der bangen Frage, wie er die Zeit «totschlagen» kann. Die Sicherheitsvorkehrungen werden schon von anderen für ihn getätigt, Agenten der großen Reisegesellschaften und Fluglinien klärten die Reisebedingungen ab. Mit dem Zücken einer Kreditkarte läuft alles wie von selbst. Das Empfinden, in einer Welt zu leben, die schon alles erreicht hat, verführt zu einem Gefühl des Hochmutes und der Überheblichkeit. Diese Hochstimmung hat allerdings den Nachteil, daß der Mensch mitten im Zustand der Fülle vergißt, nach dem eigentlichen Sinn des Lebens zu forschen, da er das Heil in seiner Ausrichtung auf Oberflächliches sieht.

Doch auch wenn er sich vom Glanz der Welt gefangennehmen läßt, merkt er, daß er trotzdem immer wieder Momente erfährt, in denen Trauer und Depression ihn in die Knie zwingen. In diesen Phasen sucht er dann endlich nach dem Sinn des Lebens. Natürlich sucht er erst einmal in jenen Räumen weiter, die ihm schon bekannt sind. Aber selbst wenn er eine Ersatzbefriedigung gefunden hat, kehrt der düstere Seelenzustand schnell wieder zurück. Denn das Ziel des Menschseins besteht nicht darin, sich ausschließlich um die reine Lebens- und Arterhaltung zu kümmern und sich begleitend dazu Entspannungs- und Ablenkungsprogramme zu schaffen, sondern sich den geistigen Aspekten der Existenz zuzuwenden, so daß aus dieser innerlichen Ausrichtung die eigentliche Menschwerdung geschehen kann. Dazu ist es nötig, aus dem dumpfen Ruhezustand zu erwachen, um sich von den vorhandenen okkulten Inhalten der Kultur ansprechen zu lassen. Der beschriebene Zustand des Weltenbürgers gleicht dem Schützethema, wenn es in seiner materiellen Form gelebt wird und keinerlei Anbindung an geistige Inhalte erfährt.

In den zu Siebener-Jahresabschnitten eingeteilten Lebensphasen entspricht das Geschehen *in der Zeit zwischen dem 56. und dem 63. Lebensjahr* des menschlichen Lebens symbolisch dem Thema des Tierkreiszeichens Schütze. Die unruhige Zeit der Wechseljahre beginnt langsam auszuklingen und der Mensch macht im Anschluß an diese aufwühlende Phase die wunderbare Erfahrung einer aufsteigenden Ruhe und Gelassenheit nach der großen Anspannung. Er spürt in seinem Körper eine Müdigkeit aufsteigen, die vergleichbar ist mit der menschlichen Empfindung im Monat Dezember. Auch in dieser Zeit ist die natürliche Zeugungs- und Geschlechtskraft weitaus am geringsten. Die merklich schwächer gewordene Lebenskraft löst gleichzeitig beim alternden Menschen die Bindung an irdische und materielle Güter auf. Dabei verliert er nun das Interesse an seinem

Beruf sowie die Lust, an dem täglichen Überlebenskampf auf dem Schlachtfeld des Broterwerbs weiter teilzunehmen. In ihm reift eine tiefe geistige Ruhe heran, die ihm ein unbekanntes Neuland in seinem Inneren eröffnet. Gleichzeitig erschließen sich ihm in dieser Lebensphase erstaunliche neue Erfahrungen:

Je mehr er noch in der Verhaftung am Stoff gefangen ist, desto mehr macht ihn die sinnlose Außenausrichtung zu einem lebendigen Toten. In Momenten der Stille beginnt er die Sinnhaftigkeit seiner äußeren Aktionen zu hinterfragen, und viele seiner früheren Einstellungen und Handlungen erscheinen ihm lächerlich und geradezu unverständlich. Findet er in dieser Zeit keine neuen Inhalte, erfaßt ihn eine bleischwere Depression, die ihn entweder voran zu neuen Zielen treibt oder ihn in mechanischem Ablenkungsverhalten rotieren läßt. Das Thema der Sinnlosigkeit und der Zustand eines lebendigen Toten ist ein ganz zentrales Thema im Leben der Menschen, die den Sonnen-Auftrag Schütze erhalten haben. Je mehr diese ihre Ziele nach außen richten, desto mehr erkranken sie förmlich an der Wunde der Sinnlosigkeit. Körperlich sind sie zwar überaktiv, doch gleicht ihr innerer Zustand einem abgestorbenem Ödland, aus dem jegliches Leben gewichen ist. Dies äußert sich bei ihnen darin, daß sie spüren, daß die gewählten Lebensinhalte ihnen nicht entsprechen, so daß sie ständig neue Projekte planen, die immer euphorischer und gigantischer sind als die, welche sie bereits hinter sich gelassen haben. Sind sie gerade wieder in einem Themenbereich heimisch geworden, spüren sie den brennenden Schmerz der Sinnlosigkeit, und das innere Feuer treibt sie an zu weiteren Zielen. Dieser echte brennende Schmerz ist der Motor für ihre Sinnsuche.

Der Monat des Schützen ist ein Zeitraum voller Lichtfeste, die alle symbolisieren, daß die bestehende Dunkelheit im Leben durchlichtet, also durchgeistigt werden will. Der erste Sonntag im Dezember ist der Adventssonntag. Advent heißt Ankunft und leitet sich von dem lateinischen *advenire* = ankommen ab. Die Adventszeit stellt einen direkten Bezug zum Schützethema her. Am 1. Advent entzündet man symbolisch eine Kerze, die das Aufgehen des kosmischen Lichtes symbolisiert. Es entspricht dem ersten Impuls der Schöpfung, und jedes weitere Licht, das im Laufe der Adventszeit am Kranz entzündet wird, beschreibt die auf den ersten Schritt folgenden Schöpfungsphasen, derer es insgesamt drei gibt. Die zweite Kerze ist das Symbol für die Spaltung (Polarität/Spiegelung) und die passive Reflektion des Geistprinzips. Die dritte Kerze symbolisiert die Trinität, die sich im Gesetz des Dreiecks darstellt. Der dritte Punkt, der eingenommen wird und sich lösend über die Polarität erhebt, ist gleichzeitig der Ausgangspunkt für den Ausgleich der Polarität. Er ist der Gesichtspunkt, von dem aus die Welt betrachtet werden möchte, da nur in der Erhebung über die bindende Zerrissenheit der Stoffgebundenheit der Ausweg aus der Form gefunden werden kann. Die vierte Kerze, die am 4. Advent entzündet wird, ist schon wieder der Beginn eines neuen Abschnitts auf einer anderen Ebene. Die Vier ist das Symbol des Kreuzes, des Quadrates, also der Erde. Der 4. Advent symbolisiert mit seinen brennenden vier Kerzen die Durchgeistigung des Stoffes. Diese findet dann im Weihnachtsmysterium ihren Höhepunkt.

Das Ankommen in der Adventszeit bezieht sich auf das Schütze-Stadium des individuellen Initiationsweges eines Menschen, welches eine andere Hinwendung an den Stoff erfordert, als es der Mensch zuvor gewohnt war. In diesem Sinne heißt es zu erkennen, daß die Welt Träger des Geistes ist, zu dem es unter dem Sonnen-Auftrag Schütze gilt, wieder eine Verbindung herzustellen.

Symptomatik: Viele Menschen, die mit einer Schütze-Sonne das Leben antreten, werden schon von Kindheit an mit einem Makel, einem Gebrechen oder dem Gefühl, nicht zur Welt dazuzugehören, geboren. Sie ringen im Laufe ihres Lebens mit ihren spezifischen Themen und forschen nach dem Sinn ihres Makels. Diese Verwundung wird ihnen gegeben, damit sie stellvertretend für die geistige Sinnsuche lernen zu fragen: «Was hat das für einen Sinn, daß gerade ich ...?!» Es ist die einzige Chance, wenigstens über diesen Motor auf eine Sinnsuche zu gehen. Natürlich gibt es unter dem Sonnen-Auftrag Schütze auch Menschen, die trotz «Motor» nicht auf die Suche gehen, so daß das Leben mit weiteren Situationen nachhelfen muß.

Sind die Nativen mit dem Sonnen-Auftrag Schütze nicht gewillt, sich in die beschriebenen Lernthemen hineinzufügen, so werden sie vom Schicksal direkt in jene Bereiche geführt, die sie versuchen zu meiden. Der Unterschied von den Symptomen des Skorpion-Auftrages zu denen des Schütze-Auftrages besteht darin, daß der Skorpion in Grenzbereiche geführt wird, um mit einem möglichst tiefen Seelenspektrum in Berührung zu kommen. Native mit dem Schütze-Auftrag hingegen machen die Erfahrung, daß sich ihre seelische Trauer trotz aller weltlicher Bemühungen und Aktivitäten nicht verdrängen läßt, sondern wie eine nicht heilende Wunde ständig schmerzhaft präsent ist. Die immerwährende Unzufriedenheit mit den erreichten Lebensumständen hat also einen Signalcharakter, daß es im Außen nichts mehr für sie zu finden gibt, was zur inneren Zufriedenheit beitragen könnte. Das Scheitern lang gehegter Lebensziele deutet an, daß die Hinterfragung der eigenen Ideale nicht intensiv genug stattfindet und diese erst durch eine äußere Situation angeregt werden müssen.

Das Jupiter-Symbol als herrschender Planet im Tierkreiszeichen Schütze hat sich im Laufe der Zeit im Bewußtsein vieler Menschen als der große Glücksbringer eingeprägt. Wenn man das Glück an materiellen Wachstumsprozessen mißt, mag das vielleicht stimmen, da Jupiter auf allen Ebenen expandiert. Der tiefere Aspekt Jupiters beschreibt eine andere Form, die nichts mit dem landläufigen Verständnis zu tun hat. Glück ist bekanntlich relativ und im Sinne des Jupiter bezieht es sich immer auf einen Erkenntnisschritt, eine Einsicht in bezug auf das eigene Leben bzw. die eigene Weltanschauung. Lebensumwälzende Einsichten werden jedoch meistens in Situationen des Mangels, des Verlustes, durch inneres Ringen und Suchen erfahren und nicht unbedingt im Urlaub am Strand, da das Naturell des Menschen so beschaffen ist, daß es in einer entspannten Situation kaum etwas hinterfragt. Dies mag der Grund dafür sein, warum Menschen mit dem Sonnen-Auftrag Schütze meist mit einem unterschwelligen Gefühl des Mangels und der Trauer leben. Selbst wenn die äußeren Bedingungen noch so vorteihaft sein mögen, tragen die Betroffenen ein Leben lang die Wunde der göttlichen Unzufriedenheit in sich, die sie nur in kurzen Phasen verdrängen oder überkompensieren können. Das Ziel des Schütze-Auftrages ist die Sinnsuche. Je weniger diese stattfindet, desto mehr Schwierigkeiten muß der Native erfahren, damit er sich auf den Weg macht, um den Dingen auf den Grund zu gehen, stellvertretend für die Suche nach Gott. Dieses Suchen und Hinterfragen führt aber tatsächlich zur Heilung. Alle äußeren Drangsale entstehen somit stellvertretend für die Suche nach dem Sinn des Lebens. Sie führen zum zentralen Thema hin, welches lautet: «Wer bin ich, woher komme ich, und wohin gehe ich?» Aus dieser Frage erwächst die tiefe Religio, die Rückbesinnung auf das Zentrum.

In unserer Gesellschaft wird die Kernfrage, die zum Zentrum des Menschseins führt, nicht mehr gestellt. Eine Gesellschaft, die ihre Aufgabe allein in der Lebenserhaltung sieht, darf sich nun Schritt für Schritt über die eigene Bedrohung mit dem Wesentlichen auseinandersetzen, bis vielleicht vereinzelt Menschen damit beginnen, sich mit der großen Seinsthematik zu konfrontieren.

Die Themeninhalte, die sich ab dem Tierkreiszeichen Waage bis zu den Fischen abzeichnen, führen immer deutlicher in die Bereiche hinein, die den Erfordernissen eines Initiationsweges gleichen. Schlußendlich werden die sich stellenden Probleme der betroffenen Nativen auch erst dann einen Wandel erfahren, wenn diese tatsächlich beginnen, einen initiatischen Weg zu gehen.

Jeder wirkliche Einweihungsweg beginnt mit der individuellen Katastrophe, die zur Sinnsuche und zum konkreten Beschreiten eines Weges führt. Hieraus erklärt sich auch die Angst der Menschen vor einem großen Weltuntergangsdebakel. Fast in jedem Jahrhundert erwarteten Menschen den großen Untergang. Das intuitive Wissen um den Sinnverlust des Lebens produziert diese Angst. Es ist natürlich die eigene Katastrophe, die man fürchtet. Tief im Innersten weiß das Selbst um die Versäumnisse des Ego, welches Mittel und Wege findet, um im Spiel der Welt weiter mitmischen zu können. Die Angst vor der Katastrophe ist also die Furcht des Ego vor dem Weg, da das Ego durch den Ein- oder Umbruch eingeschränkt oder gar vernichtet werden würde. Jeder Mensch kann genausogut in der nächsten Minute vom Schlag getroffen werden, die Treppe hinunterfallen oder von einem Auto überfahren werden. Warum also erst auf den kollektiven Untergang warten, der nur eine andere Variante des Todes darstellt? Sterben muß der Mensch sowieso alleine. Wer sich dies ganz bewußt vor Augen führt, findet in diesem Verständnis einen sehr dynamischen Motor für die eigene Sinnsuche, denn das einzige, was übrigbleibt, ist der Geist und nicht die materielle Form. Da der Geist aus weltlicher Sicht nichts Konkretes ist und der Sinn deshalb im Materiellen gesehen wird, verschließt man die Augen vor den eigentlichen Erfordernissen des Menschseins.

Die Nativen mit dem Sonnen-Auftrag Schütze leiden an panischen Ängsten, sich selber begegnen zu müssen. Sie schildern selbst, daß sie die Wände hochgehen würden, sobald sie sich mit sich auseinandersetzen müßten, wenn ihnen eine Ablenkungsmöglichkeit fehlt. Die Problematik, an Scheinaktivitäten gebunden zu sein, drückt den Mangel sehr deutlich in dem häufig vorkommenden Symptom von Schlafstörungen aus. Das Unvermögen zu schlafen deutet darauf hin, daß die betroffenen Nativen nicht bereit sind, in die Tiefe (Nacht) zu gehen. Die ständige Ablenkung während des Tages läßt sie dann wenigstens in den durchwachten Stunden der Nacht ins Grübeln kommen. Nächtliche Kreuzworträtsel, Computerspiele, Internet-Surfen und 38 TV-Programme sind in solchen Fällen nicht das probate Hilfsmittel! Die Fähigkeit zu schlafen wird erst dann wieder zurückkehren, wenn die Nativen sich der Nachtseite des Lebens zuwenden, die in den Bereichen des Numinosen zu finden ist. Solange dies nicht geschieht, werden sie sich nächtens fragen, warum es ihnen erst frühmorgens gelingt, wenn die Morgendämmerung aufkommt, einzuschlafen.

Die Neigung zur Fettleibigkeit, die einer Variante des Schütze-Prinzips entspricht, signalisiert, daß die Ausdehnung, die im Geist über die Grenzen hinausgehen sollte, sich allein auf der körperlichen Ebene manifestiert. Die Nativen leiden an einer so enormen Fülle, daß es trotz der äußerlichen Aktivität und Beweglichkeit nicht mehr zur inneren Verarbeitung kommt. Die Nativen haben sich symbolisch in ihrer materiellen Weltzugewandtheit nicht nur konkret überfressen, sondern ihre Aufmerksamkeit zu sehr Themen gewidmet, die ihrem Geburtsauftrag nicht entsprechen. Auf der körperlichen Ebene wirkt sich das genauso aus, als hätten sie an einem guten Buffet zuviel konsumiert – hinterher fühlt man sich dick und unbeweglich, und es ist einem ganz schlecht. Geistig empfinden das die Nativen als ein sich einstellendes Gefühl der Sinnlosigkeit. Es handelt sich dabei um eine innere Leere. Der Spaß am weltlichen Treiben fängt an, sich zu relativieren, und die Nativen beginnen, sich im Kreise zu drehen. Sie können aus dieser vertrackten Situation keine Erkenntnis zulassen, da diese ihre gesamten Lebenskonzepte in Frage stellen würde, weshalb sie entweder mit vielem Essen oder der körperlichen Tendenz sofort zuzunehmen sich über die Grenzen des Normalen ausdehnen, womit sie deutlich sichtbar ihre Ich-Grenze erweitert haben.

Die Leber ist im menschlichen Organismus dem Schütze-Prinzip zugeordnet. Sie ist jenes Organ, das auf der stofflichen Ebene unterscheidet, was für den Körper verträglich ist und was nicht. Stellt die Leber ihre Funktion ein, da sie überlastet ist, signalisiert sie dem Menschen, daß etwas mit seiner Unterscheidungsqualität nicht stimmt und er in bezug auf seine Weltanschauung ungesund lebt. Auch in diesem Themenbereich wird im ungesunden Maße Weltliches konsumiert, so daß über den erzwungenen Weg der Selektion, der durch die erforderliche Diät beschritten wird, die Nativen auf einer Ersatzebene nur das zu sich nehmen dürfen, was für ihre Leber verträglich ist. Symbolisch führt die diätetische Maßnahme zur Reduzierung und Rückbesinnung auf das Notwendige, was unter diesem Auftrag im geistigen Sinne zu verstehen wäre. Die Hüfte ist gleichermaßen dem Schütze-Prinzip zugeordnet, sie dient auf der körperlichen Ebene dem Menschen dazu, sich aufzurichten, so daß er in aufrechter Position dem Leben begegnen kann. Sehr oft leiden die Nativen mit dem Sonnen-Auftrag Schütze an ihrer Hüfte, so daß die Betroffenen Schwierigkeiten beim Aufrichten sowie beim Laufen haben. Dieses Symptom drückt in sehr direkter Weise den Mangel im Bewußtsein der Betroffenen aus, da die Nativen sich nur schwer erheben können. Das äußerliche Symptom weist darauf hin, daß den Nativen über den Mangel auf der körperlichen Ebene die tiefsitzende Unfähigkeit zur inneren Erhebung deutlich gemacht wird. Das tägliche Umkreisen der Problematik läßt in ihrem Leben für sie deutlicher sichtbar werden, daß es darum geht, sich im Geiste aufzurichten und die Verbindung zwischen dem Numinosen und dem Stoff herzustellen. In allen Symptomen der Nativen wird der Mangel an Rückbindungsqualität deutlich, die in der erlösten Form zum echten Lebenselexier der Nativen werden kann. Viele Themen, die sie auf der weltlichen Ebene in Anspruch nehmen, sowie ihre immer wieder aufkeimende Trauer, weichen einer inneren Zufriedenheit und dem Wohlgefühl, mit dem Leben in ganz anderer Form umgehen zu können.

Kontemplative Integration: Wenn die Nativen mit dem Sonnen-Auftrag Schütze im vermehrten Maße die Erfahrungen machen, daß in regelmäßigen Abständen alles um sie herum seinen Reiz verliert, dann ist dies das entscheidende Signal für sie, sich im Leben umzuorientieren. Das Weitermachen wie bisher in dem Glauben, irgendwann einmal den ersehnten Zustand der Zufriedenheit und des Glückes in sich herstellen zu können, ist ein echter Trugschluß.

Sie sollten die ständig wiederkehrende Dynamik entlarven, indem sie in ihrem Leben zurückblicken und sich die vielen Situationen vergegenwärtigen, in denen sie glaubten, endlich den Silberstreif am Horizont entdeckt zu haben. Das ewige Bemühen, um dem eigentlichen Kern des Lebens zu entgehen, gleicht dem Verhalten einer Schiffsbesatzung, die erfahren hat, daß das Schiff leckgeschlagen ist und in den nächsten Stunden untergehen wird. Anstatt notwendige Maßnahmen zu ergreifen, offeriert man den Passagieren ein Bordfest mit Buffet, Tontaubenschießen, Singen und Tanzen – über den bevorstehenden Untergang werden die Passagiere nicht informiert. Das Fest steigt, ebenso die Fluten im Rumpf des Schiffes, und nach einiger Zeit schließt sich die Meeresoberfläche über dem bunten Treiben – alles versinkt in der Tiefe.

Wenn sich die Nativen mit dem Sonnen-Auftrag Schütze in ihrem aufgeregten Weltentreiben diese Geschichte von Zeit zu Zeit vor Augen führen, dann erhalten sie ein gutes Gespür für die Qualität ihrer Aktivitäten. Anstatt in Wäldern (Symbol für das Unbewußte) Marathonläufe zu absolvieren, sollten sie sich mit dem eigenen Unbewußten auseinandersetzen und ihm nicht im Außen davonlaufen.

Oder anstatt als Weltreisender fremde Kontinente zu besuchen, um den Horizont zu erweitern, sollten sie Reisende im Bereich des Geistes werden, was zur Erweiterung des Bewußtseins führt.

Um den Blick für den immerwährenden Mechanismus in ihrem Leben zu schärfen, sollten sie alle Situationen des Lebens durchgehen, in denen sie bemüht waren, mit äußeren Aktivitäten gegen die innere Trauer anzutreten. Sie werden den ewig gleichen Verlauf entdecken: Meist entsteht eine kurze Phase der euphorischen Erhellung, die sukzessive in Gleichmut und Desinteresse verebbt und nach einiger Zeit in eine Depression überwechselt. Wenn sich die Betroffenen den Mechanismus in seiner Deutlichkeit vor Augen führen und erkennen, daß dieser so präzise arbeitet wie Zahnräder, die ineinandergreifen, dann haben sie genau den Punkt erreicht, an dem es für sie möglich ist zu erkennen, daß sie in ihrem Leben gegen Windmühlenflügel kämpfen, solange sie versuchen, den äußeren Aspekten ihres Seins den ersehnten Glanz abzuringen.

Die Nativen sollten trotz erheblicher Widerstände langsam versuchen, sich Themen der Sinnfindung zuzuwenden, sich mit Philosophie, Mythologie, Mystik, Religio, Therapie auseinanderzusetzen – nicht aber um ein sezierendes Spaltungswerk zu betreiben, sondern um einen Schlüssel zur inneren Erhebung zu finden. Ist es über diesen Weg nicht möglich, sollten sie sich zumindest im Laufe eines jeden Tages großzügig die Zeit für Inspirationen gönnen – sich beispielsweise mal eine Gänsehaut mit Händels Cäcilienmesse verschaffen – mit Luciano Pavarotti die Sehnsucht nach etwas Nichtbeschreibbarem in «Nessun dorma» verspüren – regelmäßig meditierend in sich hineinlauschen oder bei Kerzenschein im Rahmen einer besinnlichen Stunde über sich selber nachdenken, über die Lebensmotivationen, über die Gefühle, Sehnsüchte und alles, was ihr persönliches Menschsein ausmacht. Wenn sie in dieser Form einen Weg gefunden haben, auf dem sie sich den Fragen ihres Seins annähern können, schließt sich die innere Wunde und verwandelt sich zu einer Quelle, aus der fortan eine Fülle von Erkenntnissen sprudelt.

Der Sonnen-Auftrag Steinbock

Das Tierkreiszeichen Steinbock ist ein weibliches Erdzeichen, dessen Zeitraum zwischen dem 21. Dezember und dem 19. Januar liegt. Dem Tierkreiszeichen Steinbock ist als Herrscherplanet Saturn zugeordnet.

Natursymbolik: Mit dem Ur-Bild Steinbock beginnt der vierte und letzte Quadrant des mundanen Tierkreises. Dieser repräsentiert das Übernatürliche, also das reine Sein. Als übergeordnete Ebene enthält der vierte Quadrant die Wirklichkeit, die als bestimmender Urgrund aus kosmischen Regionen auf die formale Welt einwirkt und sich durch diese ausdrückt. Steinbock ist eine wichtige Station auf dem Weg durch den Tierkreis, denn mit dem Beginn der Steinbock-Phase hat sich gerade die Wintersonnenwende vollzogen. Von nun an wächst das Licht der Sonne wieder, und die Tage werden länger und heller. Das vorhergehende Zeichen Schütze bildet den Abschluß des geistigen Quadranten mit seinen entsubjektivierenden Entsprechungen, die sich in Steinbock weiter fortsetzen.

Im dritten Quadranten des Tierkreises wird die Individualität geopfert. Im vierten und letzten Quadranten entsteht die Lösung von allen weltlichen Bindungen, um die kosmischen Gesetze zu erfahren, die eine andere Sprache sprechen als die weltlichen. Steinbockzeit ist Winterzeit – betrachtet man in dieser Jahreszeit symbolisch das Geschehen in der Natur, versteht man viel über das Wesen des Steinbock-Prinzips. Die Tage sind frostig kalt, und weißer Schnee bedeckt die einst bunte Landschaft. Alle Freiheit ist nun durch die äußeren Bedingungen gänzlich eingeschränkt. Selbst das zuvor im Tierkreiszeichen Schütze noch fließende Wasser des Regens und der Flüsse und Bäche beginnt zu frieren und erstarrt zu Eis. Die Außenwelt befindet sich in absoluter Ruhe und Stille. Das Leben in der Steinbock-Phase zieht sich aus dem fließenden Wasser der Gefühle in die Kälte einer seelischen Unbeeindruckbarkeit zurück.

Steinbock entspricht als drittes und letztes Erdzeichen allen Gesetzmäßigkeiten, sowohl den weltlichen als auch den kosmischen. Die erhöhte Form des Erdelementes hat sich im Steinbock mit Verbissenheit und Zähigkeit dem Irdischen verschrieben, im Bewußtsein der hohen Berufung zu einer schweren und verantwortungsvollen Aufgabe. Die Stoffbezogenheit im Sinne der Steinbock-Energie besteht in der Überwindung des Stoffes durch die Anerkennung der sich aus dem Stoff ergebenden Gesetzmäßigkeiten und Begrenzungen.

Was sich beim ersten und zweiten Erdzeichen noch in der Nutzung und Verwertung des Stoffes verwirklichte, mündet im dritten in einer Überwindung der Materie durch Verzicht und Askese, was zu Regeneration und Neuwerdung führt. In diesem letzten Erdzeichen verbinden sich Gefangenschaft und Befreiung. Wer nicht bereit ist, den erforderlichen schweren Weg anzutreten, der in dem Verzicht auf allen irdischen Überfluß besteht, der wird, des Kampfes müde, in Lebensverneinung und Hemmung versinken, mitten in der konkreten Welt.

Zum Tierkreiszeichen Steinbock lassen sich folgende analoge Symbolrepräsentanten und Eigenschaften beschreiben:

Der Konservative, die Ordnung, die Norm, Verfassung, Grundbesitz, Klassen mit altem Besitztum, der Adel, abgeschlossene Räume, Klosterzellen, Gefängniszellen, Meditationsräume, Schmucklosigkeit, Kargheit, alte Häuser, Ruinen, Gebirge, kalte Wüsten, Struktur, Begrenzung, Form, Zeit, Alter, Gewissen, Härte, Widerstand, Hemmung, Mangel, Reduktion auf das Wesentliche, schwere Arbeit, Kristallisierung, Verzögerung, Wissen, Hüter der Schwelle, Geiz, Härte, Gehemmtheit, Langsamkeit, Isolation, Einsamkeit, Kontaktschwäche, Entfremdung, Geduld, Ausdauer, Konzentration, Ernst, Verzicht, Askese, Skelett, Knochen, Zähne, Knie, Haut (die Grenze), Haare, Mangelerkrankungen, Sklerosen, chronische Krankheiten, Thrombosen, Mineralhaushalt, Verhärtungen, Schrumpfungsprozesse etc.

Nach der Wintersonnenwende vollzieht sich im Reich der Pflanzen auf einer unsichtbaren Ebene die Sammlung der Energie, die im Frühling mit dem beginnenden Wachstumsprozeß in die sichtbare Form hineinwächst. Auf der analogen Ebene kann man diesen Vorgang mit dem gegenpolaren Zeichen Krebs vergleichen. Im Zeitraum der Zwillinge findet die Befruchtung in der äußeren Natur statt, welche sich darauf im Krebs in den Schwangerschaftszustand verwandelt, damit das Leben in die Manifestation treten kann. Vom

Zeitraum des Schützezeichens zum Steinbock findet gleichfalls eine Art Befruchtung statt, da der Keim zur geistigen Rückverbindung gelegt worden ist. Was sich jedoch in Schütze vollzieht, gleicht einer geistigen Befruchtung, die nicht auf einer konkreten Ebene zu betrachten ist. Im Steinbock beginnt sich nun analog zur Schwangerschaft im Krebs-Prinzip jene Energie auf der geistigen Ebene auszuprägen, deren Früchte nicht mehr in der sichtbaren Form geerntet werden. Diese «Kinder» aus der «geistigen Schwangerschaft» sind Anteile des Bewußtseins, die dem kleinen Individuum keine Beachtung mehr zollen, dafür aber dem großen Ganzen dienen. Der folgende Spruch aus den initiatischen Schulen beschreibt ganz genau, was sich in diesem für den Menschen schwer nachvollziehbaren Bereich formiert: «Was du für dich erkennst, erkennst du für die ganze Welt.» Dies bezieht sich auf den seelischen Verbund aller Wesen, die auf einer subtilen Ebene miteinander verknüpft sind. So gibt es keinen Gedanken, der nicht schon einmal gedacht wurde, keine Empfindung, die nicht auch in anderen Menschen stattfindet. In den alten Mysterientraditionen wurde der numinose Verbund der Wesen auch Akasha genannt. Das Akasha entspricht einer feinstofflichen Ebene, in der alles enthalten ist, vergleichbar mit einer Datenbank, die alle im Universum enthaltenen Codes gespeichert hat.

Die gemachten Erkenntnisse der Initianten dienen somit der geistigen Bereicherung der ganzen Welt. Ihre innere Ausrichtung an geistigen Zusammenhängen und ihre Bemühung, über das subjektive Menschsein hinauszuwachsen, schaffen im Kollektiv eine Resonanz und somit die Grundlage dafür, ähnliche Ideale zu entwikkeln. Diese innere Befruchtung bewirkt auf einer geistigen Ebene Vergleichbares, wie es der äußere Wachstumsimpuls aufgrund der wiederkehrenden Sonne bewerkstelligt. Er berührt und durchdringt jedes Lebewesen, und von diesem Augenblick an beginnen sich Pflanze, Tier oder Mensch neu mit dem Lebensodem anzufüllen, egal wie stark der Winter zu diesem Zeitpunkt die Natur noch gefangenhält. Im Steinbock-Monat entstehen übergeordnete Erfordernisse, die fortan die Belange anderer in den Vordergrund rücken lassen. Der Mensch verliert als einzelnes Individuum seine

Bedeutung zugunsten der Gesetze, die der kollektive Zusammenhang diktiert.

Der Auftrag: Menschen, die im Zeitraum vom 21. Dezember bis zum 19. Januar geboren werden, erhalten den Auftrag, sich ernsthaft und verantwortungsbewußt mit den unterschiedlichsten Gesetzmäßigkeiten auseinanderzusetzen. Der Sonnen-Auftrag Steinbock führt die Nativen in den Kontakt mit Recht, Gesetz und Ordnung, Strukturen, sowie in das Mysterium der Begrenzung durch Zeit und Tod. Die Gesamtstimmung unter diesem Auftrag leitet die Betroffenen zur Konzentration auf bestimmte Lebensbereiche, die eine Dominanz entwickeln, der sie sich nicht entziehen können. Fast mag es für Menschen unter diesem Auftrag den Anschein haben, als sei die Welt eine ständige schwere Herausforderung, die sie sich gerne leichter gestalten möchten. Da jedoch in den letzten drei Tierkreiszeichen andere Gesetze walten als in der kausalen Welt, machen Menschen, die mit ihrem Geburtsauftrag dort angesiedelt sind, andere Erfahrungen, wenn sie sich nicht stellen oder etwas anderes erreichen wollen, als es die Erfordernisse des Auftrages diktieren. Das bedeutet, bezogen auf den Steinbock-Auftrag, je mehr Leichtigkeit gesucht wird, desto mehr Schwere wird erfahren. Dies gilt auch umgekehrt, je mehr Schwere angenommen wird, desto weniger Widerstand und Einschränkung erfahren sie. Das dem Tierkreiszeichen Steinbock zugeordnete Saturn-Prinzip gilt von jeher als der Inbegriff des Bösen, als der Übeltäter schlechthin, da viele Menschen dieses Prinzip als Einschränkung und Reduzierung und als einen bedrückenden Aspekt in ihrem Leben erfahren, der auf ihre persönlichen Belange keine Rücksicht nimmt. Sie geraten ins Leid, da sie sich ihr Schicksal «so» nicht vorgestellt haben. In der Tat, die saturnine Lernthematik beschneidet die jupiterhafte Lebensfülle und die verzauberte Welt neptunischer Illusionen. Im Sinne des Saturn-Prinzips ist das auch sehr gut so, denn es fordert dem Menschen Themen ab wie Ehrlichkeit, Klarheit und Konsequenz. Es ist keinesfalls die Willkür der Schöpfung, der sich der Mensch unter dem saturninen Auftrag ausgesetzt sieht, sondern Saturn fordert die Objektivität des Menschen heraus.

Im Tierkreis bilden Steinbock und Krebs eine Achse. Krebs entspricht dem Höhepunkt des Subjektiven. Dort geht es um den individuellen Innenraum, denn genau wie beim Kind sind die Gefühle bewegt und unterliegen keiner disziplinierten Kontrolle. Steinbock als polarer Gegensatz zum Krebs bildet den Höhepunkt des Objektiven mit einem Höchstmaß an Disziplin und Ordnung. Je mehr sich die Nativen mit dem Sonnen-Auftrag Steinbock auf die Krebs-Ebene begeben und ihre Subjektivität leben, desto mehr werden sie vom Schicksal aufgefordert, ihre subjektiven Gefühle durch eine objektive Weltbetrachtung zu ersetzen. Dies führt natürlich zur vehementen Ablehnung des Übergeordneten, doch sie werden nicht mit einer beliebigen Saturnerfahrung konfrontiert, sondern mit dem Ergebnis ihrer eigenen Unbewußtheit, womit sie selber die Verantwortung für das Erlebte tragen. Unter diesem Gesichtspunkt läßt sich erkennen, daß es um die Konfrontation mit der eigenen Unbewußtheit geht, also mit jenem Teil, den der Mensch an sich selbst nicht sehen kann. Da sich aufgrund von bestehenden Gesetzmäßigkeiten das, was er an sich nicht wahrhaben will, in der Außenwelt wieder formiert, entspricht es jenem Boten, der die Nachricht vom verdrängten Teil, welcher in den dunklen Kammern des Unbewußten eingelagert ist, wieder zurücktransportiert. Um nicht realisieren zu müssen, daß man eine Botschaft von sich selbst erhält, wird der Ärger auf den Überbringer übertragen.

In alten Mysterientraditionen wurde Saturn als Hüter der Schwelle bezeichnet, als Wächter der Pforte zwischen der materiellen und der geistigen Welt. Er läßt nur den passieren, der den Blick für die Relativität der Welt geschärft hat, da diese ein Konstrukt aus den subjektiven Bedürfnissen aller Menschen ist. Dies bedeutet, daß der Mensch verstehen muß, daß seine Weltvorstellungen nichts anderes sind als der Versuch, eine eigene Realität zu schaffen, die aus den selbst festgelegten Wünschen, Zielen und Bedürfnissen gestrickt ist. Die Nativen unter dem Sonnen-Auftrag Steinbock sollen deshalb ein höheres Empfinden für Gesetz und Ordnung entwickeln. Mit einem verantwortungsvollen Bewußtsein sind sie gefordert, sich in das große Ganze einzubinden. Wenn sie keinen gezielten Bewußtwerdungsweg gehen und sich somit auch keiner höheren Instanz beugen, ist es wichtig, sich wenigstens im Leben den Anforderungen zu unterstellen, um die Ego-Dominanz schwinden zu lassen. Ist der Native bereit, seine persönlichen Belange für eine Sache soweit in den Hintergrund treten zu lassen, ganz in dem Sinne des Spruches, «Ich muß weichen, damit Es wachsen kann», wird er aufgrund der freiwilligen Anbindung an sein Thema die Erfahrung einer zunehmenden Befreiung und Klarheit machen, die er zuvor noch nicht kannte.

Das Finden des eigenen Erwachsenenstatus, der schon sehr früh vom Leben angeboten wird, ist die Lösung aus den immer wiederkehrenden Härtesituationen. Aus einer selbstverantwortlichen Haltung heraus ist es möglich, die eigene Seele wiederzuentdecken und die verborgene Wirklichkeit hinter der Subjektivität zu erfahren. Dies wird symbolisch in der Wintersonnenwende erkennbar. Mit dem wiederkehrenden Licht mitten im Winter wird deutlich, daß in der Zeit der kalten Abgeschlossenheit und der extremen Anforderungen das Licht wiederkehrt. Dies gilt auch für das Bewußtsein der Nativen. Solange sie die Bereitschaft entwickeln, sich ernsthaft und losgelöst von allen persönlichen Motiven dem Ruf der Erfordernisse zu stellen, befinden sie sich genau im Muster ihres Auftrages, den man folgendermaßen formulieren kann:

«Erlange Befreiung, indem du dich bereitwillig einer höheren Gesetzmäßigkeit unterstellst.»

Fragt man nach der seelischen Notwendigkeit des Sonnen-Auftrages Steinbock, wird an den beschriebenen saturninen Erfordernissen deutlich, daß den Nativen die Struktur und das notwendige Erwachsenenpotential fehlen, so daß mit dem Sonnen-Auftrag die fehlenden Inhalte des Steinbock-Prinzips an die Nativen herangetragen werden. Auch der seelische Mangel an Verantwortungsbewußtsein der Umwelt gegenüber trägt zur Notwendigkeit eines Sonnen-Auftrages Steinbock bei. Die Nativen sind aufgefordert, nicht danach zu fragen, was andere Menschen für sie tun könnten, sondern vielmehr, was sie selber anderen zu geben haben. Auch geht es nicht um Befreiung, selbst wenn die Betroffenen meinen, sie müßten den äußeren Notwendigkeiten und Pflichten mit Individuationsmaßnahmen antworten. Genausowenig geht es um die Suche nach dem «inneren Kind», weil ihnen das Kindsein nicht ermöglicht wurde. Vielmehr sollten sie sich auf die Suche nach dem Erwachsenen machen, denn er entspricht jenem Teil, der in ihrem Leben entdeckt werden will.

Die sich wieder formierende und sammelnde Lebensenergie im Zeitraum des Steinbock-Monats kann als Symbol für den Befreiungsweg der Nativen gewertet werden. In der tiefsten Eingeschlossenheit und Kälte, die symbolisch die Ferne von subjektiven Belangen darstellt, kehren die Kraft und das Leben zurück. Unter dem Sonnen-Auftrag Steinbock entstehen das wirkliche Leben und die innere Freiheit erst dann, wenn der Mensch sich einbindet in die feste Struktur eines äußeren Gesetzes. Gerade entgegen der von der lunaren Welt (Krebs) angepriesenen «Heilslehre», welche besagt, ein soziales Gefüge lebe aus der Loslösung von starren Strukturen und Bindungen an äußere Normen sowie vom Freisein religiöser Dogmen, erlangt derjenige die echte Freiheit im Bewußtsein, der verstanden hat, daß es die «kleine Freiheit» der Welt überhaupt nicht gibt. Die Illusion der Freiheit endet spätestens dort, wo der Mensch sich Themen ausgeliefert sieht, die ihn voll mit seinem begrenzten Menschsein konfrontieren, wodurch ihm Eindrücke zuteil werden, die ihn unverhüllt in die jenseitigen Aspekte blicken lassen, so daß er glasklar realisiert, daß er als Mensch angebunden ist und es sehr wohl noch Instanzen über ihm gibt, die er vorher nicht wahrnehmen konnte.

Der unbedarfte Wunsch des Menschen nach Freiräumen und der Lösung aus Verpflichtungen nährt am Gegenpol die Notwendigkeit einer wahrhaftigen Seinserfahrung. Diese Erfahrung führt sehr häufig zu schwierigen äußeren Bedingungen, in denen sich der Mensch in der Gefangenschaft und dem leidenden Ausgeliefertsein an die materielle Welt wiederfindet, da ihn das Schicksal mit Hilfe der unerlösten Form des Steinbock-Prinzips eines Besseren belehren muß. Geschieht das wiederholt im Leben, sollten sich die Nativen vor Augen halten, daß man sich im Winter auch auf die Erfordernisse der klimatischen Bedingungen einstellt und sich warm anzieht. Ihr Lebensanspruch gleicht dem Bedürfnis, trotz Kälte bei Minustemperaturen nur mit T-Shirt und Sandalen bekleidet draußen spazierenzugehen. Im Sinne des Geburtsauftrags sollten die Betroffenen frei werden von der Illusion des «Hochsommers und der Jugend», damit sich eine neue Kraft in ihnen formieren kann, jenseits des kindlichen Bedürfnisses, vom Leben die Erfüllung der subjektiven Wünsche zu fordern.

Vergleichende Symbolebene: Der Globus, auf dem die Menschheit lebt, ist im Laufe der Jahrhunderte von den Generationen immer weiter zivilisiert und durch Grenzen aufgeteilt worden. Mit der Zeit haben sich Staatsgefüge und soziale Zusammenschlüsse gebildet, die im Verbund dazu beitragen, daß die einzelnen Individuen sich sinnvoll in geschaffene Organismen eingliedern können. Jeder Staat ist ein riesiges Gebilde, das von allen, die in ihm wirken, getragen wird. Viele Menschen entwickeln darüber ein starkes Nationalbewußtsein, aus dem sie Sicherheits- und Geborgenheitsgefühle ableiten. Je berechenbarer und abgeschlossener ein solches Staatsgefüge ist, desto mehr fühlen sich die Menschen in ihm sicher. In jedem Staat gibt es Menschen, die sich voll und ganz mit der geschaffenen Struktur identifizieren, da sie von subtilen Ängsten und ihrem konservativen Wesen gesteuert werden. Konservative Elemente sind nicht an Neuerungen oder fremden Dingen interessiert, sie beharren bis zur Sturheit auf dem, was ihnen bekannt und somit ihr gutes Gewohnheitsrecht ist. Was immer das dann im einzelnen sei! Eine festgefahrene Haltung wird vehement verteidigt, um keine neuen Erfahrungen machen zu müssen, die möglicherweise zu einer Umorientierung führen könnten. Um Umorientierungen möglichst lange zu umgehen, wenden konservative Kräfte viel Mühe auf, ihre Festungen zu sichern. Jeder Staat verfügt über eine ganze Reihe von ernsthaft bemühten Menschen, die sich aufopfernd als Diener der Gesellschaft zur Verfügung stellen, um den Fortbestand des Staates zu gewährleisten. Wann immer ein Wesen gegen den großen Organismus verstößt und ihm Schaden zufügt, richtet sich das übergeordnete Bestreben darauf, jene Quertreiber wieder zur Räson zu bringen. Jeglicher Verdacht auf «Alleingänge» des einzelnen bringt ein kritisches Stirnrunzeln hervor, hinter dem die Angst steht, daß die Funktion des Ganzen gefährdet sein könnte. Aus der Sicht eines kollektiven Verbandes gleicht jede Individuation wuchernden Krebszellen, die aufgrund ihres Eigenlebens beginnen, den Körper zu schwächen, bis man ihnen von medizinischer Seite Einhalt gebietet oder der Organismus stirbt. Innerhalb eines Staates hat das subjektive Bedürfnis einzelner Menschen kein Existenzrecht. Die Masse steht in der Rangordnung über dem kleinen Individuum, welches sich vor dem großen Ganzen beugen muß. Was zählt, ist allein die Frage, ob der Mensch sich den Bedingungen beugt, um dem Ganzen zu dienen.

Ein gesetzmäßiges Staatsgefüge entspricht im Materiellen dem kleinen Abglanz des großen kosmischen Zusammenhangs. Da die Anbindung an kosmische Gesetzmäßigkeiten weitestgehend aus dem Leben der Allgemeinheit verbannt wurde, existiert als letzte und einzige erhabene Manifestation nur der Staat als stellvertretende Manifestation Gottes. Für den Scheinrealisten gibt es das Göttliche im religiös-mythischen Sinne nicht mehr, da er aufgehört hat, mit höheren Instanzen zu kommunizieren. Nach der Abschaffung religiöser Bindungen bildet sich der Mensch ein, frei zu sein. Doch er bleibt abhängig, weil er als Teilaspekt des großen Ganzen sowieso ein Abhängiger ist. Statt aus Bindungen auszusteigen, sollte die Gebundenheit akzeptiert werden, um sich aus der Enge einer vermeintlichen äußeren Freiheit zu lösen. Auf jeden Fall sollten sich die Nativen mit dem Sonnen-Auftrag Steinbock entweder einer geistigen Gesetzmäßigkeit oder einer weltlichen Instanz unterstellen, um ihrem Auftrag die entsprechenden Einlösungsmöglichkeiten zu geben.

Die symbolische Entsprechung des Steinbock-Zeichens findet man gemäß der Teilung des Lebens in Siebener-Jahresabschnitte in dem *Zeitraum vom 63. bis zum 70. Lebensjahr* angesiedelt. In dieser Lebensphase beginnt für den Menschen auch der Winter seines Lebens. Hat er sich schon in der vorherigen Phase zwischen dem 56. und 63. Lebensjahr aus den bindenden Pflichten des äußeren Lebens gelöst und sich mehr seinem Innenraum angenähert, beginnt er sich jetzt von materiellen Verhaftungen zu lösen. Bedingt durch die stärkere Hinfälligkeit seines Körpers, kehrt sich der Mensch nach innen und identifiziert sich mit seiner stillen, grübelnden Natur, denn er spürt die seltsame Nähe jener geistigen Welt, die er in der

Hochphase seines äußeren Lebens nicht wahrnehmen konnte. Der Schwund der Lebensenergie läßt ihn seinen Körper als eine Last empfinden, die besonders während großer körperlicher Aktivitäten wahrnehmbar wird. Er benötigt häufigere Ruhephasen und wendet sich deshalb, analog zum Mysterium der Winterzeit, dem inneren Leben zu, das ihm die Tore zu jener Welt, die er in den nächsten Zyklen betreten wird, freimütig öffnet. Gemäß der vorhergehenden Entsprechung spürt auch der Mensch mit einer Steinbock-Sonne, daß die Schwere der Lebenssituationen eine seelische Belastung erzeugt, aufgrund derer er seine Ziele und Einstellungen hinterfragt. In der Lebensphase von 63 bis 70 Jahren vermittelt die Erschwernis dem Menschen einen Klarblick, mit dem es ihm gelingt, zu unterscheiden, welche Anteile in seinem Leben ein Übergewicht besitzen und in den Hintergrund gestellt werden müssen, da sie durch die Eintrittspforte zu einer geistigen Welt nicht mitgenommen werden können. In diesem Zeitabschnitt sollten die inneren Bindungen an materielle Interessenverwirklichungen abgebaut werden, da sie auf dem Weg, der aus dem Leben hinausführt, zum Hindernis werden. Je mehr der Mensch sich an ihnen festklammert, desto größer wird der Druck, der ihm seine zeitliche Begrenztheit sichtbar macht.

Die Festtage in der Steinbock-Phase beschreiben in ganz ähnlicher Form die gleichen Inhalte, welche die Nativen mit dem Sonnen-Auftrag Steinbock im Leben erfahren. Die Rückkehr des Lichtes in die herrschende Finsternis des Winters ist der tiefere Inhalt des Weihnachtsmysteriums, das sich im Wechsel vom Zeichen Schütze zu Steinbock vollzieht. Im Weihnachtsgeschehen wird Christus (Geist-Prinzip) in der Kälte und Starre (Saturn = Materie) geboren.

Für den esoterischen Weg bedeutet dies, daß aufgrund der Zunahme äußerer Belastungen (Saturn) innerhalb des Lebens die Erkenntnisfähigkeit des Menschen wächst. In Anbetracht der zunehmenden Schwere beginnt der Mensch, auf einer inneren Ebene zu wachsen. Die Geburt des Christus, die man auch als eine Allegorie für die Geburt geistiger Erkenntnisfähigkeit betrachten kann, bedeutet, daß das Licht (geistige Bewußtheit) in der materiellen Finsternis oder in Zeiten von Entbehrungen geboren wird. Die Materie trägt somit dazu bei, daß erst durch sie das Licht der Erkenntnis sichtbar wird, das im Menschen daraufhin zu scheinen beginnt. Genauso wie die Materie (Saturn) die Chance bereit hält, Geistigkeit entstehen zu lassen, tragen gleichermaßen die schweren saturninen Belastungen, die den menschlichen Lebensausdruck reduzieren, dazu bei, daß dem Menschen Bewußtwerdungsschritte und Erkenntnisse zuteil werden, die ihm im normalen Verlauf seines Lebens nicht vergönnt gewesen wären. Erkenntnisse, die aus dem Druck (Saturn) geboren werden, entsprechen der Begegnung mit dem Hüter der Schwelle auf dem initiatischen Weg. Mit aller Macht und unausweichlicher Vehemenz wird der Mensch auf Aspekte des Seins aufmerksam gemacht, die ihm nicht bewußt sind oder die von ihm verdrängt wurden. In jeder Prüfung durch die strenge Hand Saturns liegt die Unerbittlichkeit des Gesetzes, die den Menschen zwingt, die ganze Deutlichkeit seiner Existenzprobleme zu realisieren. Auf diese Weise werden wirkliche Erkenntnisse geboren, die sich tief und unauslöschlich in seinen Erfahrungsschatz eingraben. Genau wie dies in einem physikalischen Experiment nachvollziehbar ist, in dem das Licht (Erkenntnis) erst sichtbar wird, wenn es auf einen Widerstand (Saturn) trifft, ist es die in der Dunkelheit und Schwere gemachte Erfahrung, die im Menschen Erkenntnisfähigkeit entstehen läßt. Für die Nativen mit dem Sonnen-Auftrag Steinbock macht das deutlich, daß das Licht (entstandene Bewußtheit) den Widersacher braucht, um im Menschen erhellend zu wirken, damit all jene Prozesse eingeleitet werden können, die der Mensch auf dem Weg zur Befreiung braucht.

Symptomatik: Menschen, die mit einer Steinbock-Sonne geboren werden, erfahren das Leben häufig als eine schwere drückende Bürde, die so stark auf ihnen lastet, daß sie sich in der Entfaltung ihrer individuellen Persönlichkeit behindert fühlen. Meist werden sie schon sehr früh in der Kindheit mit Verantwortung überfrachtet, da sie sich beispielsweise um die jüngeren Geschwister kümmern müssen. Möglicherweise fehlt ein Elternteil, und die Steinbock-Nativen sind aufgefordert, als Stütze der Familie zu fungieren. Ihnen ist es nicht wie anderen Kindern vergönnt, träumend und spielerisch durch das Leben zu wandeln. An dieser Aufforderung ändert sich auch nichts im Erwachsenenalter, was bedeutet, daß sie sich nicht wie die spielende Mehrheit der Welt erlauben können, ihre Lebenszeit mit sinnentleerten Ablenkungen zu vertrödeln. Unter dieser Aufgabenstellung wäre es auch töricht, auf die Suche nach dem inneren Kind zu gehen, auch wenn man glaubt, in der Kindheit etwas versäumt zu haben. Dies ist nicht das Thema, um welches es geht. Hinter allen Erfahrungen steht die Aufforderung verborgen, sich endlich den Status eines Erwachsenen zu erwerben.

Haben sich die Nativen diese Qualität noch nicht erworben und verspielen sich in ihren subjektiven Belangen, erfahren sie jedesmal, wie der Druck aus der Außenwelt zunimmt und sie heftig einengt. Die Belastungen können sich auch auf einer beruflichen Ebene manifestieren, so daß die persönliche Freiheit eingeschränkt wird und sie sich in unverhältnismäßiger Form in einem ständigen harten Arbeitskampf befinden. Der Mangel an Geld zwingt die Nativen zur Reduktion, in dem sie ganz genau selektieren müssen, damit ihr geringes finanzielles Budget nicht erschöpft wird.

Einsamkeit und Abgrenzung stellen eine weitere Variante des Steinbockthemas dar. Die Nativen werden über die Einsamkeit ganz auf sich selbst gestellt und besitzen nun keine Chance mehr, vom Wesentlichen abzulenken. Häufig manifestiert sich das mit fehlenden Partnerbeziehungen, so daß die Einsamkeit zur saturninen Konzentration auf das Wesentliche führt. Auch die Zunahme von körperlichen Gebrechen deutet symbolisch an, daß der Mensch aufgefordert ist, sich in einem höheren Maße zu kontrollieren, da es ihm nicht möglich ist, seinem Leben einen freien Lauf zu lassen. Solange die Nativen keine Bereitschaft verspüren, den verantwortungsvollen Herausforderungen zu folgen, müssen sie die abgelehnte Thematik im Sinne einer äußeren oder einer inneren Schwereerfahrung machen. Häufig kehren abgelehnte Verantwortungen in Form von Depressionen und bedrückenden Zuständen zu ihnen zurück. Diese drängen sich unvermittelt auf, unausweichlich wie eine dunkle Wolke, und sind nicht an kausal erkennbare Gründe gebunden. Sie entsprechen einem Ausgleich der saturninen Erfordernisse, der nötig wird, solange im Außen keine Verantwortung getragen wird. Somit verlagert sich das im Außen Abgelehnte und wandelt sich zur psychischen Schwereerfahrung, die sich aber lösen wird, sobald die betroffenen Nativen bereit sind, sich größeren Herausforderungen zu stellen.

Immer wieder machen Menschen mit einer Steinbock-Sonne Erfahrungen, die sie an den Ernst des Lebens mahnen. Frühe Konfrontationen mit dem Tod und dem Thema der Einsamkeit tragen dazu bei, daß die Nativen im Laufe der Zeit die trügerische Schönheit des Lebens recht skeptisch und pessimistisch bewerten. Einige versuchen, den düsteren unerfreulichen Aspekten des Lebens zu entkommen und begeben sich auf die Suche nach dem Silberstreif am Horizont, ohne dabei zu merken, daß sich dieser von ihnen nicht so einfach finden läßt, außer unter der Erfüllung ganz saturnspezifischer Bedingungen. Je mehr der Wunsch wächst, den vom Leben verschriebenen Erfahrungen zu entkommen, desto stärker beginnt das Außen sie zu beeinträchtigen, bis sie schier von der Last des Lebens erdrückt werden. An solchen Stationen ihres Daseins sollen sie erkennen lernen, daß sie dem Lerninhalt ihres Geburtsauftrages nicht entrinnen können. Erst in der bedingungslosen Annahme der vom Leben verschriebenen Aufgaben beginnt die tatsächliche Erlösung von der Ausgeliefertheit an die Härte des Seins.

Auf der körperlichen Ebene ordnet man dem Steinbock-Prinzip den gesamten Strukturaufbau des Organismus zu. Dem entsprechen das Knochengerüst(Kalk), die Zähne und die Nägel sowie der Bewegungsapparat. Je größer die Dynamik im Bewußtsein der Nativen mit Steinbock-Auftrag danach zielt, beweglich und frei im Leben zu sein, desto mehr erfahren sie eine Einschränkung ihrer Beweglichkeit. Je größer die innere Auflehnung ist, desto stärker nimmt die Einschränkung auf der körperlichen Ebene zu. Durchblutungsstörungen oder Verkalkungen zeigen in unerlöster Form die einengende Kraft Saturns an, die jeden Fluß des Lebens (Blut) in eine Stagnation hineinbringt, genauso wie in der Natur die Kälte das Wasser zu Eis erstarren läßt. Die zunehmende Versteifung der Gelenke und Glieder symbolisiert, daß der Mensch sich, ob er will oder nicht, dem Gesetz seines eigenen Körpers zu stellen hat, wenn ihm eine Resonanz zu Gesetzmäßigkeiten und Regelverhalten im Bewußtsein fehlt. Gelenkarthrosen und Kalkeinlagerungen spiegeln, da sie die Beweglichkeit des Menschen schmerzhaft einschränken, die Verhärtung in der Psyche wider, die sich vor allem auf die Weigerung, den saturninen Erfordernissen entgegenzukommen, bezieht. Die Unerbittlichkeit, die sie eigentlich in einer übergeordneten Form im Leben entwickeln sollten, um harten Erfordernissen gerecht zu werden, richten die Nativen sehr oft in eine Form der Lebensverweigerung.

Auch chronische Krankheitsverläufe gehören zu den Analogien des Steinbockthemas. Mit dem nötigen Abstand lassen sich in ihnen die Geradlinigkeit und Kontinuität wiedererkennen, die von den betroffenen Nativen im Leben nicht realisiert werden. Richtig umgesetzt ist Saturn das Prinzip der Zeit (Kronos) und der Ausdauer, welche die Nativen für anstehende Projekte aufbringen sollten. Alles will zu seiner Zeit umgesetzt werden, in den der Welt entsprechenden Stufen und Reihenfolgen. Versuchen die Nativen auf Abkürzungen zum Ziel zu kommen oder Stufen auszulassen, werden sie auf der körperlichen Ebene mit Verlangsamung konfrontiert, die sich als Versteifung und Unbeweglichkeit manifestiert. Die Unbeweglichkeit des Körpers läßt ganz konkret deutlich werden, daß der Mensch sich gezwungenermaßen reduzierenden Verlangsamungsprozessen stellen muß, denn alles braucht seine Zeit. Wenn die alten Alchemisten sich darum mühten, Blei in Gold zu verwandeln, ist diese Aussage als eine Allegorie für einen Prozeß auf der geistigen Ebene anzusehen, derer man sich in der Alchemie bedient. Das Schwere, das Blei, somit das Saturnine, in Gold zu verwandeln, beschreibt den Erkenntnisprozeß (Gold = Sonne-Prinzip), der bei der bewußten Auseinandersetzung mit der Welt der Form, also der Materie (Blei = Saturn-Prinzip), entsteht. Gemeint ist die Befreiung, die der Mensch erlangt, wenn er freiwillig die Last des Kreuzes (Symbol für die Materie) auf sich nimmt und auf diesem Weg durch die Akzeptanz der weltlichen Anforderungen den Heimweg antreten kann, der ihn im Sinne des Geburtsauftrages ins Muster bringt.

Kontemplative Integration: Wenn die Nativen mit dem Sonnen-Auftrag Steinbock einen kontinuierlichen Lebensdruck erfahren, sollten sie dies als einen wichtigen Hinweis werten, daß das

Maß der saturninen Erfordernisse von ihnen noch nicht genügend eingelöst wird. Sie sollten deshalb ihre innere Haltung überprüfen und vor allem nach dem Wunsch forschen, sich möglicherweise irgendwann einmal den hohen Lebensanforderungen zu entziehen. Wenn es für die betroffenen Nativen auch schwer verständlich sein mag, ist ihre innere Haltung von entscheidender Bedeutung. Je mehr es ihnen gelingt, den Notwendigkeiten und Pflichterfüllungen im Außen etwas Positives abzuringen, desto mehr werden sie die Erfahrung machen, daß die Themen, die sie sonst im Außen einengten oder ihre persönliche Entfaltung behinderten, sie frei machen.

Um diesen Mechanismus bewußt erkennen zu können, sollten die Nativen rückblickend in ihrem Leben Situationen aufsuchen, in denen sie sich anstehenden Anforderungen entzogen haben in dem Bewußtsein, sich doch endlich einmal einen Freiraum zu gönnen. Entscheidend für einen Erkenntnisprozeß der Betroffenen ist die auf ihren «Befreiungsakt» folgende Zeit. Sie sollten ergründen, ob sich danach auf anderen Ebenen Drucksituationen vermehrten oder sich möglicherweise auf der psychischen Ebene Depressionen einstellten. Auf der körperlichen Ebene kann die Weigerung mit schmerzvollen Verhärtungen, Krankheiten im Zahnbereich oder Versteifungen einhergegangen sein.

Wirkliche Befreiung entsteht unter dem Sonnen-Auftrag Steinbock erst dann, wenn die Bereitschaft vorhanden ist, den Gesetzmäßigkeiten des Lebens zu folgen. Sobald sie ihre inneren Widerstände aufgeben, vermögen sie die Erfahrung zu machen, daß sie vom Leben mehr Raum erhalten als Ausgleich für ihre Leistungsbereitschaft.

Auf diese Weise erlangen sie eine innere Veredelung, vergleichbar einem Diamanten, dessen Entstehungsprozeß von Anbeginn bis zum Endergebnis ein reiner Saturn-Mythos ist. Ein Diamant besteht aus Kohlenstoff und entsteht unter einem Jahrtausende währenden Druck, der dazu führt, daß im Ergebnis ein Stein vorliegt, der höchste Wertigkeit auf der weltlichen Ebene besitzt, wenn er den letzten Schliff erhalten hat. Symbolisch steht er für das Ergebnis des Sonnen-Auftrages Steinbock. Auf einer geistigen Ebene erhält der saturnine Mensch ebenso unter lange währendem Lebensdruck jene Qualität, die der einzigartigen Wertigkeit des Diamanten entspricht. Dies ist das Geheimnis, denn sobald die saturnine Aufforderung angenommen wird, löst sich der Druck. Der Einengung folgt ein Wachstum, das die Nativen im Ergebnis frei werden läßt von der Bewertung äußerer Bedingungen. Sie werden unabhängig, da sie zum Gesetz ihres Auftrages gefunden haben.

Der Sonnen-Auftrag Wassermann

Das Tierkreiszeichen Wassermann ist ein männliches Luftzeichen, das im Zeitraum zwischen dem 20. Januar und dem 18. Februar liegt. Der Herrscherplanet dieses Tierkreiszeichens ist Uranus.

Natursymbolik: Der vierte Quadrant wurde als übergeordnete Station des Tierkreises mit dem Zeichen Steinbock eröffnet. Da Steinbock die Eintrittspforte zu höheren Gesetzmäßigkeiten repräsentiert, mit welchen der Mensch im Laufe des Weges in Berührung kommt, stellt das Prinzip des Wassermannes die höchste Gesetzmäßigkeit im Tierkreis dar. Hier waltet das Gesetz des kosmischen Paradoxons, das unentwegt und ewig im Rhythmus des Seins seinen Ausdruck findet und vor dem sich alles scheinbar Feste und Beständige aus der vergänglichen, an die Raum- und Zeitachse gebundenen Welt beugen muß.

Die Natursymbolik im Zeitraum des Zeichens Wassermann eröffnet dem Betrachter einen weiteren Zugang zum Verständnis des uranischen Seelenbildes. Der Winter ist auf seinem Hochpunkt angelangt, überall in der Natur herrscht klirrende Kälte. Das vegetative Leben der Erde ist in dieser Zeit zugunsten einer sinnenfernen geistigen Seite abgestorben, denn die Natur ruht im tiefsten Winterschlaf. Der Frost ist so stark, daß überall die Feuchtigkeit gebunden wird, und trotz der häufig dicht geschlossenen Schneedecke ist die Luft trocken und scheint statisch aufgeladen. Die Nächte sind klar und wolkenlos und geben den Blick zum Sternenhimmel frei, der so nahe und deutlich zu sein scheint wie sonst nie innerhalb des Jahres.

Das wunderschöne Naturschauspiel der fast greifbar herangerückten Sterne spiegelt das Geheimnis des Wassermann-Prinzips wider, welches die Nähe und die Verbundenheit zur Allgegenwart des Kosmos verspüren läßt. Genauso klar und wenig anheimelnd, wie die Winternächte in dieser Zeit sind, ist es auch um die Geistigkeit des Wassermann-Prinzips bestellt, das nicht in weltlichen Gefilden beheimatet ist.

Der im Steinbock-Monat begonnene Sonnenwendimpuls nimmt nun immer weiter zu. Mit dem äußeren Licht kehrt im Unsichtbaren die Lebensenergie langsam wieder zurück. Für die Außenwelt herrscht zu dieser Zeit noch die absolute Abgeschlossenheit des Lebens, aber auf der Geistebene wachsen die in Steinbock gereiften Erkenntnisse der «geistigen Schwangerschaft» weiter heran. Die mit Steinbock entstandene Aufgabe, dem Kollektiv zu dienen und sich nur unter das eine große Gesetz zu stellen, wird durch das Zeichen Wassermann weiter fortgesetzt. Wenn Saturn als Hüter der Schwelle die kritische Frage nach den subjektiven Belangen stellt, so fordert Wassermann, sich von jeder Form der Egozentrierung zu lösen. Löwe und Wassermann bilden im Tierkreis eine Achse, wobei Löwe die höchste Form der Egozentrierung versinnbildlicht, die sich als herrschender König kraftvoll in die Welt verströmt. Der gleiche Prozeß, der sich im Löwen mit egozentrierter Selbstdarstellung nach außen vollzieht, erhält nun im Wassermann seine umgekehrte Form, indem jede Ausuferung im Sinne des Ego abrupt und radikal unterbrochen wird.

Wassermann ist das dritte und letzte Luftzeichen des Tierkreises. Es entspricht dem Wesen der Klarheit, denn hier löst sich die Grundthematik der beiden vorhergegangenen Luftzeichen Zwillinge und Waage wieder ein Stück weit auf. Was zuvor noch im Verbund mit der Welt über Begegnungen und Beziehungen stattfand, führt jetzt zu einer Verbindung mit den übergeordneten Bereichen. Mit dieser lösen sich alle Gesetzmäßigkeiten des Stoffes auf; die Erfahrung der Welt wird relativiert. Das Wesen des luftigen Wassermann-Prinzips ist es, den Kontakt mit dem Überirdischen herzustellen, was im Konkreten zu unverständlichen Manifestationen führt, die stets einen umpolenden Charakter, bezogen auf weltliche

Bedingungen, besitzen. Die Erdfesseln lockern sich für die höheren Schwingungen des Universums, paradoxe Zusammenhänge können verstanden werden. Aus fremder Führung entsteht eine höhere Fühlung, die Übereinstimmung erfolgt nicht mehr durch Auseinandersetzung mit dem Außen, sondern durch Einsicht, dem klaren Verständnis kosmischer Zusammenhänge und deren Wesensschau. Dem Tierkreiszeichen Wassermann lassen sich folgende Symbolrepräsentanten und Eigenschaften zuordnen:

Reformer, Erfinder, Außenseiter, Revolutionäre, Clowns, Flieger, Zirkus, Fasching, Science-fiction, Datenverarbeitung, EDV-Zentren, Computer-Technik, Elektronik, Weltraumtechnik, Alarm, Sirene, Unterbrechung der Kontinuität, Sprung aus der Entwicklung, Veränderung, das Plötzliche, das Unvorhersehbare, Überraschung, das nicht Kalkulierbare, Neuerung, Reform, Umwälzung, Fortschritt, Entpolarisierung, Nivellierung, Gleichberechtigung, Fliegen, Sprung, der Vogelflug, Freiheit, Abenteuer, Karikatur, der Unfall, Explosionen, Exzentrik, Panik, Eigenartigkeit, Desorientierung, Lebensferne, Gefühlskälte, Originalität, Genialität, Neuschöpfung, Spontaneität, Geistesblitz, Nerven, Reizleitsystem, Unterschenkel, Überreizung, Krämpfe, Koliken, Spasmen, Epilepsie, Nervosität, Psychosen, Unruhe etc.

Im Zeitabschnitt des Wassermannes nehmen die Bodenbakterien und Mikroorganismen mit den ersten Sonnenstrahlen nach der Sonnenwende ihre Tätigkeit tief im Dunkel der Erde wieder auf und bereiten in der Unsichtbarkeit des Ur-Grundes all jenes vor, was mit dem Beginn des Widders in die Sichtbarkeit steigen wird. Ab dem 20. Januar beginnt der Saft in den Bäumen wieder hochzusteigen. In diesem Vorgang findet der Symbolkundige die schönste Analogie, die am deutlichsten die Qualität des Urbildes Wassermann beschreibt. Die aufsteigenden Säfte der Bäume sind gleichzeitig deren Lebensenergie, die gerade dann in der kristallklaren, erdenfernen Zeit des tiefsten Winters beginnt, sich gleich der Kundalini-Energie im Rückgrat des Menschen zu erheben. Die Bäume sind symbolische Verbindungselemente zwischen oben und unten, in den Mythen der Völker stellen sie die Verbindung zwischen Himmel und Erde dar. Beginnt in den Bäumen der Saft, welcher der Lebensenergie des Menschen gleichkommt, zu steigen, bedeutet dies symbolisch, daß eine lebendige Verbindung zwischen Kosmos und Erde entsteht. Hier zeigt sich allegorisch die innere Erhebung, die vonstatten geht, wenn der Mensch sich im Laufe seines Weges ganz im Sinne des Wassermann-Prinzips von allen Bindungen löst und in seinem Geiste den entwurzelten Zustand herstellt, den alle äußeren Situationen der Umpolung bei ihm bewirken wollen. In dieser Hinsicht will das uranische Prinzip, auch wenn es dem Menschen scheint, als wirke es zerstörend, bloß die natürliche rhythmische Lebendigkeit wieder ins Bewußtsein zurückbringen. Denn der Ausgleich zum irdischen Leben ist die Verbindung mit dem Kosmischen.

Je geringer die Haftung an weltliche Belange ist, desto mehr entsteht ein Verständnis für übergeordnete Zusammenhänge, die nur jenseits aller weltlicher Bewertungen betrachtet werden können.

Der Auftrag: Menschen, die im Zeitraum vom 20. Januar bis zum 18. Februar geboren werden, haben den Auftrag, sich aus Fixierung und Einseitigkeit zu lösen, um einen Zustand zu erreichen, der erhaben über den Dingen steht und frei ist von jeglicher Bewertung. Was sich im Sonnen-Auftrag Steinbock als Objektivierungsprozeß darstellt, mit dem Menschen unter dieser Signatur aufgefordert sind, sich fern von persönlichen Belangen verantwortungsvoll den Erfordernissen des Kollektivs zu stellen, setzt sich im Zeichen Wassermann weiter fort. Auch hier lautet der Auftrag, sich von persönlichen Belangen, die nicht dem übergeordneten Anliegen entsprechen, zu lösen. Insbesondere betrifft dies das Bedürfnis der Nativen, sich gesellschaftliche Akzeptanz zu verschaffen.

Gerade das Bedürfnis nach persönlicher Definition wurzelt in einem hohen Ego-Anspruch. Ihre Art der Profilierung entspricht zwar keiner Ellenbogenmentalität, sondern dem stillen Wunsch, sich mit dem Adel der Auserwähltheit zu umgeben, um von anderen akzeptiert zu werden. Da aber gesellschaftliche Akzeptanz mit der Anpassung an bestehende weltliche Gesetze verbunden ist, wird die Kluft zwischen der eigenen Idee und dem Auftrag immer tiefer, womit die Nativen gleichzeitig auch einseitiger werden. Besonders dort, wo Ego-Dominanz und Einseitigkeit bestehen, greift das Wassermann-Prinzip mit seinen Mechanismen ein. Um zu verstehen, welche Dynamik hinter den vielen Umpolungen der Menschen mit einer Wassermann-Sonne steht, ist es nötig, zuerst die Gesetzmäßigkeit zu betrachten, die in ihrem Leben am Werke ist, bevor man sich den weiteren Notwendigkeiten des Auftrages zuwendet.

Die gesamte Schöpfung, in der wir leben, ist getreu dem hermetischen Axiom «wie oben, so unten» ein großer Abdruck der Ur-Ideen, die ihren Widerschein in der stofflichen Spiegelung in sämtlichen Kräften und Seelenpotentialen finden. Im Verbund mit allen Qualitäten des Seins entsteht die sichtbare polare Welt der Manifestationen, die – bezogen auf die vorhandenen Ur-Prinzipien – den kosmischen Abglanz der Vollkommenheit in der irdischen Gestalt verkörpert. Was allerdings aus kosmischer Sicht die Vollkommenheit ausmacht, führt beim Menschen zu Spannungsmomenten, in denen er sich wie ein Spielball zwischen gewaltigen konträren Urgewalten vorkommt. Immer wieder steht der Mensch mit völligem Unverstand vor dem großen Paradoxon der Welt, das ihn oftmals zur Verzweiflung treibt. Jedes Individuum trägt tief im Grund seiner Seele den Wunsch nach Vollkommenheit. Da aber das menschliche Bewußtsein die Verläufe des Lebens nur gradlinig bzw. kontinuierlich einordnen kann, ist die menschliche Weltsicht im Vergleich zu kosmischen Gesetzen einseitig. So sitzt die menschliche Definition aufgrund des fehlinterpretierten Begriffes der Vollkommenheit in Gleichmaß und Stillstand fest.

Der Mensch mit seiner begrenzten Perspektive ist bestrebt, «seine» Welt wohlgefällig nach seinem Gutdünken zu gestalten, gerade so, wie er sich «seine kleine Schöpfung» als funktionierendes Modell vorstellt. Alle Gegensätzlichkeiten und Widersprüchlichkeiten schließt er als nicht dazugehörig aus oder empfindet jede Durchkreuzung seiner Absichten als unpassenden Eingriff in seine heile Welt. Jede Abweichung von seiner Idee oder Vorstellung bringt ihn in die Unsicherheit und zwingt ihn, sich umzuorientieren.

Da aber der Kosmos selbst vollkommen ist, im wortwörtlichen Sinn ausnahmslos alles enthält, muß das kosmische Prinzip immer wieder dafür sorgen, daß die Ordnung im Sinne des großen Gesetzes wieder hergestellt wird. Dies geschieht, indem jede vom Menschen hervorgebrachte Einseitigkeit mit ihrem Gegenteil ergänzt wird. Wo also vorher zuviel Struktur regierte, zieht zum Ausgleich das Chaos ein, wo nur Frieden herrschte, beginnen plötzlich heftige Auseinandersetzungen für ganzheitliche Stimmigkeit zu sorgen, und wo die Oberflächlichkeit zu lange regierte, zwingt es den Menschen anhand von Problemen in die Tiefgründigkeit. In diesem Sinne ist jeder unerwünschte Ausgleich, der in das menschliche Dasein einbricht, lediglich Ausdruck einer notwendigen Korrektur jener höheren Oktave, die man als «universelle Harmonie» bezeichnet. Die sichtbare Welt bildet einen Gegenpol zur kosmischen Ganzheit und zeichnet sich ihrerseits durch Spaltung in aktive und passive Pole aus, die in einem weltlichen Entweder / Oder ihren Ausdruck finden. Jedes irdische Ding oder jede irdische Handlung bleibt unvollkommen, da sie jeweils nur einen Teil der Ganzheit ausmacht. In dem Unverstand bezüglich dieser Tatsache wurzelt der uralte menschliche Schock, wenn die duale Gesetzmäßigkeit mit unvorhergesehenen Mitteln dafür sorgt, daß die Pole ausgeglichen werden. Das Maß des Schwunges nach rechts bedingt das Maß des Schwunges nach links. Im Interesse einer ausbalancierten Ganzheit werden alle menschlichen Vorstellungen und Normierungen plötzlich ausgehebelt, und der verdrängte Gegenpol schlägt zu. Im Bewußtsein des Menschen wird das Entweder / Oder damit in ein Sowohl / Als-auch verwandelt.

Auch wenn der Mensch diese Vorgänge nicht erfassen kann, da ihm dafür der Horizont fehlt, stellt trotzdem jeweils eine übergeordnete Instanz die vollkommene Ordnung wieder her. In solchen ausgleichenden Momenten erlebt der Betroffene in drastischer Form den vehementen Einbruch der großen Wirklichkeit (im Sinne von «durch die Form hindurchwirken») in seine scheinbare Realität. Deshalb lautet der Geburtsauftrag, der an jene ergeht, die unter dem Sonnen-Auftrag Wassermann geboren werden:

«Löse dich von allen Fixierungen,
und lerne zu verstehen,
daß die einzige Gradlinigkeit die Polarisierung
und damit der ständige Wandel ist.»

Wenn Menschen den uranischen Lebens-Auftrag erhalten haben, sind sie innerlich besonders starr und fixiert, sonst würde sich nicht die Notwendigkeit zu ihrem Auftrag ergeben, der sie zu ständigen Situationen des Wandels führt. Ihr inneres Wesen ist sehr konservativ, denn sie wollen alles in ihrem Leben gradlinig zum Ziel bringen, was ihnen allerdings aufgrund der in ihrem Geburtsmuster bestehenden Gesetze nicht gelingen kann. Innerlich sind sie einseitig und orientieren sich an den bestehenden Gesetzen dieser Welt, weshalb sie häufig umgepolt werden, damit sie lernen, andere Standpunkte als nur den eigenen oder übernommenen einzunehmen. Wenn Menschen als Auftrag eine Wassermann-Sonne erhalten haben, läßt sich daraus schließen, daß ihre Ego-Qualität groß ist, denn die Inhalte ihres Geburtsthemas führen zu Umpolungen von subjektiven Ansprüchen. Viele Menschen sehen meist nicht, wo ihre Egohaftigkeit beginnt. Dies aber bringt ihnen das uranische Wassermann-Prinzip bei. Unter diesem Auftrag werden die Betroffenen in das Mysterium der Relativität der Dinge eingeführt. So macht es im Sinne des Wassermann-Prinzips keinen Unterschied, ob sich Menschen um ihr persönliches Wohlergehen kümmern oder ob sie sich für die Armut in der dritten Welt einsetzen, für Ökologie oder für die «Ideale» der Wegwerfgesellschaft. Alle Werte entspringen moralischen Beurteilungen und sind dadurch an den jeweilig herrschenden Zeitgeist gebunden, der aufgrund des ständigen Wertewandels sehr kurzlebig ist. Können Menschen sich in einem dem Zeitgeist entsprechenden Thema wiederfinden, so ist es lediglich ihr persönliches Glück, da ihr inneres Bedürfnis dem gerade herrschenden Trend entspricht.

Das Uranus-Prinzip deckt die Relativität der Dinge auf. Uranus ist der Wegbereiter zum Metaphysischen, das bedeutet, er bricht alle Grenzen auf, räumt auf der Ebene der Materie alles aus dem Weg, was die freie Bahn zum Geistprinzip behindert. Stück für Stück zieht er wie bei einer Zwiebel die einzelnen Schalen ab, die zum wesentlichen Kern der Schöpfung führen. Er beginnt dort, wo alles Begriffliche aufhört. Seine Frequenz ist absolut übergeordnet, und da dies so ist, können die Nativen die uranische Qualität mit einer Veränderung ihres Bewußtseins erfahren – also in einer veränderten Sichtweise der Welt.

Mit ihrem Auftrag ist es erforderlich, sich von den Bindungen an die materielle Welt zu lösen, denn sie sollen genau wie die anderen übergeordneten Prinzipien in höheren Gesetzmäßigkeiten ein geistiges Zuhause finden. Auf ihrer Wanderung durch Raum und Zeit gilt es für sie zu lernen, von den Forderungen an die Mitmenschen und allen möglichen Fixierungen loszulassen, da sie in ihrem Bewußtsein und in ihrer Lebensart besonders eingefahren sind.

Der Auftrag führt die Nativen in Themen hinein, wo es darum geht, sich von der Masse loszulösen, um bewußt Außenseiter zu werden. Das konservative Normverhalten will durchbrochen werden zugunsten von originellen Lebensalternativen. Ihr Muster ist verständlicherweise aus der Sicht eines konservativen Bewußtseins schwierig umzusetzen, da sie sich permanent gegen den Strom der Masse bewegen müssen, um damit zum Tabubrecher und Normverletzer zu werden. Deshalb erleben die Nativen die Lerninhalte ihres Sonnen-Auftrages vielfach in der Erleidensform, in der sie dann durch «äußere Umstände» gezwungen werden, sich von ihren Fixierungen zu lösen. Das Wichtigste für die Nativen ist in diesem Zusammenhang das Wissen darum, daß jedwede Unterbrechung der Kontinuität erst dann zum Wirken kommen kann, wenn im Bewußtsein bereits ein Übermaß an Unflexibilität vorhanden ist.

In diesem Sinne hat ein Mensch mit einer «elektrisch geladenen» Wassermann-Sonne den Auftrag, sich von seinem angepaßten Leben abzuwenden, um sich wie ein Vogel in die ätherischen Lüfte der Freiheit zu erheben. Erst «über den Wolken», frei von allen Verhaftungen, findet er zu sich selbst.

Vergleichende Symbolebene: Wer einen Blick auf die Geschichtsschreibung der vergangenen Jahrhunderte wirft, kann beobachten, daß das Bedürfnis des Menschen, sich aus den Fesseln einengender Lebensbedingungen zu erheben, immer stärkere Ausdrucksformen angenommen hat. Im Laufe der Jahrhunderte wurden die bestehenden Normen und Gesetze revolutioniert und bekämpft. Immer sind es die konservativen, herrschenden Kräfte, die zum Wandel gezwungen und aus ihrer dominierenden Position gelöst wurden. Der Kampf gegen die Unterdrückung der herrschenden Klasse führte von der Leibeigenschaft bis zum heutigen Sozialsystem und dem damit verbundenen Freiheitsstatus des Menschen.

Gleichgültig, auf welcher Ebene man sich umsieht, sei es auf der beruflichen, der sozialen, der technischen – überall findet man stets den Ausdruck des gleichen menschlichen Bedürfnisses, sich aus der irdischen Schwere zu befreien. Es ist der alte Wunsch des Ego, die Fesseln der Materie abzustreifen, um als höchste Dokumentation der Macht schöpfergleich zu werden.

Mit diesem Wunsch handelt sich der Mensch Schwierigkeiten ein, weil er versucht, auf der weltlichen Ebene etwas Überirdisches wie Frieden und Einheit herstellen zu wollen. Dieser Drang entspringt zwar dem unbewußten Wunsch, sich aus der unfriedlichen Zweiheit in Richtung paradiesischer Einheit zu bewegen, doch solange ein menschliches Wesen gegen die Gesetze der polaren Welt handelt, wird es im Endeffekt wieder irdische (= zerissene) Zustände vorfinden. Dies bedeutet, daß eine Gruppierung innerhalb eines Kollektivs zwar für eine gewisse Zeit menschlich erleichternde Bedingungen schaffen kann, jedoch greift das ordnende Prinzip der Polarität in die Ungleichgewichtung ein, um die irdische Balance erneut herzustellen, so daß jene kurzfristig erreichten Idealzustände letzlich einer Umpolung anheimfallen.

Die kosmische Wahrheit ist aus weltlicher Sicht paradox. Daran scheitern alle einseitigen Verbesserungsideen. Doch das Paradox, das sich immer als ein «Sowohl / Als-auch» im irdischen Leben manifestiert, ist für die meisten Menschen schwer nachvollziehbar. Alte Einweihungsschulen – besonders die taoistischen Schulen – versuchten das durch ihre Sinnsprüche darzustellen, die z. B. lauten: Lausche auf die geräuschvolle Stille, oder: Erfasse den kriegerischen Frieden, oder: Suche die lichtvolle Dunkelheit. In solchen Manifestationen tritt die geistige Haltung deutlich hervor, welche die Nativen unter dem Sonnen-Auftrag Wassermann umzusetzen haben, so daß sie lernen, sich und ihr Leben in einem größeren Spektrum zu sehen.

Die metaphorische Entsprechung der Wassermannthematik gemäß der Teilung des Lebens in Siebener-Jahresabschnitte befindet sich im *Zeitraum zwischen dem 70. und dem 77. Lebensjahr*. Die Reise des Menschseins neigt sich ab dem siebzigsten Lebensjahr immer weiter ihrem Ende zu. Erstmals verspürt der Mensch in der Phase von 56 bis 63 Jahren den Überdruß an den weltlichen Pflichten und eine auftretende Lebensmüdigkeit. In der Phase von 63 bis 70 Jahren realisiert er die Materie als Belastung und zieht sich aufgrund der zunehmenden äußeren Schwerfälligkeit verstärkt in seinen Innenraum zurück. Dieser Prozeß der inneren Hinwendung nimmt in dem nun folgenden Lebensabschnitt noch zu. Vollends hat sich der Mensch bis hier von allen Verantwortungen gegenüber der irdischen Welt befreit und ist nun völlig ungebunden. Immer mehr beschäftigt er sich mit den Fragen des Todes und des Jenseits, und immer häufiger läßt er Vergangenes aus seinem Leben in der Vorstellung noch einmal Revue passieren. So vollzieht sich in ihm ein dem Wassermann-Prinzip nahestehender Vorgang, der die Zukunft und die Vergangenheit im Bewußtsein verschmelzen läßt, und das Modell der Zeit beginnt sich aufzulösen.

Viele Menschen erfahren in dieser Lebensphase, wie ihre Sinnesorgane für die Wahrnehmungen der äußeren Welt in ihrer Leistungsfähigkeit merklich nachlassen. Die Seh- und Hörfähigkeiten bilden sich zurück, und auch die Geschmacksnerven nehmen nicht mehr alles in der gleichen Intensität wahr wie früher. Das Nachlassen der äußeren Sinnesorgane entspricht dem uranischen Ausgleich der Pole, der gemäß dem Wassermann-Prinzip für die Reduzierung der äußeren Wahrnehmung sorgt, da der Mensch sich bislang zu stark auf die großen Täuscher, wie man die fünf Sinne auch nennt, verlassen hat. Gleichzeitig wird er mit dem allmählichen Verschluß seiner «Fenster zur Welt» noch tiefer mit sich selber in Kontakt gebracht. Hat der Mensch bis dahin ein dumpfes Dasein gefristet und sich in keiner Form geistigen Inhalten zugewandt, erlebt er in diesem Abschnitt des Lebens nur die Reduktion der Sinne und keinen Zuwachs an innerer Lebendigkeit. Andererseits aber kann ein Mensch, der im Laufe seines Lebens an seiner Vergeistigung gearbeitet hat, in dieser Phase des Lebens höchste metaphysische Wahrnehmungen erlangen. Während der nichtinitiierte Mensch den reinen Verlust der Wahrnehmung erfährt, erschließt sich nun dem geistig strebenden eine Öffnung für den Blick in andere Dimensionen. In diesen neuen Welten erfährt er einen immensen Zuwachs an übersinnlichen Fähigkeiten, die sich mit den Worten Hellsichtigkeit,

Hellhörigkeit und Hellfühligkeit umschreiben lassen. Nun besteht seine mystische Aufgabe darin, diese Geschenke des Alters weiter zu pflegen, um auf diese Weise – ganz im Sinne des wassermännischen Prinzips – die höchstmögliche Stufe des Menschseins zu erlangen. In Analogie zum Sonnen-Auftrag Wassermann bedeutet dies, daß die Nativen ihr Augenmerk auch auf andere Wahrnehmungsbereiche richten sollen. Sind sie dazu bereit, kehrt in ihrem Leben eine relative Ruhe ein, denn sie bewegen sich mit ihrer inneren Ausrichtung auf zwei Ebenen.

Einen markanten Punkt im Zyklus des Wassermannes bildet die Karnevalszeit. Karneval heißt «fleischlose Zeit». Schon die Übersetzung des Wortes weist sehr deutlich auf den zuvor beschriebenen Löseaspekt von der stofflichen Welt hin. Fastet der Mensch, öffnen sich ihm Bereiche seines Innenraumes, die er vorher nur schwerlich betreten konnte, da der Körper den Zugang zum Geist nicht freigibt. Während des Karnevals sollen auch die alten Geister des Jahres vertrieben werden, um eine Wiedergeburt auf der geistigen Ebene einzuleiten. Auch hier findet man auf der Symbolebene genügend analoge Entsprechungen gemäß dem uranischen Prinzip. Die Karnevalszeit soll den Menschen die Möglichkeit eröffnen, einmal aus dem vertrauten Identifikationsraster auszusteigen, um für kurze Zeit in einer ganz anderen Wahrnehmung zu erwachen. Masken und Verkleidungen bieten den äußeren Rahmen, in dem die Narren in ausgefallene Rollen schlüpfen können, die einzunehmen sie sich im normalen Leben niemals trauen würden. Die traditionellen Feste räumten dem Menschen im stimmigen Abschnitt des Jahreslaufes die Möglichkeit zur Freizügigkeit und Umpolung ein.

Menschen, die unter der Signatur einer Wassermann-Sonne geboren werden, tragen den Auftrag, sich zeitlebens mit Umpolungsthemen auseinanderzusetzen. Sie dürfen sich nicht auf eine Rolle versteifen, sondern müssen häufiger die Kostümierung wechseln, um immer wieder anders zu sein.

Symptomatik: Sind die Nativen jedoch nicht bereit, die Welt als eine Plattform kosmischer Wandlungen anzusehen, werden sie im Verlauf ihres Lebens mit vielfachen Entpolarisierungen im Sinne des Uranus-Prinzips Bekanntschaft machen. Immer, wenn sie ihre Energien oder ihre Ziele dynamisch in eine bestimmte Richtung leiten, kommt es zu Umpolungen, die sie mit dem genauen Gegenteil ihrer Ursprungsidee konfrontieren. Dies führt sie häufig in paradoxe Situationen, die ihr Bedürfnis nach Geradlinigkeit stören. Aus solchen Erfahrungen wächst bei den Betroffenen im Laufe der Zeit eine Schutzhaltung heran, so daß sie emotional nicht sonderlich beteiligt sind, um die ständig einbrechenden Eventualitäten besser verarbeiten zu können. Das Schicksal läßt auf diese Weise in ihnen eine uranische Distanz entstehen, die es möglich macht, Leben aus einem anderen Blickpunkt zu betrachten.

Die immerwährende Unrast kann sich im Leben der Nativen in vielen Formen manifestieren, sehr oft entsteht dies durch häufige Wohnortwechsel. Das Geschehen möchte den Betroffenen auf diese Art und Weise signalisieren, daß sie häufiger ihren weltanschaulichen Standpunkt wechseln sollten, anstatt nur die Wohnorte. Erleben sie öfters Berufswechsel, so geht es auch mit diesen Umpolungen um die Aufforderung, sich neuen Situationen, Menschen und den damit verbundenen Anforderungen zu stellen. Die Enttäuschung, trotz ihres Bildungsniveaus und ihres hohen Ausbildungsstatus in Arbeitsbereichen unterfordert zu sein, gehört zur Erleidensform der Inhalte ihres Auftrages dazu. Auf diese Weise gelangen sie aufgrund ihres mangelnden Zugehörigkeitsgefühls in eine Außenseiterposition. Selbst wenn sie ohne eigene Schuld mit dem Gesetz in Konflikt geraten, bedeutet das für sie, daß in ihrem Bewußtsein zuwenig Raum existiert für ein Leben außerhalb der Norm. Durch die entstandene Grenzsituation müssen sie sich dann als Tabu- oder Gesetzesbrecher abstempeln lassen.

Im partnerschaftlichen Bereich signalisiert der häufige Bruch von Beziehungen, daß die Nativen mit einer Wassermann-Sonne sich von den subjektiven Bindungen lösen sollten, um im Rahmen der partnerschaftlichen Gemeinsamkeit andere Ziele zu leben als die Allgemeinheit. Je konservativer ihre Beziehungsvorstellungen sind, desto häufiger werden sie von ihren Partnern enttäuscht. Diese führen möglicherweise nebenbei noch andere Beziehungen, da sie nicht bereit sind, monogam zu leben. Hinter diesen Manifestationen tritt die deutliche Aufforderung hervor, sich selbst aus den konservativen Wertvorstellungen zu lösen, um in größere Dimensionen hineinzuwachsen.

Auf der Ebene der körperlichen Symptome findet man wie in den verschiedenen Lebensmythen die Unterbrechung der Geradlinigkeit. Zum Beispiel treten nervöse Zuckungen und Störungen als uranische Entladungen auf, die sich nur manifestieren, wenn sich im Inneren nichts mehr bewegt. So gibt dann wenigstens der Körper die entsprechenden uranischen Signale.

Weitere Symptome unter dem Sonnen-Auftrag Wassermann manifestieren sich vor allem auf der psychischen Ebene in Form von Ängsten, die beliebig auf die verschiedensten Bereiche des Lebens projiziert werden. Die Nativen fürchten sich vor Umweltkatastrophen oder Kriegen, was aber nur als eine stellvertretende Projektionsfläche für die Angst vor Umpolung und Neuorientierung im eigenen Leben anzusehen ist. Auch eine ständige innere Unruhe und anhaltende nervöse Erregungszustände begleiten die Nativen. Nervenleiden, die sich in nervösen Störungen manifestieren, sind unter dieser Konstellation immer ein Hinweis auf die unerkannten Flucht- und Lösetendenzen. Dann sind die Lebensumstände meist zu konkret und festgefahren, als daß die Nativen für sich einen eigenen Spielraum für Entwicklung hätten. Die Symptome signalisieren den Nativen, daß es Zeit ist, aus den festgefahrenen Lebensumständen auszusteigen. Wann immer die Nativen unter diesem Auftrag zu einseitig auf Themen ausgerichtet sind, zwingen die Energien des Auftrages sie, das Gegenteil dessen zu erfahren, auf das sie sich gerade fixiert haben. Dies sollte den Nativen verdeutlichen, wo ihnen das Leben Abweichungen von ihren egozentrierten, irdischen Plänen aufdrängt. Sie sollten die Veränderungen als numinose Geschenke anzunehmen lernen, da eine höhere Wirklichkeit in ihrem Leben einziehen möchte, die sie aus den eigenen Beschränkungen befreit.

Kontemplative Integration: Da der Sonnen-Auftrag Wassermann beim Menschen immer das gerade im Bewußtsein Fehlende ergänzt, geht es in der Lernerfahrung darum, das Wissen um andere Seinsebenen dem materialistisch ausgerichteten Weltbild hinzuzufügen und in die Normalität zu integrieren. Solange das nicht im Bewußtsein geschieht, polt Uranus gewaltsam alle äußeren Dinge in ihr genaues Gegenteil um.

Die Mysterienschulen lehrten Techniken zur Bewußtseinserweiterung, mit denen man die gegenteilige Haltung dessen einnehmen mußte, von dem man gerade überzeugt war oder für das man sich gerade stark machte. Das Auflösen von Polaritäten im Bewußtsein hat zur Folge, daß der Mensch durch das Wissen um den Gegenpol keine neue Schöpfung mehr aufbaut. Jeder ist geistiger Kreator seiner eigenen Welt, und je mehr man sich auf eine subjektive Weltsicht versteift, desto mehr Verstrickung entsteht auf der unbewußten Seite, die notwendigerweise dann auch erlebt werden muß. Deshalb sollten die Nativen mit dem Sonnen-Auftrag Wassermann auf die Suche nach ihren Fixierungen gehen. Praktisch kann dies geschehen, indem sie sich dazu beispielsweise in einem Spaltenheft auf eine Seite alle Ideen und Vorstellungen notieren und auf die andere Seite das genaue Gegenteil von diesen. Je mehr sie sich gedanklich oder auf einer Phantasieebene in den anderen Pol hineinbegeben, desto mehr löst sich die damit gebundene Energie und gleichzeitig auch die innere Spannung auf. Damit entsteht Relativität, die ihr Lebensspektrum erweitert, wenn die Nativen bereit sind, sie zuzulassen. Besonders effektiv ist die Übung, wenn es ihnen gelingt, sich in den anderen Pol ganz hineinzufühlen, um sich mit ihm zu identifizieren.

Mit dieser Übung erfahren sie, daß es allein die eigene Weigerung ist, die einen innerlich hoch vibrierenden, aufgeriebenen Zustand entstehen läßt. Eine alte überlieferte Geschichte beschreibt den Relativierungsvorgang sehr prägnant, den die Nativen häufig ungewollt erfahren, weil dieser von ihnen im Laufe des Lebens verinnerlicht werden soll.

Milarepa war bekannt als einer der größten Heiligen Tibets. Liest man in seiner Biographie, stößt man auf eine Begebenheit aus der Zeit seiner Schülerschaft, in der Milarepa einen Lehrer aufsuchte, um von diesem spirituelle Unterweisungen zu erhalten. Anstatt konkret unterrichtet zu werden, erhielt Milarepa von dem Lehrer die Instruktion, ein Haus zu bauen. Trotz seiner erheblichen Zweifel an dem erteilten Auftrag – schließlich lechzte er nach philosophischer und spiritueller Nahrung – begann er mit dem Hausbau, was im unwegsamen Gelände des Himalaya keine einfache Aufgabe war.

Nach monatelangem mühevollen Schaffen vollendete er endlich sein Werk. Stolz ging er zum Lehrer, nicht ohne die Hoffnung, er habe sich nun die Basis für seine philosophische Unterweisung geschaffen. Der Lehrer war mit seiner Arbeit auch voll zufrieden und gab ihm gleich die nächste Anweisung, die lautete: «Reiße das Haus wieder ein!» Milarepa traf die Anweisung wie ein Schlag. Da er jedoch dem Lehrer gehorchen wollte, riß er das Haus wieder nieder. Nach vollbrachter Tat ging er erneut zu ihm, voller Hoffnung, endlich die ersehnten Unterweisungen zu erhalten. Der Lehrer gab ihm gleich die nächste Aufgabe. Sie lautete: «Baue das Haus wieder auf!» Und Milarepa baute wieder ein Haus. Er mußte dieses wieder einreißen und wieder aufbauen, um es dann zum dritten Mal wieder einzureißen.

Mit Sicherheit trafen auch Milarepa diese recht paradoxen Unterweisungen völlig unvorbereitet. Versucht man sich gedanklich in eine ähnliche Situation hineinzuversetzen, so erhält man vielleicht eine Ahnung davon, wie viele Hoffnungen, Stolz, Vorstellungen, Erwartungen und Ansprüche in dieser Situation vernichtet wurden. Dies zu erfahren war auch der Sinn und Zweck der Übung, die Milarepa von seinem Lehrer aufgetragen bekam. Baut man ein Haus, so schafft der Mensch gleichzeitig durch diese Tat Karma. Man muß das Haus quasi wieder einreißen, um im Gleichgewicht zu sein.

Menschen mit dem Sonnen-Auftrag Wassermann glauben, sie könnten mit ihren angestrebten Zielen eine Kontinuität erreichen. Vor ihrem geistigen Auge schwebt das Bild einer aufsteigenden gerade verlaufenden Linie – dies ist das Problem.

So setzt der eigene Anspruch eine Dynamik in ihrem Leben in Gang, die einen unvermeidbaren Knick in ihre geraden Linien bringt. Aufbauen und wieder einreißen; dies ist ein genauso sauberer Rhythmus wie Einatmen und Ausatmen. Man baut mit dem Sonnen-Auftrag Wassermann sein Ich-Haus auf, mit aller Sorgfalt und den entsprechenden Leistungen, die dazugehören, und wenn es aufgebaut ist, reißt man es wieder ein. Dies ist die geheime Verantwortung, welche die Nativen in ihrem Bewußtsein ausführen sollten.

Wo immer dieser Rhythmus weder im Bewußtsein noch im Konkreten von dem Menschen gewollt vollzogen wird, gibt der Mensch das Thema der Entpolarisierung und Lösung an das Außen ab.

Solange Native mit dem Sonnen-Auftrag Wassermann «in der Erde wühlen» und nach Sicherheiten aller Art streben, sind sie noch nicht in dem vorgegebenen Genuß des freien Fluges angekommen. Erst wenn die originellen Kapriolen über dem Trapez des Lebens spielerisch und ungehemmt vonstatten gehen, erst wenn die Nativen dem schnelleren Puls ihres Musters liebend gerne folgen, ist ihr Lebensauftrag erfüllt – dann wird es leicht! Wassermännisch leicht!

Der Sonnen-Auftrag Fische

Das Tierkreiszeichen Fische ist ein weibliches Wasserzeichen, das im Zeitraum zwischen dem 19. Februar und dem 20. März liegt. Neptun ist der herrschende Planet im Tierkreiszeichen Fische.

Natursymbolik: Das Urbild Fische ist das letzte Zeichen des vierten Quadranten, welches zugleich die mit dem Zeichen Steinbock begonnenen entsubjektivierenden Inhalte abschließt. Im Urbild der Fische lösen sich Polarität und Schuld, so daß jede subjektive Handlung oder jeder Impuls, der noch in eine Richtung drängt, seinen Ausgleich durch einen Auflösungsprozeß findet. Dieses kosmische Prinzip entbindet jedes Individuum von der Einseitigkeit des Wollens, damit der entpolarisierte Zustand, der in den Fischen vom Menschen erfahren werden soll, Einzug halten kann. Fast gleichen die Ergebnisse, die aus den Löseprozessen hervorgehen, denen des Zeichens Wassermann, doch die Form und die Art, wie diese vonstatten gehen, sind unterschiedlich. Mit dem Höhepunkt des vierten Quadranten im Zeichen Wassermann erfährt das Individuum hautnah und vehement jenes hoch spannungsgeladene entpolarisierende Spiel, welches jede Einseitigkeit mit seinem Gegenpol konfrontiert. Die uranischen Entladungen haben etwas plötzlich unberechenbar Einbrechendes an sich. Diese Plötzlichkeit macht den Unterschied aus zum Entpolarisierungs-Mechanismus, der im Urbild der Fische waltet. Im Zeichen Fische fehlt die uranische Heftigkeit, so daß sich die Löseprozesse stetig schleichend in fast unmerklicher Form vollziehen. Die Lebensvorgänge erhalten durch Neptun ein hohes Maß an Langsamkeit und lassen sich nicht durch menschliche Beschleunigungsversuche in bestimmte Richtungen drängen.

Im Zeitabschnitt des Tierkreisbildes Fische wird dem Betrachter anhand der Natursymbolik deutlich offenbart, welche Seeleninhalte mit dem Zeichen verbunden sind. Der Höhepunkt des Winters ist überschritten, die Sonne beginnt, beständig länger zu scheinen, und gewinnt langsam an Kraft zurück. Überall fängt es an zu tauen, und der harsche Schnee wird immer weicher und wandelt sich in seinen wäßrigen Urzustand zurück. Die gefrorenen Wasser beginnen wieder zu fließen, und das abfließende Tauwasser läßt Flüsse und Bäche gewaltig ansteigen. Manches Bächlein verwandelt sich in einen reißenden Sturzbach, der über die Begrenzungen seines Bettes tritt und auf diese Weise den hartgefrorenen Boden aufweicht. Das Leben bewegt sich aus dem Unsichtbaren wieder in die Form hinein. Die gefrorene Erde löst sich aus der Starre, die Natur versinkt im aufgeweichten Matsch aus Schnee und Schlamm. Fische entspricht als drittes und letztes Wasserzeichen dem großen gewaltigen Ozean des allumfassenden Kosmos. Vom Geheimnis umwoben, gestaltlos und doch formgewaltig erscheint die Seele in diesem wäßrigen letzten Prinzip. Hier hat sich jegliche Form aufgelöst und verschlingt alles noch der Polarität und der Einseitigkeit Entsprechende.

Die Wirklichkeit, jenes die Form durchwirkende Prinzip, erreicht in den Fischen eine überstrahlende Helligkeit, die jede sichtbare Kontur zu stetiger Auflösung führt. Im Tierkreiszeichen Fische geht es um die Nächstenliebe, die aus der reinen, höheren Erkenntnis entspringt, doch wem sie nicht gegeben ist, der wird im wäßrigen Fischezeichen vom übernatürlichen Geistlicht verzehrt und selber aufgelöst. Für viele ist dieses Licht der Wirklichkeit zu gewaltig, so daß sie es aus reinem Selbsterhaltungstrieb ablehnen. Der Geist hoher Ahnungen fordert echte Verantwortlichkeit; er wirkt wie heller Sonnenschein, der auf Eis und Schnee fällt und vom menschlichen Ego nicht ertragen wird, weil es daran zergeht, zu schmelzen beginnt und sich auflöst. Dem Tierkreiszeichen Fische lassen sich folgende Symbolrepräsentanten und Eigenschaften zuordnen:

Außenseiter, Süchtige, Betrüger, Künstler, Medien, Spirituelle, Weise, Unordnung, Chaos, Asyle, Krankenhäuser, Meditationsräume, Ashrams, wäßrige Gebiete, Nebelgebiete, Sumpf, Küsten, Auflösung, Vernebelung, Verflüchtigung, Gas, Nebel, Dunst, Wasser, Flüssigkeit, Gift, Vergiftung, Sucht, Rausch, Hintergrund, Geheimnis, Illusion, Wunder, Wahn, Chemie, Traum, Labilität, Halluzination, Unechtheit, Unklarheit, Verworrenheit, Mystizismus, Täuschung, Enttäuschung, Sensitivität, Phantasie, Intuition, Ahnungsvermögen, Hellsichtigkeit, Mediumismus, Altruismus, Inspiration, Einfühlung, Humanismus, Füße, Psyche, Aura, Infektion, Seuche, Narkose etc.

Im Zeitabschnitt des Tierkreiszeichens Fische formiert sich die Lebensenergie aus dem Unsichtbaren und kehrt in die Natur zurück. Die verkapselten Knospen, die vom Sommer über Herbst und Winter regungslos verharrt haben, fangen an zu schwellen. Metaphorisch zeigt das Naturschauspiel in dieser Phase, daß gerade durch die sich auflösenden Fixierungen das Leben wieder zurückkehrt. Dies bedeutet, daß überall dort, wo sich Erstarrungen lösen, neues Leben wieder Einzug halten kann. Das Zeichen Fische ist das letzte und höchste Bild im Tierkreis, da es über der Welt der Formen, dem Bereich des Subjektiven und dem der Bilder steht. Es symbolisiert den Aspekt des Allumfassenden, in dem alle Ideen, die sich hinter den Formen der sichtbaren Welt verbergen, in ihrer Ganzheit enthalten sind. Mit dem Fische-Prinzip wollen die Facetten einer höheren Wirklichkeit Gestalt annehmen und sichtbar werden.

Der Auftrag: Menschen, die im Zeitraum vom 19. Februar bis zum 20. März geboren werden, haben den Auftrag erhalten, ihr Bedürfnis nach Vordergründigkeit zurückzunehmen. Für sie heißt es zu lernen, sich in allen Aktionen und Handlungen aus der Präsenz zu nehmen, um auf die Erfordernisse des Lebens einzugehen, ohne diese in bestimmte Richtungen manipulieren zu wollen. Da der Sonnen-Auftrag Fische ein wäßriger Auftrag ist, führt er die Nativen genau wie die Sonnen-Zeichen Krebs und Skorpion in Passivitätserfahrungen hinein. Das bedeutet aber nicht, daß die Menschen mit einer Fische-Sonne grundsätzlich in den Hintergrund geführt werden, sondern daß ihre innere Haltung, mit der sie dem Leben begegnen, entscheidend dafür ist, wie sich die Verläufe des Lebens gestalten. Die Lernerfahrung unter diesem Auftrag führt die Nativen einerseits aus den Willensintentionen heraus, indem sich alle Dinge, die sie willentlich zu beeinflussen versuchen, auflösen. Andererseits machen die Betroffenen die Erfahrung, daß ihr individuelles Leben Gesetzmäßigkeiten unterliegt, die nicht mit weltlichem Maß zu messen sind. Diese Gesetze könnte man als numinos oder jenseitig bezeichnen, sie erhalten für die Nativen im Laufe ihres Lebens eine zunehmende Bedeutung. Um derartige Erfahrungen zulassen zu können, ist es für sie vor allem notwendig, sich aus den subjektiven Meinungen hinauszubewegen. Aus diesem Grund wirkt auch die Qualität der Erfahrungen des Sonnen-Auftrages Fische entsubjektivierend, wobei der Unterschied zum Zeichen Wassermann, welches die Relativität des Seins heraushebt, der ist, daß das Zeichen Fische alle Einschränkungen und Beschränkungen aufhebt und somit das Nichtsagbare erfahrbar macht.

Die Entsubjektivierung stellt sich den Nativen mit der Fische-Sonne in der Form, daß sie sich mit Hingabe dem Dienst an anderen Menschen zuwenden, der ein wesentlicher Aspekt ihres Geburtsauftrages ist. Sich anderen Menschen zu widmen, die ihre Hilfe brauchen, trägt dazu bei, daß sie sich mit den eigenen Bedürfnissen zurücknehmen, da sie sich verständnisvoll und einfühlend dem bedürftigen Teil hingeben müssen.

Neptun als in den Fischen herrschender Planet ist die höchste Frequenz an sich und deshalb vom Menschen nicht kalkulierbar. Das Fische-Zeichen gleicht der Schnittstelle vom Diesseits zum Jenseits, der Grenze vom Sein zum Nichtsein. Betrachtet man unter materiellen Gesichtspunkten die Lerninhalte dieses Auftrags, könnte man zur Ansicht kommen, daß in den Fischen die Auflösung der Realität liegt. Stellt man aber die Realität in Frage, dann reduziert sich die angenommene Realität auf die Definition der subjektiven inneren Bilder und Resonanzen eines jeden Menschen. Denn die äußere sichtbare Realität ist gebunden an die kleine beschränkte Funktionsweise der fünf menschlichen Sinnesorgane, wobei jeder einzelne seine Realität an der Auswertung seiner subjektiv empfangenen Sinnesreize bemißt.

Einige Beispiele können das sehr schnell verdeutlichen: Zwei Menschen betrachten gemeinsam ein knallrotes Auto. Wer kann mit Sicherheit sagen, daß die Person A die Farbe genauso wahrnimmt wie die Person B? Möglicherweise empfindet Person B die Farbe Knallrot so, wie Person A Erbsgrün sieht. Nur die Tatsache, daß Person B seit Anbeginn ihres Lebens die Farbe Erbsgrün als Rot betitelt, ist keine Gewährleistung für eine einheitliche Sichtweise. Allenfalls ist Person A, die Knallrot sehr gerne mag, erstaunt darüber, daß Person B die Farbe ihres Autos häßlich findet. Das gleiche gilt für den Bereich der Geruchsorgane. Frau X liebt Parfüms über alles, täglich verwendet sie reichlich ihre Lieblingsmarke. Frau Y allerdings nimmt das Parfüm von Frau X so wahr, wie Frau X den Geruch einer Jauchegrube empfinden würde. Frau X wundert sich nun immer über den betroffenen Blick von Frau Y, wenn sie mit dieser in näheren Kontakt kommt. Jeder Mensch ist aufgrund seiner fünf Sinne an die Polarität gefesselt und glaubt durch seine persönlichenen Wahrnehmungen, die Welt sei tatsächlich so beschaffen, wie er sie wahrnimmt.

Auch mit hypnotischen Versuchen ist es möglich zu demonstrieren, daß der Mensch beliebige Wahrnehmungen haben kann, die man seinem Unterbewußtsein suggeriert. Mit absoluter Überzeugung verteidigt dann der Hypnotisierte seine Täuschung. Es wäre z. B. möglich, einem Menschen zu suggerieren, daß er, während er in der Stadt seine Einkäufe tätigt, alle Männer, die mit dunkelgrauen Anzügen und Krawatten bekleidet sind, statt in ihrem Geschäftsdreß in roten Miniröcken sieht. Die in solcher Weise programmierte Person wird diese Wahrnehmung haben und mit absoluter Sicherheit jede Infragestellung vehement zurückweisen. Beispiele ähnlicher Versuche gibt es genügend, und sie verdeutlichen, wie dünn und relativ die Decke der scheinbar gesicherten Realität ist.

Nur ein kleiner Eingriff im Bewußtsein vermag die Endgültigkeit unserer gesicherten Weltanschauung umgehend zu brechen. Erst wenn man erkennt, wie irreal die Realität ist, lernt man zu sehen, daß Menschen stets die eigene Sichtweise zum Mittelpunkt machen. Erfahrungen, die den Menschen von dieser Realität befreien, kann man deshalb als erlösend bezeichnen. Sie erlösen den Menschen aus seinen Täuschungen, da er sich aufgrund seiner Vorstellungen in einer Art Traumwelt befindet, wie dies von initiatischen Strömungen aller Kulturen beschrieben wird. Das Prinzip der Fische ist nun jene Instanz, die den Menschen mit der numinosen Wirklichkeit in Verbindung bringt, damit sich die subjektive Täuschung auflöst. Im Zeichen der Fische erfährt das Individuum, daß die Welt der Form nur ein Ausfluß des Geistprinzips ist und daß das wahre Sein im Numinosen enthalten ist. Bezogen auf das menschliche Erleben im Fische-Mythos, machen die Betroffenen die wiederkehrende Erfahrung, daß sich die äußeren Formen und anvisierten Ziele zu lösen beginnen, sobald sie versuchen, diese bewußt zu manipulieren. Dies ist eine schwer verständliche Erfahrung, denn die Betroffenen sollen mit diesem Mechanismus von dem Bedürfnis befreit werden, selber auf die Schöpfung einwirken zu wollen. Konkret machen sie Löseerfahrungen, aber an diesen sollen sie verstehen lernen, daß das Schicksal sie nur dann in derartige Erfahrungen einschleust, wenn sie versuchen, dem Leben ihren Stempel aufzudrücken. Denn was immer sie versuchen, selber zu gestalten – sie täuschen sich darüber. Oft entsteht die Frage, wie es unter solchen gesetzmäßigen Bedingungen möglich ist, den Lebensunterhalt zu erwerben und die Existenz zu sichern. Der Auftrag Fische bedeutet nicht, daß die Nativen im Leben auf materiellen Besitz verzichten müssen. Sie mögen durchaus materiell gesichert leben und vieles ihr Eigentum nennen, nur sollten sie stofflich konkrete Dinge nicht besitzen wollen. Der Wortbegriff des Besitzes läßt sich durchaus kreativ in die Bereiche von Besatz oder Besessenheit weiterformulieren.

Wenn es Menschen unter dem Sonnen-Auftrag Fische gleichgültig ist, ob sie eine Million ihr Eigentum nennen oder gelassen auf einen niedrigen Lebensstandard blicken, sind sie im neptunischen Gesetz angelangt. Hier verbirgt sich das Geheimnis der Fische, denn erst mit einer echten Nichtverhaftung an irdische Güter kann sich aus den Ebenen des Kosmos «alles» manifestieren. Sobald aber die innere Fixierung auf das Wesen des Besitzenwollens wechselt, schaffen die Nativen eine Dynamik für die Auflösung dessen, was ihnen als feste Basis dienen sollte. Selbst äußere Signale, die den Verzicht auf den Mammon anzeigen, täuschen die regulierende Instanz des Schicksals nicht über die innere Verhaftung am Stoff hinweg. Bis ihnen jeglicher sichtbarer Wert einerlei wird, werden die neptunischen Nativen materiellen Mangel erleiden müssen. Solange sie Auflösung erfahren, signalisiert dies, daß es in ihrem Wesen etwas Fixiertes oder Vereinnahmendes gibt, das ihnen noch nicht bewußt ist.

Diese Gesetzmäßigkeit läßt sich beliebig auf alle anderen Bereiche ausdehnen, seien es Partnerschaften, Lebensziele oder berufliche Karrieren. Wann immer ein bewußt zielgesteuertes Wollen auf egozentrierte Themen im Leben der Menschen mit einer Fische-Sonne seinen Ausdruck findet, werden sie mit den lösenden Inhalten ihres Geburtsthemas Bekanntschaft machen. Sie sollen lernen, daß innerhalb ihres Lebens erst etwas entstehen kann, wenn sie nicht mehr an das Gedeihen gebunden sind und sie sich geistig von allen Bedürfnissen, die sich auf die Materie und ihre Ich-Intention beziehen, gelöst haben. Somit könnte man mit folgenden Worten den Lebensauftrag, der an die Nativen ergeht, definieren:

«Lerne mystische Losgelöstheit von allen äußerlichen Dingen sowie von willensmäßigen Bedürfnissen zu erreichen.»

Versucht man die Sinnhaftigkeit hinter den auflösenden Aspekten des Geburtsauftrages der Menschen mit einer Fische-Sonne zu ergründen, ließe sich das Wesen der Nativen als besonders konkret und strukturiert beschreiben. Bei so vielen Löseerfordernissen, die sich aus dem Inhalt des Fische-Prinzips ergeben, läßt sich auf eine sehr dominante innere Seelenqualität schließen. Native, die das Leben mit einer Fische-Sonne antreten, sind häufig mit einem hohen Maß an Dominanz und Vordergründigkeit ausgestattet, die oft nur von Außenstehenden wahrgenommen werden. Bei ihnen liegt ein Zuviel an vordergründiger Eigensteuerung vor, mit dem Bedürfnis, unerbittlich alles manipulieren zu wollen. Ihr Leben ist gezeichnet vom ständigen Agieren und Eingreifen in sich ergebende Situationen, woraus unweigerlich Erfahrungen erwachsen, die ihnen vor Augen führen, daß das direkt angesteuerte Ziel nicht manifest werden kann. Im Laufe des Lebens erfahren die Betroffenen auf diese Weise den Schmerz der Ausgeliefertheit. Dies mag zu der Dynamik führen, daß sie sich in ihren Innenraum zurückzuziehen, um nicht ständig von der Welt enttäuscht zu werden. Hört man einmal genau in die Worte hinein, so entdeckt man, daß im Wort Enttäuschung gleichzeitig die Täuschung enthalten ist. Die Täuschung ist aber gerade der Aspekt, der sich durch die Qualität des Fische-Auftrages auflöst. Je mehr die Nativen lernen, sich dem Schicksal ohne Eigensteuerung frei zu überantworten, können sie um so eher die eigentliche Bedeutung ihres Auftrages innerhalb des kosmischen Planes verwirklichen. Wenn sie bereit sind, ohne eigene Manipulation all jene Dinge auszuführen, die ihnen das Leben anträgt, sind sie im Muster. Durch das Annehmen von Aufträgen beginnen sie, ihre Ich-Qualität, die im Laufe des Lebens gelöst werden soll, bereits freiwillig zu lösen. Weigern sie sich allerdings dem Schicksal gegenüber auszuführen, was es ihnen anträgt, sind sie nicht im eigenen Gesetz. Sinnvoll ist es also, dem Auftrag zu begegnen, indem sie ganz bewußt und bereitwillig auf eigene Ansprüche verzichten.

Vergleichende Symbolebene: Während eines Geburtsvorganges vollzieht sich immer das gleiche Wunder, daß ein Wesen während seiner Entbindung von der Unsichtbarkeit hinüber in die Sichtbarkeit wechselt. Dieser Wechsel von Seinsbereichen ist gleichzeitig mit dem Neuwerden auf der einen und dem Ablösen von einer anderen Ebene verbunden. So könnte man auch sagen, wenn der Mensch in die diesseitige Welt hineingeboren wird, stirbt er im Jenseits. Der gleiche Vorgang hat ebenso umgekehrt seine Gültigkeit, denn wenn der Mensch im Diesseits stirbt, wird er ins Jenseits hineingeboren. Dieses nahe beieinanderliegende Geschehen verbannt der Mensch gerne aus seinem Bewußtsein, um nicht erkennen zu müssen, daß die Nahtstelle vom Diesseits zum Jenseits sehr dünn ist. Das Neugeborene macht während der Geburt die Erfahrung, aus der schützenden Geborgenheit – in der es schwerelos vom Fruchtwasser getragen wird – aus dem kleinen Kosmos im Mutterleib geschwemmt zu werden. Das «Ich» des Heranwachsenden ist selbst nicht in der Lage, auf den Zeitpunkt des Vorganges, der es in die rauhe, kalte und laute

Welt der Manifestationen hinausbewegt, Einfluß zu nehmen. So macht das Neugeborene schon früh die erste Bekanntschaft mit dem Gesetz, daß es nicht mit dem Ego allein über seinen irdischen Werdegang entscheiden kann. Dies wird deutlich, wenn man versteht, daß die Seele zwar die rechte Zeitqualität für die Einkörperung wählt, aber das geborene «Ich» weder über den Verlauf seines Kommens noch des Gehens bestimmen kann. Nur die sich im Lauf des Lebens einstellende vermeintliche Eigenständigkeit läßt den Menschen später glauben, ganz Herr über sein Leben zu sein. In Wahrheit bleibt er trotzdem eingebunden in das kosmisch-zyklische Geschehen.

Im Geburts- und Sterbevorgang drücken sich die Abhängigkeit und Eingebundenheit in die Zyklen des Weltenlaufes aus. An dieser Abhängigkeit wird sich nie etwas ändern, und sie gilt nicht nur für die Geburt und den Tod, sondern auch für alle anderen Bereiche. Der Mensch muß – genau wie beim Geburtsvorgang – ein Leben lang lernen, von Fixierungen und Zwängen loszulassen, um neu werden zu können. Er muß von einer Sache loslassen können, um eine andere zu erhalten. Bindet er sich an die ihm vertraute Ebene, führt dies zu Zwischenzuständen, die vergleichbar wären mit einem Steckenbleiben im Geburtskanal. Dies würde es nötig machen, ihn mit Nachdruck aus seiner Verhaftung zu lösen, um ihn in den neuen Zustand zu befördern. Bezogen auf das Leben sind es die subjektiven Vorstellungen, die dem Individuum den Zugang zur Wirklichkeit versperren. Jede Fixierung auf bestimmte Meinungen und Weltanschauungen führt dazu, daß der Mensch in seiner Täuschung verhaftet bleibt, da er nicht in der Lage ist wahrzunehmen, was es außerdem noch für Betrachtungswinkel gibt. Daraus folgt, daß er erst enttäuscht werden muß, um seine Fixierungen zu lösen. Erst nach dem Verlust seiner Täuschung beginnt er, die Wirklichkeit wieder aufzunehmen. Dies entspricht genau der Erfahrung, welche den Nativen mit dem Sonnen-Auftrag Fische zuteil werden soll. Denn in ihrem Leben will auch wieder etwas Neues Einzug halten, doch sie selbst verhindern dies aufgrund ihres Dranges zu agieren.

In den zu Siebener-Jahresabschnitten eingeteilten Phasen des menschlichen Lebens findet die Fischethematik im *Zeitraum zwi-*

schen dem 77. und dem 84. Lebensjahr statt. Im Leben des Menschen vollzieht sich der «Entwerdungsprozeß» von hier ab am allerdeutlichsten. Im vorherigen Siebenjahres-Abschnitt, welcher der Symbolik des Wassermann-Prinzips entspricht, bilden sich die Sinne der äußeren Wahrnehmung zurück, so daß sich der Blick des Menschen weiter auf seine Innenwelt richtete. In der Phase vom 77. bis zum 84. Lebensjahr zieht sich der Geist langsam aus dem Körper zurück und identifiziert sich nicht mehr mit ihm. Die materielle Hülle des Körpers läßt immer weiter in der Funktionstüchtigkeit nach, und der Mensch verspürt mit der Abwendung von der Körperlichkeit eine größere Lebendigkeit im Inneren. Auch hierin zeigt sich die analoge Verbindung zum Lebensthema des Nativen mit der Fische-Sonne, der, wann immer er sich aus den stofflichen Bindungen löst, paradoxerweise die höchste Lebendigkeit erfährt. Ältere Menschen gehen in dieser Phase ins Altenheim und verzichten durch die Auflösung ihrer Haushalte auf einen großen Teil des im Leben angesammelten Stoffes. In den meisten Fällen verlagert sich das Erleben in diesem Zeitraum ganz und gar in Reflektionen auf bereits durchlebte Lebenssituationen, so daß neue Themen aus dem Umfeld, ähnlich wie bei den Nativen mit einer Fische-Sonne, nur durch einen gedämpften nebeligen Filter bis zum Tagesbewußtsein vordringen. Inhaltlich sollte sich der Mensch in dieser Zeit seines Lebens ganz bewußt und angstfrei den Bereichen widmen, die hinter der materiellen Physis liegen. Die Sphären der astralen und der jenseitigen Welt wollen erforscht werden, da diese immer näher rücken. In diesem hohen Alter heißt es für den Menschen, ähnlich wie er in jungen Jahren Vorsorge für sein Auskommen getroffen hat, die gleiche Vorsorge der geistigen Welt und dem materiellen Löseprozeß zukommen zu lassen.

Das Sterben will ebenso wie das Leben gelernt sein. Die Verdrängung dieses Themenbereiches, wie sie vielfach in der Gesellschaft stattfindet, mutet fast schon lächerlich an, denn ab einem gewissen Zeitpunkt kann man nicht mehr so tun, als würde der Mensch plötzlich und unverhofft vom Tode überrascht werden. Unbewußtes und nicht vorbereitetes Sterben führt zu krampfhafter Verhaftung an die Materie, weil die Seele nach der Transition kaum realisiert, daß sie bereits verstorben ist, da sich die primären Wahrnehmungen nach dem direkten Ableben nicht sonderlich von denen des Lebens unterscheiden.

Auch das Thema des Fischebildes konfrontiert den Menschen mit Werten, die jenseits der Physis liegen, damit die Nativen unter diesem Geburtsauftrag frei von allen behindernden Anbindungen im Leben werden. Nur beziehen sich die Erfahrungen nicht unbedingt auf das konkrete Sterben, sondern auf die Wahrnehmung von numinosen Ebenen innerhalb des Lebens. Das materialistische Weltbild, mit dem sie der äußeren Welt begegnen, will unter ihrem Auftrag aufgelöst werden.

Die Feiertage des Jahreslaufes schließen mit einer prägnanten Analogie zum Lösethema ab. Mit dem Ende der Karnevalszeit, die im Zeitraum des Zeichens Wassermann liegt, beginnt am Aschermittwoch die Fastenzeit. Auch in der Fastenzeit drückt sich der zentrale Mythos des Fischebildes aus. Mit dem bewußten Verzicht auf Nahrung wurde in den überlieferten Traditionen verschiedener Kulturströmungen die Abwendung von der Welt symbolisiert. Mit der Reduktion von Nahrung während der Fastenperiode vollzieht sich im Körper ein enormer Wandel. Nach anfänglich schmerzhaften Verzichtserfahrungen in den ersten drei bis vier Tagen nach Beginn durchbricht der Fastende die Schwelle des Saturns, die er leidhaft durch Kopfschmerzen, Trauer, Essensgelüste und Hinfälligkeit erlebt. Nachdem er diese Phase durchschritten hat, erfährt er einen fast ruckartigen Übertritt in eine andere Dimension. Der Körper gibt die Ebene für ein «Im-Geiste-Erwachen» frei. Das Innenleben beginnt reichhaltiger zu werden. Man erlangt die Fähigkeit, daß Gedanken vor dem inneren Auge fast plastisch Gestalt annehmen können. Die Intuition erwacht im stärkeren Maße, und der Fastende fühlt sich enorm beflügelt. Je länger der Fastenzyklus ausgedehnt wird, desto mehr Befreiung erfährt man auf der geistigen Ebene. Es wachsen dem Menschen nie zuvor gekannte Kräfte und Potentiale zu, aus denen ihm tiefe Erfahrungen zuteil werden. Bis auf die zwischenzeitlichen Fastenkrisen, die sich mit saturniner Pünktlichkeit in zyklischen Abschnitten von sechs bis sieben Tagen einstellen und den Menschen auffordern, weitere Saturnschwellen zu übertreten, beginnt der Mensch diesen Zustand der Leichtigkeit zu lieben.

Die metaphorische Bedeutung des Fastens, bezogen auf den Lebenstenor des Fischebildes, verdeutlicht, daß aufgrund der äußeren Reduktion mentale Zugewinne entstehen. Auch für die Nativen unter dem Sonnen-Auftrag Fische bedeutet dies, daß, wenn sie sich in ihrem Bedürfnis nach «Weltenkonsum» innerlich reduzieren, ihnen ein Wachstum zuteil wird. Ganz bewußt stellen die Fastenperioden im religiösen Ablauf des Jahres die große Finalität des Zyklus dar. Den erfahrenen Mystikern sind die Gesetze des Kosmos bekannt, und sie wissen, daß sich im Sinne des Fische-Prinzips die Ebene des Geistes nur öffnet, wenn der Stoff überwunden wird. Diese Überwindung des Stoffes kann man auch als eine Metapher betrachten, die ausdrückt, daß der Mensch lernt, in der Welt noch andere Inhalte zu sehen als nur die vordergründig konkret stofflichen. Entscheidend für die Lösung vom Stoff sind nicht die äußeren Signale, die die Nativen abgeben, sondern einzig ihre innere Haltung.

Mit der Fastenzeit betritt der Fastende eine andere Ebene des Seins, um im Frühling im Bild des Widders neu zu werden. So schließt das Osterfest, das als Auferstehungsfest Christi gefeiert wird, die Fastenzeit ab und symbolisiert damit das Erwachen auf einer neuen Ebene. Das Bild des neptunischen Reifens bezieht sich aber nicht nur alleine auf den konkreten Bereich der Materie und des Stoffes, sondern in allererster Linie auf den Aspekt der subjektiven Ich-Belange des forcierten Wollens, denn im Tierkreiszeichen Fische, das den Inhalten der christlichen Mystik entspricht, heißt es «Dein Wille geschehe» und nicht «Mein Wille geschehe».

Symptomatik: Sind die Nativen mit dem Sonnen-Auftrag Fische nicht bereit, dem Thema der Hintergründigkeit zu folgen, wird ihre Welterfahrung sie vermehrt mit Ebenen vertraut machen, in denen es ihnen an Handlungsfähgkeit und Durchsetzung mangelt. Je stärker allerdings der Drang nach Behauptung und konkreter eigener Lebensgestaltung ist, desto stärker wirkt sich die lösende Qualität in ihrem Leben aus. Die Nativen erfahren besonders dann lösende Aspekte im Leben, wenn sie bestrebt sind, «Nägel mit Köpfen» zu machen. Menschen unter diesem Auftrag sind, ähnlich wie die Nativen mit einer Wassermann-Sonne, in der außergewöhnlichen Situation, schon zu Lebzeiten im ganz konkreten Leben eine Verbindung mit dem Numinosen zu erfahren. Für sie werden die ersten Kontakte mit neptunischen Löscthemen oft zu schmerzlichen Begegnungen, doch sollten sie wissen, daß sie über diesen Weg lernen, mit kosmischen Gesetzmäßigkeiten in der Welt zu leben. Sie sind mit derart sensiblen Wahrnehmungsantennen ausgerüstet, daß für sie Dinge real werden, die sich außerhalb des Stoffes befinden und von den meisten Verfechtern der Welt nicht wahrgenommen werden. So haben sie beispielsweise Teil an den Gedanken und Gefühlen anderer Menschen, als wären diese ganz konkret ausgesprochen worden. Aufgrund dieser Verschiebung der Wahrnehmungsebenen entsteht für die Betroffenen eine unsichere Basis, denn sie wissen nicht so recht mit diesen ihnen fremden Wahrnehmungen umzugehen. Da sie keine eigene Abschirmung besitzen und auch keine Grenzen ziehen können, haben sie das Empfinden, die ganze Welt trete in rüdester Art und Weise über ihre Grenzen. Je mehr sie aber versuchen sich abzuschotten, um sich vor der Welt zu schützen, desto drängender werden die Außenerfahrungen. Als Resultat ihrer verstärkten Bemühung, sich eigene Räume zu erhalten, verlieren sie einen großen Teil ihrer Lebensenergie, da sie sich andauernd fühlen, als müßten sie sich gegen die ganze Welt behaupten. Aufgrund dieser bedrohlichen Wahrnehmung sehnen sich die Nativen nach anderen Seinsebenen, welche feinere Resonanzen tragen, als sie sie in ihrer Situation finden können. Am liebsten würden sie mit einer Tarnkappe durch das Leben laufen, um nicht gesehen zu werden, oder sie überkompensieren mit dem Gegenpol, ähnlich wie die Nativen unter den anderen wäßrigen Aufträgen Krebs und Skorpion, und gehen getreu dem Spruch «Angriff ist die beste Verteidigung» in die Offensive. Doch dies führt zu weiterer Ermüdung und Resignation, woraus die Sehnsucht entsteht sich zu entziehen, da sie sich im realen Leben den störenden und bedrohlichen Außeneinflüssen nicht gewachsen sehen. Aus diesem Grund neigen sie dazu, Drogen zu konsumieren, welche die äußere harte Realität durch einen Weichzeichner fließen lassen. In diesem Fluchtbedürfnis findet die Sehnsucht, mit anderen Seinsbereichen zu verschmelzen, ihren unerlösten Ausdruck. Auch kann eine gewisse Resignation die Psyche der Nativen erfassen, die mit einer Depression einhergeht und in Lebensverweigerung mündet. «Es hat ja alles doch keinen Sinn mehr», ist ein häufiger Ausspruch bei ihnen. Doch hinter solchen Äußerungen sollten die Nativen ihre Weigerung erkennen, sich den Löseprozessen, die an ihrem Ego wirken, nicht mehr aussetzen zu wollen. Wie die Nativen mit der Wassermann-Sonne haben auch sie das Gefühl, als stünde eine akute Katastrophe bevor. Unbewußt wünschen sie sich die Auflösung der Welt mit all ihren Bedrohungen, und im Extremfall entgleisen ihnen die Lebensstrukturen, da ihnen an irgendeiner Stelle des Lebens die Kräfte versagen, weil sie ständig bemüht sind, gegen den Strom ihrer Lebensbedingungen zu schwimmen. So geraten sie dann in der unerlösten Form über die Resignation in einen losgelösten Zustand, der eigentlich Demut und Hingabe lauten sollte.

Die Angst, die sie vor Krankheit und Katastrophen haben, ist gleichzusetzten mit dem unbewußten Wunsch, sich der Welt zu entziehen. So verquickt sich das ambivalente Verlangen, in die Ur-Substanz des Kosmischen zurückzukehren, mit den Befürchtungen, es könne ihnen tatsächlich etwas Katastrophales zustoßen. Die Nativen mit der Fische-Sonne erfahren sehr häufig Situationen, in denen sie mit allen Fasern der Person gefordert sind zu helfen. Beispielsweise erleben sie in der Familie Fälle von schwerer Krankheit, Alkoholismus oder Drogensucht, die ihre ganze Hilfe und Kraft in Anspruch nehmen, so daß keinerlei Raum für ihre Selbstverwirklichung bleibt. Alles konzentriert sich in höchster Intensität auf die unumgänglichen Erfordernisse. Auf diese Art versucht ihnen das Leben die Notwendigkeit zur Dienstleistung nahezubringen. Solange sie nicht bereit sind, sich aus eigenem Antrieb anderen zuzuwenden, erfahren sie Situationen, die sie in derart hoher Form beanspruchen.

Die Qualität des Sonnenthemas Fische stellt die Nähe zu einer höheren Wirklichkeit her. Da aber die menschliche Intention nicht hauptsächlich in diesen Bereich zielt, weil der Mensch sich keine Vorstellung von der höheren Wirklichkeit machen kann, lösen sich die beschränkenden Persönlichkeitsanteile des Menschen auf. Dies macht ihn reif für die Erfahrung dessen, was hinter der Sichtbarkeit steht, denn die höhere Wirklichkeit ist auf verborgene Weise im Realen enthalten. Menschen mit dem Sonnen-Auftrag Fische erliegen häufig ihren unbeschreibbaren Sehnsüchten, die sie auf Menschen oder auf bestimmte Ziele projizieren. Sie verlieben sich in eine kaum erreichbare Person oder sehnen sich an Orte mit schönen Erinnerungen zurück. Doch wenn sie die ersehnte Liebe eines Menschen gewonnen oder ihren lang ersehnten Ort erreicht haben, stellen die Betroffenen meist fest, daß ihnen das Gewonnene ganz und gar nicht ausreicht. Sie tragen eine schier unstillbare Sehnsucht nach Liebe und Verschmelzung in sich, die selbst durch die Liebe und die Nähe eines Menschen nicht erfüllt werden kann, ja sogar eingeschränkt wird. Eigentlich suchen sie die Erfüllung in der Ferne, und an diesem Punkt sollten sie verstehen lernen, daß ihre Sehnsucht nach konkreter Liebe der Ersatz für eine höhere Instanz ist, die nur in der Zuwendung zum Ewigen Befriedigung finden kann. Alle anderen Bereiche, die mit ihrer Sehnsucht angefüllt sind, gleichen Ersatzebenen, die so lange bestehen bleiben, bis sie die Sehnsucht auf Ziele der Erhebung oder Weltenüberwindung richten. Dies können religiöse, mystische Lebensinhalte sein, aber auch Themen aus dem Bereich der Kunst oder der Musik, die Ebenen schaffen, um mit Traumwelten oder anderen Sphären in Verbindung zu treten.

Neben den psychischen Symptomen der Nativen deuten auch die körperlichen Symptome auf die notwendigen Erfordernisse hin. Kreislaufbeschwerden signalisieren wie auch bei den anderen Wasserzeichen, daß die Betroffenen zu sehr im Konkreten verwurzelt sind, so daß das Bewußtsein aufgrund von auftretenden Schwindelanfällen die Welt nur noch diffus und verschwommen wahrnimmt. Die Schwächung des Immunsystems kommt einer Öffnung gleich, da es aufgrund der körperlichen Bedingungen keinen Schutz mehr gibt gegenüber den Außeneinflüssen. Der Körper ist stellvertretend für den Mangel im Bewußtsein genötigt, sich auf diese Weise mit allem ungefiltert auseinanderzusetzen. Bakterien und Viren, welche die aggressiven Auseinandersetzungsanteile der Welt symbolisieren, halten stellvertretend für die Welt im Körper Einzug, da das Bewußtsein verschlossen ist.

Die Auflösung von harter körperlicher Substanz, wie beispielsweise Zähne, Knochen oder Nägel, signalisieren, daß im Bewußtsein Strukturen zu weit verhärtet sind. Der Körper übernimmt auch hier stellvertretend die Auflösungsarbeit für die Nativen, da sie im Bewußtsein verhärtet sind. Der häufige Haarverlust der Nativen ist ein Symbol, daß sie als Mensch bei weitem nicht so viele Freiheiten besitzen, wie sie sie sich bisweilen herausnehmen. Nicht umsonst schnitten sich die Mönche (Fische-Prinzip) eine Tonsur, um zu symbolisieren, daß sie ihre persönliche Freiheit und alle Belange im Dienst des Universums aufzugeben bereit waren. Dieses Mysterium des Weges gilt auch für die Nativen mit dem Sonnen-Auftrag Fische, denn der Auflöseprozeß ist ein zentrales Mysterium auf dem Weg, ohne ihn kann es keinen Neubeginn geben.

Kontemplative Integration: Befinden sich die Nativen in vermehrtem Maße in Zuständen, in denen sie sich dem weltlichen Geschehen nicht gewachsen fühlen oder wenn sie sich stetigen Löseprozessen ausgeliefert sehen, sollten sie daran erkennen, daß sie mit zuviel Vehemenz und zu konkreten Ansprüchen der Welt begegnen. Sie sollten sich in ihrer Dominanz zurücknehmen, denn sie versuchen, dem Leben in genau entgegengesetzter Form mit ihrem Verhalten zu begegnen, als es die Wirkungsprinzipien ihres Auftrags erlauben. Neptun und somit der Inhalt des Tierkreiszeichens Fische löst den Menschen aus der Polarität und Weltanbindung. Polarität entsteht dann, wenn der Mensch Spaltungswerk betreibt, indem er versucht, dem Leben seine persönliche Richtung zu verleihen. Diese kann immer nur einseitig sein, da sie einem menschlichen Bewußtsein entspringt. Jeder einseitige Impuls bindet an die Welt und treibt deshalb unter dem Sonnen-Auftrag Fische das Schicksal zu entpolarisierenden Löseprozessen.

Für die Nativen ergibt sich daraus eine Gesetzmäßigkeit, die man bildlich damit ausdrücken könnte, daß, wenn man mit einem Auto fährt, dieses anders als üblich erst dann beschleunigt, wenn man den Fuß vom Gas nimmt. Je mehr man also nach bekannter Manier Gas gibt, desto langsamer wird die Fahrt, bis sie vollends zum Stillstand kommt. Sehr häufig führt die Definition des Sonnen-Auftrags Fische dazu, daß die Nativen das Passivitätserfordernis mit Resignation und Lethargie verwechseln. Dies ist ein Fehler, denn es geht in ihrem Leben nicht darum, sich aus allen Handlungen herauszunehmen, um fortan nicht mehr tätig zu sein, sondern vielmehr darum, sich aus dem verbissenen Interesse an den Ergebnissen der Handlungen zu lösen. Es will also gelernt sein, erst dann zu handeln, wenn das Erfordernis besteht, aber nicht darauf zu achten, was in den jeweiligen Situationen von den eigenen Intentionen übrigbleibt. Auf diese Weise geben sie dem Geschehen die Möglichkeit, selber Gestalt anzunehmen, wie es für die Situation und die Wirklichkeitserfahrung nötig ist.

Bei den Nativen mit dem Sonnen-Auftrag Fische walten andere Gesetze, als sie für die Allgemeinheit gelten. Um dies zu erforschen, sollten sie sich selber Raum und Zeit geben, um loslassen zu können. Permanente Aktion führt bei den Nativen zu unverhältnismäßigen Erschöpfungsphasen. Sie sollten sich Zeiten und Räume schaffen, in denen es ihnen möglich ist, losgelöste Erfahrungen zu machen. Zu diesen kann ihnen die Musik verhelfen, an der sie selber aktiv teilnehmen oder sich passiv als Hörer in den Klängen treiben lassen. Auch die Kunst bietet ihnen Räume, in denen sie phantasievoll versinken können. Meditationen oder Phantasiereisen vermögen ihnen die entsprechende Einlösung für ihren Auftrag zu bieten, um die Erfahrung zu machen, wie aufbauend das Einlassen in Löseprozesse sein kann. Hingabe an andere Menschen in Form von Pflege- und Sozialdiensten wirkt sich darauf aus, wie sich die Nativen im Leben fühlen. Haben sie die Möglichkeit, sich einem schwachen bedürftigen Teil zuwenden zu können, erfahren sie einen enormen Kräftezuwachs, da sie sich des Themas der Ausgeliefertheit im Außen annehmen und somit diesen Anteil nicht in der eigenen Ausgeliefertheit erfahren müssen. Die Erleidensform entsteht in ihrem Leben nur dann, wenn zuviel Starre vorhanden ist. Unter diesem Gesichtspunkt sollten die Nativen den Lösemechanismen im Leben besondere Beachtung schenken, sie sollten die Zusammenhänge zwischen ihrem verbissenen Wollen und äußeren Auflösungen sehen lernen. Je größer und dramatischer sich Auflösungsprozesse in ihrem Leben manifestieren, desto stärker muß das fixierte Wollen ihrerseits gewesen sein. Haben sie dies erkannt, besitzen sie den Schlüssel zu ihrem

Geburtsmuster und erreichen somit auch die Schwelle zur mystischen Erfahrung. Ihre Visionen vermögen zur Wirklichkeit zu werden, wenn sie in der Lage sind zu sagen: «Dein Wille geschehe!» Lassen die Nativen mit dem Sonnen-Auftrag Fische von allen Fixierungen los, schaffen sie die Basis für Manifestationen. Wer nichts bedarf, wird alles erhalten – wer jedoch viel bedarf, wird alles verlieren. Großes wird deshalb immer aus dem Nichts geboren!

Laotse bringt in einem Sinnspruch aus dem Dao Dsi die Thematik des Geburtsauftrags Fische auf einen Nenner:

«Nichts Nachgiebigeres in der Welt als Wasser.
Dennoch bezwingt es das Härteste.
Groß im Aufgeben ist es, groß im Erreichen.
Nicht greifbar greift es
Das Nichtsichtbare überwindet das Sichtbare.
Und starr übernimmt starr.
Jeder weiß es, keiner beweist es.

Wer erträgt, wird getragen.
Wer sich aufgibt, behauptet sich.
Wer nachgibt, trägt den Sieg davon.
Beuge dich, und sei aufrecht.
Mache dich leer, und sei voll.
Schöpfe dich aus, und sei neu.
Besitze wenig, und mache Gewinn.
Besitze viel, und sei verwirrt.
Ist dies ein leerer Spruch, sei wahrhaft ungeteilt,
und alle Dinge werden zu dir kommen.»

Die Zeichnung des Geburtshoroskops

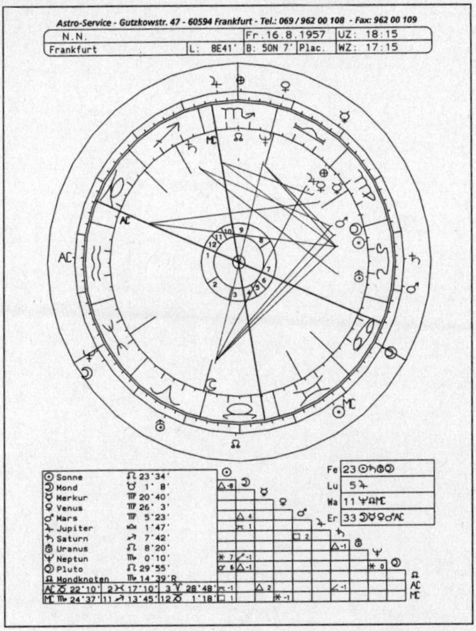

Wenn Ihnen als Leser dieses Buches noch keine genaue Zeichnung Ihres Geburtshoroskops vorliegt, aus der Ihr *Aszendent*, das *Medium coeli* sowie alle weiteren Planeten-Positionen ersichtlich sind, können Sie diese gegen eine Gebühr von DM 23,– inkl. Versandpauschale unter folgender Adresse beziehen:

Einblick – Forum für hermetische Kultur
Gutzkowstr. 47, 60594 Frankfurt,
Telefon 069-96 20 01 08 – Fax 96 20 01 09
(Hier erhalten Sie auch Informationsmaterial über Ausbildungen, Seminare sowie die Astrosophische-Beratungspraxis)

Für die Erstellung des Horoskops geben Sie bitte Ihren *Namen*, das *Geburtsdatum*, die genaue *Geburtszeit* sowie den *Geburtsort* an.

(Wenn kleiner Ort, bitte die nächste Kreisstadt angeben)

3415/3a

Dr. Raymond A. Moody

Raymond Avery Moody wurde am 30. Juni 1944 in Porterdale in Georgia geboren. Seinen medizinischen Doktortitel erwarb er 1976 am Medical College of Georgia in Augusta, arbeitete anschließend als Assistenzarzt an der University of Virginia Medical School. Von 1983 bis 1985 war Dr. Moody Forensic Psychiatrist am Central State Hospital in Georgia. Seitdem arbeitet er als niedergelassener Psychiater in eigener Praxis und lehrt zugleich als Associate Professor of Psychology am West Georgia College in Carrollton.

Paul Perry ist Chefredakteur des «American Health Magazine» und Dozent am Gammett Center for Media Studies. Er ist Autor zahlreicher Artikel und mehrerer Bücher über medizinische Themen.

Dr. Raymond A. Moody
150 Menschen, die einmal im medizinischen Sinne gestorben waren und doch überlebt haben, berichten über ihr
Leben nach dem Tod *Die Erforschung einer unerklärlichen Erfahrung*
rororo sachbuch 60385
Wenn das Ich den Körper verläßt – was kommt danach? Dr. Moody hat jahrelang Berichte von Patienten gesammelt, die bereits klinisch tot waren, dann aber doch weitergelebt haben und nun von ihrer Erfahrung jenseits der Grenze berichten konnten.

rororo sachbuch

Dr. Raymond A. Moody
Nachgedanken über das Leben nach dem Tod
rororo sachbuch 60386

Dr. Raymond A. Moody / Paul Perry
Das Licht von drüben *Neue Fragen und Antworten*
rororo sachbuch 60387
Welche Auswirkungen hatte die Todesnähe-Erfahrung auf das spätere Leben der Betroffenen? Welche ärztlichen, rechtlichen und ethischen Folgen ergeben sich aus dem vom sterblichen Körper unabhängigen geistigen Erleben im Grenzbereich?

Dr. Raymond A. Moody / Paul Perry
Leben vor dem Leben
rororo sachbuch 60388
Haben wir vor unserem Leben schon einmal gelebt? Werden wir nach unserem Leben zu einem neuen Leben erwachen? Die Autoren vertiefen sich in die Fragen von Seelenwanderung, Wiedergeburt und Reinkarnation.

3642/1